ブルーナーの「文化心理学」と教育論

「デューイとブルーナー」再考

嶋口裕基

keiso shobo

はしがき

　本書が第一に目指したのは、アメリカの心理学者のブルーナー（Bruner, J. 1915-2016）が提唱した「文化心理学」と彼の教育論の関連を明らかにすることである。

　心理学者として、ブルーナーはさまざまな顔をもつ。ニュールック心理学者、認知心理学者、教育心理学者、発達心理学者、文化心理学者、これらはすべてブルーナーを形容する言葉として当てはまる。

　1980年代以降、ブルーナーはナラティヴ論者として知られるようになった。心理学では、おそらく、それは周知のことであろう。

　教育学ではどうだろうか。『教育という文化』（*The Culture of Education*, 1996）という著書の存在は知られているであろう。そこに「ナラティヴ」や「フォークペダゴジー」について書かれていることも知られているであろう。

　しかしながら『教育という文化』は『教育の過程』（*The Process of Education*, 1960）のように関心を惹かれているだろうか。「ナラティヴ」や「フォークペダゴジー」は「構造」や「発見学習」のように注目されているだろうか。

　『教育の過程』は世界に広く影響を与えた。それは時代のせいだったからかもしれない。しかし、いまだに『教育の過程』を参照したり検討したりする研究がある。これは、『教育の過程』に、どの時代においても、教育を考える上で示唆や触発を与える何かがあるからであろう。『教育という文化』にはそれがないのか。本書の背景にはこのような思いがある。

　『教育の過程』と『教育という文化』の間には大きな違いがある。ブルーナーが自身の提唱する「文化心理学」の立場に基づいているか否かという違いである。本書は、『教育の過程』に代表される「文化心理学」提唱前に展開された教育論と、『教育という文化』に代表される「文化心理学」提唱後に展開された教育論の、決定的な違いを明らかにすることを最初の目標とした。そこで論証しようとしたことは、「文化心理学」やそれに基づく教育論の基底には、

i

「間主観性」と「志向的状態」があるということである。

　これを明らかにするために、本書では「文化心理学」の提唱に至るブルーナーの研究変遷をたどっている（第1章、第2章）。彼の諸研究を追うことで、ブルーナーが「文化心理学」を提唱することとなる「ナラティヴ」研究の際に、彼が何を問題にしていたのかが見えてくると考えたためである。そうして見えてきたことをもとに、ブルーナーの「文化心理学」の構造を検討している（第3章）。次に、ブルーナーの「文化心理学」と教育論の関係と「文化心理学」提唱以前／以後の教育論の変化について検討し（第4章）、その変化が具体化された概念として、「ナラティヴ」と「フォークペダゴジー」を検討している（第5〜7章）。第4章から第7章までの検討結果を、本書では「文化心理学」提唱前の教育論に対する「文化心理学」提唱後の教育論の特徴とした。この特徴はブルーナーの教育論の変化を示すものでもある。

　本書が次に目指したことは、デューイ（Dewey, J. 1859-1952）とブルーナーの関係性を改めて問うことである。というのも、とりわけ日本においては、デューイとブルーナーの教育論における関係性が以前より問題とされていたのにもかかわらず、未決のままであったためである。その理由は『教育の過程』に代表される教育論以降のブルーナーの教育論との比較がなされていないことにある。実際、1970年以降のブルーナーを見ると、1960年代のころよりデューイに対し、好意的になっている（第8章）。1970年代以降のブルーナーの教育論を対象とするため、彼が「文化心理学」提唱後に展開した教育論とデューイの教育論の比較を行っている。その比較では「意味」に着目して行っている（第9章）。

　本書の各章は連続的につながっている。『教育という文化』に代表される教育論の基底を探るには、ブルーナーの研究変遷を追い、彼の教育論の変化を明らかにする必要がある。そうしなければ、「文化心理学」提唱後に展開された教育論の特徴として「ナラティヴ」と「フォークペダゴジー」に着目することもできず、それらの内実や射程の検討は不十分になろう。そしてこれらの検討結果がなければ、デューイの教育論とブルーナーの教育論を改めて比較することはできない。このようなことから、各章に連続的なつながりをもつように本書を構成したつもりである。この事情を含めて、本書の内容を検証いただければ幸いである。

本書の内容についてあらかじめ付言しておきたいことがある。ブルーナー研究にはこれまでの蓄積がある。その蓄積によって生まれた水準を超えなければ、改めていうまでもなく、研究としての意義がなくなる。

　本書では批判的に検討を加えた先行研究が少なからずある。そのような検討を行ったのは、ブルーナー研究をより発展させたいとの思いのためである。なにより、それらの先行研究がなければ、本書の内容はありえなかった。本書で取り上げた先行研究に対し、敬意を表していることを、あらかじめここで示しておきたい。先行研究に対する誤読や不十分な理解などがあれば、ご教示いただければ幸甚である。

ブルーナーの「文化心理学」と教育論
―― 「デューイとブルーナー」再考 ――

目　次

はしがき　*i*

凡例　*ix*

序章　本書の研究目的と構成 ………………………………………………………… *1*

　1　本書の研究目的　*1*

　2　先行研究に対する本書の位置　*3*

　3　本書の課題と方法　*38*

　4　本書の構成　*41*

第1章　「文化心理学」の形成過程1 ……………………………………… *49*
　　　　　── 生い立ちから第二次世界大戦まで ──

　1　大学入学まで　*52*

　2　デューク大学時代　*58*

　3　ハーバード大学大学院と第二次世界大戦　*64*

第2章　「文化心理学」の形成過程2 ……………………………………… *73*
　　　　　── 知覚の研究から乳幼児の言語獲得研究まで ──

　1　知覚の研究　*73*

　2　思考の研究　*81*

　3　教育の研究　*93*

　4　発達の研究　*104*

　5　乳幼児の言語獲得研究　*119*

　6　まとめ ── 乳幼児の言語獲得研究までの「知ること」の探究の到達点
　　　128

第3章　「文化心理学」の構造 ……………………………………………… *133*

　1　「文化心理学」提唱の背景　*134*

　2　「文化心理学」における「意味」・「解釈」・「間主観性」・「文化」　*140*

　3　ブルーナーの「文化心理学」における「心」と「文化」　*149*

4 まとめ——ブルーナーの「文化心理学」の構造とそれに反映された研究関心　*159*

補節　ブルーナーの「文化心理学」における「心」と「構成主義」　*162*

第4章　形成過程から見る『教育という文化』における教育論の特徴……*173*

1 「文化心理学」と教育　*174*

2 『教育という文化』の形成過程1——就学前教育論と『教育という文化』の関連性　*179*

3 『教育という文化』の形成過程2——知覚の研究と『教育という文化』の関連性　*191*

4 「文化心理学」提唱後に展開された教育論の特徴　*201*

第5章　「2つの思考様式」と「構成主義」の吟味………………………*205*

1 「2つの思考様式」の吟味——思考様式の二分法を中心に　*206*

2 ブルーナーの「構成主義」の吟味　*218*

第6章　「2つの思考様式」と教育　………………………………………*251*

1 「ナラティヴ」の教育的地平　*252*

2 教育における「2つの思考様式」の関係性　*271*

補節　ブルーナーの「構造」の再検討　*276*

第7章　「フォークペダゴジー」………………………………………………*289*

1 「フォークペダゴジー」の概観　*289*

2 「文化心理学」提唱前の教育論に見る「フォークペダゴジー」の萌芽　*297*

3 「フォークペダゴジー」の核心——「教授」の「間主観‐志向的アプローチ」　*304*

4 「フォークペダゴジー」の可能性　*308*

目　次　*vii*

第8章 「デューイとブルーナー」再考の必要性 ················ 323

  1 ブルーナーによるデューイのいう「道徳」の是認 325

  2 「言語と経験」のデューイ解釈 335

  3 ブルーナーとデューイの言語獲得論における関係性 340

  4 「デューイの後」と「言語と経験」との間のデューイ解釈の差異に
    ついて 350

  5 まとめ──「デューイとブルーナー」再考の必要性 355

第9章 「デューイとブルーナー」再考 ························· 361
──「文化心理学」提唱後に展開された教育論の再解釈──

  1 ブルーナーの「文化心理学」とデューイの「文化的自然主義」 362

  2 「探究」についての「反省」としての「ナラティヴ」 373

  3 「成熟と未成熟の相互作用」としての「フォークペダゴジー」の
    射程 378

  4 まとめ──「文化心理学」提唱後に展開された教育論の再解釈 393

終章 本書の要約と今後の課題 ···························· 399

  1 本書の要約 400

  2 本書の成果と今後の課題 410

引用文献一覧 417

あとがき 435

人名索引 441

事項索引 443

凡例

- ブルーナーの著書名を本文中に記載する際、邦訳がある場合は邦題にしたがった。ただし、副題は省略した。
- 邦訳も参考にしているが、ブルーナーの著作からの引用は基本的に筆者による訳である。
- 引用文中の……は中略を示している。
- デューイの著作からの引用は、下記のデューイ全著作集に基づいている。

  Jo Ann Boydston (ed.), *The Ealry Works: 1882-1898*, 5 vols. Southern Illinois University Press, 1967-1972.

  Jo Ann Boydston (ed.), *The Middle Works: 1899-1924*, 15 vols. Southern Illinois University Press, 1976-1983.

  Jo Ann Boydston (ed.), *The Later Works: 1925-1953*, 17 vols. Southern Illinois University Press, 1981-1990.

- デューイの著作から引用する際、邦訳の該当ページもあわせて記しているが、原文や本書の内容と照らして変更を加えている場合もある。

序章
本書の研究目的と構成

1　本書の研究目的

　ブルーナー（Bruner, J. 1915-2016）はアメリカの心理学者である。彼は『教育の過程』（*The Process of Education*, 1960）の著者として教育の領域で一躍有名になった。

　『教育の過程』は教育の現代化の理論的支柱とされた。そこにおいて学問を中心とした学習指導とカリキュラムの原理が示されたからである。

　『教育の過程』は多くの国で翻訳され、多くの国の教育に影響を与えた。ブルーナーによれば、その影響の現われ方は各国さまざまであった。ブルーナーはこう述べている。

　　イタリアにおいては、私にとっては意気軒昂である出版社、アルマンド・アルマンドが、『過程』を右翼の「腐敗した形式主義」と共産主義の左翼の「実用本位のプラグマティズム」を攻撃するために使った。日本では（学校の先生が道で私がわかるほど、私は有名人になった！）、その本は改革の波につかまり、丸暗記による伝統的な学習に反抗するエンブレムとなった。このように進み、イスラエル、エジプト、ギリシア、トルコとどこであれ、その本というスクリーンには各々の国が抱える問題を投射された。（Bruner 1983b, p. 185）

　ブルーナーがいうように、日本において『教育の過程』は「改革の波につか

1

まり、丸暗記による伝統的な学習に反抗するエンブレム」となった。ここでいう「改革」は教育の現代化である。この点で、日本における『教育の過程』のブルーナーによる理解に間違いはない。その一方で、「丸暗記による伝統的な学習に反抗するエンブレム」という理解には補足が必要である。なぜなら、その理解にはデューイ（Dewey, J. 1859-1952）を理論的支柱とする進歩主義教育の代替というニュアンスが抜け落ちているからである。そのニュアンスを含めれば、『教育の過程』は「進歩主義教育に代わる、丸暗記による伝統的な学習に反抗するエンブレム」となる。日本の教育（学）界において、『教育の過程』は「教育の現代化の理論的支柱」および「デューイの教育論に代わる教育論」として受容されたのである。

　ブルーナーのこのような受容のされ方は、『教育の過程』の邦訳（ブルーナー 1985. 初版は 1963 年）の訳者であり、日本の代表的なブルーナー研究者である佐藤三郎の次の記述に明瞭に現れている。

　戦後、日本の教育に影響を与えた教育理論家で、デューイに次ぐものといえば、異論なくブルーナーの名をあげてよいだろう。より正確にいえば、アメリカ教育の大きな転換期をかりに一九五五年の進歩主義教育連盟の解散時として、それ以前の進歩主義教育の理論的支柱であったのがデューイであり、その後の新しい傾向、つまり学問性を強調する巨大な教育の潮流となっているのがブルーナーである。（佐藤 1967, p. 202）

　この記述において、ブルーナーが進歩主義教育に代わる学問を中心とした教育の理論家として、すなわち、ブルーナーの教育論が「教育の現代化の理論的支柱」と（佐藤の指摘ではおそらく異質的・対立的に[1]）「デューイの教育論に代わる教育論」として描かれているのは明らかである。日本において、ブルーナーは「教育の現代化への理論的支柱の提供者」および「デューイに代わる教育理論家」として理解がなされていたのである。

　ブルーナーに対するこのような理解は更新される必要がある。ブルーナーの教育論は『教育の過程』における教育論——より正確にいえば、『教育の過程』から、そこで提示された論点を含んでいる『直観・創造・学習』（*On Knowing*, 1962）、『教授理論の建設』（*Toward a Theory of Instruction*, 1966）、『教育の適切

性』（*The Relevance of Education*, 1971）までの教育論——に限定されない。『教育の適切性』の後に、ブルーナーが『イギリスの家庭外保育』（*Under Five in Britain*, 1980）に代表される幼児教育論を展開していることからもそれは明らかである。そして、ブルーナーが「文化心理学」（cultural psychology）を提唱した後に展開した教育論がある。

ブルーナーは『意味の復権』（*Acts of Meaning*, 1990）において「文化心理学」を提唱し、「文化心理学」の枠組みに基づき、教育論を展開している。その教育論として代表的な著作が『教育という文化』（*The Culture of Education*, 1996）である。

高屋景一は『教育という文化』について「彼〔＝ブルーナー〕の 1996 年の本である『教育という文化』を読んだ人は、彼の教育論が変化したという印象をもつかもしれない」（Takaya 2008, p. 1.〔　〕内引用者補足）と指摘している。この高屋の指摘が正しければ、少なくとも「文化心理学」提唱後からは、ブルーナーの教育論が変化していることになる。したがって、ブルーナーの教育論を「教育の現代化の理論的支柱」として理解し続けるべきか、検討の余地がある。また、「文化心理学」を提唱することによってブルーナーに教育を論じる上での変化があるのならば、異質的・対立的な意味での「デューイの教育論に代わる教育論」という解釈にブルーナーの教育論を留めてしまうのも、留保すべきであろう。

本書の目的は、「文化心理学」を提唱した後に展開された教育論を中心に、ブルーナーの教育論を再検討することにある。とりわけ、「文化心理学」提唱後に展開されたブルーナーの教育論がそれ以前の教育論と比べてどのように変わり、どのような特色があるのかを明らかにする。それにより、ブルーナーの教育論が「教育の現代化の理論的支柱」および異質的・対立的な意味での「デューイの教育論に代わる教育論」という理解のみでは捉えきれないことを明らかにする。

2　先行研究に対する本書の位置

日本におけるブルーナーの教育論に関する先行研究は「教育の現代化の理論的支柱」というブルーナー理解の枠組みで行われたものが圧倒的に多い。しか

もその先行研究のほとんどが 1990 年以前になされたものである。本書が主に
対象とするのは 1990 年以後のブルーナーの教育論であるから、それ以前の
「教育の現代化の理論的支柱」に関わる先行研究と第一義的な関係をもたない。
しかし 1990 年以後においても「教育の現代化の理論的支柱」に関わる研究が
なされており、日本でのブルーナーの教育論研究の動向を確認する上でそれら
への言及を避けることはできない。

　本節において本書に関わるブルーナーの先行研究を確認する。そこで第 1 に、
日本のブルーナー研究の動向を把握するために、日本においてなされた「教育
の現代化の理論的支柱」に関わる先行研究と『教育という文化』に代表される
教育論に関わる先行研究を概観し、その先行研究に対する本書の位置を確認す
る。次にブルーナーの教育論の変化に焦点を当てることとし、「文化心理学」
と関連したブルーナーの教育論を扱った先行研究を検討することを通して、本
書の具体的な課題を明確化する。最後に、本書の課題に取り組むことで得られ
る結果に期待できる意義を「デューイの教育論に代わる教育論」に関する先行
研究の展開から検討する。

（1）日本における「教育の現代化の理論的支柱」および『教育という文化』
　　に代表される教育論に関わる先行研究の概観

　日本においてブルーナーの教育論が大いに研究されたのは 1960 年代から
1980 年代にかけてである。この時期に『教育の過程』から『教育の適切性』
に至るブルーナーの教育論は盛んに研究された。その際の代表的な研究者は、
先に触れた『教育の過程』の訳者である佐藤である。佐藤は『教育の過程』以
外にもブルーナーの著作や論文を訳しており（コナリー・ブルーナー 1979; 佐
藤 1969; ブルーナー 1967, 1974, 1978a）、日本におけるブルーナーの理論の普及
に大きく貢献した。さらに、『ブルーナー入門』（佐藤 1968）や『ブルーナー
理論と授業改造』（佐藤 1972）の編著者として、日本におけるブルーナー研究
の推進に大きな役割を果たした[2]。

　広岡亮蔵も『ブルーナー研究』（広岡 1969）を著すことで日本におけるブル
ーナーの理論の普及に貢献した人物の一人である。平光昭久も佐藤と同じくブ
ルーナーの著作を多く訳しており（ブルーナー 1971, 1972, 1978b）、ブルーナー
の理論の普及とブルーナー研究の進展（平光 1971, 1982, 1999）に貢献している。

この他にも多くのブルーナーの教育論の研究がなされた。最も関心を集めた「構造」（structure）や有名な「ブルーナー仮説」[3]について論じたもの（磯辺1981; 植村 1986; 小川 1966, 1967, 1972a; 川瀬 1971; 岸 1974; 坂元 1969; 杉峰1974; 田中 1980; 堀井 1986, 1987; 森川 1987）だけでなく、そもそものブルーナーの専門である認知心理学から『教育の過程』から『教育の適切性』までの教育論を検討したもの（早川 1978）、ブルーナーの心理学研究から彼の教育論がどのように構成されるかを明らかにしようと試みたもの（小川 1979）、ブルーナーの教授理論における授業諸要因を検討したもの（三枝・日比・井深・石川・栗本・大島 1981; 三枝・日比・井深・石川・大島・Villablanca・的場 1982）、教育を観点にブルーナーの「文化差異」論を検討したもの（森茂 1982）、MACOS（Man: A Course of Study）[4]に関するもの（安藤 1988; 岸本 1989; 堀江 1982）、ブルーナーの発達論を教育学的に検討したもの（小川 1983, 1986）と、さまざまな視点から行われている。

　1990 年代になってもブルーナー研究は続けられてきた。この時期になると、ブルーナーが「文化心理学」を提唱した後に展開した教育論も検討できるようになった。事実、『教育という文化』に関する研究が現れている。

　『教育という文化』に関する日本の研究では、ブルーナーが「2 つの思考様式」（two modes of thought）として提唱した「ナラティヴ様式」（narrative mode）と「論理−科学的様式」（logico-scientific mode）に関する検討に大半が占められている（生田 2009; 今井 2010b, 2011b, 2013c; 川浦 2010; 瀬戸口 2006; 高橋 1999）。この他に『教育という文化』で提示された教育への「文化−心理学的アプローチ」を要約し、それをもとに私見を述べたり、ブルーナーにインタビューをし、それに基づきながら教育に対する私見を述べたりした論文がある（Hano 2003, 2004）。

　このように『教育という文化』に関する研究が行われている一方で、1990年以降においても『教育の過程』から『教育の適切性』までの教育論を対象とした研究も継続されている。それ以前のものと同じく、さまざまな視点で論じられている。『教育の過程』が音楽学習理論に与えた影響を明らかにした筒石賢昭（筒石 1992）、人間中心カリキュラム（humanistic curriculum）の理解をするためにブルーナーの学問中心カリキュラムを論じた加藤憲一（加藤 1998）、『教育の適切性』で提示された「活動主義カリキュラム」について論じた中島

佳明（中島 2000）、発達を観点にシュタイナー（Steiner, R.）の教育論と比較した菅生千穂（菅生 2008）、「構造」やブルーナーの教育理論の受容を検討したり、論文「デューイの後に来るもの」（"After John Dewey, What?," 1961）と講演「『教育の過程』を再考する」（"*The Process of Education* Reconsidered," 1971）に示されたブルーナーの教育論を検討したり、雑誌『今日の心理学』（*Psychology Today*）でのブルーナーの対談を検討したりした今井康晴（今井 2007, 2008b, 2009c; 今井・甲斐 2005; 今井・鯨井 2008）、アメリカの「批判的思考」論のために「構造」論にアプローチしている渡部竜也（渡部 2014）が挙げられる。この状況に鑑みるならば、ブルーナーが「文化心理学」を提唱した後も、ブルーナー研究の主たる対象は『教育の過程』に代表されるブルーナーの教育論に関するものであるといえる。

　このような現状が意味していることは、『教育の過程』に代表されるブルーナーの教育論が未だに検討に値するものであるということである。これは「教育の現代化への理論的支柱の提供者」としてのブルーナーの認識の根強さを裏付けているといえよう。だからこそ、「文化心理学」が提唱された後のブルーナーの教育論にも目を向けるべきである。相馬宗胤が教育の現代化の文脈にブルーナーの教育論を留めてしまう状況に対して「ブルーナーの教育理論の一貫した理解への道を閉ざしてしまうこと」になると警鐘を鳴らしているように（相馬 2013, p. 13）、ブルーナーの教育理論家としての理解が限定的なものになりかねないからである[5]。

　また、ブルーナー研究として『教育の過程』に代表される教育論に対象が向かってしまうのも、『教育という文化』に代表される「文化心理学」提唱後に展開された教育論の可能性が不明瞭だからであろう。実際、海外に目を向ければ、ブルーナーの「文化心理学」提唱後に展開された教育論の可能性は、「ナラティヴ」や「フォークペダゴジー」（folk pedagogy）を対象に議論されている（Rutten and Soetaert 2013; Olson, 2003, ch. 12, 2007, ch. 10; Olson and Katz, 2001; Torff 1998）。このような議論、とりわけ「フォークペダゴジー」についての議論が日本では乏しい中、「文化心理学」提唱後に展開された教育論を視野に入れ、ブルーナーの教育論における変化を明らかにすることは、日本のブルーナー研究の推進に貢献し、かつ、『教育という文化』に代表される教育論の可能性を検討することにつながる。

したがって、「教育の現代化の理論的支柱」に関わる研究、さらには「文化心理学」提唱後に展開された教育論に関する研究に対し、本書はブルーナーの教育論の新たな論点および可能性を提供するという点で、それらの研究の発展に貢献できるであろう。

(2) ブルーナーの教育論の変化に関わる研究とその課題

ブルーナーの教育論の変化を追うことは、ブルーナーの教育論の形成過程を検討することでもある。ブルーナーの教育論の形成過程を含めて、ブルーナーの教育論がどのように変化したのかについて言及した研究は、国内外を問わず、すでにある。ただ、日本における先行研究は、「文化心理学」提唱後に展開された教育論までの形成過程を明らかにする途上にあり、一定の知見が提示されたといいがたい。そこで、国内のものから見ていこう。

「文化心理学」提唱後も視野に入れてブルーナーの教育論の変化が意識された日本における最初の研究は、神田伸生によってなされている。神田は、ブルーナーがこれまでなしてきた諸研究 —— 世論（public opinion）、知覚、思考、教育、発達、そして「文化心理学」—— によって、ブルーナーがさまざまな読まれ方をしてきたとし、そのようなさまざまな読まれ方、理解のされ方を、神田の専門である教育方法論の視点から整理することを試みる。そしてその試みは、「今日のブルーナーの『文化心理学』、『フォークサイコロジー』、『フォークペダゴジー』の提唱の意図するところにつながるものであると考える」と述べている（神田 2005, p. 77）。神田の試みは「文化心理学」を提唱し、その枠組みに基づいたブルーナーの教育論の形成過程の解明につながっているので、神田はブルーナーの教育論の変化を明らかにしようとしているといってよい。

教育方法論の視点からブルーナーの教育論の変化を明らかにしようとしているところに神田の独自性が見られるが、世論から知覚、思考の研究までしか言及されておらず、神田の考察は「フォークペダゴジー」まで及んでいない（同上、pp. 78-85）。未完成であることが大変惜しまれる。

神田の次に、ブルーナーの教育論が形成される過程を明らかにしようと試みているのが、今井である。今井はブルーナーの教育論の形成過程を検討する研究が『教育の過程』を起点としているということを問題視し、幼少期にまでさかのぼってブルーナーの教育論の形成過程を明らかにしようとしている（今井

2013a, p. 25)。しかしながら、現時点における今井の検討は知覚の研究までしか辿れておらず、ブルーナーが「文化心理学」を提唱した後に展開した教育論の形成過程の解明に至っていない（今井 2013a, 2015, 2016, 2017）。今井の研究も未完成である。

　ブルーナーの教育論の変化を意識しているという点で、先に言及した相馬も、ブルーナーの教育論の形成過程を検討しているといえる。相馬はブルーナーの教育論の変化に関する研究を視野に入れ、「ブルーナー教育理論の一貫した理解」のために、ブルーナーが心理学者であるということを観点として、ブルーナーの構造論の成立過程を検討している（相馬 2013, pp. 13-18）。その検討によって、相馬は「世界経験の変容の契機として、構造論を捉えることができる」ということを主張し、ブルーナーの教育理論の一貫した理解を示せたとしている（同上、p. 18）。相馬の試みは『教育という文化』に代表される教育論に至るまでの、ブルーナーの教育論理解に一助を示してくれたことには間違いはなかろう。その点で、ブルーナーの教育論の変化を明らかにする研究に貢献している。しかし、もとより相馬も自覚しているが、今回の検討の対象が『教育の過程』に代表される教育論であったため、『教育という文化』に代表される教育論の形成過程解明までに至っていない。今後のさらなる検討が待たれる。

　以上のように、日本におけるブルーナーの教育論の形成過程に関する研究は明確な成果が出ていない。他方、海外の研究では、ブルーナーの教育論の変化についての指摘がなされている。

　まず挙げるべきはウェルトマン（Weltman, B.）の見解である。ウェルトマンは「文化心理学」提唱後に展開されたブルーナーの教育論まで視野に入れて、ブルーナーの諸研究の関連性について検討している。その検討からなされた主張は、研究対象の変化はあったとしても、その根底にあるものは同じであるというものである（Weltman 1999）。ウェルトマンの検討の主対象はブルーナーの教育論の変遷ではないが、しかし彼が導き出した見解からいえば、ブルーナーの教育論は、根底において、変化していないということになる（この指摘は独創的といえるので、第1章で詳しく検討する）。

　ルッケハウス（Lutkehaus, N.）やグリーンフィールド（Greenfield, P.）の検討はウェルトマンの主張を裏付けるものとなっている。彼女らは1960年代後半のブルーナーの活動に着目し、その活動と『教育という文化』との関連性を明

8

らかにしている。彼女らが対象としたブルーナーの活動とは、ヘッドスタートに関与した経験、MACOS 開発の経験、そしてアフリカで行った心理学実験である。この 3 つの活動で得たことが『教育という文化』に反映されているとルッケハウスやグリーンフィールドは論じている（Lutkehaus 2008; Lutkehaus and Greenfield 2003）。したがって、ブルーナーの教育論における変化というのは、それまでの教育論における知見が連続的に発展したものということになる。

　このような主張と異なり、オルソン（Olson, D.）は「文化心理学」提唱以前以後でブルーナーの教育論に違いが見られると、『ジェローム・ブルーナー ──教育理論の認知革命』（*Jerome Bruner: The Cognitive Revolution in Educational Theory*, 2007）において指摘している。

　あらかじめ述べておくと、この著作は現時点でのブルーナー研究の最高峰といえるものである。この著作はブルーナーの教育論だけでなく、彼の心理学の成果も広く扱っており、ブルーナーの教育論・心理学説の最適な入門書となっているのみならず、「文化心理学」提唱後に展開された教育論を含めて、ブルーナーの教育論の可能性を展望した研究書ともなっている。それに加え、秀逸なのが 2005 年 2 月 8 日に行われたオルソンによるブルーナーのインタビューが掲載されていることである（Olson 2007, pp. 141-185）。このインタビューでは、ブルーナーの著作や論文からでは読み取りづらいことや新たに判明することなどが発言されており、ブルーナー研究を進めるうえで貴重な資料となっている。

　ブルーナーの教育論における「文化心理学」を提唱する前と後の違いに関するオルソンの見解は次のように示されている。

　ブルーナーの初期の焦点は諸個人の認知過程に置かれていたけれども、彼の後期の理論はよりずっと社会的かつ文化的に特徴づけられていて、彼の心の理論の要素として、行為主体（agency）、志向性（intentionality）、主観性（subjectivity）、そしてとりわけ間主観性（intersubjectivity）という考えを彼は作りあげた。そのようなわけで、現在では、ブルーナーは単純に認知心理学者とみなされるよりも、文化心理学者としてしばしばみなされている。（*Ibid.*, p. 30.）

　ブルーナーを「文化心理学者」としてみなす分水嶺は、彼の理論がより社会

的かつ文化的かということに、あるいは「行為主体」、「志向性」、「主観性」、「間主観性」という考えが見られるか否かにあると、オルソンは指摘している。つまり、オルソンは「文化心理学」提唱以前以後で明確な違いがブルーナーの理論にあると認めているのだ。その上で、オルソンは「ブルーナーは、社会集団全体についての間主観性のネットワークを文化（culture）として定義した、彼の著書『教育という文化』（1996）において、教育のための間主観性の含意を探索している」（*Ibid.,* p. 57）と述べている。ブルーナーを「文化心理学者」としてみなす根拠である「間主観性」が『教育という文化』について論じられているということは、「文化心理学」が提唱される前の教育論において、ブルーナーは「間主観性」について論じていなかったということである。オルソンによれば、「文化心理学」が提唱されたことを境にブルーナーの教育論が変化したことになる。

　高屋もまた、オルソンと同じく、『教育の過程』に代表される教育論と『教育という文化』に代表される教育論に違いを認めている（高屋は海外の出版媒体にブルーナー研究の成果を発表しているため、日本人であるが、本書では海外の先行研究として扱うこととする）。オルソンの指摘では、「間主観性」への着目が「文化心理学」提唱以前以後のブルーナーの教育論における違いであった。高屋もまた、それと似たことを述べている。

　　1950 年代から 1970 年代にかけて、ブルーナーは構造、発見、直観的思考というような概念を好んだ。1980 年代以降、彼は文化、意味生成（*meaning-making*）、ナラティヴ、間主観性という概念を頻繁に用いている。彼が好んでいる概念の変化は彼の認識論的な変化から生じていると思われる。つまり、今では初期の著作で見つけられる、個人と文化の間に明快な分離を不要としているように彼が見えるのである。（Takaya　2008,　p. 10. 強調は原文イタリック）

それに加え、高屋は「文化」の概念にも違いが見られると指摘している。

実際に、ブルーナーの見解に重要な違いがあると、私は議論したい。ブルーナーの理論における変化を理解するにあたり重要なことは、彼の文化の概念

にある。要約すると、彼の初期の見解は文化伝達の論理を含んでいた。文化は生徒に対し伝達されるための教育内容として示されていた……一方、彼の最近の見解では生徒の経験という価値と意味が解釈されうる、文脈として文化を理解する重要性を強調している。(*Ibid.*, pp. 1-2. 強調は原文イタリック)

「文化心理学」を提唱して、「意味生成」や「ナラティヴ」、「間主観性」という概念を用いるようになったこと、「文化」を内容から文脈へとみなすようになったこと、これがブルーナーの教育論の変化であると、高屋は指摘している。

　ここにおいて、ブルーナーの教育論における変化についての研究課題が示されたことになる。ブルーナーの教育論に変化が認められるという主張があれば、認められないという主張もある。それゆえ「文化心理学」が提唱されたことを境に、ブルーナーの教育論が変化したのか否かという問いが浮上してくる。しかしこの問いの立て方はあまりにも単純すぎよう。ウェルトマン－ルッケハウス－グリーンフィールドの見解とオルソン－高屋の見解は、部分的には正しいといえるかもしれないからである。つまり、「文化心理学」が提唱されても、ブルーナーは教育に対して見解を変えなかったことや「文化心理学」に関係なく見解を深めたこともあれば、「文化心理学」の枠組みに基づくことで新たな見解を得たというように考えられるということである。

　「文化心理学」提唱以前以後において、本書では、ブルーナーの教育論に変化した点としなかった点（あるいは、深められた点）があることを前提に、ブルーナーの教育論が、「文化心理学」の提唱を境に、どのように変化したのかを検討していくべきであろう。

　したがって、次の2つの課題が本書に求められている。1つは、「文化心理学」が提唱されることでブルーナーの教育論にもたらされた変化は一体何なのかを明らかにすることである。「文化心理学」が提唱された後、ブルーナーの教育論に変化があったと認めたオルソンと高屋の見解は（表面上であるかもしれないが）一致してはいない。それゆえ、「文化心理学」提唱までのブルーナーの研究の変遷を追い、「文化心理学」を境にブルーナーの教育論がどのように変化したのかを検討することは、依然必要な課題である。

　2つは、その変化が「文化心理学」提唱後に展開されたブルーナーの教育論にどのように具体化されているかを明示することである。変化していない点も

指摘されている以上、その変化を具体的に明確に示さなければ、その変化として示したことが曖昧なものとなってしまう。変化していない点を見極め、「文化心理学」提唱後に展開されたブルーナーの教育論の、どの概念に「文化心理学」の提唱によって生まれた変化が反映されているかを示す必要が、先行研究の状況に鑑みて、ブルーナーの教育論の変化を検討するにあたって求められている。

　この検討によって、結果的に『教育の過程』に代表される教育論に対する『教育という文化』に代表される教育論の特色が明らかになるであろう。ブルーナーの教育論の変化を検討する2つめの課題とは、換言すれば、「文化心理学」提唱前に展開された教育論に対する、提唱後に展開された教育論の特色を明らかにすることである。

　この2つの課題に答えが与えられれば、ブルーナーに対して「教育の現代化への理論的支柱の提供者」とは異なる理解が提示されるはずである。「文化心理学」の提唱を境にブルーナーの教育論に変化が認められるということは、「文化心理学」提唱後に展開された教育論に『教育の過程』に代表される教育論と異なる点があると示されることになるからである。そしてそれは、「デューイに代わる教育理論家」としてのブルーナーへの理解に対しても、再検討を要請することになろう。

（3）デューイとブルーナーの教育論における関係性に関わる先行研究

　『教育の過程』によって、ブルーナーは「デューイに代わる教育理論家」として理解されることになった。このブルーナー像の具体的な意味は理解者によって異なっている。ブルーナーの教育論をデューイの教育論と同質である、または前者は後者の発展であるとみなす論者もいれば、両者は対立している、異質な関係にあるとみなす論者もいる。

　後者の理解をもたらした原因は、特に日本では、2つある。1つは当時の時代背景からブルーナーの教育論がデューイを理論的支柱とする進歩主義教育、または経験主義と対置的に理解されたことにあり、2つは『直観・創造・学習』に収められたブルーナーの論文「デューイの後に来るものは何か」（"After John Dewey, What?," 1961. 以下、「デューイの後」と略記する）にある。

　現在までに至れば、時代背景や「デューイの後」に基づくデューイとブルー

ナーの教育論における関係性の理解は再検討を要していよう。ブルーナーの教育論は教育の現代化の時期に限定されないし、「文化心理学」という、その時代には基づいていなかった枠組みに、デューイの思想との類似性——例えば、デューイの思想の中核にある「文化的自然主義」（cultural naturalism）の枠組みとの類似性——も認められるかもしれないからである。時間の経過からも、デューイとブルーナーの教育論における関係性は再考を求められていよう。

　デューイとブルーナーの教育論を同質的にみなしたり、後者を前者の発展であるとみなしたり、両者は対立し異質な関係にあるとみなしたりする理解は、デューイとブルーナーの教育論の比較研究において提示されている。そしてこの比較研究は、これまで見てきた先行研究に劣らないほどの蓄積がある。

　無論、この比較研究は日本のみにおいてなされているわけではない。しかしながら、日本におけるデューイとブルーナーの教育論の比較研究は海外のものと異なる様相を見せている。そこで日本と海外に分けて、デューイとブルーナーの教育論における関係性をめぐる議論の展開を確認し、その後それらの展開を総合的に検討することで、デューイとブルーナーの教育論における関係性をめぐる議論の課題を抽出する。そしてその課題に対し、ブルーナーの教育論の変化と「文化心理学」提唱後に展開された教育論の特色を明らかにすることを目指す本書との関連を検討する。

（3-1）日本におけるデューイとブルーナーの教育論の関係性をめぐる議論の展開

　日本においてデューイとブルーナーの教育論における関係性が議論された理由は2つある。1つは当時のブルーナーがデューイと対置的に理解されたことにあり、2つは「デューイの後」におけるブルーナーのデューイ解釈にある。

　『教育の過程』に代表されるブルーナーの教育論がデューイの教育論と対置されて理解されたのは、当時の日本の教育的背景によることが大きい。それを示すのが広岡の次の記述である。

　　戦後いらいのわが国の教育にたいして、かなりな影響を及ぼしたアメリカの二つの教育理論、それは J. デューイの経験学説と J. S. ブルーナーの認知学説であろう。
　　デューイは、わが国の戦後教育にたいして、理論提供者として臨んだ。こ

序章　本書の研究目的と構成　　*13*

れにたいしてブルーナーは、わが国の現代教育にたいして、問題提起者として立ち現われている。粗くいえば、経験か科学かの選択をめぐって、我が国の戦後教育と現代教育とは、やはり一つの鋭い対立をなしている。この対立における両肢のそれぞれの理論的な拠点、ないしは支柱として、デューイとブルーナーが位置している。（広岡 1969, p. 46. 傍点原文）

　一般的には、日本の戦後の教育は経験主義に基づき、その後、それが批判され系統主義に基づくようになったとされている。広岡はこの構図をデューイとブルーナーの教育論にあてはめることで、デューイとブルーナーの教育論を対立したものとして位置づけている。
　このようなあてはめは素朴であろう。類推に基づいた位置づけだからである。デューイは経験主義でブルーナーは系統主義（正確には学問中心主義）とするのは、確かに両者の関係の理解としてはわかりやすい。しかし本人も「粗くいえば」と断っているように、厳密さに欠いている。とはいえ、経験か科学かをめぐっていた当時の時代背景を踏まえれば、このような見方で受容してしまうのも仕方がないのかもしれない。
　両者を対立的に位置づける見方は、時代背景だけではなく、第2の理由である「デューイの後」にも起因している。この「デューイの後」を基軸としたデューイとブルーナーの教育論における関係性をめぐって、大いに議論がなされることになった。
　「デューイの後」はデューイの『私の教育学的信条』（*My Pedagogic Creed,* 1897）を批判的に検討する形で、ブルーナーの教育的信条が示された論文である。この論文によって、デューイとブルーナーの教育論における関係性をめぐって、さまざまな解釈がなされた。すでに指摘したように、両者を対立的にみなす解釈もその1つである。しかし、時系列で見てみれば、「デューイの後」を基軸とするデューイとブルーナーの関係性の解釈は肯定的なものからなされた。それは水越敏行の解釈である。
　水越は「デューイの後」を抄訳し、その「抄訳」の「抄訳者まえがき」に「〔「デューイの後」の〕本文が進むにつれて明らかとなるであろうが、そこにはデューイを深く受けとめ、しかもそれを乗り越える道を追究しようとの真しな学究態度が随所ににじみ出ている」（ブルンナー 1966, p. 74.〔　〕内引用者補足）

と述べ、ブルーナーの「発見学習」にデューイの「問題解決学習」の長所を発展させようとする姿勢を次のように見い出している。

　ところで、「教育の過程」や"On Knowing"の諸論文を一貫しているブルンナーの教育理念は、およそつぎのようにまとめることができよう。すべての子どもたちに、われわれの文化遺産を継承させるという前提はふまえる。しかし科学技術が日進月歩をとげ、変革の波が既成文化の本質的な部分にまでうちよせてきた現代にあっては、単なる文化遺産の継承という後ろむきの構えでは不十分である。それを個々の子どもの内面的な世界にくみ入れ、既知を土台に未知を堀りおこす法を身につけさせ、知識から態度への転移を可能にするような教育こそが考えられねばならない。教育内容の現代科学化、教材の構造化などは、こうした学力を形成するための内容条件をととのえることであり、発見学習はその方法条件にあたる。
　このようにみてくると、ブルンナーは教育内容や知識の本質において、経験主義をきびしく批判し、デューイの限界を克服しようとしているが、その反面、知識をマスターしていくプロセスにおいては、問題解決学習の長所を発展的に受けとめようとしているのだともいえよう。（同上、p.75）

　水越はブルーナーが「発見学習」によってデューイの「問題解決学習」を発展させようとしたとみなし、この意味で、「デューイの後」というデューイ批判があっても、ブルーナーの教育論をデューイの教育論の発展とみなしている。
　このような理解は意外といえるかもしれない。「デューイの後」はデューイを批判した論文であるから、ブルーナーはデューイと対立しているとみなす方が自然である。実際、藤井悦雄は、『教育の過程』で示された「構造論」を詳細な検討もなく「デューイの後」を根拠に「デューイズムとの対決ともいえよう」と述べている（藤井 1968, pp. 28-29）。水越は、デューイを批判したからブルーナーはデューイと対立しているという安易な決めつけを避け、「発見学習」という限定つきであるけれども、ブルーナーの教育論はデューイのものを発展させているという評価を行っているのである。
　このように、「デューイの後」を根拠にデューイとブルーナーの関係性を対立的にみなす解釈もあれば、そうでない解釈もなされている。そのため、「デ

序章　本書の研究目的と構成　　15

ューイの後」はデューイとブルーナーの関係性をめぐって、解釈が乱立している。「デューイの後」に言及している、藤井以後のデューイとブルーナーの関係性についての解釈を順に確認していこう。

　藤井の後に、「デューイの後」からデューイとブルーナーの関係性を議論したのは竹田清夫である。竹田は『教育の過程』におけるブルーナーの諸提案と経験主義教育理論を十分な検討なく、ブルーナーのものを経験主義教育理論と相反するものとする受け取り方に警鐘を鳴らしている。その上で、「デューイの後」は経験主義教育理論との訣別を案じているかもしれないという疑問のもと、ブルーナーの「教科の構造論」とデューイの教育理論の関係を吟味している（竹田 1968, pp. 52-53）。そして、次のように結論している。

　　先ずブルーナーの教科の構造論と経験主義教育理論、特にデューイの教育
　理論との関係は、現在までのところ、いずれか一つを捨てて、代って他の一
　つを取る、という関係ではない、と思われる。……即ちデューイの関心事は
　教育哲学であるが、ブルーナーのそれは教育哲学ではない。あることがらを
　認知させる過程、つまり認知過程である。それ故両者は、互にとって代わる
　ものではない。
　　……むしろ、認知過程理論は、実証的な側面を多く持って居り、いずれの
　教育哲学にも通ずる側面を有しているので、現在までのところでは、ブルー
　ナーの認知過程理論は、デューイの教育哲学を発展させる為の理論としても
　用いられ得るのである。（同上、p. 65）

　竹田は、デューイの関心事は教育哲学であり、ブルーナーのそれは認知過程であるとして、どちらか一方がどちらかにとって代わる、換言すれば、両者は対立していないとみなしている。竹田にとって、認知過程理論はある教育哲学を実証するという関係にある。竹田はそれゆえ、ブルーナーの認知過程理論はデューイの教育哲学を発展させるために用いることができると主張している。
　田浦武雄もまた、竹田と同じく、ブルーナーの教育論をデューイのものの発展とみなそうとしている。田浦は「デューイの後」を要約し（田浦 1968, pp. 345-349）、「ブルーナーのデューイの批判は、主として、デューイの他の論著を体系的に考察しているわけではないので、必ずしも充分なデューイ批判と

はいえないが、しかしデューイのこの論文から重要な視点を受け止めていることをみおとしてはならない」とし、「それは、社会の急速な変化に対応して、新しい世代をいかに教育するかの再定義を念頭におくことである」と述べている（同上、p. 349）。ここで田浦が注目しているのが『教授理論の建設』における教授理論であり、田浦はそれを「デューイが強調した学習者の本性をも考慮にいれながら、単に成果を伝えるのでなく、過程を重視し、しかも知識・構造の学問的な確立に関心をよせている」ということから、「ブルーナーが、デューイと対立的な立場にあるとか、デューイの発展であるとか、議論はわかれているが、私はデューイを充分に研究してその長所を発展させ、短所を克服し、新たな課題に迫っていこうという姿勢をブルーナーにみることができると考える」と述べている（同上、p. 350）。

　竹田や田浦のようにブルーナーの教育論をデューイのものの発展とみなそうとはしていないけれど、杉浦宏も同じく、「デューイの後」をデューイの教育論と対立的であるとみなしていない。彼は「デューイの後」を次のように述べている。

　　教育は、単に文化の価値のみではなく、すべての個人に自己の探究方法と彼自身の内的文化を確立することを学びうるような、精神の能力と感受性を形成することである。また教育の方法は、自分自身を知ろうとする訓練された責任のある努力であり、さらにそれは教材として特殊のものを尊重するとともに（つまり各人の個性的経験内容の尊重）、抽象的なものについての知的理解の必要性をも、明確に認識すべきである。学校は最近急速に変化してきている社会の諸領域における進歩の原理的道具となり、また学校はカリキュラムの今日の新しい様々の要求をとりいれ、その教授法を生気のあるものにしなければならない。以上のブルーナーの論旨を仔細に調べたとき、デューイの教育理論とどれだけの質的距離があるのか、わたしは率直にいって若干の疑問がある。（杉浦 1968, pp. 187-188）

　この杉浦の見解に反対したのは天野正輝である（なぜか天野は竹田や田浦の論に言及していない）。天野はブルーナーとデューイの教育理論の関係性を3つに分類する。1つは杉浦や上寺久雄（上寺 1966, p. 413）の解釈で、「デューイとブ

序章　本書の研究目的と構成　*17*

ルーナーの間には質的距離はない、別種のものではないという見解」である。2つは、長妻克亘（長妻 1966）や先に触れた藤井のもので、「明らかにデューイズムとの対決を示したものだという見解」である。最後の3つめは、井上弘が示した解釈（井上 1967, p. 145）で、「デューイの長所を十分取り入れたものだという見方」である。天野はこれらの受け取り方が妥当かを「デューイの後」によって検討している（天野 1969, p. 21）。その結論はブルーナーの「諸提案がデューイの立場と多くの点で表面的には一致を見せているにもかかわらず、その本質的なところでは、経験主義に立つ教育理論との訣別を意図していることである」というものである（同上、p. 22）。そして、ブルーナーが「デューイの後」でデューイの教育論を不十分であるとしたことに対し、「学習主体の探究的思考活動を中核として教育の論理を確立したデューイの思想は、ブルーナーが認識したように『現代ではもはや不十分』であるどころか、知識が量質ともに激増すればするほど、ますますその重要性が評価されねばならぬものと思う」（同上、p. 26）と結論している[6]。

　天野のこの主張に同意したのが牧野宇一郎である[7]。牧野は「デューイの後」を詳細に検討した後（牧野 1972a, pp. 425-460）、ブルーナーの教育観を全面的にデューイと異質であると、きわめて強い口調でこう結論している。

　　教育の題材についても方法に関しても、また教育の社会に対する意義に関しても氏の意見はデューイのそれと異なっている。両者の信条は性格的に相反していて、共通点は全くないといっても過言ではないと思う。
　　　したがって私は氏の「デューイの後」に関する限り、氏の教育観がデューイから何ものかを継承しているとか、それを再構成したものであるとかいう解釈を認めることはできない。いわんや両者が本質的には同じであるなどという解釈は全く問題にならないと思う。（牧野 1972b, p. 195）

「ブルーナー氏の論文が氏の教育学的信条をのべたものとしては到底デューイのそれに比肩されうるものではない」（同上、p. 196）と述べるくらいに、「デューイの後」に対して牧野は否定的であるが、しかし彼はブルーナーの教育論をデューイの教育論に次のように位置づけている。

……ブルーナー氏の「デューイの後」にみられる主張は全体としてはデューイの「信条」に対置さるべき性質のものではなく、高々後者の部分的主張として生かしうる点を含んでいるにすぎない。すなわちそれは情報伝達の理論や伝達さるべき情報の整除法を強調したものとして、さらには子どもの探究に関連した教師自身の知識の整理にとって参考となるような構造化された標準的知識を整備しておくことの必要を示唆するものとして意義をもっているのだと考えられる。

　だが学習指導上のこれらの強調点はデューイの思想分脈の中で生かさるべきものであって、これと独立に、あるいはこれに反した仕方で実施されてはならない。（同上、p.208）

　牧野のこの見解はただ単にブルーナーをデューイに対し異質であるとか対立しているとかと結論するより建設的である。というのも、ブルーナーの教育論を「デューイの思想分脈」[8]で生かすことによって、デューイの教育論を実現する1つの方法論としているからである。これはデューイの教育論の新たな展開としてブルーナーの教育論を位置づけていることを意味しているので、竹田や田浦の見解に近い。牧野はブルーナーの教育論を全面的に否定しているのではなく、デューイのものにとって代わるほど優れてはいないが、デューイの教育論に位置づけることで生かすことができるという点で肯定している。

　この牧野の主張は、これまで見てきたデューイとブルーナーの比較研究の1つの到達点とみなせる。異質であっても両者を結びつけることは可能であり、それによってデューイの教育論の発展という建設的で生産的な比較のあり方が示されたからである。だから、牧野による「デューイの後」の検討は高く評価すべきで、牧野の建設的で生産的な姿勢を決して見落とすべきではない。

　このような姿勢を、牧野の論文と同年に発表された、小川博久によるデューイとブルーナーの比較に見い出すことができる[9]。ブルーナーが「デューイの後」でデューイを批判したことを認めたうえで（小川 1972b, p.134）、小川はこう主張している。

　戦後、わが国でも進歩主義教育の影響のもとに、問題解決学習、生活学習といったことばが流行したが、この主張は早くも教育内容の系統性、知識の客

観性、法則性の軽視を生み、ひいては学力の低下をもたらすといった系統学習論者からの批判を招いた。この二つの対立する主張は理論的にも、実践的にも、あまり生産的な結着をみないまま尾を引いていた。こうした状況の中で「教育の過程」が出版されたわけである。そしてそこからブルーナーとデューイを対立的に措定する考えもあらわれた。しかしながらこうした考え方はあまり信憑性がない。なぜなら、一つにデューイの思想の総合性からして心理学徒であるブルーナーとを単純に比較することはたいへん短絡的な考え方である。二つに系統学習と問題解決学習の対立点が理論的に明確にできないので、それによってブルーナーとデューイの立場を比較することは、ブルーナーを理解するためにも、デューイの思想の現代的意義を問いなおすためにもあまり生産的ではない。(同上、p. 134)

　小川は安易にデューイとブルーナーを対立的にみなすことを警告している。なぜなら、デューイの教育論にとってもブルーナーの教育論にとっても、それが無意味だからである。小川の言う通り、安易に対立的にみなせば、比較の意味はなくなる。結論は同一であり、しかもネガティヴなものだからである。その営みに生産性はない。

　このような前提に立ち、小川は認識論的基盤、認識主体、認知過程の３点からデューイとブルーナーを比較する。小川は前二者については両者の相違を「モティーフの相違」や「問題意識のレベルの差」に由来するとしているが(同上、pp. 137-141)、３点目の認知過程を観点とした両者の学習についての比較において、牧野と類似した見解を示している。小川はブルーナーのいう学習過程、すなわち「発見学習」は「各学問領域の限定された探究を範例にしている」とし、「デューイにおいては、ブルーナーの主張するような限定づけられた個別的探究の特色を明確にするという方法では語らない(無視してはいない)」と述べたうえで(同上、p. 143)、次のように両者の関係を結びつけている。

　以上の論究から、ブルーナーとデューイの相違をあげるとすれば、現在、探究そのものが思考の発展として実績をあげているだけではなく、それ自体社会構成の要素の一翼となっている各学問領域に依拠しつつ、こうした限定された探究の過程、その成果を彼の認識論、認知論のモデルにしてブルーナー

が思想を展開していったのにたいし、自然科学的方法論をのぞいては、依然として形式的、因襲的思惟にとじこめられていた状況にあって、そこに力動的探究、創造の契機を導入せんとしたデューイとの間の発想法のちがいがあらわれてくる。だからデューイのねらいは分極化した多くのパターンを素材にして、探究の原理的究明をおこなったと考えられる。……以上のように考えれば、デューイの思想はブルーナーの限定つき探究の固定化を批判していく原理的役割を依然としてもつ……（同上、p. 146）

この小川の見解にも、牧野のような発想が見られるのは明らかであろう。小川は、ブルーナーの「発見学習」としての探究は、デューイにとってすれば「限定つき探究」であり、だからブルーナーの「発見学習」の固定化を防ぐ役割を持っていると主張している。本人が意図しているかはさておき、小川もまたブルーナーの教育論（「発見学習」）が「デューイの思想分脈」においてよりよく生かされるとみなしている。

牧野や小川のような、デューイの思想に位置づけてブルーナーの教育論を生かすという比較のあり方は、両者の関係は異質であるとか対立しているとみなされている状況に対し、建設的で生産的なものといえよう。すでにふれたように、ただ単に両者の関係性が異質や対立と結論づけられれば、比較の意味がなくなるからである。解釈が対立している状況の中で、牧野と小川が見せた建設的で生産的な姿勢は、先に述べたように、デューイとブルーナーの教育論の比較研究の望ましい到達点である。

しかしながら、牧野と小川の後続の研究以降には、このような姿勢があまり見られなくなっている。牧野と小川による比較の後に、木下凉一はデューイとブルーナーを比較しているが、牧野や小川のような姿勢は見られない。木下はブルーナーの「学習への意志」をデューイの興味論と比較している。この比較の動機はやはり「デューイの後」にある（木下 1974, pp. 17-18）。この比較で得た結論は、ブルーナーが「学習への意志」として展開したことに対し、「Deweyの興味論、あるいは好奇心に示されるごとき論理性に基づくというよりも、羅列的に自己の見解を述べたに過ぎない」というものである（同上、p. 31）。また、同論文の最後に追加として、『現代教育科学』に掲載されたブルーナーの「『教育の過程』を再考する」（平光昭久訳）を読み、「Bruner は教育理論の確立

というよりも、現実の教育を如何にすべきかの方法論に重点を置いたということが明らかになった」とし、「そのような立場が Dewey の教育理論を批判する場合に、的はずれになることの多い原因かもしれない」と述べ（同上、p.31）、デューイとブルーナーに対し、「方法論中心にする立場と、教育哲学的立場との相違があるように思う」と、違いのみを示して論を閉じている（同上、pp.32-33）。ブルーナーとデューイの教育論を建設的に結びつける姿勢はみられない。

　木下の次に、デューイとブルーナーの関係性について言及したものとして、森茂岳雄の論文が挙げられる。この論文はデューイとブルーナーの教育論の比較を主題としたものではなく、ブルーナーの教授理論と文化論の関係性を論じたものである。その際に森茂は牧野によるデューイとブルーナーの比較を、ブルーナーに対する批判として触れている。彼はその批判に対し、「主にブルーナー理論における『目的論』――教育のめざす望ましい『社会像』、『人間（児童）像』――の欠落や、『教育』と『社会』・『文化』との関係性の欠落を指摘したものであった」とし（森茂 1978, pp.42-43）、「しかし、私は、……ブルーナー理論に『目的論（人間観）』や『文化観』、『社会観』が存在しないという一般的なブルーナー理解には賛成できない」と表明している（同上、p.43）。繰り返しとなるが、この論文において森茂はデューイとブルーナーの教育論の関係性を検討しているわけではない。そして、この論文において、ブルーナーの教授理論と文化論の関係性を明らかにし、ブルーナー研究に大きな貢献をなしている。それゆえ、森茂に対し、牧野が見せた姿勢を見落としているというのは的外れである。しかし、牧野の論文を参照している以上、牧野が意図したことを見落としていると指摘せざるをえない。

　高浦勝義もまた、牧野や小川の論文以降で、ブルーナーとデューイを比較した論文を発表した一人である。彼は牧野や小川の論文を参照しているが、彼らのような姿勢を取らず、「発見学習」や教育目的から、デューイとブルーナーの関係を異質であると結論づけている。それはその見解を披露した論文の趣旨に明確に表れている。「発見学習」を観点とした比較の論文では「本稿は、ブルーナーの諸主張を教育方法次元の諸問題に焦点化して取りあげ、その過程で、適宜、デューイの主張の比較、検討を試み、両者は異質なものであることを論証しようとするものである」と述べられているし（高浦 1978, p.78）、教育目的に対する比較の論文では「筆者は、前回ブルーナーの教育方法上の特質を検討

した際、ブルーナーとデューイとは表面上の類似性にも拘わらず、本質的には極めて対照的な関係にあることを論証した」とし、「本稿はこのような相違を教育目的の次元において検討しようとするものである」と述べられている（高浦 1979, p.30）。

杉浦美朗も高浦と同時期にデューイとブルーナーの教育論を比較している。彼は「ブルーナーの『デューイの後に来るものはなにか』（After John Dewey, What?）によって明らかなように、ブルーナーを中心とする教育課程改革運動は、教育理論としては、デューイを中心とする進歩主義教育にたいするアンチ・テーゼだった」と述べており（杉浦 1979, p.1）、ブルーナーの教育論をデューイのものと対立的にみなしている。しかし、彼がこの比較を通して明らかにしたいのは、ブルーナーとデューイが対立しているということではない。「『デューイとブルーナー』というテーマの下に、私は、デューイの再発見を目差すとともに、それを通して教育の本質に迫まるように努力してみたい」と述べているように（同上、p.2）、彼が明らかにしたいのはデューイの再発見である。実際、「デューイの社会過程――社会化――としての教育にたいして、ブルーナーの、教育は知性の働きを伸長することである、とする立場からの批判は厳しい」としつつ、「それに対して、我々は、デューイの立場からなにも言うことはできないのであろうか」という問いを投げかけ（同上、p.9）、「精神ないし知性こそ、経験の改造ないし改組を可能ならしめるものであり、それゆえに、子供をますます精神的、知性的にならしめること、言葉を換えるならば、精神ないし知性を伸長することこそ、教育の核心である、ということになる」とデューイの立場から返答している（同上、p.14）。この杉浦による比較は、デューイとブルーナーの関係性（以降、杉浦にならって「デューイとブルーナーの関係性」を「デューイとブルーナー」として表記する）を検討するというよりも、ブルーナーによる批判をもとにデューイの教育論を解釈するという点で、他の比較研究と異なっている。それゆえ、もとよりこの比較にデューイとブルーナーの教育論を建設的に結びつける意図はない。

木下、森茂、高浦、杉浦美朗に、牧野や小川の見せた姿勢は意識されなかったようである。そのような中、平光は、「デューイとブルーナー」を論じるにあたって、牧野のその姿勢を明確に意識していた。しかし、平光は牧野の「デューイとブルーナー」に対し否定的である。彼はこう述べている。

かつて牧野宇一郎は、ブルーナーのこの論文〔=「デューイの後」〕を、氏の
デューイ研究の蘊蓄を傾けて微に入り細にわたって吟味されたことがある。
氏は、ブルーナーのデューイ理解が「あまりにひどい」ので「問題にする必
要はない」ほどだ、と言いながらも、両者の関係や位置づけに、言及せざる
をえなかった。しかし、氏の考えでは、ブルーナーを、せいぜい「情報伝達
の理論として」なら、「デューイの思想文脈の中で」活かせないこともない
という、私とは逆の、ブルーナーを矮小化した位置づけ方なのであるが。
（平光 1999, p. 189. 〔 〕内引用者補足）

このような強い論調は、平光のデューイに対する態度におそらく由来してい
る。その態度は次の箇所に明瞭に表れている。

　　デューイ教育学を批判的に克服する、つまり位置づけうるということは、
　デューイがかれの世界の中で語ったことについてとやかく批判することでは
　なくて、行動主義という立場（視界）の制約のゆえにデューイが語りえなか
　った世界があることを明らかにし、新しい充分なる全体視座の中にデューイ
　の全遺産をそっくり位置づけることであると思う。……こうして私は、デュ
　ーイの見ている半球を「右手・上層の実践の世界」、ブルーナーが新たに問
　題化した半球を「左手・下層の認識の世界」と仮に名づけるのである。（同
　上、p. 177）

平光はここで提示した「右手・上層の実践の世界」と「左手・下層の認識の
世界」を「二層二領域的な視座」としている（同上、pp. 176-177）のだが、こ
うすることで彼が主張したいのは、デューイの教育論とブルーナーの教育論に
共通項はありつつも[10]、後者には前者にはないものがあり、両者が補いあう
ことで教育を十全に捉えることができるということである。だから、「デュー
イの思想分脈で」という牧野の発想はデューイの方がブルーナーよりも優れて
いるという見方につながり、平光はそれを「矮小化」と評しているのである。
それは平光の次の一節から読み取れよう。

　　要するに私は、デューイとブルーナーの間は、優劣を裁決するという態度

で臨むべき問題ではなくて、「性格的に相反し」た事実上の諸差異をよく位置づけ説明するに足るわれわれ自身の二層二領域的視座構築を迫る問題であると受けとるのである。ブルーナーはデューイが見ていない「満月の半球」を問題化しているのである。（同上、p. 193）

　この平光の主張は「デューイとブルーナー」に新たな解釈を与えているように感じられる。というのも、両者は異質であるが補うことができるという関係性を提示しているからである。しかし、本人の意図に反しているかもしれないが、「デューイとブルーナー」をめぐる議論の展開からいえば、ここにあるのは、牧野や小川が示した姿勢であろう。つまり、ただ単に異質としてデューイとブルーナーの教育論の対話を閉じるのではなく、「デューイとブルーナー」の建設的で生産的なあり方を探るという姿勢である（実際、牧野も両者を異質であると捉えつつも関連づけていた）。平光が両者を補いあう形でとらえるということは、「デューイとブルーナー」を建設的に捉え、教育に新たな地平を拓こうとする生産的な姿勢にほかならない。したがって、平光の見解に牧野や小川の姿勢を見い出すことができる。

　平光の後に、「デューイとブルーナー」を検討したのは今井である。今井は日本において「デューイの後」が主にデューイ研究者に注目されてきたことに着目し、上で言及した天野の分類に基づきながら、「デューイの後」からなされた「デューイとブルーナー」の評価を３つに分類する。「デューイとブルーナーを同質的に扱った研究」、「デューイとブルーナーの異質性あるいは対立を裏付ける研究」、「デューイの発展としてのブルーナー理論と理解する研究」の３つである。今井によれば、「デューイとブルーナーを同質的に扱った研究」を行った研究者は杉浦宏と上寺である。「デューイとブルーナーの異質性あるいは対立を裏付ける研究」は天野と高浦であり、「デューイの発展としてのブルーナー理論と理解する研究」は田浦と水越である（今井 2005, pp. 76-78）。

　今井はこのように解釈が分かれていることを整理しつつ、ブルーナーが1971 年に「教育の過程の再検討」によって自己省察と反省を試みていることから、「『教育の過程』ならびに『デューイの後にくるもの』から発展したブルーナーの理論を究明することが必要である」とし、「そうした意味においても、70 年代以降の理論をふまえ再度デューイとの関連を考察することが新たな課

題として検討されるべきではないだろうか」と述べている（同上、p. 78）。

　今井がいうように、ブルーナーが「文化心理学」を提唱した後も教育について論じていることから、『教育の過程』に代表される教育論のみで、「デューイとブルーナー」を結論することは尚早である。しかし、いうまでもなく、これまで見てきた先行研究には時期的な制約がある。「文化心理学」提唱後ということに限定すれば、先行研究において、デューイの教育論とブルーナーが「文化心理学」を提唱した後に展開した教育論を比較することができたのは、平光と今井のみである。だが、この両者はその比較を行っていない。

　ブルーナーの教育論が『教育の過程』に代表される教育論に限定されない素地が整っていながらも、「デューイとブルーナー」の検討において『教育という文化』に代表される教育論が対象とされてこなかったのは、その教育論においてブルーナーの考えがどのように変化したのかが不明確であることと無関係ではなかろう。「文化心理学」を提唱し、ブルーナーが教育について論じていたとしても、それが以前のものとどう違うのかが明確でなければ、デューイの教育論と比較する動機が生まれないであろうし、比較のしようがないからである。ブルーナーの教育論の変化が明らかになり、以前の教育論に対する『教育という文化』に代表される教育論の特色が明らかになれば、「デューイとブルーナー」に新たな見解を示すことができるかもしれない。

　また、時期的制約ということからいえば、「デューイとブルーナー」において、ブルーナーに対する理解に認識論上のバイアスがあったとも指摘できる。日本における「デューイとブルーナー」研究では、田浦、杉浦宏、天野、牧野、高浦、杉浦美朗と、デューイ研究者がデューイとブルーナーの教育論を比較している。藤井千春によれば、デューイの経験主義哲学は、1970年代末まで正当に評価されてこなかった。その原因は、デューイの経験主義哲学を論理実証主義と関連させて理解されてきたことにある（藤井 2010, pp. i–ii）。論理実証主義は客観的な真理が実在するという客観主義を前提としている。牧野は論理実証主義的な枠組みから脱していたと指摘されているが（同上、p. 25 脚注 54）、「デューイとブルーナー」の研究を行ったデューイ研究者たちは、ブルーナーの教育論を客観主義から理解していた可能性もある。例を挙げれば、ブルーナーの教育論がデューイの教育論と異質であるという口火を切った天野は、ブルーナーの知識論を「客観的に存在する知識をモデルとして経験が形をなす」も

のとみなしている（天野 1970, p. 49）。このような理解の仕方が、デューイとブルーナーの教育論を対立的・異質的にみなす原因の1つとなっているかもしれない。

　ブルーナーがどのような認識論に基づいているのかは、本書でも「構成主義」（constructivism）の検討を通して明らかにする予定である。認識論上の視点を提供するという点で、本書はこれまでの「デューイとブルーナー」研究に貢献できよう。

　ともあれ、現時点での日本における「デューイとブルーナー」研究の課題は、その末尾に相応しく、今井によって提示されたものであることに変わりはない。これまでに見てきた先行研究からも理解できるように、おおよそ、「デューイとブルーナー」の解釈は、今井の示した3つに分類できると同時に、その対象は『教育の過程』に代表されるブルーナーの教育論（そこには当然「デューイの後」も含まれている）であった。それ以降もブルーナーが教育論を展開している以上、それを対象とすることなく「デューイとブルーナー」に結論を出すことはできない。日本の先行研究において、「デューイとブルーナー」をめぐる議論は未決の領域を残している。

（3-2）海外におけるデューイとブルーナーの教育論の関係性をめぐる議論の展開

　これまで日本における「デューイとブルーナー」研究を見てきたが、海外に目を向けると、日本と異なる状況が見えてくる。

　海外における「デューイとブルーナー」研究では、デューイとブルーナーの教育論の相違を明らかにしたものもあるが、「デューイとブルーナー」を異質的・対立的に捉えるものは少なく、その逆に同質的に捉えようとしたり、牧野や小川のように、ブルーナーの教育論をデューイの教育論に生かそうとしたりする比較の方が多い。さらには、今井が比較を促した1970年代以降のブルーナーの教育論を比較対象としたものがある。海外における先行研究の展開についても、日本の先行研究の展開と同じく、時系列順で追っていこう。

　海外において、デューイとブルーナーの教育論の比較に先鞭をつけたのはフォックス（Fox, J.）である。彼女がデューイとブルーナーの教育論を比較する目的はどちらかの優位性を解こうとしたり、どちらかを批判したりしようとするものではない。なぜなら、彼女の比較の目的は「教育理論は理論者の認識論

序章　本書の研究目的と構成　　*27*

と心理学に密接に関連している」ことを明らかにしようとすることにあり、それを明らかにする方法としてデューイとブルーナーの比較を行っているからである（Fox 1969, p.58）。フォックスの結論はそれゆえ両者の教育理論は異なっているということになる。フォックスにとって、その論旨からも、デューイとブルーナーの教育論の相違が意味することはさほど重要ではないが、「過去十年に対する強調がブルーナーと彼の一般的方針をともにする他の人の理論へ変化したことは、デューイ的な認識論と個人心理学の修正ないしは棄却とブルーナーのそれへの置き換えに関わっていると、おそらく結論されるかもしれない」（*Ibid.*, p.74）と述べている。この態度はデューイとブルーナーの教育論が対立しているとも後者が前者を発展させているとも受け取れるものであり、中立的である。彼女の論旨上、このような態度になるのは当然であろう[11]。

このフォックスの主張に触発され、デューイとブルーナーの教育論の比較を行ったのがヤング（Young, E.）である。ヤングはフォックスの主張に言及しつつも、それを批評するつもりはないとし、自身の中心的な主張は「ブルーナーはデューイによって提案された、あまりはっきりしないいくつかの哲学的概念を実験に基づいて解決している」ことと述べている（Young 1972, p.58）。これに沿う彼女のはっきりした主張は、「教育理論と実践におけるブルーナーの先駆的な努力は進歩主義者の夢を拒絶することではなく、例えば、彼らが認知的成長の役割や社会との相互作用の本質について質問し損ねた質問を尋ねることと、より妥当な進歩主義的仮説を強める適切な実験的データを集めることを生じさせているかもしれない」（*Ibid.*, p.77）ということにある。これは先に見た竹田に近い見方で、ブルーナーの心理学に基づく教育理論（竹田のいう認知過程理論）はデューイの教育哲学を実証し、それゆえデューイの教育哲学のさらなる実践的展開を可能にするということを意味している。この点で、ヤングはブルーナーの教育論をデューイのものを発展させるものとみなしており、デューイとブルーナーの教育論を建設的に結びつけている。

ギャレット（Garrett, L.）は、すでにブルーナーが「文化心理学」を提唱した後だけれども、『教授理論の建設』で提示された教授理論に着目し、デューイとブルーナーを、ともに「経験」を学習過程で重視しているとし、デューイとブルーナーの教育論を同質に扱っている。

ギャレットの論理展開は少し複雑である。というのも、デューイとブルーナ

ーを関係づけるにあたって、デール（Dale, E.）の学習理論を経由させているからである。まず、ギャレットはデューイの教育論において「経験」が学習過程に貢献するが、「経験」を選択せねばならないとされているとする。その上でデューイの教育哲学の一般的原則を、「経験は教育の必要な構成要素である」、「経験の質が重要である」、「経験は連続性をもつ、すなわち、経験は過去を参照し未来を形成する」の3つであるという、デューイの教育論の理解を示している（Garrett 1997, p. 130）。そして、ギャレットは「エドガー・デールは教育における経験の役割に関するデューイの哲学的考えに影響されていた」とし、「経験学習」をカリキュラムと結びつけるために、「経験の円錐」（Cone of Experience）を展開したと続ける。ギャレットによれば、「経験の円錐」の目的は「学習過程に影響する経験の類型についての視覚的類推を与えること」にある（Ibid., p. 130）。この「経験の円錐」がブルーナーの教授理論に影響を与えたらしく、ギャレットは「心理学者のジェローム・ブルーナーは、デールの経験の円錐を基盤とした、彼のインストラクションの理論の展開を通して、学習過程の理解に対する次元の補足に貢献した」と述べ、「デューイ、デール、そしてブルーナーは学習過程に不可欠なものとして経験をみなしている」（Ibid., p. 131）と、デューイとブルーナーの教育論を同質的にみなしている。ギャレットがこのようなことを論じたのは、「デューイとブルーナー」の関係性を議論するためではなく、「経験学習」がライブラリースクールの目録指導（library school cataloging instruction）に有効であると示すためである（Ibid., pp. 132-136）。

　ギャレットと同じく、自身の研究のために、デューイとブルーナーの教育論を結びつけた論文がある。それはマクフェイル（McPhail, J. C.）らによるものである。彼らはこの論文で生徒の興味に関する実証研究を行っている。彼らはその理論的枠組みとして、デューイの興味論を採用している。彼らは、デューイにとって「生徒と興味の文脈の埒内での彼や彼女の活動の材料の条件の融合がある」とし、「結局のところ、デューイにとってインストラクションの問題は、目的ある活動の中に生徒が従事する内容と材料を見つけること、言い換えると、生徒の真の興味（genuine interests）を位置づけるというものになった」とみなす。そして、デューイは「『個人－教材－材料ないし活動』（individual-subject-matter-materials or actions）の結びつきの特定を、真の努力、メタ認知、

序章　本書の研究目的と構成　　*29*

手段 - 目的の理解が教育的成果である点で学習に重要であるとしてみなした」とする（McPhail, Pierson, Freeman, Goodman and Ayappa 2000, pp. 47-48）。このようにデューイの興味論を解釈したうえで、ブルーナーの『教育という文化』が「デューイの仕事と現代の心の調査の理論的架橋を生みだしている」と述べている。というのも、ここでいう「現代の心の調査」としてブルーナーは「メタ認知、間主観性、心の理論（theories of mind）、協同学習（collaborative learning)」を挙げているからである。こうして、「デューイもブルーナーもともに、どのように子どもたちが彼らの世界を組み立てたのかを理解するために子どもたちに目を向けている」とし、「デューイは子どもが特定の状況と文脈における材料を使用する方法に目を向け、一方ブルーナーは学習の際の子どもの言語の使用に焦点を当てた」と述べ、「今世紀の始まりのデューイの影響力の大きい仕事と今世紀の終わりのブルーナーの影響力の大きい仕事は、われわれの研究における活動を展開し理解するための有用な枠組みとレンズを生みだすために結合する」としている（*Ibid.*, p. 48）。

このような結合の是非の検討も必要かもしれないが、「デューイとブルーナー」研究の観点からいえば、彼らがデューイの教育論とブルーナーが「文化心理学」提唱後に展開した教育論を対象とした点は注目に値する。これは彼らの実験のためになされたことだから、彼らが「デューイとブルーナー」に新たな見解を打ち出そうとしているわけではない。しかし、今井が課題として提出した、1970年代以降のブルーナーの教育論をデューイの教育論に関連づけている点で、特筆すべき発想ということができる。

マクフェイルらの次に見られる「デューイとブルーナー」に関わる言及は、ガードナー（Gardner, H.）のものである。ガードナーはこう述べている。

　　大まかに言って、ブルーナーは偉大なアメリカのプラグマティストや進歩主義的思想家であるウィリアム・ジェームズ、チャールズ・サンダース・パース、ジェームズ・マーク・ボルドウィン、そしてとりわけ、ジョン・デューイの伝統に位置づけられる。彼の心情は根本的なレベルでデューイ派（Deweyian）である。彼が生み出すのを助けたカリキュラムと彼が教え刺激した授業は、幅広い教育の世界へのアメリカの贈り物である、進歩主義的教育のルーブリックのもとに心地よく適合する。（Gardner 2001, p. 128）

これはガードナーが自身の経験をもとにブルーナーの人となりを述べた際に
言及されたものであり、「デューイとブルーナー」を明らかにしようとして述
べられたものではない。そして、ここではどの時期のブルーナーの教育論か明
言されていないため、いつのブルーナーの教育論か特定しづらい。カリキュラ
ムに言及していることから、おそらく、『教育の過程』のころの教育論と推測
される。そうであれば、マクフェイルらが注目した「文化心理学」提唱後の教
育論を扱っていない点で、「デューイとブルーナー」の展開過程としては、後
退とも受け取れる。しかしながら、これほどにも明確にブルーナーをデューイ
と同系列に位置づけたことは、両者は異質であるとか対立していると主張され
た日本と比べると、注意を引く一節である。

　このガードナーの言及の後に位置づけられる「デューイとブルーナー」に関
わる論文は鄧（Deng, Z.）のものである。彼が比較したのは1960年代のブルー
ナーの教育論とデューイの教育論であり、ここでも「文化心理学」提唱後の教
育論は比較されていない。この理由は明確で、この論文において鄧がなそうと
していることは、「授業を前提とした教材内容についての知識」（pedagogical
content knowledge）の知的ルーツであるデューイの「教材の心理学化」（psycho-
logizing the subject matter）とブルーナーの「変換」（conversion）、そしてシュ
ワブ（Schwab, J.）の「解釈」（translation）を、新旧の類似した観念の現れにあ
る類似性と差異を探るために、三者を比較検討することにあるからである
（Deng 2007, pp. 279-280）。この試みにあたり、鄧は、まずブルーナーの「変換」
から始める。鄧によれば、「変換」は『教授理論の建設』で示され、それは
「基本的観念」を3つの「表象」（representation）の様式に「変換」できるとい
う意味のものであり、「カリキュラム開発（curriculum development）の不可欠
な課題を描くために用いられたカリキュラムの概念」である（Ibid., pp. 283-
284）。一方、デューイの「教材の心理学化」は「学習の経験という特別な形式
にアカデミックな学科（academic discipline）の教材を『復元すること』（rein-
stating）ないしは『取り戻すこと』（restoring）」であるとする（Ibid., p. 287）。
そうして、「変換」と「教材の心理学化」を次のように比較する。

　　教材の心理学化は、すなわち、学校の教科（school subject）にアカデミッ
　クな学科を変形する（transforming）事柄に主に関わっている。ブルーナー

……のように、学習課程やカリキュラムの開発の観点から、デューイは根本的にカリキュラムの課題として変形（transforming）をみなしている。ブルーナー……と違って、デューイはアカデミックな学科の教材よりもむしろ、学習者の経験を学校の教科のための資源としてみなしている。（*Ibid.*, p. 288）

「変換」も「教材の心理学化」もカリキュラムの課題として提示されているが、「変換」は「アカデミックな学科の教材」を「学校の教科」の資源として、「教材の心理学化」は「学習者の経験」を「学校の教科」の資源とみなしている点で異なっていると、この論文で示した目的の通り、鄧は両者の異同を記述している。

　鄧の後に「デューイとブルーナー」を論じたのはオルソンである。彼は先に紹介した『ジェローム・ブルーナー——教育理論の認知革命』で、「文化心理学」提唱後のブルーナーも視野に入れて、デューイとの比較を行っている。

　オルソンは「ブルーナーをデューイの進歩主義の後継者としてみることは不適切なことではない」と述べており、「デューイとブルーナー」を対立的にみなしてはいない（Olson 2007, p. 64）。さらにオルソンは、先に見たガードナーの見解に言及した後に、「ブルーナーの貢献はデューイの進歩主義に代表される運動を前進させた」（*Ibid.*, p. 103）といい、ブルーナーの教育論をデューイの教育論の発展とみなしている。ただし、ガードナーと同じく、ここではいつのブルーナーの教育論であるかが言及されていない。しかし、次の一節から、時代に関係なく、ブルーナーの教育論はデューイのものを発展させたとオルソンがみなしていることが理解される。

　……ブルーナーの心理学の貢献——認知的、志向説的（intentionalist）、文化的、そして解釈的な——はデューイが一連の仮定として扱ったことの科学的基盤を提供している。一方でデューイは子ども、行為主体、志向性に正しく起因すると考えたとしても、また他方で、彼が発達は社会的、共同体主義的過程であると主張しても、ブルーナーはそれらの骨格に実験的な肉体を与えている。彼の乳幼児の研究を通して、彼は初期の主観性の本質を示し、社会的相互作用を通してどのように子どもの認知がコンピテンスの成長した形式に足場がかけられるかを洗練した。彼の知覚、学習、思考の研究を通して、

彼は学習者が仮説形成と仮説検証に従事していることの説得力のある証拠を証明した。彼らは能動的だけでなく、自分の経験を理解することに精神的に従事しているのである。そして彼のナラティヴの研究を通して、彼は学習者が世界の理解だけでなく、諸々の信念、欲望、希望、意図、同様に満足や失望の感情からできている自分自身の認知的構成を理解していることを明らかにした。学習者は自分自身の知識の構成と全く予期しない程度のことに対する理解に責任があると、彼は見つけた。(*Ibid.*, p. 104)

　1960年代に展開されたブルーナーの教育論の前に、ブルーナーは知覚や思考を研究していた。1960年代に展開されたブルーナーの教育論の後、ブルーナーは乳幼児や乳幼児の言語獲得、「ナラティヴ」の研究を行った。この「ナラティヴ」の研究時にブルーナーは「文化心理学」を提唱している。このことからも、先のオルソンの見解は、ブルーナーの諸々の研究に及ぶものであり、「文化心理学」提唱後に展開された教育論を含んだものとなっている。

　一口に言うと、オルソンがここで提示した見解は、デューイの理論をブルーナーが実証したというものである。ブルーナーがデューイの進歩主義を前進させたという見解も踏まえれば、ここでオルソンが述べていることは、数十年前に竹田が述べたことを進めた見解、すなわち、ブルーナーの教育論はデューイの教育論を実証した点でデューイを発展させたとする見解ということになる。

　オルソンに基づけば、ブルーナーの「文化心理学」に基づく教育論はデューイの教育論を実証したということで発展させたということになる。この見解の価値を貶めることではないけれども、したがってオルソンの見解は、牧野や小川の見解と、ブルーナーの教育論をデューイの教育論の発展とみなす点で一致しているが、彼らがデューイの教育論に位置づけることでブルーナーの教育論をデューイのものの1つの展開とみなしている点で異なっている。

　海外の「デューイとブルーナー」研究の展開の末尾に取り上げるのは、高屋の解釈である。高屋は先にも触れた論文である「ジェローム・ブルーナーの教育の理論——初期ブルーナーから後期ブルーナーへ」("Jerome Bruner's Theory of Education: From Early Bruner to Later Bruner," 2008) と、論文と同じく国外で公刊した著書『ジェローム・ブルーナー——可能性の感覚を伸ばす』(*Jerome Bruner: Developing a Sense of the Possible*, 2013) で「デューイとブルーナ

ー」に言及している。『ジェローム・ブルーナー』において、オルソンと同じく、高屋も 1960 年代だけでなく、『教育という文化』の教育論も視野に入れている。論文の方から確認していこう。

　まず、高屋は 1960 年代のブルーナーでは「ブルーナーは人間の心の機械論的な見方に対するデューイの批判を共有しているけれども、彼はデューイの名をしばしば連想させるいわゆる経験に基づいた教育（experience-based education）を批判した」とし、かつ、「デューイの後」が「デューイの『私の教育学的信条』に基づくデューイの見解の批判」であると（Takaya 2008, p.5）、ブルーナーがデューイに対決したことを確認している。その上で、ブルーナーの自伝『心を探して』（*In Search of Mind*, 1983）において「知識を追求する究極的な目的は好奇心を伸ばすことである」と述べられていることに触れて、「そして皮肉にも、彼は、彼が以前に非難したデューイのようである」と述べている（*Ibid.*, pp.15-16）。『教育という文化』にまでは言及されていないけれども、ここでは、ブルーナーが年代を経てデューイの教育論に類似した教育論を展開している、あるいは、デューイを批判しなくなったということが指摘されている。

　『ジェローム・ブルーナー』で提示された「デューイとブルーナー」では、おそらく論文では触れることができなかった（し、実際、参照されていない）オルソンの見解にも言及しており、また、どの時代のブルーナーの教育論に対しても、デューイの教育論と肯定的に結びつけて論じられている。例えば、論文で述べたことと同じく、ブルーナーはデューイを批判したことに触れつつ、ブルーナーはデューイの教育論を受け継いでいると、次のように述べている。

　　教育が何を追求すべきかについて非常に似た見解であるという事実にもかかわらず、人々は、ブルーナーがデューイに取って代わるかのように、デューイの経験に基づく教育に対してブルーナーの学問に基づく教育（discipline-based education）を議論する傾向にある。ブルーナーがデューイを批判したのは正しいが、彼らの見解をつぶさに見たとき、ブルーナーは基本的にデューイの教育の哲学の後継者である。（Takaya 2013, p.51）

　この見解は杉浦宏のものと類似している。また、海外の読者をメインに想定されて書かれたものであるけれども、日本においてなされた素朴に「デューイ

とブルーナー」を対立的に措定するみなし方に対しても示唆深い見解である。

別のところでは、「文化心理学」提唱後のブルーナーを視野に入れて、こう述べられている。

　　教育理論家としてのブルーナーは、一般に、デューイの伝統の下にいるとしてみなされている……〔『ジェローム・ブルーナー ──教育理論の認知革命』に収録されたオルソンによるブルーナーへのインタビューにおいて〕ブルーナー自身はデューイのようなプラグマティズムと同じ伝統にいることを認めている……われわれはこれをほんのわずかに警戒して理解する必要がある。なぜなら、1960年代の多くの人々が、デューイに取って代わるものとして、進歩主義の誤りや失敗を訂正するものとしてブルーナーの教育理論を評価したからである。実際、ブルーナー自身はデューイの見解について批判的に書いていた。1960年代から1970年代初頭に彼の教育の著書の後、彼のデューイの言及はほとんど消える。彼がより最近の著作でデューイに言及することを再開するとき、彼は満足げに書くが、デューイの教育理論をほとんど述べない。

　　ブルーナーの最近の著作でのデューイへの同意は、おそらく研究関心の変化のためである。彼の関心はいまや、文化的文脈における人間の認知にあり、そして彼はデューイの教育理論と対決する必要がないのである。(*Ibid.*, p.57. 傍点原文イタリック。〔 〕内引用者補足)

非常に慎重な見解である。ガードナーが述べていたように、ブルーナーはデューイの伝統を継いでいるとみなされており、オルソンによるインタビューでブルーナーがデューイの伝統の中にいるとブルーナー自身認めている。しかしながら、ブルーナーがデューイを批判したのは事実である。そして、高屋が指摘するように、『教育の適切性』以降、ブルーナーはほとんどデューイの教育理論に言及していない。「デューイの後」のようにデューイを主題とした論文はあるが、それはデューイの言語論に対する彼の解釈を示したものである (Bruner, Caudill and Ninio 1977)。

その上で、高屋は、ブルーナーの研究関心が変化したために、ブルーナーはもはやデューイの教育理論と対決する必要がなくなったとしている。彼がここでいう研究関心は「文化的文脈における人間の認知」であり、これは「文化心

序章　本書の研究目的と構成　　*35*

理学」におけるブルーナーの研究関心である。

　つまり、高屋は、ブルーナーはデューイの教育哲学を継承しつつも、1960年代ではデューイの教育理論と「対決」し、しかし研究関心の変化によって、1980年代以降、したがって「文化心理学」提唱以降のブルーナーは、デューイの教育理論と「対決」する必要がなくなったと、「デューイとブルーナー」を解釈しているのである。この解釈は、どの時代においても、ブルーナーの教育論はデューイの教育哲学を受け継いでいるので、根本的には異質的や対立的ではないということを示している。

　しかし、ブルーナーの教育論は根本的にデューイの教育論と異質的または対立的でなければ、「デューイの後」での「対決」とは何だったのだろうか。教育論の論構成の根本となる教育哲学を受け継いでいるのであれば、論としては根本的に同質なはずである。にもかかわらず「対決」したのは、どういう意図のもとであったのであろうか。高屋の解釈はこのような疑問を生じさせる。今一度、「デューイの後」におけるデューイとの「対決」を考える必要があるかもしれない。

　また、高屋の「デューイとブルーナー」の解釈は、「デューイとブルーナー」研究にとっても、ブルーナーの教育論がどのように変化をしたのかを明らかにすることが求められていることを示唆している。研究の関心が変わったことで、ブルーナーは「デューイの後」のようなデューイとの「対決」をしなくなったと、高屋はいう。ならばなおさら、ブルーナーの研究関心がどのように変化し、それがどのように教育論に反映され、どのような概念として具体的に表れているのかが示される必要があろう。それらが明示されることで、「デューイの後」でのデューイとの「対決」の意味がより明確化されることになるからである。

　「デューイとブルーナー」研究に、本研究の取り組みである、ブルーナーの教育論の変化と「文化心理学」提唱後に展開された教育論の特色の解明が求められていることが示唆されている。

(3-3) 日本と海外における先行研究の総合的検討

　高屋において海外における「デューイとブルーナー」の研究の展開が終わり、日本と海外の先行研究の展開が確認されたが、海外での展開に日本での展開と異なる点がいくつか浮上していることに気づかされる。第1に気づくのは、海

外では「デューイとブルーナー」を異質または対立として措定することは少なく、たとえそう措定しても、日本ほど論者間で関心を惹いていないことである。

　その理由は、これが第2の違いでもあるが、海外では「デューイとブルーナー」そのものを主題に研究したものは少ないということにあると考えられる。ヤングやガードナー、オルソン、高屋を除いては、「デューイとブルーナー」に言及したのは、設定された別の目的を達成するためである。それゆえ、「デューイとブルーナー」をめぐる見解の議論にまで発展させる必要はない。「デューイとブルーナー」に論者で違いがあったとしても、そもそもそれを議論する必要がないからこそ、論者間による「デューイとブルーナー」の違いに関心が及ばないのであろう。

　反対に、日本で「デューイとブルーナー」の異質性や対立性が強く主張されたのも、デューイの教育論の優位性を示すという志向が強かったためともいえる。これは異質性や対立性を主張した論者がデューイ研究者であったということとも関係していよう。両者を建設的に捉えようとした牧野でさえも、デューイとブルーナーの教育論の優劣を決定しようとしていた。デューイ研究者であれば、ブルーナーによる批判からデューイを擁護するのは当然のことである。

　このことより、海外と比べ、日本では「デューイとブルーナー」を異質的もしくは対立的にみなされる傾向が強いと認められる。したがって、「デューイとブルーナー」が同質であるとか後者は前者の発展であることを認めず、両者の異質性や対立性にことさらこだわったのは、日本特有の現象である。

　3点目は、海外では1970年代以降のブルーナーの教育論が「デューイとブルーナー」の検討の俎上にあるにもかかわらず、日本では、今井がその必要を訴えているように、それがなされていないということである。したがって、日本の「デューイとブルーナー」研究としては、1970年代以降のブルーナーの教育論を対象とすることが強く求められていることになる。

　しかし4点目として、海外においては、日本と比べて、ブルーナーの教育論をデューイの教育論の発展として受けとめる、あるいはそれによって発展させようとする姿勢があまりないということである。この姿勢は、日本では水越、田浦、竹田、牧野、小川、平光に見られるものであるが、海外ではヤングやオルソンぐらいである。マクフェイルらもデューイの論とブルーナーの論を結びつけているが、それは彼らの研究のためであって、デューイの論を発展させよ

うと意図しているわけではない。

　このような４つの差異を前提に、日本と海外の「デューイとブルーナー」研究を対話させるならば、日本側としては安易に「デューイとブルーナー」を同質的にみなしたり、後者を前者の発展とみなしたりすることはできないということになり、海外側からいえば、1970年代以降のブルーナーの教育論を視野に入れずに「デューイとブルーナー」に結論を下すことはできないはずであるということになる。

　それゆえ、「デューイとブルーナー」研究の最大の課題は、ブルーナーの1970年代以降の教育論を対象とした比較ということにある。もっとも、すでに紹介したように、これはオルソンや高屋によってすでになされている。ただ、オルソンは実証性ということで1970年代以降のブルーナーの教育論をデューイの教育論と関連づけている。したがってこれまでの展開からいえば、1970年代以降のブルーナーの教育論における何らかの概念を「デューイの思想分脈」で生かすという検討の余地が残されている。すでにみたように、高屋もこのような検討を行っていない。そしてその検討は、1970年代以降、ブルーナーの教育論がどのように変化し、1960年代の教育論とどのように異なっているのかが明らかにされないかぎりは、進めることのできないものである。

　本書の研究は「デューイとブルーナー」研究の進展に大きく関わっている。むしろ、「デューイとブルーナー」研究が盛んに行われているのにもかかわらず未決の部分が依然残されていることを踏まえれば、本研究の成果は「デューイとブルーナー」研究に生かされることで、その価値が大いに発揮される。本研究の意義を確認するためにも、そして、大いに議論の余地を残している「デューイとブルーナー」研究のためにも、本書において「デューイとブルーナー」の検討をすべきであろう。

3　本書の課題と方法

　「教育の現代化の理論的支柱」に関わる先行研究、『教育という文化』に代表される教育論に関わる先行研究、ブルーナーの教育論の変化に関わる先行研究、「デューイとブルーナー」の先行研究を概観した。それらを概観した際に、各々の先行研究の課題が見えてきた。それらの課題は次の３つであった。

①「文化心理学」を提唱したことで、ブルーナーの教育論がどのように変化したのかを明らかにすること

②『教育の過程』に代表される教育論に対し、『教育という文化』に代表される教育論の特色といえる概念を明らかにすること

③1970年代以降のブルーナーの教育論を対象に、「デューイとブルーナー」の検討を行うこと

この中でまず取り組まなければならない課題は第1の課題である。「文化心理学」提唱を境に、ブルーナーの教育論がどのように変化をしたのかが示されなければ、『教育という文化』に代表される教育論の特色的な概念も把握できないし、それゆえ1970年以降のブルーナーの教育論を対象とした「デューイとブルーナー」を検討する対象も定められないからである。

第1の課題に対し、本書では、ブルーナーの研究関心がどのように変遷したのかを検討するという方法でアプローチする。ブルーナーの研究関心の変遷を追うことで、「文化心理学」が提唱された動機が明らかになる。その動機がどのように「文化心理学」が反映されているのかを明らかにできれば、それを観点に「文化心理学」提唱後に展開された教育論の変化を検討することも可能となろう。

具体的には次のようにアプローチしていく。まず、ブルーナーが「文化心理学」を提唱するまで、どのような対象にどのような関心を抱き、それがどのように変化してきたかを追うという、「文化心理学」の形成過程の解明を行う。

次に、研究の変遷を追うことで明らかになったブルーナーの研究関心が「文化心理学」にどのように反映されているのかを検討する。それと同時に、ブルーナーが提唱した「文化心理学」を理解するために、ブルーナーの「文化心理学」の構造がどのようなものかを明らかにすることも求められる。

その上で、次はブルーナーの「文化心理学」において教育がどのような位置にあり、そして、「文化心理学」提唱以前以後で、教育論上のどのような変化が見られるかを明らかにする必要がある。ここにおいて、第2の課題に取り組む視点が提示されるはずである。

第1の課題に取り組むことで、「文化心理学」提唱後に展開された教育論における「ナラティヴ」と「フォークペダゴジー」が、『教育の過程』に代表さ

序章　本書の研究目的と構成　*39*

れる教育論に対する特色的な概念として浮上してくる。そこで、第2の課題には「ナラティヴ」と「フォークペダゴジー」の検討という方法でアプローチする。

　それゆえ、第2の課題としてブルーナーのいう「構成主義」や「2つの思考様式」についても検討しなければならない。前節でも言及したように、ブルーナーにとって「ナラティヴ」は「2つの思考様式」として提唱されており、それは「現実を構成する」(constructing reality) 方法のうちの1つである (Bruner 1985b, p. 116)。ここでブルーナーが「現実を構成する」としているのは、彼が「構成主義」の立場だからである。「ナラティヴ」には「2つの思考様式」という思考様式の二分と「構成主義」が前提とされている。

　この「2つの思考様式」と「構成主義」に対し、問題点が指摘されている[12]。この問題点が妥当であるならば「ナラティヴ」は問題を孕んだ概念となり、ひいては、『教育という文化』に代表される教育論自体に難点があることになる。この難点が解消されなければ、『教育の過程』に代表される教育論に対する、特色的な概念として「ナラティヴ」を検討する意味がなくなるであろう。「2つの思考様式」と「構成主義」は検討される必要がある。第2の課題として、「2つの思考様式」と「構成主義」の検討も行わなければならない。

　第3の課題に対しては、次の2つの視点から取り組む。1つは、ブルーナーが取ったデューイに対する態度の変化という視点である。これは高屋の「デューイとブルーナー」に対する指摘を受けてのものである。高屋にしたがえば、ブルーナーは研究関心の変化とともに、デューイに対する態度を変えていった。この態度の変化が意味するところを明らかにできれば、1970年代以降にブルーナーが展開した教育論を対象に「デューイとブルーナー」を改めて検討する意義が見出され、今井が提示した1970年代以降のブルーナーの教育論を対象とした比較という課題にも、ある程度答えることができるであろう。

　2つめの視点は、デューイの教育論を観点に「ナラティヴ」と「フォークペダゴジー」を検討することである。この検討を通して「文化心理学」を提唱した後のブルーナーとデューイの関係性が明らかになれば、比較思想研究としての本書の研究の意義も示されることとなろう。

　以上の3つの課題とそれらに応じて設定した方法で、本書を構成する。

4 本書の構成

本論は9つの章で構成されている。第1章から第4章において、第1の課題に取り組んでいる。第2の課題には、（重複しているけれども）第4章から第7章で取り組まれている。第3の課題は第8章と第9章で取り組む。

第1章から第9章までの概要は以下のとおりである。

第1章 「文化心理学」の形成過程1——生い立ちから第二次世界大戦まで

本章と次章において、ブルーナーが「文化心理学」提唱までに至る過程を考察する。この章ではまず、ブルーナーの諸研究に通底したものは何かを特定する必要を訴え、それを「知ること（knowing）の本質」を明らかにすることにあると主張する。その上で、ブルーナーが「知ることの本質」の解明に向かってどのように試みたかを、ブルーナーが行った研究の順序に沿って検討していく。この試みは第1の課題におけるブルーナーの研究関心の変化の検討に対応しており、「文化心理学」の形成過程を明らかにするためのものである。

第1章で扱うのは生い立ちから第二次世界大戦までである。この章では、ブルーナーの交流関係から諸研究の素地がどのようにして培われたのかを主に検討している。

第2章 「文化心理学」の形成過程2——知覚の研究から乳幼児の言語獲得研究まで

前章に引き続き、本章でも「文化心理学」の形成過程を、ブルーナーの研究の変遷から検討する。対象となるのは知覚の研究、思考の研究、教育の研究、発達の研究、乳幼児の言語獲得研究であり、この順で本章の検討を進めている。

本章で明らかになるのは、ブルーナーが取り組んだ研究における「知ることの本質」の具体的な展開である。「知ることの本質」を明らかにするために、知覚の研究は「知ること」の探究として展開され、続く思考の研究は「知り方」の探究として展開された。教育の研究と発達の研究は「知り方の獲得」のための探究としてなされた。乳幼児の言語獲得研究も「知り方の獲得」のための研究である。しかし、発達の研究における乳児の研究によって、ブルーナー

は「意図」（intention）や「志向性」に関心を持つことになり、その関心を乳幼児の言語獲得研究においても反映させている。そのためさらに関心を持つことになったのが「間主観性」である。「意図」や「志向性」、「間主観性」への着目が「ナラティヴ」の研究に持ち越され、「文化心理学」提唱へと至ることになる。

このようなブルーナーの研究関心の変遷が明らかになることに付随して、本章では、ブルーナーが「構成主義」の立場や「文化」への関心を、知覚の研究の時点から抱き続けていたことも明らかになる。

第3章　「文化心理学」の構造

本章では、「文化心理学」の構造を、その提唱の背景にあった「ナラティヴ」研究の着手を起点に明らかにする。「ナラティヴ」研究は、ブルーナーが乳幼児の言語獲得研究の際に抱いた関心である、「意図」へのアプローチのために着手された。ここでの「意図」は、自己の「意図」だけでなく、他者の「意図」も含まれている。この点で、「ナラティヴ」研究は「間主観性」にも関わっている。「ナラティヴ」研究において、ブルーナーの関心は「意図」と「間主観性」に向けられている。

ブルーナーは「ナラティヴ」を自他の「意図」を扱う媒体としてみなしている。「意図」をいかに知るかが「ナラティヴ」を研究する際のブルーナーの関心であり、この意味で、ブルーナーにとって「ナラティヴ」研究は「知り方」の探究であり、それゆえ、思考の研究の再スタートともいえる研究である。

思考の研究との違いは「意図」にある。そして「意図」を扱うということが、ブルーナーに「文化心理学」を提唱させることになった。なぜなら、ブルーナーによれば、当時の認知科学は「意図」を含めた「志向的状態」（intentional states）を扱うことを嫌っていたからである。これは認知科学を誕生せしめた「認知革命」（Cognitive Revolution）の立役者の1人であったブルーナーの意に反することであり、また、「志向的状態」の1つである「意図」を扱いたいという彼の研究関心に反することである。そこで、ブルーナーは当初の「認知革命」のねらいを復活させようとした。それが「文化心理学」の提唱であり、そのねらいとは「意味」（meaning）を心理学の中心に扱うことである。

ブルーナーの「文化心理学」は、端的にいうと、「意味生成」（meaning making）の過程を明らかにする心理学のことである。本章では「文化心理学」における「意味」と「解釈」と「間主観性」と「文化」の関係性、「意味生成」と「文化」と「間主観性」の関係性、「志向的状態」と「心」の関係性、「心」と「文化」の関係性の検討を通して、「文化心理学」の構造が示され、そして「文化心理学」の「意味」や「意味生成」、「心」や「文化」といった概念に、「ナラティヴ」研究時のブルーナーの研究関心である「志向的状態」と「間主観性」が反映されていると指摘する。

第4章　形成過程から見る『教育という文化』における教育論の特徴

　本章では『教育という文化』を中心に、ブルーナーが「文化心理学」提唱後に展開した教育論の特徴を検討する。本章ではまず、ブルーナーの「文化心理学」における教育の位置を確認し、その後、その教育の目的を考察する。そこで得られる教育の目的は「可能なことについての生き生きとした感覚」を培うことである。しかしこの目的は、「文化心理学」提唱前の教育論にも見られるものである。そこで本章では、『教育という文化』の形成過程を観点に、「文化心理学」提唱前後で展開された教育論の連続的な側面と転換的な側面を考察することで、「文化心理学」提唱前後の教育論の決定的な違いを検討する。

　本章で考察する連続的な側面として対象とするのは、ブルーナーの就学前教育論である。とりわけ、ブルーナーがヘッドスタートに関与した経験に着目する。一方、転換的な側面の考察では、ブルーナーの知覚の研究に着目する。『教育という文化』には、知覚の研究の成果が乳幼児の言語獲得研究で着目した「間主観性」を経由していることで生かされている。そうして、「文化心理学」提唱以前以後における教育論の決定的違いは、「間主観性」と、それと組をなす「志向的状態」に着目されているか否かであるとし、「間主観性」と「志向的状態」への着目が「文化心理学」提唱後の教育論の特徴であると指摘する。それと同時に、それを根拠に「ナラティヴ」と「フォークペダゴジー」が「文化心理学」提唱後の教育論の特徴的な概念であると示唆し、それらの概念の検討を促す。

　この章では、「文化心理学」提唱に至ったブルーナーの研究関心が「文化心理学」提唱後に教育を論じた際にどのように反映されているのかと、それが具体的にどの概念に結実しているのかを検討することになっている。それゆえ、

序章　本書の研究目的と構成　　43

この章は、ブルーナーの教育論の変化に言及しつつも、「文化心理学」提唱後に展開された教育論の、それ以前に展開された教育論に対する特色も見出そうとしている。このようなことから、本章は第1の課題と第2の課題を扱っていることとなっている。

第5章 「2つの思考様式」と「構成主義」の吟味

本章は「ナラティヴ」を検討するために、「2つの思考様式」と「構成主義」を吟味する。「ナラティヴ」は「2つの思考様式」の1つであり、「2つの思考様式」の前提にあるのが「構成主義」である。「2つの思考様式」はその二分法をめぐって問題点が指摘されており、「構成主義」は「始原的実在」（aboriginal reality）を否定している点が問題であると指摘されている。本章ではそれらの批判に反批判を行い、「ナラティヴ」の前提となっている「2つの思考様式」という二分法と「構成主義」を擁護する。

第6章 「2つの思考様式」と教育

「2つの思考様式」とは思考の「ナラティヴ様式」と「論理 – 科学的様式」のことである。そもそもこの二分法はブルーナーが「ナラティヴ」研究を行うためになされたものである。したがって、本来的には「ナラティヴ」は教育のための概念ではない。しかし、ブルーナーは教育における「ナラティヴ」や、「ナラティヴ様式」と「論理 – 科学的様式」の相補関係について論じている。本章ではそのブルーナーの教育論を検討することで、「文化心理学」提唱前の教育論に対する「ナラティヴ」の新しさを考察する。その過程で、「ナラティヴ」に「志向的状態」と「間主観性」がどのように関連しているかも明らかになる。

第7章 「フォークペダゴジー」

本章では「フォークペダゴジー」が具体的にどのような概念であるかという検討を通して、「フォークペダゴジー」に「志向的状態」と「間主観性」がどのように関連しているかを明らかにする。「フォークペダゴジー」はある「文化」で生きている人々に抱かれている学習や成長に関する考えのことであり、人々はその「フォークペダゴジー」に基づきながら教育の場面での相互作用を

行っている。この「フォークペダゴジー」と「志向的状態」および「間主観性」の関連を、「フォークペダゴジー」提唱に至る過程を踏まえることで明らかにする。最後に、「フォークペダゴジー」の教育的可能性を考察し、そのような可能性が生じるのも「フォークペダゴジー」に「志向的状態」と「間主観性」が反映されているためであると指摘する。

第8章 「デューイとブルーナー」再考の必要性

　本章の議論の中心は、「デューイの後」以後のデューイに対するブルーナーの態度の変化である。本章での議題は4つある。1つは、オルソンのインタビュー（Olson 2007, pp. 161-165）によって示された、ブルーナーがデューイのいう「道徳」を是認したことは「デューイとブルーナー」に何を意味しているかということである。2点目はそのような是認を可能にしたデューイに対する好意的な態度はいつから見られるのかということである。ブルーナーがデューイに対して好意的であるなら、両者にどのような関係が望めるのかということが3つめである。最後の4つめは「デューイの後」とデューイの言語論解釈が示された「言語と経験」（"Language and Experience," 1977）におけるデューイ解釈の差異はなにゆえ生じているのかということである。

　1点目の検討において、ブルーナーがデューイのいう「道徳」を是認したことは、ブルーナーがデューイの教育思想の根幹を肯定することに等しいということが示され、ブルーナーが「デューイの後」で「対決」した意味が問い直される。そこで得られるのは、ブルーナーがデューイに「対決」したのは、彼なりにデューイの教育論を発展させようとしたためだったという結論である。2つめの議題では、「言語と経験」におけるデューイ言語論解釈の適切性の検討を通じて、ブルーナーが乳幼児の言語獲得研究を行った際からデューイに好意的であることが示される。それを受けて、実際にブルーナーの言語獲得論とデューイのそれを比較し、ブルーナーの言語獲得論はデューイのものを発展させていると指摘する。最後に、「デューイの後」と「言語と経験」におけるデューイ解釈の態度は、ブルーナーがその解釈を示していた研究の立脚点、すなわち、構造主義か機能主義かによって異なるということを明らかにする。

第9章 「デューイとブルーナー」再考——「文化心理学」提唱後に展開された教育論の再解釈

　本章は、ブルーナーの「文化心理学」の枠組みがデューイの「文化的自然主義」の枠組みと類似しているという仮説を基軸に、『教育という文化』に代表される、ブルーナーが「文化心理学」を提唱した後に展開された教育論——特に、「ナラティヴ」と「フォークペダゴジー」——とデューイの教育論を比較する。

　本章では、ブルーナーの「文化心理学」において、彼が機能主義とみなしたヴィゴツキー（Vygotsky, L.）の影響を検討することから議論を進める。そのことで、「文化心理学」の枠組みにヴィゴツキーの影響があることを示し、「文化心理学」提唱後の教育論はデューイの教育論と異質的・対立的でない可能性が極めて高いことを指摘する。その可能性を、「文化心理学」の枠組みとデューイの「文化的自然主義」の枠組みの類似性の検討を通して検証する。そして、「文化心理学」の枠組みと「文化的自然主義」の枠組みが類似していることから、「文化心理学」は「文化的自然主義」の枠組みに基づき、「意味」を基軸に人間の心理を追究する心理学と位置づけられると指摘する。

　これを根拠に、デューイの教育論における「意味」を観点にブルーナーの「文化心理学」の教育論を解釈していく。この解釈によって、「ナラティヴ」はデューイの教育論における「探究」（inquiry）についての「反省」（reflection）の1つのあり方に、「フォークペダゴジー」はデューイの教育論における教育者が「生徒と教材の相互作用」に対し相互作用するための方法の概念へと捉えられることが明らかになる。この検討によって、ブルーナーが「文化心理学」提唱後に展開した教育論は、「意味」の教育論と解釈できることになる。

　以上のことから、ブルーナーが「文化心理学」提唱後に展開した教育論は、デューイの教育論と同質的であり、デューイの教育論にも生かすこともできるので、デューイの教育論を発展させるものであるという結論が導かれる。

　注
1)　佐藤は「私は教育の理論の発達は、連続的なものであり、直前の過去の完全否定ではないと固く信じている」と明言していることから（佐藤 1968, p. 36)、先の引用箇所によって、佐藤がブルーナーの教育論をデューイの

教育論と異質的に捉えているとは明確にはいいがたい。しかし「学問性を強調する」という点に、佐藤がブルーナーの教育論をデューイの教育論と異質的、ひいては対立的に捉えていると暗示されている。というのも、別のところで「私の理解ではブルーナーは広義の本質主義者に属している」（佐藤 1986, p. 65）と述べているからである。この箇所でも、デューイと異質的であるとか対立しているとして、ブルーナーが「本質主義者」であるとされているわけではないが、本質主義はデューイが一般的に位置づけられる進歩主義と対立した立場として知られているし、少なくとも、佐藤がブルーナーを進歩主義とは異なる立場であると見ていることは確かである。このため、佐藤はブルーナーはデューイと異質的であり、ひいては対立する立場であると位置づけていると考えられる。

2) 佐藤は単著でも彼のブルーナーの見解を披露している（佐藤 1976, 1986）。

3) 『教育の過程』において提示された、「どんな教科でも、ある程度知的に正直な（honest）かたちで、どんな発達段階におけるどんな子どもにも効果的に教えることができる」という仮説である（Bruner 1977, p. 33. なお、『教育の過程』の初版は 1960 年であるが、この版には 1977 年版の序文が加えられている。）。

4) MACOS については第 4 章で説明している。

5) 近年の日本のブルーナー研究の動向として、ブルーナーの幼児教育論や乳幼児の言語獲得論を対象とした研究も出現している（今井 2009a, 2009b, 2010a, 2011a, 2013b, 2014; 相馬 2014）。
　　これらの研究は、ブルーナーを「教育の現代化への理論的支柱の提供者」とする理解を揺らがせる研究とも見ることができる。このようなことからも、「教育理論家としてのブルーナー」＝「教育の現代化への理論的支柱の提供者」とのみ理解することは、もはや限界に来ているといえるであろう。

6) なお天野は、結論は同じであるけれども、別の論文でより詳細に「デューイの後」を検討している（天野 1970）。

7) 牧野は先に見た天野の論文の「入手がおそかったため重複を避けるほどに稿を改める余裕がなく、時間の許す限りそれに言及して賛同の意を表することとした」と述べている（牧野 1972a, pp. 424-425）。

8) 先の引用にもあったように、牧野は「デューイの思想文脈」ではなく「デューイの思想分脈」としている。これは、ブルーナーの考えをデューイ思想の分派としてみなすための強調を意図していると考えられる。

9) 同年発表ゆえか、小川も牧野も相互に論文を参照していない。

10) 平光は、「ブルーナーの『構造の重要性』は、デューイと同じく『原理＝態度』の重要性であった」と述べており（平光 1999, p. 254）、両者に共通項があることを認めている。

11)　なお、フォックスはこの論文の最後に、ブルーナーが『認識能力の成長』（*Studies in Cognitive Growth*, 1966）を出版したことから、ブルーナーの教育理論もデューイのように社会的側面を考慮するようになるだろうと推測している（Fox 1969, pp. 74-75）。この推測は、後のブルーナーの教育論がデューイのものに質的に近づくことを予感しているものであり、『教育の適切性』以降のブルーナーの教育論もデューイのものと比較する必要があることを示唆しているようで興味深い。

12)　生田と斎藤が「2つの思考様式」の問題点について指摘している（生田2009; 斎藤 2006）。「構成主義」の問題点については、バクハースト（Bakhurst, D.）によって示されている（Bakhurst 1995, 2001）。

第1章

「文化心理学」の形成過程1
── 生い立ちから第二次世界大戦まで ──

　ブルーナーが「文化心理学」を標榜したのは「ナラティヴ」の研究のときである。「ナラティヴ」の研究に至るまで、ブルーナーは世論、知覚、思考、教育、発達、言語獲得を対象に研究を行っていた。

　「ナラティヴ」の研究に至るまでの過程は「文化心理学」と無関係ではない。世論から言語獲得までの研究を経ることで「文化心理学」は形成された。

　序章で述べたように、ブルーナーの研究過程を対象にした研究はすでにある。その中でも独創的なのはウェルトマンのものである。ウェルトマンは世論の研究から「ナラティヴ」の研究まで、ブルーナーはすべて同じ主題であったと指摘する（Weltman 1999, p. 162）。彼に基づき端的に表現すると、その主題とは「人びとに高尚なものを奨励する」ことである。ウェルトマンは世論の研究から「ナラティヴ」の研究に至ったブルーナーに対し、「ブルーナーは選り抜きの専門家と高尚な文化という絶対的な権威をもはや奨励して（promotes）いないが、高尚なストーリーとして描かれうるより偉大な真正さと、選り抜きのストーリーテラーのより偉大な巧妙さを奨励している」（*Ibid.*, p. 174）と述べている。ウェルトマンの論文はブルーナーの研究の表層でなく深層を明らかにしようとしている。この点が、世論から言語獲得までの研究が「文化心理学」提唱後の研究とどのように関連しているか（Lutkehaus and Greenfield 2003; Lutkehaus, 2008）、あるいは変化しているか（Olson 2007, ch. 2-5; Takaya 2008）を論じた先行研究と異なっている。

　ウェルトマンの結論は独創的であるけれども、しかし表面的であることも否めない。ウェルトマンがブルーナーの諸研究における変わらない主題を高尚な

ものへの奨励とした際の論拠は、まず世論の研究である。ウェルトマンはブルーナーの世論の研究について、「プロパガンダの成功は、ブルーナーによると、選り抜きのオピニオンリーダーと大衆の教育的ギャップ、つまり、普通の人びとが悪いアイデアからよいアイデアを区別できないままにし、普通の人びとの短期的な利己心をプロパガンダの近視眼的な訴えに弱いままにしたギャップである」と述べ、「プロパガンダに反抗する教育と独裁に反抗する民主主義的政策立案を成功する鍵は、制度的で知的なリーダーと大衆の公共的関係をよりよく発展させることである」とする（Weltman 1999, p. 166）。こう述べられていることからわかるように、ブルーナーの世論の研究に高尚（エリート）／低俗（大衆）の二分をウェルトマンは見出す。これをもとに、低俗を高尚へ奨励するという論理を導き、世論の研究以外にもそれがあてはまることを論じている。例えば世論の研究後に行った知覚の研究では、富裕層の子どもと貧困層の子どもの知覚の違いを対象にした研究から、知覚の差異だけでなく、「貧しい人が自分の偏狭な先入観を超えて理解する想像力が欠けているように、現実に自分の期待があっていないとき、中流階級の教育された人びとよりも教育の程度が低く低収入な人びとの方が現実を歪める傾向にあると彼〔＝ブルーナー〕はまた見つけた」としている（*Ibid.*, p. 167. 引用箇所の〔 〕内引用者補足）。

　ここにも確かに高尚（富裕層）／低俗（貧困層）という二分が見出せる。この点ではウェルトマンに誤りはない。だが、ウェルトマンは彼が根拠としたブルーナーの研究の、ブルーナーが設定した目的を考慮していない。次章で見るように、ブルーナーがこの研究で、ひいては知覚の研究で明らかにしたかったのは、有機体の状態によって知覚は異なるということである。ブルーナーが知覚の研究で富裕層と貧困層の子どもを扱ったのは、裕福か貧しいかという状態の違いが知覚にどのような影響を与えるかを調べるという方法のためである。目的を達するための方法を論拠としている点で、「人びとに高尚なものを奨励する」ということをブルーナーの各研究の同一主題とするには説得力に欠ける。

　しかし、ブルーナーの各研究は同一主題に基づいているというウェルトマンの洞察の鋭さは否定されない。ウェルトマンの論文では参照することはできなかったのだが、ブルーナーは、2005年2月8日の、オルソンによるインタビューにて、自身の生涯にわたる関心が「どのように人間は知識を獲得し、使用するか」であると語っている（Olson 2007, p. 185）。ブルーナーは「知識の獲得

と使用」、つまりは、「知ることの本質」を明らかにしようと研究を行ってきたのだ[1]。「知ることの本質」を明らかにするということの方が、ブルーナーの各研究の深層にある同一主題として適切であろう。

ブルーナーが「知ることの本質」を明らかにする試みを、例えば哲学ではなく、心理学の領域で行ったのは、「世界についての知識を獲得し、蓄え、変形する際に心（mind）がそれ自体をどのように表現するかを説明することによって、心を研究できる」と確信していたからであろう（Bruner 1983b, p. 274)[2]。「知ることの本質」を明らかにすることは、ブルーナーにとって「心」を研究することでもある。そういう意味では、彼は「心」とは何かを明らかにしようとして研究を続けてきたともいえる。

本章と次章では、「知ることの本質を明らかにする」ということを観点に、「ナラティヴ」の研究までのブルーナーの諸研究を、できるだけ時系列に沿って概観する。「できるだけ時系列に沿って」と断ったのは、次章で見るように、ブルーナーの各研究に重複期間があるからである。

「知ることの本質を明らかにする」取り組みとしてブルーナーの各研究をできるだけ時系列的に追うことは、「文化心理学」の形成過程を追うことでもある。ここで前提としていることは、「文化心理学」の提唱と「知ることの本質」をめぐる問いは無関係ではないということである。「知ること」をめぐって、ブルーナーはアプローチを変えながらその本質に迫ろうとし、それが研究対象を多方面に渡らせたのではないか。ブルーナーは「知ることの本質」に迫ろうと、前の研究で浮上した疑問を後の研究で明らかにしようとし、その結果「文化心理学」の提唱へと至ったのではなかろうか。

事実、各研究において「文化心理学」に見られる発想や鍵概念が登場している。ブルーナーの「文化心理学」は「心は人間の文化の使用によって構成され、文化の使用において理解される」（Bruner 1996, p. 1）とする立場である（「文化心理学」の詳細は第3章を参照されたい）。この立場では「心」を「文化」に関連づけることになるが、例えばブルーナーはすでに思考の研究から「文化」を考慮している（思考の研究については次章で確認する）。ブルーナーは「ナラティヴ」の研究に至って唐突に「文化心理学」を提唱したわけではないと推測される。

本章と次章の目的はブルーナーの「文化心理学」の形成過程を明らかにする

ことにある。本章では、ブルーナーの生い立ちから第二次世界大戦までを追う。次章では知覚の研究から乳幼児の言語獲得研究までのいきさつを追う。本章でも視野に入れているが、次章では彼の「知ることの本質を明らかにする」という問題意識と特に関連づけながら研究過程を検討する。「知ることの本質を明らかにする」ことと関連づけるのは、ブルーナーの各研究研究上の連続性と深まりと、その帰結として「文化心理学」が提唱されたことを強調したいからである。ブルーナーの研究は、ウェルトマンの言葉を借りれば、「媒体は変わっても、メッセージは同一である」（Weltman 1999, p.175）。「文化心理学」の提唱がブルーナーの研究の深まりによるものであれば、「知ることの本質」という「メッセージ」が乳幼児の言語獲得までの研究と「文化心理学」を関連づける求心力となろう。「文化心理学」の発想や鍵概念が明らかになるようにその関連を検討し、第3章への架橋としたい。

1　大学入学まで

（1）両親からの影響

　ブルーナーは1915年10月1日にニューヨークで生まれた。ユダヤ人である。先天性白内障のため盲目だった。視力が手術によって回復したのは2歳である（Bruner 1983b, p.9）。父親は成功した時計製造業者だった。ブルーナーが12歳のとき、彼の父親は亡くなった。父親が亡くなるまで、ブルーナーは金銭的な心配を感じていなかった（Bruner 1980b, p.77）。

　ブルーナーにとって、父親は、そして母親も、「遠い人物」だった。父親は仕事のため旅行に出かけていた。母親は日常の細々したこと、特に健康と食事を整えてくれていた。母親はブルーナーに愛情を直接示さなかった。ブルーナーは母親に挨拶を除いてはキスをしてくれたり、ハグをしてもらったりしたことは思い出せないと述べている。体調を崩したとき、看病してくれたことを最も親しく感じていたようである。こうであったのも、母親が盲目の子どもを産んだことがショックだったのではとブルーナーは推測している。母親との心的距離は遠かった。ブルーナーは「彼女は私をわからなかったし、私も彼女をわからなかった」と述べている。ブルーナーの母親代わりは、年の離れた姉のミンだった。ブルーナーはミンに熱中していることや友達のことを打ち明けてい

たようである（Bruner 1983b, pp. 10-11）。

　ブルーナーにはミンのほかに、兄のアドルフと姉のアリスがいる。アドルフは母親の連れ子である。ブルーナーの母親は、彼の父親と出会う前、すでに結婚しアドルフを身ごもっていた。不幸にも夫が亡くなり、アドルフが生まれ、ブルーナーの父親と結婚したようである。その1年以内にミンが生まれた（Ibid., p. 11）。ミンが14歳のとき、ブルーナーと2つも離れていない姉、アリスが生まれた。アリスは意図せず生まれた子のようである。子どもはペアで育てたほうがよいという母親の確信と、おそらく息子がほしいという父親の願いから、ブルーナーは生まれた。母親のその確信から、ブルーナーは自分のことを「理論の子ども」と冗談めいて表現している（Ibid., p. 10）。

　両親ともに「遠い人物」だったけれども、ブルーナーは父親から影響を受けていた。まず、ヨーロッパを身近にしてくれたことである。ブルーナーの父親はポーランドからの移民である（Ibid., pp. 11-12）。彼は仕事の関係でヨーロッパに出かけていた。ヨーロッパからいとこもやってきた（Bruner 1980b, p. 78）。ブルーナーは、後述になるが、心理学者としての活動をアメリカ以外の場所でも行っているし、ヨーロッパにもたくさんの友人を持っている。父親がヨーロッパを身近にしてくれたおかげで、そのような大陸を越境する活動や交友関係につながったと考えられる。

　次に挙げられるブルーナーが父親から与えられた影響は、父親のもっていたストーリーテリングの才能である。ブルーナーは「彼は会話で自分に関することを生き生きさせる才能があった」（Bruner 1983b, p. 12）という。シュミット（Smidt, S.）は、このストーリーテリングの才能が後の「ナラティヴ」研究に影響していると述べている（Smidt 2011, p. 2）。

　そのような影響が見られる父親に対し、ブルーナーはアンビバレントな感情を抱いていたという。

　　いまとなって、心理学者として、大人として振り返ってみると、父親に対しアンビバレントをどれだけ向けていたか、そしてそのアンビバレンスが後年の価値観のための豊かな土壌をどれだけ与えていてくれていたか、私にはわかる。私は彼の世俗さと機知を愛していた。……しかし、私は彼の死の1年か2年前の、私の静かな反抗を語るエピソードを思い出す……彼は家に黒

人の学校の友達を連れてくるのを、黒人は適切な遊び仲間ではないと無言で暗にほのめかしながら、禁止した。(Bruner 1983b, pp. 16-17)

ブルーナーにとって、父親とは愛情と憎しみという相反する感情を同時に抱かせる存在であった。後に、ブルーナーは学術的に多大な影響を受けたピアジェ (Piaget, J.) との関係が親子のようなものであったとし、ピアジェにアンビバレントな感情を抱いている (*Ibid.*, pp. 142-143)。ピアジェとの関係を親子関係のように感じたのは、実の父親に抱いた感情が影響しているかもしれない。

ヨーロッパの人脈とピアジェとの関係から見てみると、ブルーナーにとって父親との関係は、心理学における人脈づくりの礎として後年に影響していると考えられる。

父親が亡くなった後、母親は引っ越しを繰り返した。4年間で6つの高校に通ったという (*Ibid.*, p. 17)。数回にわたる転校はブルーナーにとって苦痛だったようだ。ブルーナーはこう述べている。

　私の公的な「中等」学校教育は、成績表は十分満足だけれども、ひどいものだった。教師とほんとうの関わりを十分に得るほど、あるいは学校の教科それ自体のつながりに確かな関わりを十分に得るほど、どこかに長くとどまったことはなかった。私は「人気者」ではとりわけなかったが、嫌われてもいなかった。1人か2人の友達と、あるいは単純に独りで、多くの時間を過ごした。……

　……私は参加を必要とする永遠のよそ者だった。(*Ibid.*, pp. 17-18)

転校する先々の学校になじめず、浅い人間関係しか築けなかったブルーナーのさみしさが読み取れる。この浅い交流は大学時代に大きく影響する。ブルーナーは「私の子ども時代の風変わりで浅い関わり合いが、あまりにも激しく、あまりにも傾倒し、(ある側面では)遅れた疼きと痛みにあまりにも満たされるようになった10年間をつくったのである」と、高校時代から大学時代を回想している (*Ibid.*, p. 21)。

ブルーナーにおいて、父親の影響は学術生活に及び、母親によるたびたびの引っ越しは大学生活に影響したのである。

(2) 小学校時代の知的経験と高校時代の水遊び

　ブルーナーは子ども時代に心理学者になる片鱗を見せることはなかったと振り返っている。彼はこう述べている。

　　私の子ども時代は、振り返ってみると、残りの人生と驚くべきほどつながっていないように思われる。私が知識人や学者、ひいては心理学者になると誰かに予言させる何かを少しも見つけられない。(*Ibid.,* p. 4)

　子ども時代、心理学者になる兆しが見られないとしても、自分の好奇心に追従するという心性はすでに子ども時代からあった。自分の研究を顧みて、それが多岐にわたったことを、ブルーナーは自分の好奇心にしたがった結果だとして、次のように述べている。

　　私は17世紀に生きていたらもっとよかったのにと思うことが何度かあった。17世紀は専門化された研究の流れによりまっすぐにしたがうよりも、自分の好奇心にしたがう方が普通だったときである。私はよい「学問」人ではないし、境界を好まない。知覚を研究しているとき、正しい話は推論の能力に横たわっていると確信するようになって、私は思考の研究に転じた。われわれ心理学者が思考を研究する方法があまりにもがっしりし、あまりにもわれわれの「被験者」が直観（intuition）を表す機会が欠けていると感じるようになったとき、私は発明家の集団を研究し、神話を読む時間に引きよせられた。そしてそれから、思考の過程があまりにも速いので、よりゆっくりとした速度で動くより単純な環境で私の源泉を見つけられることを願いながら、最終的に乳幼児（infant）の研究をするまで、私は認知発達の研究に引きこもった。そして私はその冒険から戻り、初期の認知の原初的な過程を形成していることのように思えたので、言語を研究した。(*Ibid.,* pp. 8-9)

　ブルーナーは小学校が「かなりどんよりし困惑した場所」だったという。「学校に関するところに際立った知的好奇心を持たなかった」からである。唯一の初期の知的経験は「光年」だった。これは学校に関することとして起こったわけではない。子ども向けの百科事典である『知恵の本』(*Book of Knowl-*

edge）でおそらく知ったのが、「光年」との出会いだという。「光年」によって恒星の光の旅に心を打たれたようである。とはいえ、学校で印象に残る教師にも出会っている。それはオーカット（Orcutt）先生で、ブラウン運動と分子について話してくれたことが印象に残った理由である（*Ibid.,* p. 15）。知的なことに心打たれやすいが、自分の好奇心が湧くことでないと心動かない。自分の好奇心にしたがい進むという片鱗は、小学校のころからあった。

　大学入学前に、もう1つ研究スタイルの芽生えとなる経験がブルーナーにはあった。彼が16、17歳のときである。ブルーナーは当時の恋人の兄とともにボートレースを行うようになった。彼らのボートは「デーモン」というさえない名前がつけられた。「デーモンクルー」として、ブルーナーは仲間とともにボートをいじくりまわし、レースに参加した。1932年のラウンドマンハッタンレースという「大きな」レースで彼らは優勝した。このような経験を、ブルーナーは「『デーモンクルー』が私の協同の経験、はっきりいえば共同研究の最初の経験だった」と語っている（*Ibid.,* p. 19）。

　ブルーナーは共同研究を多く行っている。彼の共同研究の原点は大学入学前にあったのである。

（3）大学入学の準備期間

　大学入学前のことで後の研究生活を予感させる出来事としては、高校在学中にフランス語を学び、歴史と数学を好んだということが挙げられる。フランス語はだれもが憧れていた先生の影響で学んだらしい。このフランス語の学びは、ヨーロッパと交流する一つの素地となったと考えられる。歴史や数学は後の『教育の過程』に代表される教育の研究のときの素地となったと推察される。

　ブルーナーは高校の最終学年になって、兄と姉の勧めから、大学進学に向けてプレップ・スクールに通った。そこでの生活は喜びであふれていたようである。ブルーナーはこう書いている。

　大半は独りで過ごした1年であった。その学校は「個人指導制学校」で、私はコーネル大学のキャンパスの端にある下宿に自分だけで生活していた。時間と空間にまったく関係なく、そこでは郊外へ数マイル歩いたり、読書したり、勉強したりした。……興味深いことに、私は独りの時間を、とりわけ勉

強の時間を大いに楽しんだ。……

　なんと好奇心の強い青年期だろう。私は何かを熱望していたがそれが何かはわからなかった。何の指導もなく、私は多くの本を読んだ。シンクレア・ルイスの小説、リチャード・ハリバートンの旅行記、ラファエル・サバティーニ、あのヘルマン・ヘッセの小説。私は詩を読みエドナ・セント・ヴィンセント・ミレーを見つけた。(*Ibid.*, p. 18)

　自分の好奇心に追従するブルーナーの姿が見いだせる。ここで特記すべきは、小説や詩をたくさん読んだことである。独学ながらも、ブルーナーは文学の素地をこの期間に得たといえる。文学については『直観・創造・学習』(*On Knowing*, 1962) や「ナラティヴ」の研究の成果の1つである『ストーリーの心理学』(*Making Stories*, 2002) で扱われている。

　青年期ということでもう1点言及しておきたいことがある。大学入学前か大学入学後のことかわからないが、ワイル (Weil, A.) によれば、「青年期において、人びとが合意を得られないとき、それらの不一致の源は現実という観念がしばしば異なっていることにあるという事実に、彼〔=ブルーナー〕は心動かされた」(Weil 1964, p. 84. 〔 〕内引用者補足)。「現実」は自分で構成したものであるという「構成主義」の発想がすでにみられる。「構成主義」は「文化心理学」の鍵概念の1つである（「構成主義」については第5章第2節で詳しく扱っている）。

　このエピソードは、ブルーナーが青年期から「知ることの本質」を探ることに誘われているようにも捉えられる。人びとによって「現実」の観念が異なっているということは、人びとによって「現実」の捉え方が違うということである。「現実」の捉え方が違えば、「何か」を知ることも人によって異なっているかもしれない。それにもかかわらず、知った「何か」は共有できるし、異なることを意味していても人には「知っている」ということができる。「現実」が人によって異なるということは、「知ること」に対して数多くの疑問を投げかける。実際、ワイルのエピソードは知覚の研究にも関連している。ブルーナーが青年期に感じたその思いは、彼にとって、「知ることの本質」に立ち向かう第一歩だったといえるかもしれない。

　ブルーナー自身は、子ども時代に心理学者になる片鱗が見当たらないと振り

第1章　「文化心理学」の形成過程1　　57

返っていた。本人がいうのだからそうであろう。しかし、彼が送った研究生活の素地——ヨーロッパの研究者との交流、好奇心の追従、共同研究の経験、文学との出会い、各人の「現実」の齟齬——は子ども時代からすでにあったといえるであろう。大学に入学し、その素地が開花することになる。

2　デューク大学時代

　高校を卒業したブルーナーはデューク大学に入学した。ここで心理学に偶然出会い、学術生活に手招かれることになる。それがブルーナーに新たなアイデンティティを与えたという。ブルーナーは心理学から新しいアイデンティティを与えられたことに対して、「ある程度は場所のため、ある程度は人びとのため、ある程度は時代のためだった」と述べている（Bruner 1980b, p. 80）。

　ブルーナーの心理学の出会いはマクドゥーガル（MacDougall, W.）の講義だった。ブルーナーを心理学の道に連れ込んだ人物としてマクドゥーガルは重要である。しかし、心理学との出会いを果たした彼の講義は、「あまりにもよどみなく議論され、まったく疑問の余地を残さなかったので、彼の心理学の入門は、私を『つかま』なかった」（Bruner 1983b, p. 24）という。マクドゥーガルがブルーナーを心理学に導くのはこの後である。これについては後述する。

　心理学でブルーナーを捉えたのは、比較心理学のアダムズ（Adams, D.）と神経心理学のゼナー（Zener, K.）である。彼らによって、「心」の進化という考えに魅了されたとブルーナーは述べている（*Ibid.*, p. 24）。

　ブルーナーの諸研究において、進化という観点はたびたび姿を現わしている。例えば教育の研究の際に、「進化論的道具主義」（evolutionary instrumentalism）という概念を提示している（Bruner 1966, p. 24）。「文化心理学」についても、「心は文化抜きには存在しえないという進化論的事実から想を得ている」（Bruner 1996, p. 3）と述べている。

　ブルーナーのかつての学生であり、のちに同僚となったグリーンフィールドは、ブルーナーは進化に「文化と生物学をつなぐことができるフレームワーク」を見つけたという。また、「進化はまた、人間性の構造的な説明よりも機能的な説明に向かうブルーナーの性向に合う」と述べている（Greenfield 1990, p. 331）。前者の指摘は「文化心理学」に関わっているし、後者の指摘はブルー

ナーが機能主義を好んでいることに関連している。大学時代に出会った「心の進化」は、ブルーナーにとって、これからの研究の展開を予感させる出来事といえる。

アダムズがブルーナーに与えた影響はまだある。

アダムズとゼナーはベルリンからの新人で、ベルリンで彼らは、まだ「新しい」ゲシュタルト心理学の主導者たちであるケーラーと新進の若者だったクルト・レヴィンとともに仕事をしていた。実は、私が意識した心理学での最初の「戦い」はソーンダイク（彼は問題箱の中の猫の順応的な行動を外側からの賞と罰で形成された見通しのきかない試行錯誤として解釈した）とアダムズ（彼の提案は、問題箱での順応的な行動は、環境の中の利用可能な手がかりに対する反応において、有機体によって生成されているというものである）だった。……

それは「パラダイム」または「メタファー」の最初に遭遇した好奇心をそそる事柄である。それらが導いてくれた場所は決してわからない。しかし、ソーンダイク－アダムズ論争の残響は、後に、知覚の「仮説理論」、つまり、出来事の知覚は利用できる手がかりによって生まれた諸仮説とそれらを関連させた計画によって支配されているという理論に、私を導いた。……そしてずっと後になって、というのもそれに停止はないからで、その同じメタファーは思考の理論に私を導き、そして教育の理論にも導いた。（Bruner 1983b, pp. 24-25）

アダムズから知った、順応的な行動は利用できる手がかりから生まれるという考えは、研究者として行った知覚、思考、教育の研究に影響し、それらの論を構成する源泉になったのである。

ブルーナーの諸研究に着目すれば、アダムズの影響についてまだ見逃せない点が2つある。1つはゲシュタルト心理学である。自分の研究に対し、ブルーナーはゲシュタルト心理学についてこう述べている。

私が学生として参加した心理学の主流な世界は、感覚主義、経験論、客観主義、物理主義に支配されていた。しかし私が大学生だったとき、私の英雄

や師は大半が主流に逆らって泳ぎ進む人だった。私の中心にいたのは、ゲシュタルト心理学、ジクムンド・フロイト、文化人類学者であり、マクドゥーガルさえもそうだった。……これらはすべて「少数派の」世界3である。私の一部分ではこの代替的なマイノリティの海図で旅をしたかった。しかし、別の部分ではこの分裂した世界を航海したくなかった。ゲシュタルト理論、ジクムンド・フロイト、文化人類学者たちを肯定する。しかし、感覚主義、連合、客観主義と物理主義という世界3の強力な道具を使う。私は、〔研究生活の〕最初、2組の地図を両立させていた。(*Ibid.*, p. 59.〔 〕内引用者補足)3)

　主流である多数派と傍流である少数派の考えを考慮しながら研究を行うというスタイルが読み取れる。ブルーナーはアダムズから傍流の源泉――ゲシュタルト心理学――を受けとったのである。研究スタイルの形成に関与している点で、ブルーナーに対するアダムズの影響は見落とせない。

　アダムズの影響についてもう1つ見逃せない点は、前述のものと比べると間接的なものとなるが、マッハ（Mach, E.）の『感覚の分析』(*The Analysis of Sensation*) をアダムズがブルーナーに読むように勧めたことである。アダムズはその本をブルーナーが思索にあまりにもひどく熱中していた際に勧めたようである。『感覚の分析』でブルーナーが得たのは、後に「構成主義」に組み込まれる「パースペクティヴ」(perspective) につながるものである。ブルーナーはマッハから得たことを「外的にみなされても、世界は、注視者の枠組みから決して自律的になりえない」と表現している (*Ibid.*, p. 67)。「外的」な「世界」があったとしても、それはその「世界」を見ている人と必ず無関係ではない。「世界」はその注視者と相関的に現われているということである。これはブルーナーの「構成主義」における「パースペクティヴ」という考えそのものである。ブルーナーの「構成主義」における「パースペクティヴ」とは「現実は観点に相関して構成される」ということだからだ。

　心理学の中の「戦い」を体感したこと、ゲシュタルト心理学に触れたこと、マッハを読んだこと、これらはブルーナーの諸研究に関わっている。ブルーナーの諸研究にとって、アダムズとの出会いは重要な出来事だったといえる。

　少数派の地図として文化人類学が挙げられていた。ブルーナーは人類学に、

ゲシュタルト心理学と同様、大学時代に出会っている。

　ブルーナーは学部の卒業要件を早めに終わらせ、1年早く大学院の研究を行った。そこで大学院生と人類学者のマリノフスキ（Malinowski, B.）について語っていたようである。ということは、このときすでに人類学に触れていたことになる。ブルーナーはマリノフスキの他にフロイトについても大学院生と語っていたようである（*Ibid.,* p. 26）。フロイトもまた、少数派の地図の一つに挙げられていた。ブルーナーは少数派の地図を大学時代に手に入れたといえよう。

　マリノフスキ以外にも人類学の接点はあった。デューク大学の大学院で、ミード（Mead, M.）が文化相対主義（cultural relativism）について話した講義を聞いている（*Ibid.,* p. 26）。また、ブルーナーにはブルーム（Broom, L.）という人類学者の友達がいた。1937年に彼の研究の手伝いに同伴したとブルーナーは述べている（*Ibid.,* p. 29）。

　「文化心理学」を論じる際、ブルーナーは文化人類学の知見にしばしば言及している[4]。そのような素地は学部時代に用意されていたのである。

　人類学とブルーナーが出会ったころは1930年代後半である。1930年代後半になると、ニューディール政策、南部の労働組合の新しい波、日本の満州侵略、ムッソリーニのエチオピア侵攻、ヒトラーのあからさまな邪悪な意図が精神的な不安定をブルーナーにもたらしたようである。ブルーナーはその不満を表現する方法を探した（*Ibid.,* p. 27）。16歳のとき、ブルーナーはヒトラーが「邪悪の理想像」（apotheosis of Evil）だったと述べている（*Ibid.,* p. 6）。不満を表現する方法を切実に求めていたと察せられる。

　その表現方法の1つが週に一度の礼拝への出席の拒否であった。独裁者が台頭してきている中で、そのような強制に対し、ブルーナーは学部長に手紙を書き抗議した。停学になった。救済してくれたのはマクドゥーガルだった。復学したブルーナーは、マクドゥーガルの実験室で、ボランティアとして実験に取り組んだ（*Ibid.,* p. 27）。マクドゥーガルはブルーナーが実際の心理学の研究、すなわち心理学の実験に携わるきっかけになった。

　ブルーナーは学部最後の年に行った実験が彼を科学の道にひきつけたという。その研究はメスのネズミの性行動に関するホルモンコントロールの研究である。その研究はブルーナーの最初の論文となった（Bruner and Cunningham 1939）。ブルーナーはこの経験から研究に夢中になったと述べている（Bruner 1983b,

p. 28)）。

　ブルーナーにとって、この研究は発達との出会いであった。ブルーナーは次のように回想している。

　　ちょうどそのころ〔＝学部３年生のころ〕、内分泌学者のロントレーが、青年期以前の哺乳類においていつも大きい胸腺は性的成熟を抑制する原因であるという主張を公にした。私の〔「購読と研究」という授業の〕先生はそれを鼻であしらった。私はそれを面白いと思った。実際、それは私が今までに出会った最初の発達の理論だった。それに加えて、ありそうにない理論を証明することの魅力的な何かがあった。普通はその方が受け入れられているものを反証することよりも魅力的である。……

　　その要点は私がロントレーのアイデアを検証する実験をすべきだということだった。……

　　その実験は、正しい理由なのか誤った理由なのかはどちらにせよ、私が望んだような結果になり、私のスーパーバイザーのカニングハム博士と共同で私の最初の論文を公刊した。21年間、私は発達に関する別の実験を行わなかった。しかし私はその仕事が「発達」に関連しているなんて思っていなかった。（*Ibid.*, p. 132. 傍点は原文イタリック。〔　〕内引用者補足）

　後年の諸研究に関連づけると、おそらく、この最初の論文はブルーナーを心理学者への道を進ませる強い動因となった以上の意味はないであろう。彼自身、発達の研究が終わった後に振り返ってみてこの論文が発達に関係していたと意識するぐらいである。そうであったとしても、この実験はブルーナーのこの後に続く研究を予感させるようで、興味深く感じさせる論文である。

　より直接的に、後の研究を予感させる実験をブルーナーは学部時代に行っている。最初の論文の次の研究である。それはマクドゥーガルの実験室で作業していたために慣れた、水の迷路を使ったものである（Bruner　1980b, p. 83）。デュークにやってきたばかりの行動主義者であるマカロック（McCulloch, T.）という助手に反抗した実験だった。この実験は学習性無気力に関するもので、その実験結果は、電気ショックを回避できないと学習したネズミは、そうでないネズミより、誤った選択をした際のショックを受けないために、数多くの試行

を行ったということである。ブルーナーはその結果についてこう述べている。

　彼ら〔＝学習性無気力にあるネズミたち〕は、われわれが彼らに設定した単純
　な小さい問題を解決する機会を持っていないと考えているかのようにふるま
　ったと、私には思えた。彼らにとって、ショックは風景の避けられない一部
　分なのである。私は行動主義者の強化の企てをひっくり返した、そう私には
　思えた。私は「時期尚早にも」認知的（cognitive）であったと思う。（Bruner
　1983b, pp. 28-29.〔　〕内引用者補足）

　周知のように、当時のアメリカの心理学の主流は行動主義（behaviorism）で
ある。それに対して反抗したのだから、大学時代にすでに少数派から多数派に
打撃を加えることを行っていたことになる。しかも「認知」の観点からである。
ブルーナーは「認知革命」の立役者として知られている。このころから「認
知」的であったのは、後の研究、特に思考の研究を予感させる、注意をひく実
験である。また、「認知」的であったのは、このころにも意識しているかは別
にして、「知ることの本質」の難問にとらわれていたことが読み取れる。ブル
ーナーは「認知過程」を「あらゆる種類の知識を手に入れ、蓄え、変形し、使
用する人間の特殊な形式」としている（*Ibid.*, p. 122）からである。
　ブルーナーにとって、この実験は後の研究にとって重要な位置を占めている。
ブルーナー本人もこう述べている。

　それは世界を動揺させる実験ではなく、後年にならないと十分にそのインプ
　リケーションが理解できなかったけれども、私が着手したことは私にとって
　重要だった。私は動機を、駆り立てられた動因状態ではなく、どのように環
　境の情報を取り上げるかに影響されたものとして考えるようになった。数年
　後、生まれたその考えは、それから、動因状態の機能としての学習の幅の研
　究や、もちろん、知覚的警戒と防衛の仕事で生じた。（Bruner 1980b, p. 83）

　マカロックに反抗したこの実験は、続く諸研究の萌芽を大いにはらんだもの
だった。ブルーナーの研究生活にとって、学部時代の実験が後続の研究に大き
く影響している。

デューク大学でマクドゥーガルやゲシュタルト心理学、フロイト、人類学に出会い、少数派の地図を手に入れた。その逆である多数派の地図を手に入れた、あるいは世界に踏み入れたといえるのは、ハーバードの大学院のときである。

　大学院に進学すると決めたとき、ブルーナーはどの大学院に進学するか悩んでいた。アダムズに助言を求めるとイェールを勧められた。ゼナーにはハーバードを勧められた。マクドゥーガルからハーバードは反メンタリズムや還元主義に執念深いと警告された。結局、イメージでハーバードに決めたようである（Bruner 1983b, pp. 30-31）。

　こうして、ブルーナーはデュークを離れ、ハーバードへと向かった。

3　ハーバード大学大学院と第二次世界大戦

　大学時代と同じように、大学院時代でも、ブルーナーのこれからの研究に影響を与えた人物がいる。ボーリング（Boring, E.）とオルポート（Allport, G.）である。ブルーナーはボーリングの感覚と知覚についてのゼミ、オルポートのライフヒストリーのゼミに出席したと述べていることから（*Ibid.,* p. 33）、知覚の研究や「ナラティヴ」の研究に彼らの影響があると容易に推測される。ボーリングの影響から検討する。

（1）ボーリングからの影響

　ブルーナーはボーリングが彼に与えた影響は「強力」だったという。自伝『心を探して』（以下『自伝』と略記）には、次のような思い出が語られている。ブルーナーによれば、ボーリングの反応は「おびえさせるくらい直接的」であった。「ぞんざいに知的議論を評価したり、自身の義務の遂行を失敗したりすると、彼の読みづらい原稿の上に細心に誤植が修正された、シングルスペースでタイプされた手紙を受け取ることになる」。この実体験として、次のようなことをブルーナーは挙げている。ボーリングの講義が終わったとき、ブルーナーは彼が述べた記憶の実験の解釈について質問した。当時ボーリングは、ハーバードとラドクリフで同じ内容の講義をしていたようで、ブルーナーは彼の講義の助手をしていたようだが、歯医者に行くためハーバードの講義を休み、ラドクリフの講義に出席した。しかし、そのときハーバードの講義でブルーナー

の質問に答えていた。ブルーナーのレターボックスに、講義に出席しなかった無礼を非難する「ボーリングの手紙」が入っていた。それを読み終え、謝罪の心と悔しさでいっぱいになった。そのとき、ボーリングがブルーナーの部屋に入ってきたという（*Ibid.*, p.37）。このようにボーリングとのやり取りに、ブルーナーは恐ろしさを感じていた。

　恐怖を感じていたが、ブルーナーとボーリングの関係は長く続いた。ブルーナーはボーリングについて次のように述べている。

　　心理学において、彼は厳密な実験的なもの、明晰なもの、精神物理学的なものを支持した。どのように物理的な出来事が感覚に変形されるのか、どのようにそれらは推論の操作によって知覚へと変わるのか、どのようにそれらは記憶の中に表象されるようになるのか。これらは心理学の骨格となる問いだった。……彼の精神生活の「感覚与件」（sense datum）の理論は私には時代遅れのように思えた……しかし私は彼の論法の優雅さを喜んでいた。彼は、一種の、私の準拠集団の１人となった。私は彼が何を私がしているかではなく、どのように私がそれをしようとしているのかに真価を認め感心してくれたことに深く配慮した。それは大学院時代にはじまり、彼が亡くなるまで続いた関係だった。……私が独立を宣言した際に最もつらかったのは、厳しい、喜ばすことのできないクエーカー教徒の父親、ボーリングから離れることだった。（*Ibid.*, pp.37-38）

　ボーリングはブルーナーが抗おうとしていた心理学における主流の立場だった。ボーリングはブルーナーに主流の地図を与えたと察せられる。主流に抗うように、ブルーナーはボーリングとやり取りしていたのかもしれない。実際、ブルーナーは彼の知覚の研究の成果について、「私は現象（appearance）の構造は、外側から内側へ、『感覚与件』から経験へ形作られるのではなく、内側から外側へ形成されると納得させようとしたのは彼〔＝ボーリング〕だったと思う」と述べている（*Ibid.*, p.72.〔　〕内引用者補足）。立場が違うとはいえ、ブルーナーがボーリングとコミュニケーションをし続けたこともうなずける。研究における準拠集団としていることからも、ブルーナーにとって、ボーリングは研究上のまたとない信頼できる人物であったといえる。

第1章　「文化心理学」の形成過程1　　65

大学院修了後も研究の原動力として、ボーリングはブルーナーにとって大切な存在だった。ブルーナーが研究を行っていく上で、大学院でのボーリングとの出会いは重要な出来事だった。

（2）オルポートからの影響

オルポートとの交流も、ボーリングとのそれに劣らず、ブルーナーにとって重要である。しかし、ボーリングが大学院時代のころから時間的に近い知覚の研究に関与していたのに対し、グリーンフィールドが「明らかに、ブルーナーへのオルポートの影響はスリーパー効果だった」と適切に述べているように（Greenfield 1990, p. 328）、ブルーナーの諸研究におけるオルポートの影響は、最後列にある「ナラティヴ」の研究で現れている。

ハーバードの大学院に入る前、ブルーナーはオルポートの『パーソナリティ』（*Personality*）を読んだ。それがハーバードに行く動機にもなっている（Bruner 1983b, p. 35）。しかし『自伝』では、ブルーナーはオルポートに影響を受けなかったと書いている。

オルポートは博学な人だった。私は彼の広い学識と、現代の心理学理論を結び付けようとする試みが好きだった。しかし、私は彼の1人の「学生」になり、われわれは専門の話ばかりをしたり研究を協同したりと多くの時間を過ごしたけれども、彼は私の思考スタイルに深い影響を与えなかった。……私は、水晶のような何かに表面上の複雑さを単純化したり変えたりしえる、もっと大胆に透徹する原理を求めていた。（*Ibid.*, p. 36）

当時のブルーナーは、彼が求めていた原理をオルポートはもっていなかったと判断した。それゆえ、オルポートから影響を受けなかったと述べたのであろう。別のところでは、こういうふうにも述べている。

私はゴードン・オルポートが好んだ、精神科学（*Geisteswissenschaften*）と自然科学（*Naturwissenschaften*）という区別を決して喜べはしなかった。……仮説を見つけたり検証したりするための多くのアプローチがあるに違いない。私は例えば、ゴードン・オルポートのゼミと彼のライフヒストリーの研究の

学術論文に感銘を受けた。（Bruner 1980b, p. 91）

　オルポートに同意できないことがあった。しかし彼のライフヒストリー研究には感銘を受けたとある。この後者の点からか、「文化心理学」提唱時に、ブルーナーは、おそらくディルタイ（Dilthey, W.）のものに準拠したオルポートの区別[5]を認めている[6]。

　ブルーナーにおけるオルポートの「スリープ」の目覚めは「ナラティヴ」研究である。この事情を、やまだようこが質的心理学を説明する際にうまく描写している。やまだは、質的心理学の歩みを4つの時代に区分している。第1期は19世紀末から1950年で、質的心理学の古典時代である。次は1950年代から1970年代までの第2期で、自然科学的（客観化と数量化）心理学の時代である。第3期は認知科学と情報科学的心理学の時代で、1980年代である。1990年代以降が第4期で、新しい質的心理学の時代（ナラティヴ・ターン）とされている。オルポートは第1期に属している（やまだ 2006, p. 437 表1）。この区分と、ブルーナーがオルポートの講義を聴いていたことに着目し、やまだはこう述べている。

　当時、オールポートがブルーナーと共同研究した「戦争亡命者の手記」分析は、現在のライフストーリー研究からみても興味深いものである。しかし、当時はその手記を「ナラティヴ」として分析する観点はなかった。ブルーナーが批判するように、パーソナリティ研究は、散漫な現象記述か、そうでなければ散漫な分類や類型論に終わっていた。「水晶のようにクリアーで透徹した原理」を求めていたブルーナーは、「クリアーに現象を解明できる」実験研究に魅力を感じた。彼は第2期の行動主義をくぐりぬけた後、第3期の認知科学研究を推進した。そして第4期になって、ナラティヴ論の先駆者になった。それだけの時間を要したのは、偶然の歴史の巡り合わせではないだろう。質的研究は、ナラティヴ・ターンを経てようやく「見かけの複雑さを単純化し、透徹する原理」としてアプローチできるようになったのである。（同上、p. 442）

心理学におけるナラティヴの出現がオルポートに影響されることを拒んでい

た理由を解消したのである。『自伝』を書いていたときは、やまだのいう第4期ではなかった。心理学の時代背景が、ブルーナーの中でオルポートの影響を「スリープ」させることになったのであろう。

　先の引用箇所で述べられていたように、やまだはブルーナーを第4期の「ナラティヴの先駆者」に位置づけている。このような称号を得たのも、オルポートが関係しているといえるであろう。「ナラティヴ」研究に着手したことでオルポートの影響が現われ、「文化心理学」を提唱した際には、すでに述べたように、好まなかったオルポートの区別を認めることになる。ブルーナーの「文化心理学」の構想に、オルポートは欠かせない存在だったといえよう。

(3) 第二次世界大戦と世論の研究

　やまだが言及していた通り、大学院にて、ブルーナーはオルポートの戦争亡命者の手記の分析に携わっていた。これは、このときすでにブルーナーは第二次世界大戦に巻き込まれていたことも意味している。ブルーナーの学位論文も戦争と関連している。

　ブルーナーの学位論文は『戦争中の国家の国際ラジオ放送の心理学的分析』（*A Psychological Analysis of International Radio Broadcasts of Belligerent Nations*）である。題名の通り、戦争中の国——ドイツやイタリア、日本——の短波放送を精査し、分析した論文のようである（Bruner 1983b, pp. 38-39）。この論文を1941年の6月に書き終え、その1週間以内に、ワシントンの連邦通信委員会の新しくできた外国放送監視施設（Foreign Broadcast Monitoring Service）で働いた（*Ibid.*, p. 39）。そこで「敵」の放送を監視し、その結果を政府と陸軍省に報告するために雇われたのである（*Ibid.*, p. 41）。

　ブルーナーの諸研究から見ると、このときまず注意を惹くのは2人の物理学者との出会いである。ワシントンからプリンストンの世論調査研究所に移ったとき、毎週木曜日はトールマン（Tolman, R.）の家に泊まっていた。そこで、オッペンハイマー（Oppenheimer, R.）と出会っている（*Ibid.*, pp. 43-44）。ブルーナーは戦後もオッペンハイマーと交流を続け、知的な刺激を得ている。その刺激については次章で述べる。

　もう1人はボーア（Bohr, N.）である。ブルーナーは、1943年から1944年にかけての真冬のある木曜日の晩の、トールマンの家でのボーアとの出会いをこ

う綴っている。

　われわれは一緒に酒を飲んだ。彼はベルリンのゲシュタルト理論の初期のこ
ろのケーラーを知っている、コペンハーゲンの視覚的な図と地の反転につい
ての研究で有名なエドガー・ロビンを知っている、と私に話した。「ほら、1
つの側面を知ることで同時に別の側面を知ることを排除する世界の事柄があ
るのです」。彼の息子が一度店から小物を盗み、その後、何も促しもなかっ
たのに、どのようにそれを手に入れたかを告白したと、彼は話した。「彼は
悪いことをしました、しかし私は彼を誇りに思いました。愛の観点からと正
義の観点からと同時に、私は彼を1つに見ることができるでしょうか」。あ
なたは人間の心がそのような相補性（complementarity）にとりわけさらされ
ていると思いませんかと、彼は私に尋ねた。(*Ibid.*, p. 44. 傍点原文イタリック)

　ブルーナーは自伝を2つ残している。1つはリンゼイ（Lindzey, G.）編集の
『自伝の心理学史』（*A History of Psychology in Autobiography*, 1980）に収められ
ている（74〜151ページがブルーナーの自伝の箇所である。なお、原稿の完成は
1977年である）。もう一つは『自伝』である。後者は前者の倍以上の分量であ
り（『自伝』の本文は293ページで終わっている）、前者と後者で時間的な隔たり
があるものの、ブルーナーの乳幼児の言語獲得研究までを扱っている点は共通
している。しかしボーアのエピソードは『自伝の心理学史』では触れられてお
らず、『自伝』で言及されている。なぜそうなっているのか、いろいろな推測
を呼ぶ。書くのを忘れていたので『自伝』で書いた、分量制限のため書くこと
をためらった、『自伝』を書くときに自分の思考に与えた影響を理解できた、
などである。仮に『自伝』を書く際にボーアの影響に気づいたということであ
れば、大変興味深い。ボーアのこのエピソードは、「ナラティヴ」の研究に反
映されているからである。
　このエピソード自体を紹介していることもあるが（Bruner 1996, pp. 124-125）、
このエピソードからブルーナーが「ナラティヴ」の研究に取り入れたと考えら
れるものは「相補性」である。「相補性」はブルーナーの「2つの思考様式」
に強く関係している。「2つの思考様式」とは「パラディグマティック様式」
（paradigmatic mode）[7]と「ナラティヴ様式」のことで、この区別がブルーナー

の「ナラティヴ」研究の幕開けとなった。

　ブルーナーによれば、「この2つは（相補的に使用することに耐えられるけれども）一方を他方に還元することはできない」（Bruner 1985b, p. 116. 傍点引用者）。たがいに還元できないから、本質的に「2つの思考様式」は別物である。したがって、どちらかの思考様式に基づいているときは他方の思考様式に基づけない。しかし、1つの対象は「2つの思考様式」のどちらかでしか思考できないわけではない。1つの対象に対して、「2つの思考様式」は「相補的に使用することに耐えられる」のである。この考え方はボーアが盗みを働いた息子に対するエピソード――息子を愛と正義の観点から同時に見ることができなかった――と重なり合う8)。人間の「心」が「相補性」にさらされているのではないかというボーアの問いに、ブルーナーが深く動かされたと察せられる。第二次世界大戦中にボーアに出会ったことは、ブルーナーが後に行った研究に大きく影響したといえるであろう。

　プリンストンの世論調査研究所にて、ブルーナーは最初の本『人びとからの指令』（*Mandate from the People*, 1944）を著した。アメリカの世論について分析した本である。ブルーナーはこの本を「ナイーブ」と感じている。ブルーナーは「制度の力や政治の世界の歴史に関連づけられていない世論調査のデータは薄いお粥のようなものになる」と自評している（Bruner 1983b, p. 45）。

　ブルーナーは自身の世論の研究を、「戦争について、同盟について、未来の希望についての意見は、決定の前にすべての証拠を慎重に考慮することによって形成されるのではなく、むしろ、（どんなに仮説的であっても）最初に決定し、それから確証のために世界を選択的に標本抽出することによって形成される」ことを扱ったと述べている（*Ibid.*, p. 275）。世論形成に「世界の選択性」が関わっているとブルーナーは述べているが、この「選択性」に焦点をあてることで、ブルーナーは知覚の研究に着手することになる（この点については次章で述べる）。

　『人びとからの指令』を書き上げて、ブルーナーはフランスへ向かった。「私はより戦争に直接的な関係を望んだ」（*Ibid.*, p. 45）からのようである。フランスにて、サルトル（Sartre, J. P.）とも交流している（*Ibid.*, p. 48）。戦時中のフランスであっても、知的な交流は途絶えることはなかった。

　フランスで、ブルーナーは「教育改革」と初めて出会う（*Ibid.*, p. 47）9)。教

育改革の関心はこのときからあったようである。その出会いについて、ブルーナーは「教育の機会の平等と明らかに優秀な者のための特別な『進路』——それはフランスにおいて特にこじつけられた対立で、グランゼコール（*grandes école*）のシステムを誇っていた——を維持するために政治的な妥協が必要とされることに気づいたのは、それからだった」（Bruner 1980b, p. 99. 傍点原文イタリック）と述べている。ブルーナーは後年、ヘッドスタート（Head Start）に関与しており、政治の分野からも教育と関わっている。さらに後年の『教育という文化』においては、「教育は常に政治的である」と明言している（Bruner 1996, p. 25）。政治を視野に入れて教育を捉えるという姿勢は、教育改革との初めての出会いから芽生えたといえる。

ブルーナーに大学での生活に戻りたいという気持ちが生じてきた。「私は外部の必要性よりむしろ、好奇心から生じた知的問題に飢えを感じていた」という（Bruner 1983b, pp. 50-51）。ブルーナーはハーバード大学に戻り、研究に邁進することになる。

『自伝』において、ブルーナーは戦争から帰郷までで「はじまり」（Beginning）が終わり、ハーバード大学での生活から「半ば」（Middle）が始まると区分している（*Ibid.*, p. 51）。ブルーナーにとって、彼の本格的な研究生活は知覚の研究から始まるといえるかもしれない。しかしながら、「はじまり」において後の研究の素地が整えられていた。「文化心理学」を観点にすると、それらのうちこれまで論じてきた中で重要なのは「構成主義」（青年期の疑問やマッハを読んだこと）や「ナラティヴ」（父親の影響やオルポートの「スリーパー効果」）の発想が芽生えていたことである。「知ることの本質」を明らかにしようと研究を重ねることで、それらが「文化心理学」においてどのように現われてくるのか。そのことも念頭に置きつつ、次章で知覚の研究から乳幼児の言語獲得研究までに至る過程を追っていこう。

注
1) ブルーナーは別のところで、「なぜ、例えば、心理学に偶然出会い、知ることの本質についての難問に夢中になったのか」と問いかけている（Bruner 1983b, p. 7）。「知ることの本質についての難問」を解くことが心理学で研究を行う動因であったのならば、「知識の獲得と使用」を明らかにする

第1章 「文化心理学」の形成過程1　　*71*

という生涯にわたる関心は「知ることの本質」を明らかにすることと同義といえよう。

2) なお、この一文の後には「この主題は、（変奏しながらも）私の研究生活を支配してきた」と述べている（Bruner 1983b, p. 274）。このことからも、「知ることの本質」を明らかにするということの方が、ブルーナーの諸研究の同一主題として適切であろう。

3) この引用箇所にある「世界3」とはポパー（Popper, K.）の術語である。「世界3」は客観的世界のことで、ブルーナーはこの言葉で学問の世界のことを意味させている。

4) 例えば、「文化心理学」を提唱した『意味の復権』では、文化人類学者のギアーツ（Geertz, C.）の考えが自説の主張のために肯定的に引用されている（Bruner 1990a, p. 12）

5) ブルーナーによれば、オルポートは博士号取得後、ドイツに留学し、ディルタイとシュプランガー（Spranger, E.）の精神科学に感動したらしい（Bruner 1983b, p. 35）。オルポートのいう精神科学と自然科学の区別は、ディルタイのものであると考えられる。

6) 「文化心理学」を論じた『意味の復権』において、ブルーナーは「ヴィルヘルム・ディルタイと彼の精神科学、文化に基づいた人間科学への名誉を高めているものこそ、彼が新しく常に変わる種を養い導く文化の力を認めたことだった。私は彼の大志と提携したい」と述べている（Bruner 1990a, p. 23. 引用箇所の傍点原文イタリック）。

7) ブルーナーは「パラディグマティック様式」を「論理‐科学的様式」とも呼んでいる。

8) 対象を1つの観点でしか見ることができないという点では、先述した「構成主義」の「パースペクティヴ」にも関係しているともいえる。

9) この出会いについては論文として発表されている（Bruner and Brown 1946）。

第 2 章

「文化心理学」の形成過程 2
── 知覚の研究から乳幼児の言語獲得研究まで ──

　本章では、ブルーナーの知覚の研究から言語獲得の研究へと至る過程、すなわち、知覚、思考、教育、発達、言語獲得の研究を扱う。これらの諸研究を、前章でそれらの研究の通底にあると仮定した「知ることの本質」への問いを観点に検討していく。

　前章と本章は、次章で行う「文化心理学」の構造を明らかにするための作業である。教育の研究を扱うので、ブルーナーの教育論にも言及するが、本章では「文化心理学」に関連している点に重きを置く。「文化心理学」提唱後に展開された教育論の形成過程については第 4 章で検討する。

1　知覚の研究

（1）世論の研究から知覚の研究へ

　フランスから戻り、ハーバード大学で学術的なキャリアを続けることになったブルーナーが最初に着手した研究は、戦時中と同じく、世論の研究だった。戦時中の推測を大学の静かな環境で確かめたいというのがその理由である。その研究で、意見には 3 つの不可分の機能があることを明らかにした。1 つは「ニュースと知識をふりわけて組織する仮説を提供する」ことであり、2 つは「内的な怖れや要求に投影するスクリーン」であり、3 つは「共有したい見解や価値をもつ人びとに自分を合わせるための手段を提供する」ことである（Bruner 1983b, p. 275）。この研究でブルーナーは「心理学、社会学、人類学の明確な境界の有用性を否定した」（*Ibid.*, pp. 275-276）という。吉村啓子・岡本

夏木は、誰しもあげるブルーナーの心理学の大きな特色として「博識性」を挙げている。彼女らによれば、ブルーナーは「心理学内の各領域での諸研究についての見通しは言うに及ばず、関係諸学問との関連の中に、より広く自己の研究を位置づけていこうとする」とし、「多くの多領域学者との交流を重ねながら、生物学、言語学、記号論、哲学、社会学、法学、人類学、歴史学、文芸論、文学作品等々にわたる引用に富む」と指摘している（吉村・岡本 2003b, p. 35）。彼女たちは『意味の復権』からそのように述べている。しかしブルーナーは自ら世論の研究は社会学や人類学と関連していると述べているから、このころから、「博識性」を生かした研究を行っていたといえよう。

　ブルーナーが世論の研究から知覚の研究に移行したのは、彼の気質によるところが大きいようだ。気質的に、世論の包括的で大雑把なアプローチは合わないらしい。というのも、「私は特定の発見を正確に叙述し、それからそのより一般的な含意を徹底的に議論することを好む」（Bruner 1983b, p. 276）からである。このような気質であれば、知覚や教育、発達、言語獲得といったことを研究しているとはいえ、ブルーナーはその個別を超える一般的なことを議論しようとしているといえよう。ブルーナーの諸研究を眺めるとき、彼が各研究においてどんな一般的なことを論じようとしているのか考慮しなければならない。それを本書では「知ることの本質」と仮定している。

　世論の研究から知覚の研究へとブルーナーの関心を移したもの、それは「選択性」である。「もし知覚が確証した仮説の勢いに歪められるのであれば、それならなおさら、前もって存在している仮説が確証した入力のみを選択することによって意見を形成することに導いているに違いない」という確信のもと、ブルーナーは知覚の選択性の源泉の研究を始めることになる（*Ibid.,* p. 276. 引用箇所の傍点は原文イタリック）。とはいえ、知覚について考えることになったのは心理学が直接の原因ではなかったようだ（*Ibid.,* p. 65）。前章で触れたように、青年期から現実の構成が人によって違うと考えていたのだから、知覚への関心は青年期からすでにあったといえよう。

　青年期からの関心もあってか、ブルーナーが知覚の研究で考察したことに「構成主義」の考えが見られる。知覚について、ブルーナーはこう述べている。

　　知覚の神秘は、少なくとも私には、感覚がわれわれに世界について多くの

ことを語ってくれるのではなく、それらは世界についてほとんど語ってくれないということである。しかし感覚が語ることは、全体として、知覚のおかげでなく、何か別のもののおかげで、われわれが知る必要があることなのだ。……

　……進化はわれわれの環境の要求のために私たちの感覚を調整したのではない。その上、自然は、われわれの感覚が感知しうる歪んだ入力からわずかにサンプルを取ることができる注意の範囲を、あまりにも限られたものとして与えている。……われわれが直接知覚する世界は、フィルターを通したもの、選び出したもの、最終的には構成したものなのだ。(*Ibid.*, p. 66)

　われわれは世界のすべてを知覚しているのではない。フィルタリングし、必要なことを選び出して世界を知覚している。その意味で、世界はわれわれが構成したものということになる。ブルーナーにとって、「構成主義」は「われわれが住む『世界』に帰属する『現実』は構成されたものである」(Bruner 1996, p. 19) とする立場のことである。ブルーナーは知覚の研究から、あるいは（選択性を意識していたので）世論の研究から「構成主義」の立場であったとみなすことができる。この「構成主義」的な考えはブルーナーの知覚の研究の1つの特徴である。

　もう1つの特徴は、知覚を知覚者の状態に関連づけていることである。ブルーナーは自らの知覚理論を「期待もしくは仮説の知覚理論」(expectancy or hypothesis theory of perception) と称している (Bruner 1951, p. 91)。この理論は知覚の3段階周期を説明したものである。ブルーナーによれば、知覚の第1段階とは「知覚作用 (perceiving) は期待もしくは仮説とともに始まる」(*Ibid.*, p. 91) 段階のことである。第2段階は「環境からの情報の入力」の段階であり、第3段階は「照合するもしくは確証する手続き」の段階である (*Ibid.*, p. 92)。つまり、「期待もしくは仮説の知覚理論」とは、知覚は知覚者の「期待」や「仮説」によってはじまり、その「期待」や「仮説」に基づいて環境からの情報を選択し、その情報を確かめるという過程を経るという理論のことである。前章の第2節で言及したように、この知覚理論はアダムズの影響を受けている。

　この知覚理論から、ブルーナーは知覚者の状態と知覚を関連づけていると理解できる。知覚者という主体の状態を重視するのは「文化心理学」にも通じて

いる。「文化心理学」において、人間という主体は「志向的状態」にあると仮定されている。主体の状態を考慮に入れることは、知覚の研究からすでになされている。

　知覚は知覚者の状態と関わっているとして行ったブルーナーの有名な研究が、前章の冒頭でも触れた、階層の異なる子どもの硬貨の知覚の違いである。この実験結果で、高い硬貨になれば、子どもたちはその大きさを過大評価する傾向にあり、貧しい子どもたちの方が裕福な子どもたちよりも過大に評価するということが示された（Bruner and Goodman 1947, pp. 48-54）。この実験では、知覚者の状態（裕福か貧しいか）が知覚に影響したと考えられた[1]。

　「文化心理学」の形成過程を観点とすると、岩田純一のこの実験に対する指摘は興味深い。その指摘とは「社会階層という下位文化間ではあるが、この研究にはすでに認知と文化といった問題意識への萌芽をうかがうことができるだろう」（岩田 2008, p. 115）というものである。「文化」と認知が前面に出てくるのは発達の研究のときであるが、その研究の —— さらには「文化心理学」の —— 伏線になっているともいえるかもしれない。

（2）能動的な人間像

　ブルーナーの知覚の研究には「構成主義」や「文化」の考慮といった「文化心理学」とのつながりを見いだせる。心理学において、この研究は「ニュールック」（New Look）という潮流を生み出したことでも知られている。ブルーナーの知覚の研究は、今では当然のことだと思われることかもしれないけれども、当時、異質なものであった。ブルーナーは自身の研究を行った時代について、こう述べている。

　　1930年代後半、強い理論的傾向にある若い心理学者は2つの道の1つに行った。知覚の研究に向かうか、学習の分析に向かうかである。それらはとても異なった道であった。一方はどのように世界が見えるかに関係していて、他方は世界にさらされていることの結果として何を生物が行ったかに関係していた。1つめは、メンタリスティックで、現象学的で、本質的にヨーロッパのものだった。主観性が避けられた2つめは行動主義に支配されており、その客観性において典型的にアメリカのものだった。知覚の研究が感覚の研

究に近づくにつれて、それは行動主義的学習理論家にますます受けいれられるようになった。(Bruner 1983b, p. 67)

ここで述べられているように、当時のアメリカの主流は行動主義である。ブルーナーの立場は「メンタリスティックで、現象学的で、本質的にヨーロッパのもの」という主流とは逆の立場である。知覚の研究においても、彼はアメリカのものに逆らった。そして主流になった。ブルーナーは述べる。

　1950年代と1960年代にかけて、知覚の戦いが交えた。それは戦後すぐのニュールックと呼ばれる運動で始まった。1960年代後半にそれは大方終わった。知覚——もしくは「情報処理」(information process)——はアメリカの心理学の主流になった。古い客観主義者の「学習理論」はB・F・スキナーの熱狂的な追随者の間だけのものになった。(*Ibid.,* pp. 67-68)

知覚の戦いとは知覚を行動主義的に扱うか否かという戦いである。ブルーナーは知覚を行動主義的に扱わなかった。ブルーナーの知覚の研究について、オルソンは「ブルーナーによる行動主義の破壊は、心は刺激のある環境に対する反応ではなくて、環境を解釈する、つまり、特定の方法で環境を見たり解釈したりするという信念に基づいている」(Olson 2007, p. 14) と的確に述べている。ブルーナーにとって、知覚の研究は行動主義（ひいては客観主義）への異議申し立てでもあった。
　その異議申し立ての結果を、ブルーナーは次のようにも表現している。

　わが名士軍団、「ニュールッカーズ」は、感覚与件論 (sense-data theory)、つまり、意味は核となる感覚に被せたものであるとする考えの支配から心理学を解放し始めたのだった。それは、受動的な受信者かつ反応者から経験の能動的な選択者かつ構成者へ人間像を変える、より広範でより深い文化的な運動の一部分であったことを、私は疑わない。(Bruner 1983b, p. 103)

ブルーナーにとって、行動主義への反抗は、心理学における人間、あるいは「心」を能動的な存在として扱うことである。実際、ブルーナーは「現代の心

理学の歴史を通して、まさに最近まで、知覚は、知覚者がかなり複雑な構図の受動的に記録する器具のように扱われてきた」（Bruner and Goodman 1947, p. 43）と述べている。知覚の研究において、彼が知覚者を受動的に扱うことに反論しているのは明らかである。

　このような人間のみなし方は、ブルーナーの学習者観に結びつくことになる。高屋はブルーナーの知覚の研究は教育理論にも反映されているとし、「彼は情報の受動的な受信者ではなく、能動的な学習者として子どもをみなした」と指摘している（Takaya 2013, p. 9）。シュミットもこう指摘している。

　　これ〔＝ニュールック〕はどのように人びとが世界を見たり解釈したりする刺激に対する反応を超えていくのかを強調する心理学の見方である。受動的ではなく能動的に学習者をみなしているので、それは知覚と学習へのより構成主義的なアプローチをとっている。（Smidt 2011, p. 6）

　ブルーナーの知覚の研究は、学習者を能動的に想定するという点で、後に披露される彼の学習理論につながっていくことになる。付言しておけば、人間を能動的な存在としてみなしたことは次に行われる思考の研究にも関連している。この点は次節で検討する。

（3）「頭の中のモデル」

　ブルーナーが知覚から思考へと研究の対象を変える際、その橋渡しとなったのが「頭の中のモデル」である。「モデル」への言及は、「期待もしくは仮説の知覚理論」を説明した論文から見られる。

　　読者はわれわれの情報確証周期のモデルがあまりにも断続的で、あまりにも飛び跳ねているように思うと反対するかもしれないし、知覚はわれわれの示したモデルよりもより滑らかに働くように思うと反対するかもしれない。……精神の過程の感情の性質と精神の過程を予言もしくは描写するために使用する概念的モデルの間に、現象の類似性がある必要はないと、われわれは主張する。（Bruner 1951, p. 92）

この論文を発表した後、ブルーナーは大戦中にプリンストンで出会ったオッペンハイマーに高等研究所（Institute for Advanced Study）に招かれた。「頭の中のモデル」に心をとらわれたのは、おそらく、このころである。ブルーナーはこう述べている。

私は、物理学者たちが心理学者のように私と似た問題に関心をもっていることを「発見した」。……彼らは、頭の中の「モデル」が知ることのできる自然の中の現象を決定していることを当然のようにみなしていた。「あなたたち心理学者が研究している知覚は、結局のところ、物理学における観察と異なることはできないでしょう。違いますか。」(Bruner 1983b, pp. 95-96)

オッペンハイマーは「頭の中のモデル」について、ブルーナーに研究上の刺激を与えたといえよう。実際、ブルーナーが高等研究所からハーバードに戻ったとき、「マジック・ナンバー 7±2」で有名であり、後にハーバードでともに認知研究所を開設することになる、ミラー（Miller, G.）とともに「頭の中のモデル」に没頭したと述べている (*Ibid.*, p. 96)。

ミラーからの刺激も見落とせない。ブルーナーはミラーが「マジック・ナンバー」を提示したことを絶賛している。「マジック・ナンバー」は心理学における記憶の研究に、選択性と体制化（organization）を取り戻したからである (*Ibid.*, pp. 97-98)。

「マジック・ナンバー」から刺激を得て、ブルーナーは知覚から思考へと研究の対象を移すことになる。知覚の選択性から「頭の中のモデル」を経て、思考の研究へと移行した経緯を、ブルーナーは次のように述べている。

〔世論の研究から知覚の研究へ移行後、〕だがそれによって私の研究のロジックは、新しい一連の問題へと私を導いた。1つは、社会的現実と社会的価値の形成における道具として選択的知覚を考えることであり、それとはきわめて違うもう1つは、何が知覚を選択的にしているのか、あるいは、その選択性はどのような規則によって支配されているのかを理解しようとすることである。例えば、どのようにわれわれの仮説が現実の世界における出来事の構造とわれわれのバイアスに見事に調整されるのか。

世界についての各人の心の表象である、あの「頭の中のモデル」について
はどうか。ジョージ・ミラーの「マジック・ナンバー7±2」がそのヒント
を与えてくれた。世界についての十分正確な表象をもてるかもしれないが、
情報を処理する能力に厳しい限界が与えられているとすれば、依然、のぞき
穴を通してその世界を精査しなければならない。自分ののぞき穴をよりよく
使う方法を学ぶことはできるが、そうするためには、最初にサンプルし、そ
れをつくることを知る必要があろう。これは方略（*strategy*）であり、それを
もつことに明らかに必要とされた世界に対処することである。知覚すること
の方略なのか。確かに、それはわれわれが思考と意味させていることに違い
ない。（*Ibid.*, pp. 276-277. 傍点原文イタリック。〔　〕内引用者補足）

　世論形成における選択性は、知覚の選択性へとブルーナーの関心を向けた。
そして、何が知覚を選択的にさせているのかという問いへと誘われた。知覚を
選択的にさせているもの、すなわち、知覚の選択性の源泉は「頭の中のモデ
ル」にある。「頭の中のモデル」とは世界の表象の仕方である。その世界の表
象の仕方は「方略」と関わっている。この「方略」はもはや知覚よりも思考に
関連している。「頭の中のモデル」への着目が、ブルーナーを思考の研究へと
導いたといえるであろう。
　「頭の中のモデル」に関して、1点特記すべきことがある。それは「頭の中
のモデル」への着目が、ブルーナーの「社会的知覚」、より詳しく言えば、「対
人知覚」（person perception）の追究を断念させたということである。ブルーナ
ーは他者をどのように知覚するかについて、タジウリ（Tagiuri, R.）と共同研
究を行っていた（Bruner and Tagiuri 1954）。しかし、「知覚的かつ概念的に世
界を選り分けるためにわれわれが使用する『モデル』の研究にとても魅力を感
じるようになった」から、ブルーナーは「対人知覚」の研究をやめたようであ
る（Bruner 1980b, p. 110）。
　ブルーナーによれば、これは「間主観性」への初めての関与であった。そし
てそれが舞い戻ってきたのは乳児を対象とした研究（発達および言語獲得の研
究のころ）だという（Bruner 1986, pp. 57-60）。ブルーナーにとって、「間主観
性」とは「どのように『お互いに他者の心を知る』ようになるのか」（Bruner
1996, p. 12）ということであり、「文化心理学」の一連のトピックである（*Ibid.*,

p. 161)。ブルーナーの「間主観性」への関心は、それを断念したとはいえ、知覚の研究からあったといえるであろう。

　以上、ブルーナーの知覚の研究から思考の研究に移行する過程を概観した。ブルーナーにとって、知覚とは世界を「知ること」にほかならない。ブルーナーは知覚について「世界が見える」とか「世界を語る」とかと表現していたけれど、とどのつまりは、自分の眼前の世界がどうなっているかを「知ること」である。人間は世界をありのまま知覚するのではなく、自身の期待や仮説によって選択的に世界を知る。その選択を可能にしているのが「頭の中のモデル」である。「頭の中のモデル」とは、知覚者にとっての世界を知る方法である。ブルーナーにとって、知覚の研究は世界を「知ること」の探究であったといえるであろう。そして思考の研究は、「頭の中のモデル」がそこへの誘因だったので、世界の「知り方」への探究といえそうである。次節で、思考の研究を概観しながら、それを検討する。

2　思考の研究

(1)『思考の研究』の概観

　「頭の中のモデル」に着目することにより、ブルーナーは「方略」に関心を示すようになった。「方略」は知覚というより思考と呼ばれるものである。ブルーナーが知覚から思考へと研究の対象を変えたのは、彼の関心からいえば、当然の成り行きである。

　ブルーナーは知覚の研究で主流に逆らっていた。思考の研究でも主流に逆らうことになる。それは心理学で思考それ自体を研究対象にしたからである。

> 「思考」は心理学の「主流」のトピックではなかった。あまりにもメンタリスティックで、あまりにも主観的で、あまりにもごまかしが多くなるからである。(Bruner 1983b, p. 105)

　前章第2節で言及したように、ブルーナーは主流と傍流の2つの地図をもって研究を行っていた。彼は傍流の方に足をより踏み入れていて、主流に逆らっていた。知覚の研究が「ニュールック」を生み出したように、思考の研究も心

理学に新たな潮流を生み出した。認知科学である。ブルーナーは認知科学の誕生にかかわった。彼は「認知革命」の立役者の１人とされている（Olson 2007, p. 6. Takaya 2013, p. 10）。

　ブルーナーの思考の研究の代表的成果は『思考の研究』（*A Study of Thinking*, 1956）である。『思考の研究』は「過去数年、有機体が情報を獲得し、保持し、変形させることを意味している、認知過程についての関心と調査が著しく増えている」（Bruner, Goodnow, and Austin 1986[2], p. xvii）という、「認知革命」をいかにも匂わす一文で始まる。そして、「本著は、最も単純で最もありふれた認知の現象の１つである、範疇化または概念化を論じる１つの努力である」（*Ibid.*, p. xviii）とされている。ブルーナーは「範疇化」を「概念化」と同義で扱っており、「範疇化」と「概念化」の関係についてこう述べている。

　　ほんとうは、推論の過程に取りかかるのに「反応時間測定」（mental chronometry）を若干使おうとしていたのだった。その代わりに別の古典的な回り道が私を誘った。それは「概念達成」（concept attainment）の名前で知られていた。それは明らかに申し分のないものである。それが被験者に要求するすべては、彼がある刺激が特定のクラスに「属している」かそうでないかと語ることである。クラスであることの資格は、もちろん、注視者の心の中にある規則（rule）の事柄である。「範疇の問題」は古くからの哲学的血筋を持っていて、それの多くは初期の「概念達成」の研究で忘れられているか抑制されていた。私にしてみれば、それは特定のことから一般のことへのステップが与えられた情報を超える（beyond the information given）航海へ開かれた場面を可能にするように思えた。（Bruner 1983b, p. 108）

　先に付言しておくと、「与えられた情報を超える」は『思考の研究』の後の思考を対象とする研究のキーフレーズであり、教育の研究にも関連するキーフレーズである。その前段階として、ブルーナーは「概念達成」の研究を思考の研究として行った。ここでいう「概念達成」はクラスに分けること、つまり「範疇化」することである。この意味で、「概念達成」と「範疇化」は同義となる。その「範疇化」あるいは「概念達成」には「心の中にある規則」によってなされる。『思考の研究』は、「範疇化」＝「概念達成」を行う「心の中にある

規則」を対象とした研究である。

ここに「方略」が関係してくる。『思考の研究』にこう書かれている。

　　そこで、概念達成を研究する際に、さまざまな決定におけるもろもろの規則正しさ（regularities）が概念を学ぶ、もしくは、達成することに関連した過程について推論をつくるための基盤を与えているだろうという期待をできるだけ公開するように、多くの決定を観察のために外在化することがわれわれのねらいになっている。決定作成におけるこれらの規則正しさをわれわれは方略と呼びたい。

　　「決定作成の方略」という語句は、比喩的な意味を意味していない。1つの方略はある目的を満たすために役立つ情報、すなわち、ある結果の形式を保証し他のものを保証しないために役立つ情報の獲得、保有、利用における決定の型を指す。（Bruner et al. 1986, p. 54）

「範疇化」＝「概念達成」を行う根拠となるものが「方略」である。したがって、「方略」を調べることは「範疇化」＝「概念達成」を明らかにすることであり、思考を対象とする研究となる。このような枠組みのもと、岩田が簡潔にまとめているように、ブルーナーは「円や十字といった幾何学図形カードを使って、事例の刺激属性の数（図形の数、色、形、縁の数）、事例選択の自由度の違い（受容的、選択的）、概念達成の定義特性のタイプ（連言的、選言的、関係的）、選択しうる事例数が制約されるかどうか、事例の提示時間を制約するかどうか、などといった諸条件を変化させて、そこでとられる、さまざまな仮説選択の方略を研究した」（岩田 1996, p. 35）。

　　ブルーナーの『思考の研究』とは、「方略」に焦点を当てて実験を行い、「範疇化」＝「概念達成」を明らかにした研究と要約できる。

　　この研究もまた、ブルーナーの生涯にわたる関心である「知ること」と関連している。『思考の研究』での実験について、ブルーナーはこう語っている。

彼〔＝被験者〕が自分の行っていることをあなたに話すことに関係なく、あなたは被験者の一連の選択をずっと受け取り、彼には自分自身のストーリーを語らせる。彼はランダムに選択することができるが、事実、ほとんどそう

しない。選択は進み方についての考えと、規則によって「支配されている」考えを反映することをほぼ避けられない。規則は、知る必要があることを明らかにしてくれるような出来事との出会いを順序づける方法である、方略を生み出す。(Bruner 1983b, p. 116. 傍点引用者。〔 〕内引用者補足。)

「方略」は「知る必要があること」を開示する役割を果たしている。「方略」に着目した『思考の研究』は、ブルーナーにとって、「知る必要があること」の方法、すなわち、「知り方」を探究する試みだったのである。

(2)『思考の研究』と「ナラティヴ」および「文化」

『思考の研究』には、後の研究につながる萌芽——「ナラティヴ」と「文化」——が見られる。まずは「ナラティヴ」から確認する。

『思考の研究』の実験の中に、後に「ナラティヴ」の実験といえるものがあった。この実験は主題的な素材（thematic material）を扱ったものである。その実験では、図形と異なり、2人の人物が登場するカードを扱った。1つのカードに大人と子どもが描かれている。大人は男性か女性で、ねまきか昼間の服を着ており、微笑んでプレゼントを渡しているか、手を後ろに組んで眉をしかめているか、ということを組み合わせたパターンで描かれている。子どももまた男の子か女の子で、服装はねまきか昼間の服、微笑みながら手を大人に差し出しているか後ろに手を組んでうつむいているか、ということを組み合わせたパターンで描かれている（Bruner et al. 1986, pp. 103-113）。

『自伝』で、ブルーナーはこの実験を「ナラティヴ」という言葉を用いながら、こう述べている。

「昼間の服を着た男性がねまきを着た女の子にプレゼントを渡していて、その女の子は手を後ろに組んでいる」という内容の「肯定的な」カードを例にとろう。被験者は自分自身に、「ははあ、父親は、朝起きたときの自分の不機嫌で眠たそうな娘に誕生日プレゼントを渡そうとしているのだな。そのコンセプトは不機嫌な子どもについてに違いない」。そして被験者は、筋の通った「ナラティヴ」の概念にあふれた感覚で、子どもが「受け取らない」プレゼントを「子どもたち」に「両親」は与えているあらゆる事例をテストす

るために選んだ。(Bruner 1983b, pp. 119-120)

「ナラティヴ」の研究時にもこの実験への言及がなされていて、その実験で使ったカードについて「今ならこういうだろうが、それらのカードの各々はより『ナラティヴ可能な』(narratable) ものの変奏だった」としている（Bruner 1986, p. 91)。『思考の研究』では、後の「ナラティヴ」研究を先取りした実験が行われていたのである。ブルーナーにとって、『思考の研究』は「ナラティヴ」研究の先駆けだったと位置づけられよう。

次に『思考の研究』と「文化」の関連を確認する。『思考の研究』では、「文化」が「範疇」と関連づけられて言及されている。この発想は、後の発達の研究、ひいては「文化心理学」にも通底する考えである。『思考の研究』において、ブルーナーは「範疇」と「文化」の関係について、次のように述べている。

　人が自分の周りの世界を選り分け反応するという観点において、範疇は人が生まれた文化を深く反映している。言語、生活様式、人類の宗教と科学。これらはすべて、人間が自分自身の歴史で形成されたところから生じた出来事を経験する方法を形作る。この意味で、人間の個人的な歴史は人間の文化の伝統と思考方法を反映するようになる。というのも、生み出された出来事は人間が学んだ範疇の体系を通して濾過されるからである。(Bruner et al. 1986, p. 10)

人は「範疇」によって世界を選り分け反応する。例えば、色については、「赤」や「青」といった「範疇」で区別している。「赤」や「青」といった区別がなされていない別の「文化」があれば、その「文化」圏で暮らす人びとは、「赤」や「青」と区別する「文化」圏の人びとと違う感覚で色を「範疇化」しているであろう。このように、「範疇」は「文化」によって異なりうる。何かの「範疇」を獲得するということは、自分の所属している「文化」を獲得することでもある。この意味で、「範疇」によって人に「文化」が反映されることになる。言葉を換えれば、人が「文化」的に形成されるということである。この発想は「文化心理学」の要諦と大差ない。前章の冒頭箇所で言及しておいたように、「文化心理学」は「文化」を使用することで「心」が構成される、換

言すれば、「心」が形成されるとする立場だからである。「文化」を発達に関連づける、すなわち「文化」によって人（あるいは「心」）が形成されるということが主題にされるのは発達の研究である。発達の研究と「文化心理学」の関連はことさら強いが、その研究の着想は思考の研究ですでに芽生えていたといえる。

(3) バートレットとトールマン

ブルーナーの思考の研究に影響を与えた人物として、バートレット（Bartlett, F.）とトールマン（Tolman, E.）が挙げられる。ブルーナーは、この2人が『思考の研究』では顕在的な主題ではなかった、「与えられた情報を超える」ことの研究に突き進むメタファーを与えてくれたとしている（Bruner 1983b, p. 110）。「与えられた情報を超える」ことに関するブルーナーの研究を見る前に、バートレット、トールマンの順にその影響を確認しておこう。

バートレットからブルーナーが受けた刺激は、彼の記憶の研究である。記憶の研究がブルーナーの関心を惹いたのは「頭の中のモデル」と関連している。

バートレットにとって、記憶の問題は、どのように生きられた経験が「図式」（schema）に体制化され、どのようにその図式が記憶を回復させ使用できるようにする方法で世界を表象するのかという、体制化の問題であった。バートレットにとって、記憶は一度かぎりで「しっかりする」ものではなく、何度も「ひっくりかえさせられ」、再組織化されうるものだった。記憶は本質的にダイナミックである。それは強調のために事柄を形作り、新奇なものを親しいものへと同化させ、蓄積の中に残されたものを陳腐化する。バートレットにとって、記憶の枠組みは世界の更新可能な表象、まさに「頭の中のモデル」だった。（*Ibid*, pp. 108-109）

アングリン（Anglin, J.）は「知覚、概念達成、問題解決についてのブルーナーの初期の研究は、バートレットによってはじまる心理学における伝統の拡張である」（Anglin 1973a, p. xvii）としている。アングリンが正しければ、ブルーナーの知覚の研究からバートレットの影響があったということになる。確かに、ブルーナーは知覚の研究でも体制化に言及していた。それは「頭の中のモデ

ル」と関連していることであった。「頭の中のモデル」とは、知覚の研究において、知覚者が世界を知る方法だった。これは知覚者が世界を知る「図式」ともいいかえられる。ブルーナーはバートレットから「図式」という考えを得たのである。思考の研究においては、「図式」は「方略」に相当する。「方略」は「範疇化」＝「概念達成」を行う根拠だからである。

　バートレットは「文化心理学」の鍵概念のひとつ、「フォークサイコロジー」（folk psychology）を論じるときにも言及されている（Bruner 1990a, pp. 55-57）。『自伝』で「バートレットにとって、（記憶を含めた）心的企てを駆動する原動力は『意味を求める努力』（effort after meaning）だった」（Bruner 1983b, p. 109）と述べていることに着目すれば、ブルーナーの「文化心理学」の中核にまでバートレットは影響を及ぼしている。『意味の復権』で「文化と文化内での意味の探求（quest）が人間の活動のほんとうの原因である」（Bruner 1990a, p. 20）と述べられているように、ブルーナーは人間の行為の初発を「意味」に求めている。この着想にも、バートレットが関与していると考えられる。

　トールマンの影響も思考の研究以外にも及ぶことになる。思考の研究における影響から確認しよう。ブルーナーは「涙と哲学的な苦悶がない控えめな『目的論』（teleology）であるヒューリスティックな実証主義（heuristic positivism）を私が取り入れたのは、トールマンからだった」（Bruner 1983b, p. 110）とし、さらに次のように述べている。

　　トールマンは彼の知的な旅を燃え立たせる２つの強力な研究を開始する考えをもっていた。最初は「ヒューリスティックな」目的主義（purposivism）である。それは目的論を気にせず、あたかも目的があるかのようにとして行動を扱うということである。もしうまく実験を行うとするなら、「行動は目的にあふれている」ということにかみつかないだろう。彼にとって、目的性とは、行動は手段－目的の連続で体制化されており、世界の中の手段－目的関係に対し「従順」、もしくは感応しやすいことを暗示していた。（*Ibid.,* p. 109）

「ヒューリスティックな実証主義」といっているものとは、簡単にいえば目的をもったものとして行動を扱うことである。前節でも見たが、人間を能動的

に扱うことは、当時の心理学では難しかった。それに対し、ブルーナーは人間を目的をもった能動的存在として扱ったのである。そのような考えは、『思考の研究』では次の箇所に反映されている。

　疑いようもなく、われわれが周囲の対象を範疇化する方法に影響する条件の1つは有機体の欲求状態である。なぜなら、認知は努力している目標（goal）という別の形式に適合させる道具的な活動でもあるからだ。（Bruner et al. 1986, p. 16）

　この一節には、「認知」──ひいては「心」──が目的に向かう活動であると同時に、知覚の研究での一つの結論である、有機体は己の状態に合わせて対象を知覚するということが述べられている。知覚の研究の結論を引き受けながら、目的に向かうということが思考の研究で付け加えられている。知覚の研究の成果が前節で指摘した「志向的状態」へと着実に向かっている。あるいは、「意図」への着目も「ヒューリスティックな実証主義」から由来しているともいえる。「意図」への着目が明示されるのは発達の研究において乳児を対象としたときである。この点については、発達の研究を検討する際に確認する。
　こうしたことを踏まえれば、バートレットの影響だけでなく、トールマンの影響もそれに劣らず重要であるといえる。アングリンの指摘に、ブルーナーの初期の仕事は「トールマンの心理学の伝統の拡張である」ということも付け加えなければならない。
　思考の研究で、ブルーナーはバートレットの「図式」とトールマンの「『ヒューリスティックな』目的主義」を受け継いだ。それは「文化心理学」まで続くことになる。バートレットとトールマンの影響は、「文化心理学」の形成にあたって大きいと結論しても、決して言い過ぎではないはずである。

(4)「与えられた情報を超える」──思考の研究から教育の研究へ
　『自伝』では、バートレットとトールマンが思考の研究における「与えられた情報を超える」メタファーを与えてくれたとあった。「与えられた情報を超える」ことを主題的に論じたのは『思考の研究』を上梓した後の論文「与えられた情報を超えていくこと」（"Going beyond the information given," 1957）であ

る。このころから、ブルーナーは教授（teaching）や学習（learning）を主題にする論文を発表していくことになる。これらはブルーナーを一躍有名にした『教育の過程』より前のものである。「与えられた情報を超えていくこと」を含め、『教育の過程』が出版される前の論文には『教育の過程』で提示された考えがすでに表れている。その意味で、論文「与えられた情報を超えていくこと」は思考の研究から教育の研究への橋渡しとして位置づけることができる。

　もっとも、論文「与えられた情報を超えていくこと」からブルーナーが教授や学習を突如論じたわけではない。学習については『思考の研究』にも言及がある。一例をあげる。

　　そこで、特定の方法で出来事の小さな1組を範疇化することを学ぶとき、遭遇した例を単純に再認するために学ぶことより多くのことをなしていると指摘することでわれわれは結論としよう。新しい事例に応用しうる規則もまた学習しているのである。（Bruner et al. 1986, p. 45）

　ここでは「範疇化」の学習について述べられている。「範疇化」を学習することは、違う出来事で同じように「範疇化」できるということのみを学んでいるのではない。新しい事例に「範疇化」を応用できる規則もまた学んでいるとブルーナーは論じている。

　ここにはすでに「与えられた情報を超える」ということが含まれている。「範疇化」という「与えられた情報」だけでなく、「範疇化」という「与えられた情報」とは別に「新しい事例に応用する規則」を知ってしまっているからである。この現象について、ブルーナーは論文「与えられた情報を超えていくこと」で具体例を挙げて次のように説明している。

存在（presence）に少数の限定的な属性もしくは手がかりが与えられれば、われわれは同一化をするためにそれを超えて進む。……形、大きさ、質感について何か手がかりを存在に与えられれば、眼前にある事物がリンゴであるとわれわれは推論する。それゆえ、それは食べられる、ナイフで切ることができる、それは果物の別の種類を分類するある原理によって関連している、など。それゆえ、与えられた出来事を別の事物のクラスと等しく変え、同一

第2章　「文化心理学」の形成過程2　　*89*

のクラスに位置付けるという行為は与えられた情報を超えて進むことの最も原初的な形式をもたらしている。(Bruner 1957, p. 8)

「与えられた情報を超える」とは、1つの情報からさまざまな情報を想起し関連づける現象を意味しているといえよう。

この「与えられた情報を超える」現象を可能にするのが「コーディングシステム」(coding system) である。「コーディングシステム」とは次のことをいう。

　コーディングシステムは偶然に関連づけられ、非特異的である一連の諸範疇として定義しうる。それは自分の世界についての情報を集合化し関連づけるその人の方法であり、常に変化し再体制化しなければならない。(*Ibid.,* p. 10)

この一節に続けて、ブルーナーは「コーディングシステム」について、例を挙げて説明している。そこであげられた例は2つある。ネズミの実験と学校での子どもの学習である。後者は後の教育の研究にも関連している。そのため、学校での子どもの学習の例のみを取り上げたい。ブルーナーが取り上げているのは加法の例である。まず、加法の訓練を子どもにする。次に、今までに加えたことのないような数の加法を行い、それから a + a + a というような抽象的な象徴へと進み、その答えに 3a が表れるかを確認する。それから、子どもが繰り返された足し算を把握しているか見るためにさらにテストをし、それをかけ算とする (*Ibid.,* p. 10)。この例は、具体的な足し算から代数を用いた足し算に至り、そこからかけ算へと移るという、足し算からかけ算へと「コーディング」していく過程が描かれている。この例に対し、ブルーナーは次のような注意を促している。

　私が描写したことは、いわゆる、「訓練の転移」の例であると即座に感じるであろう。しかし、本当は転移されているものは何もない。有機体はより狭い応用可能性かより広い応用可能性をもつコードを学んでいるのだ。(*Ibid.,* p. 11)

90

「コーディングシステム」を観点にすれば、応用できるか否かは応用可能性の広い「コード」を学ぶことにかかっている。したがって、より一般的な「コーディングシステム」を学ぶことが学習において重要となる。ブルーナーはこう述べている。

　与えられた情報を超えて進むとき、より一般的なコーディングシステムに与えられた存在を位置づけられることのおかげでそうするのであり、学習された不確定な蓋然性であれ学習された材料を関連付ける原理であれ、それらを基盤に付加された情報をコーディングシステムから本質的に「読み取る」ということを、われわれは提案する。訓練の転移と呼ばれていることの多くは学んだコーディングシステムを新しい出来事に適用している事例として有益に考えられるのである。……このことから、有機体が学習していることは何であるかを体系的に理解することが学習を研究することにおいて最も重要であると導かれる。これは学習の認知的な問題である。(*Ibid.*, pp. 11-12. 傍点原文イタリック)

認知の観点からいえば、より一般的な「コーディングシステム」を学習することが重要となる。そして、「コーディングシステム」から、何を教えるかについてブルーナーはこう述べる。

　どのようにわれわれは教材（subject matter）を教えればよいだろうか。もし教材が幾何学であれば、遭遇するかもしれないどんな問題でも与えられた情報を超えていくことに対し、個人の能力を最大化するような公理や定理、すなわち、形式的なコーディングシステムを教えると難なく答える。(*Ibid.*, p. 21)

「与えられた情報を超える」ことを目指すのであれば、教材として「コーディングシステム」を教えるというのは当然の帰結であろう。人間は与えられた情報に対し、それ以外の情報を得ることができる。学習でもそうである。したがって、「与えられた情報を超える」ことを可能にする「コーディングシステム」を教えることが、認知の観点からいうと、学習にとって重要である。これ

第2章　「文化心理学」の形成過程2　*91*

が論文「与えられた情報を超えていくこと」の教授－学習論の骨子であろう。

　なお、論文「与えられた情報を超えていくこと」には、知覚の研究の成果が反映されている。ブルーナーは「動因状態に駆り立てさせることはまた、人がすでに非常に確固として獲得されたコーディングシステムに新しく遭遇した素材に適用できる程度、すなわち、適切に与えられた情報を超えていける程度に影響しているようである」（*Ibid.*, p.15）と述べている。ここに知覚の研究の成果が反映されているとしても差し支えないであろう。知覚の研究では知覚にあたって知覚者の状態が影響しているとブルーナーは結論していた。それと同じように、「与えられた情報を超える」ことも学習者の状態によって左右されるということだからである。

　これに加え継続されているのが「構成主義」の発想である。後に「構成主義」の立場として明言することが、思考の研究時においては、「唯名論」（nominalism）として表現されている。それは『思考の研究』でも「与えられた情報を超えていくこと」でも貫かれている。前者ではこう述べられている。

　　われわれの知的な歴史は素朴実在論（naive realism）の遺産として描かれる。ニュートンにとって、科学は海図のない海の発見についての航海であった。航海の目的は真理という諸島の発見だった。真理は自然の中に存在したのである。……現代物理学の革命は新しい唯名論の名のもとに、自然主義的実在論に対抗する革命の何ものでもなかった。トマト、ライオン、俗物、原子、哺乳類のような範疇は存在するのか。……それらは発明として存在する。発見としてではない。（Bruner et al. 1986, p.7）

同じように、「与えられた情報を超えていくこと」ではこう論じられている。

　　過去半世紀はニュートンの時代から受け継いだ科学の概念に対抗する深遠な革命を目撃している。ニュートンは科学者の仕事を真理の諸島を発見することが目的であるところの発見の海の旅としてみなした。……
　　現代科学の気質はより唯名論的である。科学者は予言的な価値をもつ、つまり、利用できる情報を超えていく価値を持つ形式的なモデルや理論を構成する。（Bruner 1957, p.19）

「われわれの周囲の世界の出来事を分類するということに基づくと、もろもろの範疇は構成もしくは発明である」（Bruner et al. 1986, p. 232）とし、「形式的モデルと理論的構成物を構成する活動はわれわれが新しくかつ可能な実りある予言のためにデータを『超えていく』ことを可能にする一般的なコーディングシステムの創造として意味することの原型である」（Bruner 1957, p. 20）としていることからも、思考の研究でも「構成主義」的な発想が貫かれている。

知覚と思考という対象の違いはあっても、「構成主義」という共通している点がある。この共通点は、何かを研究するにあたってのブルーナーの根本を規定しているもののように思われる。この推測は後続する研究を検討することで検証されるであろう。

3　教育の研究

本書で教育の研究として対象にしている期間は『教育の過程』（1960）から『教育の適切性』（1971）までである。この区分はブルーナーの研究を追うにあたって混乱を招きかねない。『教授理論の建設』（1966）は教育の研究の成果物であるが、その同年にブルーナーは『認識能力の成長』（1966）を上梓している。これは発達の研究の代表的成果である。このことから即座に察せられるように、教育の研究は発達の研究と重複している。そして、発達の研究が教育の研究にも生かされている。

ブルーナーにとって、教育の研究と発達の研究の重複は突飛なことではない。『自伝』で、思考の研究において生じてきた疑問をこう述べているからだ。

そうして次の明瞭な問い、どのようにしてその方法を手に入れたのか、に向かった。私は「発達心理学者」になった。そして私は、どのようにして乳児の「心」の原初的な作用が大人の巧みな芸術や科学や直観に変換されるのかを解明しようと試みることに 1960 年代と 1970 年代の初期の大半の部分を過ごした。最終的に、人間は文化とその言語という既存の道具の援助なしには航海することはできないし、心的な成長は内部の外部化と同じくらい外部の内部化によって生じると、私は結論した。
　……

そうして、私は再び意のままにしたがった。「外部の内部化」装置を研究
する時期だった。「教育」は1つの候補だった。（Bruner　1983b, pp. 278-279.
傍点原文イタリック）

　『自伝』にしたがえば、思考の研究において発達に関する疑問が生まれた。
人間はどのようにして思考をするようになるのか、という問いである。1960
年代から1970年代の初期はこの問いにブルーナーの関心が向けられていた時
期である。この時期区分は教育の研究と一致しており、発達の研究を含んでい
る。この時期は教育と発達の研究を並行して行っていた。「外部の内部化」を
行う装置の研究が教育だったと述べられているので、ブルーナーにとって「外
部の内部化」に力点を置いた研究が教育の研究にあたり、「内部の外部化」に
力点を置いた研究が発達の研究にあたると考えられる。

　『自伝』では発達の研究が教育の研究より先行しているかのように書かれて
いる。けれども、すでにみたように、論文「与えられた情報を超えていくこ
と」で「どのようにして思考の方法を手に入れたのか」という問い―― どのよ
うにすれば「与えられた情報を超えていく」のか――が生じていた。そこでは
教授や学習についても述べられていたので、どちらかといえば教育の研究とし
ての性格が強い。このことから、本書では発達の研究より先に教育の研究を扱
うこととしたい。議論の複雑さを避けるために、重複期間に際してはその言及
を必要最小限にとどめ、諸研究の連続性に留意しながら、教育の研究（および
次節で扱う発達の研究）を概観する。

(1)『教育の過程』前史

　ブルーナーが教育に関心をもち始めたきっかけはあまりはっきりとしていな
い。ワイルによれば、ブルーナーが教育を研究することになったのは「学習阻
害」（learning-block）の児童と関わったことにある。ワイルはこう述べている。

　彼は「学習阻害」の子どもについての2年計画をはじめ、いくつかの個人指
　導の技術を開発し、いくつかの治療の方法を考え出した。この仕事のもっと
　も重要な成果は、ブルーナーが子どもの発達に関心をもったということであ
　る。今ではブルーナーは、「そこから、教育に関与することになるのは確実

だった」と振り返っている。（Weil 1964, p. 85）

『自伝』にもこの計画について綴られている。『思考の研究』が出版された
1956 年、ブルーナーは離婚を経験した。自分の子どものことが気にかかって
いた。仕事でその不安を打ち消そうとして、思考の発達に研究しようとした。
それを研究する方法がうまく見つからず、「学習阻害」を研究することにたど
り着いた。そして、ブルーナーは「その計画とそれが巻き起こした仕事は、私
の理性を増してくれる良い結果を、とりわけごく普通の環境での子どもの学習
と問題解決を考察する良い結果をもたらしてくれた」と述べている（Bruner
1983b, pp. 140-141）。ワイルに話したように、「学習阻害」の子どもから普通の
場面の子どもに関心が移り、ブルーナーは教育に関与するようになったといえ
よう。

　その一方で、『自伝』で「教育の関心は学校に通う私の子どもたちを見るこ
とによってそそられた」（*Ibid.,* p. 155. 傍点引用者）とも述べている。「学習阻
害」の子どものみならず、「自分の子どもたち」も教育に関与するきっかけだ
ったようである。「学習阻害」と「自分の子どもたち」から、ブルーナーは思
考の発達として教育に関与するようになったとするのが妥当であろう。

　教育に関心をもつようになったという片鱗は、教授と学習について言及して
いるので、論文「与えられた情報を超えていくこと」にすでにみられる。その
論文と同年の 1957 年、ソ連に人工衛星で先を越されてしまうというスプート
ニクショックがアメリカに起きる。危機感を感じたアメリカは、翌年、国家防
衛教育法（National Defense Education Act）を制定し、教育に力を入れる機運
がアメリカに高まった。その同年、ブルーナーはスプートニクショックを意識
した論文を発表している。「学習と思考」（"Learning and Thinking," 1959[3]）で
ある。この論文において、スプートニクショックに対し、学習を思考に促す教
育の必要性を主張する。

　　しかし重圧と競争はまた、優秀性（excellence）とどのようにそれを養う
　かについて、われわれの新しい認識（awareness）を再燃させている。ソビ
　エト連邦の明白な技術的脅威によるわれわれの自己満足的な大改革はその認
　識に付け加えなければならない。私は新しい一連の諸理念の形を形づくる表

現を要請することがその新しい認識だと促したい。……

　おそらく、それに見合う理念は……学習を思考にと障壁を飛び越えていく能動的なプラグマティックな理想である。われわれが何を学んでいるかが重要なのではない。われわれが学んでいることで何をなすことができるか、である。これが争点である。（Bruner 1959a, p. 30. 傍点原文イタリック）

スプートニクショックに対して、教育に必要なのは「学習を思考に飛び越えていく」ことと訴えられている。この主張には「コーディングシステム」がおそらく反映されている。ブルーナーは学習と思考の関係をこう述べている。

　包括的な方法（generic way）で何かを学習することは、障壁を飛び越えることに似ている。障壁の他方にあるのは思考である。一般的なものが把握されたとき、それゆえ習得した古い原理の例として遭遇する新しい問題をわれわれは再認することができるのである。（Ibid., p. 24）

ここでは、「コーディングシステム」から論じられた学習と同趣旨のことが述べられている。「包括的な方法」は「コーディングシステム」を指すとしても差支えはないはずである。自身の研究の成果をスプートニクショックに対応する教育に適用していることが理解できる。

　この主張は翌年の1959年4月13日に発表された「教授の機能」（"The Functions of Teaching," 1959）で、「構造」という言葉を用いて、「よい教授は、何であれ人が経験したことについてより深い一般的な（general）構造を受け取る形式に自分が遭遇したことを短縮し変形させることに人を導く効果を持つべきである」（Bruner 1959b, p. 38）と新たに表現されている。加えて、この論文の末尾が「課題は、受け取る教授のおかげで、自分自身のアイデンティティと個性の整理について教えられたことを超えていくことができる生徒を生み出すことにある」（Ibid., p. 39. 傍点引用者）と結ばれており、「与えられた情報を超えていくこと」の考えが貫かれている。『教育の過程』における「構造」の提示は思考の研究に由来したものといえるであろう。そういった意味で、論文「学習と思考」と「教授の機能」は『教育の過程』の前史と位置づけられる。

　思考の研究──「与えられた情報を超えていくこと」──と『教育の過程』

に連続性があるのならば、『教育の過程』は思考の研究の目的であった「知り方」の探究の延長的側面を持っていることになる。『教育の過程』に代表される教育の研究は「知り方」の探究で得た成果を生かして「知り方の獲得」の探究を行っていることになる。このような思考と教育の研究間にある連続性を念頭に置きながら、「知り方の獲得」の探究がどのように展開されていったか、『教育の過程』から検討する。

(2)「構造」と「与えられた情報を超えていく」こと

1959 年の 9 月にウッヅ・ホール会議が開かれた。その会議をまとめたものが『教育の過程』である。『教育の過程』の訳者たちがこの著は単なる報告書ではなく「ブルーナー独自の見解をかなり強くうち出している」ものであるというように（鈴木・佐藤 1985, p. 120）、ブルーナーの独自の見解が反映されている。「構造」が特にそうである。『教育の過程』における「構造」論には「与えられた情報を超えていく」ことが強く意識されている。ブルーナーの諸研究の連続性を追うという本章の目的から、本項では「構造」論と「与えられた情報を超えていくこと」の関連性を検討する。

『教育の過程』において、「構造」の重要性がなぜ説かれたのかをまず確認しよう。そもそもウッヅ・ホール会議は、全米科学アカデミー（National Academy of Sciences）によって召集されたもので、その意図は「応急的な計画を提起するのではなく、むしろ科学の内容と方法の感覚を若い生徒に伝えることに関する基礎的な過程を検討することにあった」とされている（Bruner 1977, p. xvii）。

ウッヅ・ホール会議が開催されたときには、すでに PSSC（Physical Science Study Committee）や SMSG（School Mathematics Study Group）、UICSM（University of Illinois Committee on School Mathematics）、BSCS（Biological Sciences Curriculum Study）などがカリキュラムの開発を行っていた。「この仕事の主な目的は教材が効果的に示されること、つまり、教材の範囲だけでなく構造にも十分な関心を払うことである」。ウッヅ・ホール会議は「この関心の刺激の 1 つの反応であった」といわれている（*Ibid.*, pp. 1-2）。このような背景のもと、ウッヅ・ホール会議が検討したのは次のことである。

物理学者、生物学者、数学者、歴史家、教育者、心理学者たちは、学習過程の本質、その教育との関連性、最近のカリキュラムの成果がわれわれの学習と教授の概念について新しい問いを浮上させている要点を改めて検討するために集まった。何を、いつ、どのように教えたらよいのだろうか。どのような種類の研究と探究がカリキュラムのデザインの努力をさらに成長させるだろうか。数学であれ歴史であれ、教科（subject）の構造を強調すること、つまり、ある学問（discipline）の基礎的観念の感覚をできうるかぎり早く生徒に与えようとする仕方でそれを強調することの含意は何なのか。（*Ibid.*, pp. 2-3）

この箇所にある「教科の構造」について、次のようにも述べられている。

ある教科の構造を把握することは、多くの別の事柄を意味のあるように教科の構造に関連づけられる仕方で教科の構造を理解することである。手短に言えば、構造を学習することはどのように事柄が関連づけられているかを学ぶことである。（*Ibid.*, p. 7）

ウッヅ・ホール会議の意図からすれば、「事柄の関連」である「構造」の教育的意味を検討する会議であったということになる。

そうであれば、「構造」は会議全体の関心事であって、ブルーナーだけの関心事ではないはずである。しかし、『教育の過程』における「構造」には「与えられた情報を超えていくこと」の成果が潜んでいる。「コーディングシステム」や「一般的な方法」を学ぶことと同趣旨のことが、「転移」を観点に、「構造」と関連させて論じられているからである。

「訓練の特殊的な転移」（specific transfer of training）と「非特殊的な転移」（nonspecific transfer）という 2 つの転移を、ブルーナーは『教育の過程』で挙げている。論文「与えられた情報を超えていくこと」で述べていたように、ブルーナーが重視しているのは後者の転移である。「与えられた情報を超えていくこと」で応用可能性の広狭として論じたように、「特殊的な転移」について次のように述べている。

学習が未来に役立つには2つの方法がある。……先行の学習が後続の遂行を
より効果的にする2つめの方法は、慣習的に非特殊的な転移と呼ばれている
こと、あるいは、より正確には、諸原理と諸態度の転移を通すことである。
本質的に、それは技能でなく一般的な観念（general idea）を最初に学ぶこと
から成り、それからそれは最初に習得した考えの特殊な事例として後続する
問題を再認するための基本として使用されるようになる。このタイプの転移
は教育的過程、つまり、基本的で（basic）一般的な観念の観点から知識を連
続的に広げ深めていくことの核心である。

　この2つめのタイプの転移、つまり原理の転移によって生み出された学習
の連続性は、教科の構造を習得することにかかっている……すなわち、人が
新しい状況に対する観念の応用可能性または非応用可能性を再認でき、それ
ゆえ自分の学習を広げることができるようになるためには、対処する現象の
一般的な性質を明確に覚えていなければならない。学習した観念が基礎的ま
たは基本的であればあるほど、ほぼ当然のように、ますます新しい問題への
応用可能性の幅が広くなる。（*Ibid.*, pp. 17-18）

「教科の構造」を学ぶこと、つまり「一般的な性質」をもった「基礎的な観
念」を学ぶことは、「非特殊的な転移」＝「原理の転移」をもたらす。習得し
た「教科の構造」＝「基礎的な観念」がさまざまな事例に応用可能になるから
である。これは「コーディングシステム」を基軸に論じたことと同じである。
前節で確認したように、「コーディングシステム」がさまざまな事例に使用で
きる理由は、応用可能性が広いことにあった。「教科の構造」を理解している
ことが「非特殊的な転移」＝「原理の転移」をもたらすということは、「与え
られた情報を超えていくこと」を学ぶということ、あるいは「学習を思考に飛
び越える」というブルーナーの自説にほかならない。
　『教育の過程』の「構造」論は、思考の研究の成果の変容といえるであろう。
『教育の過程』では、「知り方」の獲得として「構造」を学習することが論じら
れているのである。

(3)「構造」と「発見」・「直観」

　「構造」の学習として『教育の過程』で強調されたのが「発見」（discovery）

である。

　ある分野の基礎的観念の習得は、一般的な原理を把握することだけでなく、学習と探究に向かう態度、推量と直感（hunches）に向かう態度、自分自身の問題解決の可能性に向かう態度の発達も含んでいる。……教授によってそのような態度を注ぎ込むためには単なる基礎的諸観念の提示以上のことが必要である。……重要な要素は発見についての興奮の感覚であるように思われる。自分の能力への自信の感覚を生じさせながら、諸観念の間の以前に気づいていなかった関係の規則正しさや類似性を発見することである。（*Ibid.*, p. 20）

　ブルーナーが「発見」へ関心をもつようになったのは、当時の教育課程改革に関わるようになってからのようである（Bruner 1961, p. 57）。そうでありながらも、ブルーナーはこれまでの研究と同じように、「構成主義」的な立場を「発見」に反映させている。

　発見の教授は生徒を「向こうに」（out there）あるものを発見するよう導く過程ではなくて、自分たちの頭の中にあることを発見させる過程である。それは彼らにこう言うような気にさせることを含んでいる。「立ち止まってそれについて考えさせて」。「自分の頭を使わせて」。「さまざまな試行錯誤をさせて」。（Bruner 1971a, p. 72）

　「発見」を教授することは、学習者に自分の中の頭にあることを「発見」させることだとブルーナーはいう。このことは、結局、学習者が自分自身で何かを生み出すことである。ブルーナーは、先行の研究でも見られた「構成主義」的立場で、「発見」を捉えているのである。
　「構成主義」的立場に加え、ブルーナーは「発見」について、知覚の研究の成果をこう反映させている。

　人が自分の環境における規則正しさや関係性を探し出し見つけるためには、見つかる何かがあるという期待で身を固めるか、そのような期待を生じさせ、

そのことから探し見つけだす方法を考え出さなければならない。探すことの重要な敵の1つは規則正しさや関係性の点で環境の中に見つけられるものが何もないという前提である。(Bruner 1979[4], pp. 84-85)

　「発見」を行うのはあくまでもその主体である。「発見」を行う主体が、自分の周りには「発見」するものが何もないとすれば、当然「発見」は行われない。何か「発見」できるかもしれないという「期待」がなければ、「発見」はされようがない。知覚は「期待」を伴うという知覚の研究での結論を、ブルーナーは「発見」についても生かしている。したがって、知覚の研究と同じく、ブルーナーは学習者を「能動的」存在としてみなしていることになる。

　以上のような考えが込められた「発見」にブルーナーが着目した思考方法が「直観的思考」(intuitive thinking) と「分析的思考」(analytic thinking) である。『教育の過程』において、「分析的思考は特徴的に、一時に1つのステップを進む」とされ、「直観的思考は特徴的に、注意深く、明瞭に述べられたステップを進まない」とされている。「たいてい直観的思考は関連した知識の領域とその構造に親しんでいることにかかっており、飛び越えを思考者に可能にさせるが、飛び越えたステップとショートカットを用いたことは、帰納的であれ演繹的であれ、より分析的な手段によって結論を後に再検査することが求められる」という。そのため「直観的思考と分析的思考の相補的な性質」が「認められなければならない」とされている (Bruner 1977, pp. 57-58)。「知識の構造」を知っていることによって「直観的思考」が可能になるので、「構造」の「発見」には「直観的思考」が適している。しかし「直観的思考」は結論までの過程を飛び越えているから、「分析的思考」で飛び越えてしまった間を確かめなければならない。それゆえ、「直観的思考」と「分析的思考」の「相補的な性質」を認めるべきだと主張されている。思考を2つに分け、「相補的な性質」を説いているところに、後に提示される「2つの思考様式」の萌芽が感じられる。

　ブルーナーは『直観・創造・学習』(On Knowing, 1962) において、「右手」と「左手」という二分法を用いている。「右手」と「左手」は「分析的思考」と「直観的思考」に対応していると考えられる。ブルーナーは両者についてこう述べている。

右手は秩序と合法、権利（*le droit*）である。……右手で到達する知識は科学
である。しかし科学の多くがそうであるとのみいうことはその面白さを見逃
してしまう。なぜなら、科学の偉大な仮説は左手から運ばれた贈り物だから。
　……〔左手は〕感情、直観、庶出（bastardy）である。そして左手で到達
する知識は芸術だというべきか。やはりそれは十分ではない。というのも、
白昼夢の詳述とうまく仕上げられたおとぎ話が異なっているのと同じくらい
きっと、気ままな幻想と芸術の間には障壁があるからだ。その障壁を登るこ
とは技術と巧妙さに適応した右手を必要とする。（Bruner 1979, p.2.〔　〕内
引用者補足）

「左手」に「直観」の役割を当てていることから、「左手」＝「直観的思考」
と類推される。「右手」を科学と関連づけているから、「右手」＝「分析的思
考」と連想できる。そして、「右手」と「左手」の「相補的」な関係も描き出
されているところに、ここにおいても「相補的」な二分法がなされているとい
うことができる。「相補的」に二分するということも、諸研究を貫くブルーナ
ーのスタイルといえよう。ブルーナーにとって、戦時中のボーアとの出会いは
重要だったといわざるをえない。

(4)「文化」伝達と人間の成長

　『教育の過程』では、ウッヅ・ホール会議の報告書ということもあってか、
「文化」に対する言及、とりわけ「文化」と人間の成長の関係についての言及
はない。しかしブルーナーの教育論にとって、「文化」と人間の成長は密接な
関係にある。ブルーナーは教育をこう述べている。

教育は心の力（power）と感受性を発達させようとする。一方で、教育過程
は、民族の文化を構成する知識、様式、価値の蓄積のいくらかを個人に伝達
する。そうすることで、文化は衝動、意識、個人の生活様式を形成する。し
かし教育は、個人が自分の社会的世界の文化的方法を超えて進むことができ
るように、つまり、たとえどんなに控えめであっても、自分自身の内的文化
を創造できるための方法を刷新できるように知性の過程を発達させようとも
する。（*Ibid.*, pp.115-116）

教育は「心」の力と感受性の発達を目指す。その過程は二重である。一方で「文化」を伝えつつ、他方で伝達された「文化」を乗り超えることを可能にしなければならないからだ。伝達された「文化」を自分自身で超えていくにしても、「文化」がまず伝達されなければならない。この観点から、ブルーナーは「インストラクション」に着目する。そこで、ブルーナーのいう「インストラクション」について確認しておこう。

　　　インストラクションは、結局のところ、成長を援助するためか形成するための1つの努力である。……そしてインストラクションの理論は……結局、どのように成長と発達が多様な手段によって援助されるかという理論である。(Bruner 1966, p. 1)

　「インストラクション」は成長の援助や形成であり、「インストラクション」の理論とは多様な手段によって成長や発達を援助するための理論であるとブルーナーはいう。成長や発達の援助のために、「インストラクション」を論じる上で自身の発達理論 ── 動作的（enactive）、映像的（iconic）、象徴的（symbolic）という3つの「表象」の理論 ── に言及しているが（cf. *Ibid.*, pp. 44-48）、この理論については彼の発達の研究に関連しているので、次節で詳しく扱う。ここでは「文化」と「インストラクション」の関係を確認する。

　「インストラクション」が成長を援助する営みであるならば、それは「文化」を伝達することを必ず含む。成長の援助には「文化」という「外部」を「内部化」することも含まれているからだ。それは、ブルーナーが「心的成長は、非常に多くの尺度の中で、外部の内部化から、つまり、文化に具体化されており、文化という議題によって生じた対話によって伝達される技術の習得からの成長に依存している」（*Ibid.*, p. 21）と述べていることから必然的に導かれる。「インストラクション」は「文化」伝達によって成長を援助する営みなのである。

　「インストラクション」は「文化」を伝達する営みである。なぜなら、「文化」を「内部化」する「外部の内部化」が成長の条件だからである。この論理は、彼の発達の研究から導かれている。そこで、教育の研究と同じく、「知り方の獲得」という関心に導かれて行われた発達の研究に目を向けることとしよう。

4 発達の研究

　発達の研究の代表的成果は『認識能力の成長』である。これはハーバード大学の認知研究所（the Center for Cognitive Studies）の共同研究の所産である。

　ハーバード大学の認知研究所の設立者は、ブルーナーと「マジック・ナンバー7±2」で知られるミラーである。彼らは当時、心理学に関するハーバード大学の現状と心理学全般の事態に不満をもっていたようである。ブルーナーにとってそれは『思考の研究』に対するオルポートやアメリカ心理学会のジャーナルの書評が不評だったことに由来しているようである。そのような状況から、ブルーナーとミラーは、ニューヨークのカーネギーコーポレーションの当時会長だったガードナー（Gardner, J.）に、「学問分野がなんであれ、知ることの本性に夢中になっている人びと」を呼ぶセンターをつくりたいと手紙を書いた。その願いがかなって設立されたのが「認知研究所」である（Bruner　1983b, pp. 121-123）。

　オルソンはこの研究所でのブルーナーの研究を次のようにいう。

　　その研究所で、ブルーナーは彼の認知の研究に3つの新しい次元を付け加えた。1つはジャン・ピアジェと彼の極めて優れた共同研究者ベルベール・イネルデとの関係を通してである。このつながりによって、彼が心的なモデルを、年齢と経験にともなう複雑さの中で成長するだけでなく、教育に適用できることを見出した重要な考えである、表象の「様式」における転換を現実に経ることとして考えるようになった。2つめは、彼が、有名なレフ・ヴィゴツキーの学徒であるアレクサンダー・ルリアとの関係を打ち立てたことである。このことがブルーナーに初めて英語に訳されたヴィゴツキーの著書『思考と言語』に重要な序文を書くことに導いたのである。人間の発達における文化の役割のヴィゴツキーの主張はブルーナーの基礎的な考えの1つになった。

　　そして3つめは、ブルーナーが乳児の一連の研究計画を始めたことである。……ブルーナーは、乳児でさえモデルを形成しているかもしれない、つまり、「与えられた情報を超えていく」ことをしているかもしれないと疑問に思い、

自分の期待を大規模に正当化しようとした実験を始めた。乳児でさえ、刺激によって与えられたことを受動的に知覚せず、完全であり把握しやすい何らかのモデルにあらゆる刺激をもってくるようにしているのである。(Olson 2007, p. 7)

　長い引用ではあるが、ブルーナーの発達の研究が簡潔に描き出されている。本節では、このオルソンの記述に基づき、「文化心理学」の形成過程として、「表象」の発達、ピアジェとヴィゴツキーの影響、乳児の研究の順に追っていく。

(1)「表象」の発達と「文化」

　ブルーナーが行った発達の研究の目的は次の一文に表れている。

　……われわれは、人間が働きかける世界を表象すること、すなわち、行動（action）、イメージ、象徴によって表象することをしだいに学んでいく手段に影響されているものとしての知的成長に関心をもっている。われわれは、現実のこれらの表象や構成は文化が可能にする力と霊長類としての人間の進化の遺産に言及することなしには理解できないことを示すよう試みるつもりである。……外的な引力に対応させずに成長の内的推進力は見つからない。なぜなら、種としての人間性が与えられているとしても、成長はそれ自身の成長に依存するのと同じく、人間の諸力の外的な増幅器（amplifiers）との結びつきに依存しているからである。(Bruner, Olver and Greenfiled 1966, pp. 5-6)

　ここにはすでに「文化心理学」の基本的な枠組みが表れている。それは人間を生物学と「文化」の観点から理解するというものである。「文化心理学」では「意味」が主軸となるが、この研究の主軸は発達である。この点が相違点であり、そのためこの研究は「文化心理学」の萌芽段階と位置づけられる。この研究の要点は「表象」を3つの種類に分け、さらにそれらを「増幅器」としての「文化」に関連づけながら、知的成長を明らかにするということにある。
　ブルーナーのいう3つの「表象」は、前節でふれたように、「動作的表象」、

「映像的表象」、「象徴的表象」のことである。「動作的表象」とは「適切な動作的反応を通して過去の出来事を表象する様式」のことである。「映像的表象」は「知覚とイメージの選択的な体制化によって、つまり、知覚の領域とそれらが変形されたイメージの時空的かつ質的な構造によって出来事を要約する」ことであるとされている。「象徴的表象」は「象徴的システムが遠隔性（remoteness）と恣意性（arbitrariness）を含めたデザイン的機能で事柄を表象する」とあるように、言語に代表される象徴的体系によって何かを「表象」することである（Bruner 1964, p. 69）。

「増幅器」も、「表象」の各々に対応するように、3つに分類されている。1つは「人間の動作の能力の増幅器」である。これは刃物からレバーや車、幅広く多様な近代的装置にわたると説明されている。2つは「感覚能力の増幅器」である。これには、のろしのような原始的な装置から、光学機器や電波探知機のような近代的装置、冗長な感覚的環境に適応するために慣習化されたものに知覚を近道するような「ソフトウェア」も含まれる。最後は「人間の推論的能力の増幅器」で、言語から神話や理論や説明法まで多様である。これらは「文化」によって慣習化され伝達される（Bruner et al. 1966, p. 56. 引用箇所の傍点は原文イタリック）。

発達を生物学と「文化」で捉えるというのは、「表象」と「増幅器」の関係性から発達を捉えるということを意味している。

> われわれの出発点は、それゆえ、人間の能力の生得的な性質に支えられながらもそれによって制約されている、3つの様式において世界を表象するための能力を持った人間という有機体である。人間は、文化の中に「存在する」行為する、イメージする、象徴化する方法、つまり、自分の能力を増幅させる方法を内化する（internalizing）過程によって成長するとみなされる。（*Ibid.*, pp. 320-321）

3つの「表象」様式は生物として人間に生得的に内在しているものである。それらを「増幅器」を通すことで増幅させていくことが知的に発達していくことだとブルーナーはいう。「増幅器」と結びつくことによっても発達するゆえに、ブルーナーは「内部の外部化」と「外部の内部化」を次のように表現する。

われわれは、あらゆる表現における認知の成長は、内部の外部化と同じく、外部の内部化からも生じるという見方を取る。それの多くは、人間が文化的に伝達された動作、感覚、反省的能力の「増幅器」と結びつくようになることで構成される。（*Ibid.*, pp. 2-3）

「外部の内部化」とは「表象」と「増幅器」が結びつく「文化」の「内化」を意味しており、「内部の外部化」とは「表象」が生物的に、つまり成熟によって発達することといえる。このようなことから、「この知的発達の程度と形は、そのまさに本質において文化からの援助に依存しているので、文化の働きによってさまざまである」（*Ibid.*, p. 58）ということになる。人間の知的発達は「表象」という形式において共通しているが、所属する「文化」によってその実質が異なるということである。

　ブルーナーは「表象」の発達において提示した成長観を「道具的概念主義」（instrumental conceptualism）と名づけている。これには「知ることの本質にかかわる2つの中心的な原則（tenets）」が含まれている（*Ibid.*, p. 319）。1つめは「概念主義」の側面に関することで（*Ibid.*, p. 320）、こう述べている。

1つめは、世界についてのわれわれの知識は現実について構成されたモデルに基づいているということである。モデルは入力に対して部分的かつ断続的にしか検証できないものである。われわれの認知的モデルの構造の大部分は直接的な検証からきわめて離れており、因果関係、時空の連続性、経験の中の不変性などといったわれわれの観念のような、公理的基盤と呼ばれるかもしれないことに依存している。この現実のわれわれのモデルを処理する公理的構造のいくらかは、行動、イメージ、象徴という、3つの現実を表象する、もしくは「モデル化する」ための技術の生得的な性質の中にすでに与えられている。（*Ibid.*, p. 319）

われわれは自分で構成した「モデル」に基づいて世界を知る。「モデル」を直接検証するのは不可能で、生得的に獲得している3つの「表象」様式から部分的に行うしかない。こうみなすのが「道具的概念主義」の1つめの原則である。

第2章　「文化心理学」の形成過程2　　*107*

２つめの原則は「道具的」という側面に関わるものである。

　……２つめは、われわれのモデルは、まず文化によって、次に自分自身の使用のために知識をしたがわせなければならない文化の構成員すべてによって、モデルが向けられている使用の機能として発達するということである。……モデルは最初に文化から取り込んで、次に個人的使用に適応するのである。われわれの道具主義（instrumentalism）は、内在的に、使用の役割の二重性を強調している。私が考えるに、文化的道具主義と個人的道具主義は（分析上のことを除くと）切り離すことはできないという事実を、われわれは十分自覚している。つまり、文化を特徴づけている言語、価値、見方や考え方は、１つの文化が時間をかけて、たいていはとても長い時間をかけて環境に対処してきた方法のおかげで進化しているのである。同時に、個人の生活において表現されている使用されている言語（language-in-use）や使用されている価値（values-in-use）の形が、文化によって課された広狭の制約の範囲内で現実に対処する彼の様式を反映しているのである。(*Ibid.,* p. 320. 傍点原文イタリック)

「現実」を知る「モデル」はまずもって「文化」から取り入れられる。その「モデル」の使用に各人の個性が現われ、そのような使用を通して「文化」が持っている「モデル」が変化していく。実際には、それは同時的に起こっているので、それらの側面は分析的にしか切り離せない。このような、切り離しがたい２側面を「モデル」は持っているため、「モデル」の使用による発達は二重の意味を伴った「道具主義」として表現される。

「概念的道具主義」に基づけば、それゆえ、認知の成長とは３つの「表象」様式によって「文化」に由来する自分の「モデル」を使用し刷新していくことになる。

「概念的道具主義」にこれまでの研究の成果が前提にされているのは明らかであろう。「概念的道具主義」における「モデル」は知覚の研究や思考の研究で用いられたものと同じ意味、すなわち、対象を知る際のフィルターという役割をもっている（したがって「構成主義」的立場に変わりはない）。「モデル」が「文化」に由来するというのも、思考の研究において、「範疇」が「文化」的な

ものであると論じていたことと重なる。発達の研究は、知覚と思考の研究を経て生じた疑問である、世界の「知り方の獲得」という主題に基づいていると理解できる。世論の研究から発達の研究（および教育の研究）まで、ブルーナーは自身の研究を連続的に展開しているのである。

(2) ピアジェとヴィゴツキー

「表象」と「文化」に着目した認知的成長の研究には、オルソンが指摘していたように、ブルーナーにおけるピアジェとヴィゴツキーの2人の影響が色濃く表れている。ブルーナーはこの2人によって「心」の発達に関心をもったと、こう述べている。

> 私に「心」の発達を興味あるものにした2人の人物はジャン・ピアジェ、特に戦後のピアジェとレフ・セミョーノビッチ・ヴィゴツキーであった。ピアジェとヴィゴツキー、彼ら2人は全体的な計画においてあらかた似ていたので、信頼のおける助言者（mentors）として等しく魅力的であった。(Bruner 1983b, p. 136. 傍点原文イタリック)

2人の理論が「あらかた似ていた」と述べているように、ブルーナーは3つの「表象」様式に2人の理論を取り入れている。にもかかわらず、ヴィゴツキーを取り入れることで、ブルーナーはピアジェを批判している。ブルーナーはこの二面性を、『認識能力の成長』は「ピアジェにささげられ、モスクワで贈呈されたのだ」、「ピアジェの思想にあまりにも近すぎながら、しかし彼の理論の中心的争点からはあまりにも遠い」と表現している（*Ibid.*, p. 146）。

ブルーナーはピアジェの存在を大学院時代から知っていた。ピアジェを「知らなかった時を思い出すことはできない」とまで言っている（*Ibid.*, p. 133）。しかし、「私はピアジェと知り合いヴィゴツキーと会ったことはないけれど、私は人としてヴィゴツキーの方がよく知っているように感じる」とあるように（*Ibid.*, p. 137）、ブルーナーとしてはピアジェよりもヴィゴツキーの方に親しみを感じている。

ブルーナーがピアジェではなくヴィゴツキーを慕った理由は、両者の発達の促進に関する見解の相違に着目すれば理解しやすい。実際、ブルーナーは発達

の促進に関して、ピアジェとヴィゴツキーを対比的に述べている。そこで、ブルーナーにおけるピアジェの影響とヴィゴツキーの影響を、ピアジェとヴィゴツキーの発達の促進に関するブルーナーの解釈を観点に検討する。

　あらかじめ指摘しておくと、ブルーナーがピアジェとヴィゴツキーを対比的に解釈していることは、もはや不適切といえるかもしれない。高取憲一郎によれば、ピアジェとヴィゴツキーの心理学における関係性をめぐって、「ヴィゴツキーとピアジェは社会と個人の関係をめぐってまったく正反対の立場に立っているという考え」が主流であったが、「ヴィゴツキーとピアジェの心理学を統合していこうとする流れ」が出てきており、高取も「ヴィゴツキー・ピアジェ問題を考えるときには、対立点よりも共通点のほうに注目するほうが生産的であると以前から考えている」と述べている（高取 2014, p. 1）。ブルーナーのようにヴィゴツキーとピアジェの相違を論じるのは生産的ではないかもしれない。

　しかしながら、ロレンソ（Lourenço, O.）によってピアジェとヴィゴツキーに溝を埋めることができない相違点が指摘されているのも事実である。ロレンソによれば、ピアジェとヴィゴツキーの比較は第2段階を迎えている。ロレンソは、第1段階において、「ピアジェの個人もしくは孤立した知る主体（knower）に代わって、ヴィゴツキーの考えに現れているのは集合的で社会的な主体もしくは知る主体である」と理解されていた（Lourenço 2012, p. 282. 引用箇所の傍点は原文イタリック）。したがって、第1段階では、高取も述べていたように、個人と社会を観点にピアジェとヴィゴツキーは正反対に理解されている。第2段階になると、「ピアジェとヴィゴツキーの理論はいくつかの争点を共有しているとみなされている」ようになった。ロレンソによれば、両者が共有している争点は7つある。「発達的展望」、「弁証法的アプローチ」、「非還元主義的な命題（non-reductionist thesis）」、「非二元論的見方（non-dualistic view）」、「活動（action）の強調」、「外的な内容に対する内的な過程の優位への焦点」、「量的な変化に対する質的な変化の強調」の7つである（*Ibid.*, p. 284）。この第2段階でのピアジェとヴィゴツキーを比較した解釈について、ロレンソはそれを認めつつも決定的な違いがあると、次のように指摘している。

　……ピアジェの主体は、究極的には、あらゆる自分の活動、操作、社会的相

110

互作用の重要な構成者であり、またそれらに責任を持っている……。これと
は反対に、ヴィゴツキーの主体の活動は、内的でなく、外的な活動や操作に
初めに示される活動や操作に常に委ねられている。(*Ibid.,* p. 284)

　ロレンソはピアジェの主体を「自律的な (*autonomous*) 主体」、ヴィゴツキ
ーの主体を「他律的な (*heteronomous*) 主体」と端的に表現しているが (*Ibid.,*
p. 284. 引用箇所の傍点は原文イタリック)、要点は自分がなすことを自身のみで
背負うのか否か、ということにある。ロレンソにしたがえば、ピアジェとヴィ
ゴツキーの理論には決定的な差異が存在しているのである。
　ロレンソはブルーナーが「文化心理学」提唱後に書いた論文「相違を祝うこ
と ―― ピアジェとヴィゴツキー」("Celebrating divergence: Piaget and Vy-
gotsky," 1997) を第1段階に位置づけている (*Ibid.,* p. 282)。しかし、ロレンソ
は「ウッド、ブルーナー、ロス……によって大人と子どもの個別指導での相互
作用を述べるためにつくられた用語である、足場かけ (*scaffolding*) は、ヴィ
ゴツキーの理論にうまく適合する」とし、「足場かけは主に他律的な主体を訴
えている」と述べている (*Ibid.,* p. 288. 引用箇所の傍点は原文イタリック)。「足場
かけ」はヴィゴツキーが提示した「発達の最近接領域」(zone of proximal de-
velopment) にブルーナーが触発されて生みだした考えである (Bruner 1986,
pp. 73-78)[5]。そして、「発達の最近接領域」は、発達についてブルーナーが影
響を受けた概念でもある。このことを踏まえれば、以下で言及するブルーナー
によるピアジェとヴィゴツキーの対比的解釈は、高取がいうこれまで主流であ
った個人と社会から見たピアジェとヴィゴツキーの差異ではなく、ロレンソが
指摘している「自律的な主体」と「他律的な主体」という差異を論じていると
もいえるであろう。ともあれ、ブルーナーが受けたピアジェの影響から確認し
ていこう。
　ブルーナーがピアジェの理論から受けた影響について、オルソンは、「ピア
ジェと彼の長年の助手であるベルベール・イネルデのように、ブルーナーは子
どもたちが自分自身で理解を構成し、理解の成長は増加するものだけでなく段
階のようなものであるという見方を抱いている」(Olson 2007, p. 68) と述べて
いる。つまり、ブルーナーは、ピアジェから子どもは自ら理解を構成するとい
う見方と、理解の成長には段階があるという見方を受け取ったのである。ピア

第2章　「文化心理学」の形成過程2　　*111*

ジェから受け取った段階という見方の影響は『教育の過程』にすでにみられる（Lutkehaus and Greenfield 2003, pp. 414-415）。『教育の過程』後にブルーナーは3つの「表象」様式という考えを提示したのだが、ここにもピアジェの影響がある。芳賀純は「動作的表象」、「映像的表象」、「象徴的表象」はピアジェの感覚運動的シェマ、具体的シェマ、形式（論理）的シェマとほぼ対応していると指摘しており（芳賀 1968, p. 69）、オルソンはブルーナーの「表象」様式はピアジェの影響を受けていると指摘している（Olson 2007, pp. 68-69）。

　このようにピアジェの影響が指摘されているが、ブルーナーにはピアジェと見解を異にした点があった。発達の促進である。ブルーナーにとって、ピアジェの理論では他者の援助による発達の促進はありえなかった。ブルーナーはピアジェの発達観を次のように述べている。

　　ピアジェの成長しつつある子どもにとって、世界は静かな場所である。空間、時間、因果関係に彼が配置しなければならない諸対象の世界で、彼は実質上1人きりなのである。彼は自分の進展を自己中心的にはじめ、結局他者と共有するだろう世界に諸属性を付与しなければならない。しかし、他者は彼に少しも援助を与えない。（Bruner 1983b, p. 138）

　このようにピアジェの発達観を捉えるブルーナーにとって、ピアジェの理論には発達における他者の援助の余地はなかった。ヴィゴツキーにはそれがあった。「発達の最近接領域」である。ブルーナーはそれをこう解釈している。

　　それは手がかりを使い、自分が独力でそうできるようになるまで自分の思考過程を整えてくれる他者の援助を利用する子どもの能力から構成される。他者の援助を使うことによって、子どもは自分自身のコントロールのもとに意識とパースペクティヴを手に入れ、「より高い基盤」に達する。（*Ibid.*, pp. 139-140）

　ブルーナーによれば、ピアジェは発達を促進させることを「アメリカ的な問い」（la question américaine）として退けていた。ブルーナーは発達を促進できるという主張を曲げなかった。ヴィゴツキーの「発達の最近接領域」という考

えを退けることはできなかったのである。ブルーナーはこう述べている。

　ピアジェにとって、子どもは世界の活動的な経験という十分な「栄養」を得
　てさえいれば、発達は保証される。……より豊かな経験によって加速が可能
　であっても。けれどもピアジェはこの最後の点を「アメリカ的な問い」とし
　て見捨てていた。……これを全て受けいれられないほど多くのカリキュラム
　の計画が著しい効果があることを私はこれまでに見てきた。ヴィゴツキーの
　「発達の最近接領域」をそう無遠慮に捨てることをどうしてできるのか。
　（*Ibid.,* p. 141. 傍点原文イタリック）

　ブルーナーは発達の促進という点でピアジェに対し批判的である。そしてそ
の批判の根拠をヴィゴツキーに求めている。それはブルーナーが「ヴィゴツキ
ーと結託していた私の一面は段階理論の『静寂主義』（quietism）、段階は子ど
もが十分に栄養を得て次の段階に進むまでの子どもが生きるものにすぎないと
いう意味での静寂主義に反抗していた」（*Ibid.,* p. 143）と述べていることに明瞭
であろう。
　ブルーナーがヴィゴツキーを知ったのは1940年代の後半である。そのころ
に、ブルーナーはヴィゴツキーの「当時英語で読める2つのうちの1つ」の論
文を読んだと述べている。そのときすでに発達は促進できるというヴィゴツキ
ーの考えに触れていたかは定かではないが、ブルーナーが序文を頼まれた『思
考と言語』が1961年に出版されたので、1961年までにはブルーナーが「発達
の最近接領域」を知っていたのは確かである（*Ibid.,* p. 139）。けれども、『教育
の過程』に「成長しつつある子どもに、次の発達の段階へと誘う問題を与える
取り組みは価値がある」（Bruner 1977, p. 39）と述べられているから、『思考と
言語』を読む前からブルーナーにヴィゴツキーの影響があったとも考えられる。
この点からいえば、有名な「ブルーナー仮説」は、ヴィゴツキーの影響のもと
提唱されたといえるかもしれない。
　先述したように、そのころのブルーナーはピアジェの理論の影響が色濃くあ
った時期であった。ブルーナーのピアジェからの離陸は3つの「表象」様式で
なされた。それはブルーナーにとって「静寂主義」を批判するものであった。
ブルーナーは3つの「表象」様式にヴィゴツキーの考えを取り入れたのである。

第2章　「文化心理学」の形成過程2　　*113*

ブルーナーが３つの「表象」様式にヴィゴツキーの考えを取り入れた点は２つある。１つは発達の促進である。

　実際、理解はすべての３つの様式を使うことによって、それらがお互いに葛藤するときでさえ（そしてときにはとりわけ）、深められる。もしいくつかの様式が他のものより子どもにとってたやすければ、彼に「発達の最近接領域」をよぎる援助の方法はそれからはじまり、他のものに移るのである。（Bruner 1983b, p. 142）

　いま１つは発達における「文化」の媒介である。この点についてはすでに述べた。文化と成長を結びつける考え方をブルーナーはヴィゴツキーに見い出していたのである。それは「ヴィゴツキーの世界」で「成長することは意識と自発的なコントロールを達成すること、話すことを知りその意味を見つけること、文化の諸形式と諸道具を不器用ながらに受け継ぎどのようにそれを適切に使うのかを知ることに満ちている」（Ibid., p. 139）とブルーナーが述べていることに明らかである。
　ブルーナーはピアジェから大きな影響を受けたが、発達の促進について両者は見解を異にした。発達の促進を主張するために、ピアジェの枠組みに基づきながらもヴィゴツキーを取り入れ、ブルーナーはピアジェに反抗したのである。
　ピアジェに反抗したとはいえ、ブルーナーは彼の功績を高く認めている。

　しかし、彼は子どもの心とどのように成長するのかについてのわれわれの理解に、そして実際、心一般のわれわれの理解に対して、多大な貢献をした。……ピアジェは細かいところ全てにおいて完全に間違っているかもしれないが、彼は偉大なパイオニアの１人に依然数えられるだろう。（Ibid., p. 138）

　ブルーナーはピアジェの見解をすべて否定したわけではない。確かに、ブルーナーはピアジェとヴィゴツキーを対極的に捉えている。その上で、ブルーナーは「ピアジェの構造主義とヴィゴツキーの機能主義」を調停しようとしていた。『認識能力の成長』においてなされた実験は、その努力の表れだったようである（Ibid., p. 141.）[6]。

114

調停の試みがあったとはいえ、「文化心理学」に関していえば、ピアジェよりもヴィゴツキーの影響がはるかに色濃く表れている。「文化心理学」の形成過程を観点にピアジェとヴィゴツキーの影響を眺めると、『認識能力の成長』以降、ブルーナーはピアジェを離れヴィゴツキーにより深く接近したということになる（「文化心理学」へのヴィゴツキーの影響については、第9章で言及する）。

(3) 乳児の研究——「意図」と「志向性」への着目

『認識能力の成長』を発表後、ブルーナーは乳児の研究を行った。これは思考の研究から発達の研究に向かった際の原点に由来している。発達を研究しようとした動機について、ブルーナーはこう述べている。

　　人間の発達についての私の驚きはそれとは別の関心の副産物だった。心の初めのもろもろの「能力」（powers）や「機能」について考えること、そしてどのようにそこから大人（adulthood）へと至るのかについて考えることに駆り立てられた。……（先達のように、思考は、ほとんど、無言で体系的でとりわけ素早いものだと私は結論した）思考についての本を完成させた後の、1950年代後半の私の素朴な信念は、子どもを研究することによって、電光石火のような思考が発達する、よりゆっくりで、原初的でさえある形式を見つけることができるというものだった。（Bruner 1983b, p. 131）

大人の思考は素早い。しかしそれ以前ならさほど素早くないかもしれない。子どもの思考の発達を研究することで思考の本質へとより接近できる。これがブルーナーの発達の研究の動機だった。その点から言うと、『認識能力の成長』で対象とした子どもたちだけでは、まだ接近しきれていなかった。なぜなら、より原初的な思考を見出すことができそうな乳児が対象とされていなかったからである。『認識能力の成長』について、ブルーナーはこう述べている。

　　それは1966年で、『思考の研究』から10年がたっていた。新しい本〔『認識能力の成長』〕は心的な生活の始まりに私を全く引き戻さなかった。今度はもっとうまくやりたかった。私は、乳幼児、特に初期の乳幼児に目を向け、どのように心が始まるかについての場所が見つかるかもしれないと予想した。

（*Ibid.*, p. 146. 傍点原文イタリック。〔　〕内引用者補足。）

　『認識能力の成長』では「心」の始まりを扱えなかった。それをもっとうまくやるために行ったのが乳児の研究である。ブルーナーにとって、乳児の研究は思考の始まりを明らかにするための「心」の起源の探究だった。乳児の研究は発達の研究の初発の問いに基づくものであった。

　「心」の起源という問いに対するブルーナーの結論は、その問い自体が無意味であるということだった。思考の原初的な形式を見つけ出そうとしたことに対し、「これは、もちろん、まったくナンセンスである」といい、「どのような年齢であれ、人間は、社会がそれらなりに完成された形にあるように、それらなりに完成された形にある」としている（*Ibid.*, p. 131. 傍点原文イタリック）。「心」の起源の探究において、ブルーナーはその目的を達成することはできなかったのである。

　それにもかかわらず、乳児の研究は「文化心理学」の形成過程において重要な位置にある。「意図」あるいは「志向性」に着目するようになったからである。「文化心理学」を観点にすれば、それらの着目は第1節で指摘した「心」を「志向的状態」とみなす前段階として位置づいている。もちろん、ブルーナーの乳児の研究が「文化心理学」の形成過程にのみ有意義であるわけではない。彼の乳児の研究は当時の社会にも影響を与えた。それにも言及しつつ、「志向性」や「意図」への着目について明らかにできるよう、乳児の研究を検討する。

　ブルーナーの乳児の研究の基盤となる着想は、おそらく、ブラゼルトン（Brazelton, B.）から与えられた。ブルーナーは彼を小児科医およびテニス仲間として以前から知っていた。その彼にブルーナーは助言を求めた。ブルーナーは乳児について素人であり、乳児に関することを教えてもらうことが必要だと感じていたからである（*Ibid.*, p. 147）。

　ブラゼルトンは新生児行動評価法（Neonatal Behavioral Assessment Scale）を開発したことで知られている。シュミットによれば、その中の「すべての乳幼児は生まれたときから有能で（*competent*）能力がある（*capable*）という前提」がブルーナーにとって重要な事柄だった（Smidt 2011, pp. 27-28. 引用箇所の傍点は原文イタリック）。シュミットが指摘するように、乳幼児が生まれたときから「有能で能力がある」というのは、ブルーナーが乳児に見い出したことでもあ

る。実際、ブルーナーや彼の共同研究者が行った研究は、乳児がはるかに有能で能動的で活動が組織化されているという点で報道機関に取り上げられ、それが当時の社会運動である黒人運動と女性解放運動に強力な論拠を与えたようだ。とりわけ、前者はヘッドスタート（Head Start）に生かされることになった（Bruner 1983b, pp. 150-151)[7]。

　ブルーナーが乳児を「有能で能力がある」と明らかにした例として、吸啜の実験が挙げられる[8]。ブルーナーとその共同研究者は、乳児が絵を見ているとき、焦点が合わなくなれば乳児は目をそらしてしまうということに気づいていた。そこで、焦点をあわせることに関連するおしゃぶりを与えたとき、吸啜はどのようになるのかを調べた。そうすると、絵のかすみを晴らすために吸啜をしながら、目を1、2秒そらして透明になった後に絵を見たり、逆に吸啜することが絵をかすませてしまう場合は、耐えられるまで見た後、目をそらしたりした。つまり、乳児は目的に合わせて、吸啜と注視を自由に組み合わせることができたのである（Ibid., pp. 148-149）。

　この実験結果に対し、ブルーナーは、次のように述べている。

　私にとって、その乳児の遂行は熟練した活動（skilled activity）のようだった。それは意図の体制化、予測した結果の状態、うまく使われた柔軟な手段などをもっていた。これらはあらゆる知的な活動……の要素である。それらは、乳児の手の届く範囲内で、あのような見事な結果に吸啜と注視を組み合わせる能力によって判断しているようにさえ思われた。……

　私の思考の方向を設定したのは、当時着手していた一連の研究の他のものよりもその研究だったと思う。問題の核心は意図指向的な行動（intention-directed behavior）の洗練であると私には思われたのだ。（Ibid., p. 149. 傍点引用者）

　このように述べられていることからわかるように、ブルーナーの乳児の研究において中核にあったのは「意図」（あるいは後述する「志向性」）である。そして、彼によれば、「意図」や「志向性」への着眼は、吸啜の実験からとなる。

　この点について興味深いのはグリーンフィールドの指摘である。グリーンフィールドによれば、ラドクリフ大学の1年生のとき履修した1958年のブルー

第2章　「文化心理学」の形成過程2　　*117*

ナーの「社会的関係10」という講義で、ブルーナーはすでに「志向性」という言葉を用いていたようである（Greenfield 1990, p.328）。乳児の研究以前になぜブルーナーが「志向性」という言葉を用いていたかというと、グリーンフィールドによれば、第1章第3節で触れたスリーパー効果とは別のオルポートの影響がある。オルポートは、グリーンフィールドによると、「因果的心理学」（*causal* psychology）と「目的的心理学」（*purposive* psychology）の隔たりを閉じたがっていた。前者の心理学は「先行する原因と結果を結びつけようとする機械的で、行動主義的な心理学」であり、後者は「人間の意図の性質を検討する心理学」のことである。ブルーナーもまたこの2つの心理学のギャップを架橋しようとしていた。結果は失敗したようであるが、「目的的心理学」という考えにブルーナーはオルポートから触れていたため、すでに「意図」を心理学で考慮していた。グリーンフィールドは「ブルーナーの分析において、志向性もしくは目的は、『真の』原因的要因の随伴現象ではなく、心理的機能の中核にいつもあった」と述べている（*Ibid.*, p.328. 引用個所の傍点は原文イタリック）。オルポートとの学的交流により、ブルーナーは乳児の研究以前から「意図」や「志向性」に着眼していた。そのため、グリーンフィールドが受講した講義において、ブルーナーは「志向性」という言葉を用いていたのであろう。

　オルソンもまた「行動は目的をもっていて（purposive）、心は能動的であるとブルーナーは長く維持しているが、1970年代において彼は行動を説明するために意図という概念を使用し始めた」（Olson 2007, p.24）と指摘している。オルソンの指摘は、すでに「意図」として示したかったことへの着想はあったものの、ブルーナーが研究において「意図」という言葉を用いたのは乳児の研究からである、ということを意味している。グリーンフィールドの指摘を加味すれば、ブルーナーが「意図」という言葉を本格的に用いだしたのは乳児の研究からである、ということになる。グリーンフィールドとオルソンの指摘に違いはあるものの、両者が指摘しようとしたことは、ブルーナーが乳児の研究以前から「心」を目的に向かい能動的に活動するものとみなしていたこと、そしてそのことを「意図」や「志向性」という言葉で表現していた、あるいは表現しようとしていたことだと理解できる。このことは、ブルーナーは乳児の研究まで「心」を目的に向かうもの、すなわち、「意図」や「志向性」をもつものとして一貫してみなし続けていたということを意味している。

ブルーナー自身も、乳児の研究において「意図」や「志向性」を目的に向かうことと関連づけて用いている。例えば、「1つの技能の構成単位となる行為が順次に体制化されるのは対象に向かう意図の統制のもとにあるがゆえである」とし、「この持続する意図こそが、行為に先立ち、方向づけ、行為を終結させるための基準を与えるのだ」としている。それに加え、ラシュレー（Lashley, K.）がいう「決定する傾向」（determining tendency）をブルーナーは「意図」と呼ぶとしている（Bruner 1971b, p. 251）。「志向性」については、ウッドワース（Woodworth, R.）の「子どもの目的性（purposiveness）の発達……は、第1に、ほんのわずか数秒というタイムスパンであるが、小さな二相的なまたは多相な行為において見られる」という一文をひき、次のように用いている。すなわち、「ウッドワースが強調する行動の小さい単位での『文脈 - 傾向性』（context-proneness）は魅力的な考えで、実際彼は、『目的』（purpose）、もしくはそう呼ぶよりも私が行動の志向性と呼ぶことを好むべきことが経験を通じてのみ生じるという前提を必要とする以上に経験論者として保守的であるかもしれない」（*Ibid.*, p. 249. 傍点引用者）、と。ブルーナーはウッドワースのいう「目的」を「志向性」という言葉を用いて解釈しており、「志向性」を目的に向かう作用という意味で用いている。

ブルーナーは「意図」や「志向性」によって、「心」は「目的をもつ」や「能動的である」といったことと同じように、対象に向かっていく作用を意味させている。そうした点では、グリーンフィールドが指摘しているように、ブルーナーは「志向性」について乳児の研究の前から意識していた。しかしオルソンの指摘があるように、行動を説明するために「意図」という語を用いるようになったのは、その方が1970年代の研究において都合がよかったからであろう。

1970年代のブルーナーの主たる研究は乳幼児の言語獲得研究である。ブルーナーにとって、乳幼児の言語獲得を説明するには、「意図」に着目する必要があった。そこで、乳児の研究から乳幼児の言語獲得研究へと検討を移したい。

5 乳幼児の言語獲得研究

1970年代にブルーナーが主に行った研究は乳幼児の言語獲得研究である。

乳幼児の言語獲得研究は、それを行った本人に基づけば、正確には 1972 年から 10 年間行われたものである（Bruner 1983a, p. 7）。この時期もまた、教育の研究と発達の研究のように、ブルーナーが一様に乳幼児の言語獲得のみを行っていたとはいえない。1972 年に、ブルーナーはハーバード大学からオックスフォード大学に移ることになった。そこで、あまり気乗りしなかったようであるが、家庭外保育の調査を依頼され、それを行っている（Bruner, 1980a）。イギリスの幼児教育論は「文化心理学」提唱後に展開された教育論の形成過程に関連しているので、本節では取り上げない。

　乳幼児の言語獲得研究は、教育の研究と発達の研究の延長的な性格をもっている。ブルーナーは教育と同様に「外部の内部化」装置を研究する候補に言語を挙げている（Bruner 1983b, p. 279）。そして、乳児の研究から引き続き「意図」に着目している。ブルーナーの乳幼児の言語獲得研究は、教育の研究と発達の研究の 2 つの成果を生かした研究といえる。そういった点で、この研究もブルーナーにとって「知り方の獲得」の探究である。

　ブルーナーの乳幼児の言語獲得研究では、「意図」だけでなく「間主観性」や「文化」にも言及されている。これらは「文化心理学」でも引き続き着目されている。本節では「意図」「間主観性」「文化」が乳幼児の言語獲得研究でどのような位置を占め、どのように関連しあっているかを中心に検討を進める。

（1）言語行為論との出会い

　ブルーナーにとって、オックスフォード大学に移ったことと言語獲得の研究に着手したことには関連がある。オックスフォードはブルーナーの言語獲得に対する関心と一致する雰囲気をもっていて、ブルーナーに言語獲得の研究を開始するきっかけとなった。そこで、ブルーナーが 1970 年以前に言語獲得の研究を行う気がなかった理由を確認しておこう。

　　オックスフォードに移った 1972 年まで、私は集中的に言語を研究し始めてはいなかった。それ以前の 10 年間の発達言語学は確かに私にとって興味深かったが、しかしただの傍観者としてだった。統語論（syntax）とその習得への関心に支配されていたので、それは広く形式主義的な精神だった。それは私をその水の中へ誘わなかった。私にとって、それは機能的な力

（force）を欠いていると思われた。その発達言語学のスタイルにある文法的
構造についての焦点は異なる文脈の中で果たされる言語の機能とどのように
それらの機能が発達するのかという探索をせずにいたと思われたのだ。
（Bruner 1983a, p. 7）

　ブルーナーは統語論をあまりにも形式にのみ焦点を当てていると捉えていた。
彼にとって、形式よりも機能の方が重要だった。だから、統語論に関心が占め
られていた 1960 年代に、ブルーナーは言語獲得の研究を行う気はなかった。
このことは逆に、機能が重視されていたのならば、言語獲得の研究を行ってい
たということになる。
　オックスフォードは、ブルーナーに言語獲得を研究させる土壌が整っていた。

　　私はオックスフォードへ行くのにより良い時期を選ぶことはできなかった
　だろう。ケンブリッジとマサチューセッツはいまだ「統語論－意味論（se-
　mantics）」の音楽で行進していた。オックスフォードは私の思考に働き続け
　ていたまさに語用論（pragmatics）の関心で生き生きしていた。それは言語
　行為論（speech act theory）の精神的な本場だった。（Bruner 1983b, p. 165）

　形式ではなく機能で研究を行える土壌がオックスフォードにはあった。オッ
クスフォードは言語行為論の端緒を開いたオースティン（Austin, J.）がいた大
学である。言語行為論の「本場」であるオックスフォードでの研究について、
ブルーナーはこう述べている。

　　オックスフォードで、私は言語行為論で支配された雰囲気を見つけた。私
　はその仕事を、ジョン・オースティンの仕事からとジョアンナ・ライアンの
　言語の心理学と言語行為論の関連性についての初期の論文からすでに認識し
　ていた。その強調は真っ向から使用と機能に、つまり発語形式と同じく発語
　内（illocutionary）の力にあった。まもなくオックスフォードの私の学生と若
　い同僚と私は言語行為の心理学的含意に夢中になった。（Bruner 1983a, p. 8）

　ハーバードよりもオックスフォードの方がはるかに、ブルーナーに言語獲得

第 2 章　「文化心理学」の形成過程 2　　*121*

研究を推進させる環境だったのである。

　ブルーナーとオースティンの関係について付言しておくべきであろう。オースティンは1960年に亡くなっているので、オックスフォード大学でブルーナーとオースティンの交流はあるはずがない。だが、オースティンは1955年にウィリアム・ジェームズ講演でブルーナーが当時在職していたハーバード大学を訪れているから、ブルーナーがオースティンに直接出会う機会はあったはずである。ところが、ブルーナーの文献を読むかぎりでは、彼とオースティンに直接的な交流があったかは確認できない[9]。確実と考えられるのは、ブルーナーがオースティンに着目するきっかけは、1974年に書かれたライアン（Ryan, J.）の論文（Ryan 1974）だったということである。ライアンの論文を読んで、ブルーナーはオースティンの『言語と行為』（*How to Do Things with Words*, 1962）を読んだと述べている（Bruner 1980b, pp. 142-143）[10]。

　ブルーナーは言語行為論との出会いを契機に言語獲得研究に着手した。言語行為論がブルーナーの言語獲得研究の背景にある。あるいはむしろ、「語用論」が背景にあるとした方が適切かもしれない。ブルーナーは自身の言語獲得研究の強調は「語用論」にあるとしているからだ。しかし、ブルーナーにとって「語用論」は言語行為論と同等である。ブルーナーは彼の言語獲得研究において強調したことは「語用論」であると書いた後、すぐにそれをオースティンの言葉を借りて「『言葉で物事をどのように行うか』を学習すること」と表現しているからである（Bruner 1983a, p. 7）。

　ともあれ、ブルーナーが乳幼児の言語獲得研究を行った動因は「語用論」にある。そこで、「語用論」を起点にブルーナーの言語獲得研究を見ていこう。

(2) 言語獲得とコミュニケーション

　言語獲得において「語用論」（言語行為論）に着目すると、「意図」を前提としなければならなくなる。ブルーナーはオースティンの言語行為論を次のように解釈している。

　　あらゆるメッセージの起源はそう言っている際の話し手の意図にある。それゆえ、実際に話されたことは文法や語彙の時間を超越した意味からではなく、話す場面の話し手の意図から解釈されなければならない。……そのメッセー

ジは発話であるが、発語内の力、意図された意味をもっている。これは発話のコミュニティにおける慣習のおかげで可能になる。意図は聞き手が発話から掘り起こすものである。……オースティンはオックスフォードの正しい調子を設定していた。(Bruner 1983b, pp. 165-166)

　ブルーナーの解釈にしたがえば、オースティンの言語行為論（「語用論」）では、発話における言葉の意味は話し手の「意図」によって生じる。話し手は何かの「意図」に基づきながら発話、すなわち言葉を使用する。その発話から聞き手は話し手の「意図」が何かを解釈する。誰かが誰かに話す（＝言葉を使用する）ということは、コミュニケーションをしているということである。言語行為論（「語用論」）では、発話の「意図」を一方に投げかけ、他方がその「意図」を解釈しながら進むことが言葉を用いたコミュニケーションの前提とされている。なぜなら、話し手が発したメッセージ（＝言語表現）の意味は話し手の「意図」（＝話し手による言葉の使用）によって生じるからである。言語行為論（「語用論」）において、「意図」のやり取りなくして発話の意味のやり取りはできない。したがって、「語用論」（言語行為論）の「中心的な考えはコミュニカティヴな意図、つまりわれわれは心に何らかの目的をもち、成し遂げられる何らかの機能とともにコミュニケーションをすることにある」(Bruner 1983a, p. 36)。ここにはブルーナーの往年の主張——「心」は「目的をもっている」——が入り込んでいる。ブルーナーが「語用論」に着目したことは、これまでの研究と関係があったと考えられる。

　ブルーナーに基づくと、「語用論」ではコミュニケーションが前提とされている。これはブルーナーの言語獲得についての見解に直結している。ブルーナーにとって、語彙や文法を身に付けただけでは言語獲得をしたとはいえない。言語の使用方法も身に付けなければならない。言語の使用方法を得るのはどういうときか。ブルーナーは「言語の使用が学ばれる方法は言語をコミュニカティヴに使用することのみである」という (Ibid., p. 119)。ブルーナーの考えでは、コミュニケーションなしには言語獲得はなされないのである。

　コミュニケーションを通して言語獲得がなされるということは、対話を通して言語獲得がなされるということである。そのため、ブルーナーは母親の役割を重要視する。

言語への子どもの参加は対話への参加である。そしてその対話ははじめ必然的にノンバーバルであり、ペアになった構成員の両方にそのコミュニケーションと意図を解釈することを要求する。これらの関係は役割の形となり、お互いの「発話」は各々のパートナーの動きによって決定される。会話のはじめの統制は母親の解釈に依存しており、母親の解釈は子どものコンピテンスのたえまない最新の理解によって導かれている。（Bruner 1978, pp. 48-49）

　「子どもの言語に対する母親の反応は特定されるようにきめ細かく調整されている」（*Ibid.,* p. 48）ともいうブルーナーにとって、言語獲得は子どもが伝えたいとしていることを母親が読み取り、それを子どもが理解できるように言語で返すという会話によってなされる。したがって、子どものいわんとしていること（すなわち「意図」）を読み取ることが子どもの対話者に求められることになる。

　しかし子どもの対話者が言語獲得に適切な行為をしたとしても、対話を通してなされる言語獲得を可能にする能力をそもそも子どもがもっていなければ言語獲得はなされないのは自明であろう。ブルーナーは言語獲得を可能にする能力を４つ提示している。「手段-目的のレディネス」（mean-end readiness）、「交流性」（transactionality）、「体系性」（systematicity）、「抽象性」（abstructness）という４つの認知的な天分（endowments）である（Bruner 1983a, p. 30）。

　「手段-目的のレディネス」とは、乳児は「彼の世界における規則性を探すことに能動的で」あり、「種に典型的な手段-目的構造に経験を変える、人間に独特な方法で能動的である」ことである（*Ibid.,* pp. 24-25. 引用箇所の傍点は原文イタリック）。

　「交流性」は「誕生後一年と半年の間の子どもの活動の多くは非常に社会的でコミュニカティヴである」（*Ibid.,* p. 27. 傍点原文イタリック）ということを意味している。

　３つめの「体系性」は「子どもの活動の範囲を限定すれば、その範囲内で起こることは大人の行動と同じくらい秩序的で体系的である」（*Ibid.,* p. 28）ということである。

　最後の「抽象性」は「体系性」と関連している。「その〔＝乳児の〕体系的な性質は驚くほど抽象的である」ことが「抽象性」である。ここでいわれる

「抽象性」は「空間や時間、因果関係を扱う規則」といったことのようである（Ibid., p. 29. 引用箇所の傍点は原文イタリック、〔　〕内は引用者補足）。

　乳児は目的をもち、そのための手段を用いることができ、他者とかかわろうとし、自分の行動を秩序だった体系的なものとすることができ、かつその体系の規則は抽象的なものである。乳児にこのような能力が備わっているからこそ、言語が獲得できるとブルーナーはいうのである[11]。

　対話を通して言語獲得をなすという場合、特筆すべきは2つめの天分である「交流性」であろう。乳児は本来他者とかかわろうとする能力をもっている。ブルーナーはこの能力によって言語を獲得する前に「間主観性」を生み出すとしている（Bruner 1983a, p. 27）。ここでいわれた「間主観性」とは「他者は意図をもっている」（Bruner 1975, p. 8）ということである。乳児は「交流性」によって他者が「意図」をもつ存在であるということを理解する。もちろん、このときはまだ言語を獲得していない。言語を獲得する前に、乳児は言語なしに他者が「意図」をもっていることを理解するのである。それゆえ、乳児は言語を獲得する前であっても、対話の際に対話者の「意図」が読み取れる。つまり、言語の獲得前から乳児は母親が伝えようとしていることを理解できるのだ。そのため、自分がどのように発話すればよいかを母親から学習できるのである。

　しかし「間主観性」が言語獲得において重要であっても、「間主観性」、ひいてはそれを生み出す「交流性」によって言語が生成されるわけではない。それは他の3つの天分でも同じである。4つの認知的な天分だけから言語は生成されない。ブルーナーは述べる。

　　これら4つの認知的な天分は……子どもの言語獲得を助ける基礎的な過程を与える。これが言語を「生成する」のではない。なぜなら、言語は、一連の音韻論の、統語論の、意味論の、発話内の（illuocutionary）諸規則とそれら自身の問題空間を構成する諸原理（maxims）を含んでいるからである。しかし、言語またはコミュニケーションの諸仮説は、可能にする条件としてのそれらの能力に依存している。（Bruner 1983a, pp. 30-31）

　乳幼児の4つの認知的な天分は前提条件にすぎないのだから、それらの能力が備わっていることが言語獲得の始まりではない。言語獲得の始まりは「フォ

ーマット」が創り出されたときである。

　より具体的にいえば、言語獲得は子どもが最初の語彙 – 文法的な発話を発する前に「始まる」。母親と乳幼児は共有された現実をコミュニケーションし構成するための小宇宙として役立ちうる予測可能な相互作用のフォーマットを創り出すときに、それは始まるのである。そのようなフォーマットで生じる交流（transactions）が、子どもが文法、指示と意味づけの方法、そして自分の意図をコミュニケーションで達成する方法を習得するための「入力」を構成する。（*Ibid.*, p. 18）

　ブルーナーのいう「フォーマット」とは「大人と子どもがお互いに対して、あるいはお互いとともに物事をなす規則化され反復される相互作用」（*Ibid.*, p. 132. 傍点原文イタリック）のことである。簡単に言えば、「コミュニケーションの定型」ということであろう。「フォーマット」があれば安定したコミュニケーションができる。そこで言語が用いられるようになれば、言語の使用も着実に習得できるようになる。したがって、言語獲得の始まりは「フォーマット」の創出であるとブルーナーはいうのである。
　「フォーマット」には言語獲得以外の役割がある。「文化」を獲得する場としての役割である。ブルーナーは「フォーマット」と「文化」の関係について、次のように述べている。

　　……私は言語獲得におけるいくつもの非常に重要な語用論的機能のための手段としてフォーマットを見ている。まず第1に、フォーマットは子どものコミュニカティヴな意図を文化的な基盤（matrix）に埋め込む。それは言語と同様文化を伝達するための道具である。（*Ibid.*, pp. 133-134）

　「フォーマット」が「文化」を伝達する役割を果たすのは、コミュニケーションは「文化」に制約された営みだとブルーナーは考えているからである。

　言語獲得は文化伝達の副産物（と媒体）であるようだ。子どもたちは欲しいものを手に入れようとしたり、ゲームをしたり、頼りにしている人との結び

つきをとどめようとしたりするために、言語（または前言語的な前ぶれ）を使用することを学ぶ。そうする際に、彼らは両親の制限としきたりの中に埋め込まれた、彼らの周りにある文化の中に普及している制約を見つける。その企てを動かす原動力は言語獲得それ自体ではなくて、文化の要求に一致しようとする欲求である。（*Ibid.*, p. 103）

　コミュニケーションが「文化」と関連されて論じられている。コミュニケーションにはルールがある。コミュニケーションのルールは「文化」としてあるが、乳幼児にとって、そのルールは親による制限や親にしきたりとされていることとして身近にある。だから、「文化」の要求に合わせる形で親とコミュニケーションを取ろうとする。それが「文化」の伝達になる。コミュニケーションには言語が用いられるから、言語獲得は「文化」伝達の副産物ということになる。ここには「文化心理学」における「文化」の発想がすでにみられる。『教育という文化』において、「コミュニケーション可能な方法でわれわれの世界を体系づけ、理解するための道具を与えるのは文化なのである」とされているからである（Bruner 1996, p. 3）。

　「語用論」を観点としたとき、言語獲得にはコミュニケーションが必要となる。コミュニケーションは言語を獲得する前から始まっている。そこで行われているのは「意図」のやりとりである。相手の「意図」を知るために、「間主観性」の能力が必要となる。そしてコミュニケーションにルールがあるために、相手に投げかける／投げかけられる「意図」を「文化」に基づいて解釈しなければならない。「語用論」への着目が、ブルーナーに言語獲得における「意図」「間主観性」「文化」をそのように関連させたのである。

　ブルーナーの言語獲得研究では「意図」「間主観性」「文化」が重視されているため、あまり前面に出ていないが、「構成主義」の発想も見られる。それはブルーナーの言語観に表れていて、彼は「たとえ言語がどんなものであれ、それは他者たちとコミュニケーションし、彼らと自分自身の行動に影響を及ぼし、注意を共有し、自然の『事実』に忠実であるのと同じく忠実であるもろもろの現実を構成する（constituting）ための体系的な方法である」（Bruner 1983a, p. 120）といっている。ブルーナーにとって、言語は「現実」を構成する手段でもある。このような発想は「構成主義」でなければできない。乳幼児の言語

獲得研究においても、ブルーナーは「構成主義」の立場を継続している。

6　まとめ——乳幼児の言語獲得研究までの「知ること」の探究の到達点

　「文化心理学」の形成過程として、ブルーナーの生い立ちから乳幼児の言語獲得研究までを検討してきた。この検討の観点は、ブルーナーがどのように「知ることの本質」を明らかにしようと研究を展開してきたかにあった。そこで、ブルーナーが「知ることの本質」をめぐって、乳幼児の言語獲得研究までにどのような考えに到達したのかを確認しよう。

　生い立ちから世論の研究までは、ブルーナーが「はじまり」と区分していたように、「知ることの本質」を明らかにする際の素地が整えられていた時期であった。戦争から帰郷するまで、彼は多くの知的な経験をしてきた。研究の動力である好奇心に幼いころから追従する性格だった。共同研究も多く行っているが、最初の共同研究を大学入学前に経験していた。人によって「現実」が異なって構成されると、ブルーナーは青年期にすでに「構成主義」の立場で「知ること」について思いを巡らせていた。大学や大学院では後の研究に影響を与えられることになる師と交流した。戦争中は世論調査を行い、人間による世界の「選択性」に気づいた。フランスで初めて教育改革に出会った。

　戦後から「半ば」が始まる。ブルーナーはハーバードに戻り、知覚の研究を行った。知覚の研究は、知覚の「選択性」の源泉を探究した。知覚は「知る必要があること」のみを知覚する。それを可能にしているのが知覚者の「期待」であり、「仮説」であり、「頭の中のモデル」である。知覚の研究で、「知ること」は知覚者が「期待」や「仮説」や「頭の中のモデル」を通してなされるということが導かれた。「知ること」は知覚者、つまり知る主体と無関係ではない。

　知る主体による「知ること」の選択はどのようにしてなされるのか。知覚の研究で着眼した「頭の中のモデル」が思考の研究へとブルーナーを誘った。「頭の中のモデル」を対象とする研究は、「どのように知るのか」という「知り方」の探究だった。「範疇化」を主題とした研究で、「ナラティヴ」の実験を行っており、「範疇」と「文化」の関係も論じられていた。目的志向的な「心」の捉え方がすでになされていた。

128

「範疇」を通して知ることは、1つの情報からそれ以外の情報を引き出すという現象を生じさせる。それが「与えられた情報を超える」ことであった。「与えられた情報を超える」ことには「コーディングシステム」が関わっていた。したがって、「コーディングシステム」を教えることが、「与えられた情報を超えていく」ために求められる。

　「与えられた情報を超えていく」ことは、ブルーナーを教育の研究へと導いた。「構造」を教えることは「与えられた情報を超えていく」方法を教えることだった。「構造」は「発見」を通して学習することが理想的であり、「発見」のために、「分析的思考」のみならず「直観的思考」を重視することを主張した。ブルーナーにとって、教育の研究は思考の研究で中心的な問いであった「知り方」がどのように獲得されるのかを問う、「知り方の獲得」のための探究だった。

　ブルーナーは教育における「文化」伝達を重視した。これは、教育の研究と並行して行っていた発達の研究、とりわけ「表象」の研究に由来している。ブルーナーにとって「文化」は「表象」の「増幅器」である。「表象」の成長には、各人の内在的な成長も必要であるが、各人の外部にある「文化」の獲得が必要である。このような「内部の外部化」と「外部の内部化」によって「認知」の成長が生じる。「表象」の研究も、ブルーナーにとって「知り方の獲得」の探究だった。

　そもそも発達の研究に着手した理由は「心」の起源を明らかにしようとしたことだった。「表象」の研究では「心」の起源を調べきれなかった。乳児から研究する必要がある。ブルーナーは乳児の研究を行った。乳児は「有能で能力がある」ということを明らかにした。このころから、ブルーナーは「意図」や「志向性」に着目した。

　「意図」を用いる必要が言語獲得研究には必要だった。言語獲得、とりわけ言語の使用は実際に言語を使用するコミュニケーションを通してしか学習されえない。コミュニケーションには「意図」のやりとりが行われている。それは「間主観性」の能力と「文化」に支えられている。言語を獲得すること、それは外部にあるものを内部にすることでもある。言語獲得研究もまた、「知り方」の獲得の探究だった。これまでの諸研究に対して、この研究の特色は「意図」と「間主観性」が、「文化」と関連づけられながらも、前景に出されたことで

ある。

　「知ることの本質」を明らかにするというブルーナーの関心から見れば、知覚の研究から言語獲得研究までは、「知ること」の探究から「知り方」の探究、そして「知り方の獲得」の探究となされた連続的な展開だったということになる。ブルーナーはどの研究でも心理学に重要な成果を残しながら、自身の関心にしたがった飽くなき探究を行った。だから、レヴィン（Levin, H.）のような非難とも受けとれる賛辞が与えられることになる。

　　研究開業者として、ブルーナーは「ムラがある人」（in and outer）である。彼は話題を公開し、表面をすくって、別の人に引き継がせることを好む。彼は細かいところに我慢できず、計画が進んでいる先を見ることができると退屈する。この仕事の癖は、1 領域としての心理学の要求に、あるいは、おそらく、方向を示されたときに推し進める準備ができている集団がいる他の領域の要求にも、うまく合っている。ある集団組織の格言がある。5 年後の心理学がある場所を知りたければブルーナーが今研究していることを見ればよい、と。きざな笑いと一緒によく言われるけれども、実際それは賞賛である。（Levin 1984, p. 721）

　ブルーナーの諸研究はさまざまな領域を心理学に開拓した。開拓者として、その領域を牽引する責任もあるが、ブルーナーはそれをしなかった。その点で無責任であることも否めない。しかし、ブルーナーの関心にとってしてみれば、開拓した 1 つの領域に固執することの方もまた無責任である。ブルーナーの研究が多岐に渡ったのは「知ることの本質」を明らかにするためだったからである。

　本章の冒頭で述べたように、ブルーナーは特定のことから一般的な含意を議論するスタイルを好んでいた。言語獲得研究まで諸対象の一般的な含意は、「知ることは主体と『文化』によって規定される」ということであろう。「文化」については、知覚の研究からどの時期においても言及されていた。主体はどの時期においても「構成主義」の立場で捉えられていた。

　言語獲得研究の後は「ナラティヴ」の研究である。「ナラティヴ」の研究にも「構成主義」と「文化」についての考えが継続されていると推測される。そ

して、直近の研究から「意図」と「間主観性」も継承されていると予測される。「構成主義」「文化」「意図」「間主観性」が、「文化心理学」提唱前に到達した重要概念であるなら、「文化心理学」もそれらを基軸に構想されているだろう。次章では、それらを観点にブルーナーの「文化心理学」の構造に迫る。

注

1) ブルーナーがこの実験で富裕層と貧困層の子どもを対象としたのは、知覚者の状態と知覚の関係を調べるためであり、明らかにしたかったのは知覚者と知覚の関係性である。前章で確認したウェルトマンの指摘は、この実験に関してはやはり説得力に欠ける。ブルーナーは知覚者の状態が違えば知覚は異なると明らかにしたかっただけなので、この実験では富裕層と貧困層の子どもが被験者とされたが、そうでなくともよかったわけである。高尚（富裕層）／低俗（貧困層）という二分法に基づき、「人びとに高尚なものを奨励する」ということをブルーナーの諸研究の同一主題であるとするのは説得力に欠けている。

2) この版は、1956年版のものにブルーナーとグッドナウ（Goodnow, J.）の1986年版の序文がついたものである。

3) この論文は、もともと1958年2月13日にマサチューセッツ教師教育会議（Massachusetts Council on Teacher Education）にて発表されたもので、1959年に『ハーバード教育レビュー』（Harvard Educational Review）に掲載されたものである。

4) この本の初版は1962年で、1979年に補訂版が出版された。

5) 「足場かけ」の定義については第4章第3節第3項を参照されたい。

6) 「文化心理学」提唱後になると、ブルーナーはピアジェとヴィゴツキーを調停することはできないと結論している。それは両者の対立を意味しているのではなく、両者は共約不可能（incommensurate）ということである。ブルーナーはこの共約不可能性を歓迎している（Bruner 1997）。

7) ブルーナーとヘッドスタートについては、第4章で詳しく論じる。

8) この実験のより詳しい内容についてはBruner and Bruner 1968を参照されたい。

9) 『自伝』で、ブルーナーはバーリン（Berlin, I.）からの話をもとにオースティンについて述べている（Bruner 1983b, p. 165）。

10) このようなことから、ブルーナーはオースティン本人から直接影響を受けたというよりは、著作を読むことによって影響を受けたといえよう。

11) 4つの認知的な天分は乳児の研究成果と無関係ではないはずである。ブルーナーは乳児の研究において、乳児が「有能で能力がある」存在である

と示していた。4つの認知的な天分は乳児の「有能性」をも意味している。乳児は「有能」であると明らかにしていたからこそ、言語獲得のための4つの認知的な天分を見い出したといえよう。

第3章

「文化心理学」の構造

　ブルーナーが「文化心理学」を標榜するのは「ナラティヴ」の研究時である。これは、おそらく、偶然ではない。ブルーナーが「文化心理学」を提唱したのは、当時の心理学の状況への不満、とりわけ「認知革命」の現状に対する不満があったからである。その不満は「ナラティヴ」の研究で扱う「意図」や「志向性」、「間主観性」から生じている。

　本章は、ブルーナーの「文化心理学」の構造を、その提唱がなされた背景に着目して、明らかにする。そのねらいは「ナラティヴ」研究での研究関心が「文化心理学」にどのように具体的に表れているかを明らかにすることにあるが、ブルーナーの「文化心理学」を理解するためでもある。その理由は2つある。

　1つは、文化心理学は提唱者によってその内実が異なっているためである。文化心理学者の1人でもあるコール（Cole, M.）は、著書『文化心理学 —— 発達・認知・活動への文化 - 歴史的アプローチ』（*Cultural Psychology: A Once and Future Discipline*, 1996）において、ここ数十年、文化心理学という用語を使おうという提案が現れ始めたとし、その提案者を列挙している。その提案者の中にブルーナーやシュウェーダー（Shweder, R.）を挙げ、両者の違いを指摘している（Cole 1996, pp. 101-104）。バクハースト（Bakhurst, D.）とシャンカー（Shanker, S.）は「シュウェーダーとコールにおける文化心理学のそれぞれのビジョンは、お互いに、そしてブルーナーのものとも著しく異なっている」と述べている（Bakhurst and Shanker 2001, p. 2）。バクハーストらがいうように提案者によって文化心理学に違いがある以上、ブルーナーがいう「文化心理学」を明確にする必要がある。

133

2つは、ブルーナーの「文化心理学」における「文化」とその位置の不明確さが指摘されているためである。ブルーナーの「文化心理学」に対して、吉村と岡本は「『文化』の心理学的定義や、何をもって『文化』を代表させてゆくのか等の難問を抱えたままになっている」と指摘している。その難問への立ち向かい方として、彼女たちは「文化」を「文化的機能」・「文化体系」・「文化的行動」の3つの側面に分けて、「そのそれぞれを心理学の中でどう位置付けてゆくかを中心に文化心理学が構造化されていくのが現状としていいのではないかと思われる」と述べている（吉村・岡本 2003, pp. 32-33）。彼女たちの処方箋の是非はともかく、ブルーナーの「文化心理学」における「文化」の定義やその位置が不明確と指摘されている以上、それを明確にすることは、ブルーナーの「文化心理学」を理解するうえでの1つの課題となっている。この課題に応えるには、ブルーナーがいう「文化心理学」とは何かに加えて、「文化心理学」の構造を明らかにする必要がある。

　ブルーナーが提唱した「文化心理学」の構造を明確にするにあたって、まず、ブルーナーがなぜ「文化心理学」を提唱したのかを明らかにする。その過程において、「ナラティヴ」研究での研究関心が「文化心理学」にどのように反映されているかが明らかにでき、「文化心理学」の中核となっている概念も抽出できると考えるからである。結論を先取ると、それは「意味」と「意味生成」である。「意味」と「意味生成」を糸口に、「文化心理学」を形作っている「文化」といった諸概念の関連を考察する。その過程において、ブルーナーの「ナラティヴ」研究まで至った研究関心が「文化心理学」にどのように反映されているかも明らかになるであろう。

1　「文化心理学」提唱の背景

（1）「ナラティヴ」研究への着手

　乳幼児の言語獲得研究後、ブルーナーは「ナラティヴ」を研究した。言語獲得から「ナラティヴ」への移行は、表面的には、ブルーナーの研究関心が大きく移ったように見える。しかしその底流には「意図」への着目がある。その点で、言語獲得から「ナラティヴ」への移行は連続的である。

　言語獲得を研究しているときから、「意図」に対するブルーナーの関心は高

まっていた。『自伝の心理学史』に収められている自伝にこう述べられている。

　　言語の心理学に深く立ち入っていけばいくほど、言語獲得と一般的な言語
　使用の研究に必要とされる心理学的分析の確かな形式からなる心理学がない
　ことを、ますます痛感することになった。そのような1つは、意図の役割と
　他者の意図の知覚である。(Bruner 1980b, p. 144)

　ブルーナーの言語獲得論では、言語はコミュニケーションによって獲得され
るものだった。コミュニケーションでは相手に「意図」を投げかけ、相手の
「意図」を理解する必要がある。当然、それは言語獲得の際にも求められる。
したがって、言語獲得を研究する際には、「意図」の役割と他者の「意図」の
知覚——「間主観性」——を扱える心理学が必要になる。しかしそれがないと
いうことを、ブルーナーは乳幼児の言語獲得研究を通して切実に実感したので
ある。
　ブルーナーは「意図」を分析するのにふさわしい形式を「ナラティヴ」に見
い出した。「ナラティヴは人間の意図の移り変わりを扱う」(Bruner 1986, p. 16)
からである。「意図」を心理学的に分析する形式が不在であると気づいたブル
ーナーにとって、言語獲得研究から「ナラティヴ」研究へと移行するのは突飛
なことではない。まずはそれを確認しておこう（したがって、本章では「ナラテ
ィヴ」でなぜ「意図」が扱えるのかについてはこれ以上の言及をせず、それについ
ては「ナラティヴ」を詳しく扱う第6章で論じる）。
　ブルーナーの「ナラティヴ」研究の幕開けは「2つの思考様式」という思考
様式の区別から始まる。論文「思考のナラティヴ様式とパラディグマティック
様式」("Narrative and Paradigmatic Modes of Thought," 1985)で、ブルーナーは
次のように思考様式を二分する。

　　各々が「自然種」の地位に値する、2つの還元不可能な認知機能の様式——
　より簡単に言うと、2つの思考様式——がある。各々は経験を整序し、現実
　を構成する方法を与え、その2つは（相補的な使用に耐えられるけれども）お
　互いに還元不可能である。各々はまた、記憶における表象を組織し、知覚世
　界をフィルタリングする方法を与える。片方を一方に還元したり、他方を犠

第3章　「文化心理学」の構造　　*135*

牲にして一方を無視したりする努力は、人びとが自分たちの周りの出来事を「知り」描写する豊かな方法を必然的に捉え損ねてしまう。(Bruner 1985b, p. 116)

　ブルーナーはここで述べた「2つの思考様式」を「ナラティヴ様式」と「パラディグマティック様式」もしくは「論理 – 科学的様式」と呼んでいる。ブルーナーの思考様式の二分のねらいは、人間が何かを「知る」方法を理解するために「2つの思考様式」という区別に目を向けるべきだという注意喚起にある。
　知覚の研究から言語獲得研究までは、「知ること」の探究から「知り方の獲得」の探究であった。「2つの思考様式」は2つの「知る方法」でもあるので、「ナラティヴ」を対象とする研究は「知り方」の探究として位置づけられる。さらに、思考様式の二分のねらいに即せば、教育や発達、言語獲得の研究のように「知り方の獲得」の探究というよりは、思考の研究のような「知り方」そのものの探究である。ブルーナーの研究の変遷からみれば、「ナラティヴ」研究において、ブルーナーは「知り方」の探究に回帰していることになる。
　そうなったのには理由がある。しかも、それは自身の思考の研究と無関係ではない。ブルーナーが「知り方」の探究に回帰したのは、心理学において「ナラティヴ様式」が無視されていたことにある。

　歴史の奇妙なねじれによって、思考の心理学は、他方を犠牲にして、パラディグマティック様式という1つの様式に集中してきた。……認知心理学の到来とともに、われわれはパラディグマティックな機能に役立つ情報処理過程を理解するための動力を倍加させ、表象の問題、すなわち、古典的な認識論の目的である世界を表す表象がアーチのキーストーンになった。方略、発見(heuristics)、範疇の様式は熱望をもって、だんだん狭い範囲で探査されていた。「物語ること」(storying)が調査されているときであっても、それは抽象的なストーリーの文法かシナリオの一般的な性質の精神の中でのことだった。(*Ibid.*, p. 119)

「認知革命」によって誕生した認知心理学は「パラディグマティック様式」のみを対象としてきた。ブルーナーは「認知革命」の立役者の1人である。そ

れは『思考の研究』の成果のためであった。「方略」と「範疇」は『思考の研究』で扱われていたものである。ブルーナーは心理学における「ナラティヴ様式」の無視に貢献してしまっていたのである。

思考様式が2つに区別される以上、片方だけを扱っていては思考の解明に届かない。思考の研究のためには「ナラティヴ様式」の探究が必要である。なおざりにしてしまった「ナラティヴ様式」への着目は、ブルーナーにとって、「知り方」の探究である、思考の研究の再スタートなのである。

「ナラティヴ」の研究が思考の研究の再スタートであっても、これまでの研究成果を否定したわけではない。すでに指摘したように、ブルーナーは「意図」を扱うために「ナラティヴ」に着目した。それに「構成主義」の立場も維持している。それは「哲学的にいえば、私がナラティヴにするアプローチは構成主義のものである」（Bruner 1987, p. 129）とブルーナーが述べていることに明らかである。

ブルーナーの「ナラティヴ」研究は、これまでの研究から連続的に発展した、人間の「意図」に着目した「知り方」の探究である。しかし、この探究には当時の心理学上の障壁があった。その障壁がブルーナーの「文化心理学」の提唱の動機となっている。

(2)「認知革命」批判

ブルーナーの「ナラティヴ」研究の障壁となったのは当時の認知科学であった。認知科学は「認知革命」によって生まれた学問領域である。その認知科学が「意図」を含めた「志向的状態」を扱うことを拒むようになった。これは「ナラティヴ」研究の障壁でもある。

ブルーナーによれば、「認知革命」の行き先が革命当時の意図から逸れてきた。そのため、ブルーナーは「認知革命」を批判する。ブルーナーは「認知革命」に触れる際に、そのありきたりな進歩の説明をしないとし、次のように続けている。

なぜなら、少なくとも私の見解では、その革命はそれが生まれた推進力の重要でない問題へと逸れているからである。実際、それはもともとの推進力さえも弱めてしまう方法で技術化されている。……むしろ、技術的な工夫が高

第3章 「文化心理学」の構造　*137*

い代償となるような、そのような成功によって逸れてしまったのかもしれない。(Bruner 1990, p. 1)

　ブルーナーは、「認知革命」によって生まれた認知科学は当初の推進力と異なる方向に進んでいると指摘している。ブルーナーによれば、「認知革命」のもともとの方向は次のことにあった。

　そのねらいは人間が世界での出会いから創り出した意味を発見し、形式的に記述し、そうして意味生成の過程に関わっていることについての仮説を提示することであった。それは、世界のみならず、自分自身を構成し理解する際に使用する象徴的活動に焦点を当てていた。そのねらいは人文科学と社会科学における解釈的な（interpretive）姉妹の学問と心理学が力を合わせることを促すことにあった。(*Ibid.*, p. 2)

　「意味生成」に焦点を当てることによって、心理学が解釈的な学問と力を合わせるようになることが「認知革命」の当初のねらいだった。しかし、きわめて初期から「力点は『意味』から『情報』へ、意味の構成から情報の処理へと変わり始めた」、つまり、「計算可能性」（computability）が導入されたと、ブルーナーはいう（*Ibid.*, p. 4. 引用箇所の傍点は原文イタリック）。この「計算可能性」が導入されることで、心理学から「意図」といった「志向的状態」が締め出されてしまうことになった。ブルーナーはこう述べている。

　新しい認知科学のメタファーとしての計算（computation）と、新しい認知科学で実行可能な理論の十分な基準とまではいかなくとも必然性としての計算によって、メンタリズムについての古い不快感が再び出現することが避けられなかった。プログラムと心を同一視すると、心的状態——計算システムにおけるプログラムの性質でなく、主観的な印によって同一であると特定できる時代遅れの心的状態——の地位はどうすべきか。そのようなシステムには「心」、すなわち、信じること、欲望すること、意図すること、意味をつかむことのような志向的状態という意味での「心」のための場所はありえなかった。その叫びはすぐにその新しい科学からそのような志向的状態を禁止

するために生じた。(*Ibid.*, p. 8)

　「志向的状態」を扱うことが禁止されれば、「意図」や「意味」を扱うことができなくなる。「ナラティヴ」研究を開始したブルーナーの動機が「意図」を心理学で分析することにあったのだから、これは看過できないことである。そして何より、「意味」を扱わないことは当初の「認知革命」のねらいと大きく異なっている。ブルーナーがこのような結末を迎えた「認知革命」を批判するのは当然である。

　そのような状況に対し、ブルーナーが主張することは、当初の「認知革命」を復活させることである。現在の「認知革命」と対比しながら、ブルーナーは当初のねらいに即した心理学のあり方を次のように描き出す。

　　……私はどのように認知革命が計算のメタファーによってもともとの推進力から逸れてきたかを詳述し、人間の心理学の中心概念は意味および意味の構成に関わる過程と交流であるという確信から生じた、もともとの革命の再生と回復を支持するよう議論した。
　　この確信は2つの関連した論点に基づいている。1つは人間を理解するためにはどのように人間の経験と行為が自分の志向的状態によって形成されるかを理解しなければならないということであり、2つは志向的状態の形は文化の象徴的システムに参加することを通してのみ理解されるということである。(*Ibid.*, p. 33. 傍点原文イタリック)

　もともとの「認知革命」のねらいを復活させること、これがブルーナーの「認知革命」批判の動機である。そしてそのねらいに基づけば、心理学の中心概念は「意味」と「意味の構成の過程と交流」となる。それらを中心概念にすれば、「志向的状態」を前提としなければならない。しかも「志向的状態」の形は「文化」を通して理解されるので、そうである以上、「文化」も考慮しなければならない。このような、当初の「認知革命」のねらいに即したものとして描かれた心理学を、ブルーナーは「文化心理学」と呼んでいる。

第3章　「文化心理学」の構造　　*139*

2 「文化心理学」における「意味」・「解釈」・「間主観性」・「文化」

　当初の「認知革命」に即した心理学をブルーナーが「文化心理学」と呼ぶのであれば、それは「意味」と「意味の構成の過程と交流」を中心に構造化されているはずである。「意味」と「意味の構成の過程と交流」を観点にすれば、「文化心理学」の構造が明示されやすいであろう。そのため、「意味生成」に着目する。「意味生成」は「意味」を構成することであり（第1項参照）、「意味生成」には「意味」の交流が含まれている（第4項参照）からである。

　本節では、ブルーナーの「文化心理学」が「意味生成」の過程を対象とする心理学であると確認することから始める。次に、「意味」を起点とすることで、ブルーナーの「文化心理学」における「意味生成」と「文化」の関係を明らかにする。

（1）「文化心理学」の概要

　ブルーナーの「文化心理学」は、端的にいうと、「意味生成」の過程を明らかにする心理学のことである。ここでいう「意味生成」とは「特定の時の異なる状況（settings）における事柄に意味を割り当てる」ことである（Bruner 1996, p. 3）。つまり、ブルーナーの「意味生成」とは新規な出来事の「意味」を創り出すこと、言葉を換えれば構成することである。その「意味生成」の過程を明らかにする心理学に「文化」という言葉を形容しているのは、心理学は「文化」を考慮することなしには成り立たないからである。

　心理学が「文化」を考慮しなければならないのは、「文化へ人間が参加し文化を通して自分の精神的能力を実現するからこそ、個人のみを基盤に人間の心理学を組み立てることができない」ことにある。「人間は文化の表現である」ので、心理学は人間個人だけでなく、その人間が参加している文化を視野に入れなければならない。そうすると、心理学は「意味生成」を扱わなければならなくなる。「心理学が文化にあまりにも巻き込まれているとすれば、心理学は人間と文化を結びつける人びとの意味生成と意味使用の過程に基づいて組織されなければならない」からである（Bruner 1990, p. 12. 引用箇所の傍点は原文イタリック）。「意味生成」によって人間と「文化」が結びついているために、心

140

理学は「意味生成」を中心に組み立てられなければならないのである。

　とはいえ、ブルーナーは人間の「文化」的側面にだけに着目せよと主張しているわけではない。心理学は「文化」を考慮しなければならないと主張しつつも、ブルーナーは「私は、心理学は将来どうあるべきかという問いに対し、もっぱら生物学的であるべきか、まったく計算主義的であるべきか、あるいは独占的に文化的であるべきかどうかという『あれかこれか』（either-or）という類のアプローチを終わらすようにしたい」（Bruner 1996, p. 160）と、「文化」のみに焦点を当てることを戒めている。「意味生成」は「文化」のみならず、人間の生物学的な能力に依存した営みだからである。

　ブルーナーによれば、人間の生物学的な能力は「意味生成」を制約する。「意味生成」は人間に生物として本来的に備わった能力を超えてなされないということである。ブルーナーはこう述べている。

　　種としてのわれわれの進化は知ること、考えること、感じること、知覚することについてある程度特定の様式にわれわれを分化させている。最大限の努力で想像してみても、われわれは先行する精神状態を後続する精神状態にいくらかの因果的影響を及ぼさない自己の概念を構成することはできない。（*Ibid.*, p. 15）

　「知ること」「考えること」「感じること」「知覚すること」は、種としての進化、つまり生物としての人間の能力に見合ってなされる。その例として「自己」が挙げられている。人間に備わった生物学的能力からいって、先行する状態に影響を受けない自己を想像することは不可能である。このような生物学的能力は「意味生成」の能力の制限とみなしうる。このことをブルーナーは「人間の意味生成の制約」とし、「そのような制約は、一般に、種としてのわれわれの進化の遺産、つまりわれわれの『生まれつき備わっている能力』の部分としてみなされている」と述べている（*Ibid.*, p. 17）。

　心理学は「文化」のみならず人間の生物学的な側面も考慮しなければならないと、ブルーナーはこう強く主張している。

　もし心理学が人間性と人間の条件の理解において頭角を現したいのであれば、

生物学と文化の捉えがたい相互作用を理解することを学ばなければならない。
……人間の機能（functioning）についての生物学的制約を追い払うことは傲
慢に委ね任せることである。人間の心を形成する文化の力を冷笑し、人間の
統制下にこの力をもたらすための努力を放棄することは道徳的自殺に委ね任
せることである。洗練された心理学がわれわれをこれらの災いから救いうる。
(*Ibid.*, pp. 184-185)

　ブルーナーの「文化心理学」は「意味生成」の過程を人間の生物学的側面と
「文化」的側面から明らかにしようとする心理学のことである。「意味生成」は
人間の生物学的能力に制約されながら、「文化」を通して営まれる。これがブ
ルーナーの「文化心理学」の中核にある想定である。
　しかし、なぜ「意味生成」は「文化」と関連しているといえるのであろうか。
この点について、ブルーナーは「解釈」（interpretation）や「間主観性」を用
いて論じている。以下では、ブルーナーのいう「意味」を、「解釈」と「間主
観性」、および「文化」を観点にまず検討する。それらをもとに、「意味生成」
と「文化」の関連を論じる。

(2)「意味」と「解釈」と「間主観性」

　ブルーナーにとって、「意味」は「世界」の経験を「解釈」したものである。

　　われわれは世界を特定の方法で理解するから世界を経験するのであって、
　その逆ではない。意味は事実の後ではない。それは、いわば、ありのままの
　自然に対する最初の開示の後にわれわれが経験する何かではない。経験はす
　でに解釈である。（Bruner 1995, p. 19. 傍点原文イタリック）

　ブルーナーは「いわゆるわれわれの直接経験でさえ、解釈のために原因と結
果についての観念を割り当てられており、そのため、われわれに現れる世界は
概念的世界である」（Bruner 1986, p. 122）として「世界」をみなしている。す
でに経験は「解釈」を通してなされているので、「ありのままの自然」をわれ
われは経験することができない。したがって、われわれの「世界」は「解釈」
された「概念的世界」であるということになる。

「解釈」はブルーナーにとって「意味」を扱う方法であり、「説明」（explanation）と対比されるものである。「解釈」と「説明」についてこう述べられている。

　一般に、意味によって媒介されていると信じられている人間の行為は解釈の領域としてみなされる。古典的な真言（mantra）によれば、意味は因果的には説明できない。
　　一方で、因果的説明は、個別的というよりむしろカテゴリー的であり、検証可能性が文脈的背景や行為における参加者の意味作成に依存していない命題を検査することに基づいている。旧式の用語では、因果的説明は、質料因、作動因、形相因のみを扱う。意味は、因果関係による考察から禁じられているだけでなく、意味を前提とする目的論的説明からもまた禁じられている。
（Bruner 1996, pp. 102-103）

　ブルーナーは「意味」を扱うのは「説明」でなく「解釈」であるという。その上で経験が「解釈」であるということは、経験が「意味」として理解されているということである。「世界」を経験するということは、「世界」が「意味」として立ち現われているということである。「解釈」を観点にすれば、ブルーナーのいう「概念的世界」とは一切が「意味」として立ち現われている「意味世界」のことである。
　「意味」が経験の「解釈」として立ち現われているということは、その「意味」は「解釈」した主体のものである。そうであれば、経験の「意味」は解釈した主体の私的なものと捉えられる。しかし、ブルーナーは「解釈は私的なもの、つまり、単独の心の内側に閉じ込められたものではない」とし、それを次のように述べている。

　それは他者との間主観的な交換を前提としており、さらに、われわれが共通世界を共有しているという信念を前提としている。……われわれが意味を解釈する（construe）とき、われわれは別の心を「読んだり」（'read'）、文化的な諸々の慣習、期待、規範（norms）にしたがってわれわれが出会うことを位置づけたりする。これらの理解や解釈（construals）が他者の諸々の理解、

第3章　「文化心理学」の構造　　143

信念、欲望、意図についてのわれわれの理解を構成し、他者と共有する世界のわれわれ自身の理解に反映する。(Bruner 1995, pp. 19-20)

　「世界」を経験するということは、物的な存在だけでなく、自己と交流する他者も経験するということである。その経験では、他者がどのような理解をしているのか、どのような信念や欲望、「意図」をもっているのかということも経験される。それゆえそのような経験では、他者の「心」を読んでいるということになる。他者の「心」を読むという経験には「間主観性」が関わっている。ブルーナーは「間主観性」を「お互いに意図や心的状態を読む」こととしてみなしている（Bruner 2002, p. 16）からだ[1]。「間主観的」な経験も「解釈」でなされるから、「解釈」されたものとして立ち現われる「意味」は、他者にも通用する。したがって、「意味」は私的なものではないのである。

　「意味」は経験の「解釈」であり、「間主観的」な経験の「解釈」によって「意味」は他者と共有できる。これが「意味」が「私的なものではない」という論理である。もっとも「意味」は主体がなした「解釈」によって生じており、それゆえ主体に由来しているものであり、したがって、やはり「解釈」による「意味」は「私的」と思われるかもしれない。しかしそのように考えてしまう際に前提とされているのは、論理実証主義が基づいた客観主義的な発想、すなわち「実在との対応」によって「意味」が他者と通じ合うものとなるということであろう。第5章で詳しく扱うが、ブルーナーは「実在との対応」によって「意味」に客観性が保たれるというような、客観主義の立場、さらには論理実証主義の立場をとっていない。ブルーナーのいう「意味」を理解する際には、客観主義の立場に基づくことを避けるべきである。

　とはいえ、ブルーナーも自覚しているように、「おそらく原始的な共感の方法を除いては、われわれは直接的に他者の心を本当に『読む』ことはできない」（Bruner 2006c, p. 231. 傍点原文イタリック）ものである。それにもかかわらず、そして客観主義の立場に立たなくとも、「意味」を他者と共有できるのは「文化」のおかげである。そこで次に「意味」と「文化」の関係性を確認しよう。

(3)「意味」と「文化」と「間主観性」

　ブルーナーは「文化への参加によって、意味は公共的になり、共有されることになる」(Bruner 1990, pp. 12-13. 傍点原文イタリック) という。「文化」によって、自己の「意味」は他者にとっても妥当するということである。そのようになるのも、「文化」は「間主観性」を基盤に成立しているからである。文化人類学者のギアーツ (Geertz, C.) の言葉を借りながら、ブルーナーは「文化」それ自体は「常にローカル」であり、誰も「文化」の全体の中で生活したことはなかったという。しかし驚くほど簡単に、全体としての「文化」の中でうまくやっていくことができている。例えば、騒がしいコペンハーゲンに生まれ育ったデンマーク人と、きわめて静かな田舎のスカーゲンで生まれ育ったデンマーク人はうまくやっていける。その理由はデンマーク語を話せるというだけは不十分であると、ブルーナーはいう。ブルーナーはそのような「文化的共有性」(cultural commonality) あるいは「相互的認識可能性」(mutual recognizability) は何かと問い (Bruner 2006c, p. 231. 引用箇所の傍点は原文イタリック)、そしてこう続けている。

　　1つのその重要な特徴は、1つの文化内の人びとは、彼らは各々の心を、その文化内でない他者の心を知ることよりも、よりよく「知っている」と感じていることである。それは「私が知っていることをあなたは知っているということを私は知っている……」というようなことで、最近の専門的術語で間主観性と呼ばれているものである。実際、そのような間主観的な共有は、おそらく、人間の文化の存在そのものの必須条件 (*sine qua non*) である。(*Ibid.,* p. 231. 傍点原文イタリック)

　「文化」が「間主観的な共有」によって存在しているということは、その「間主観的な共有」を「文化」は含んでいるということである。ある「文化」を獲得することはその「文化」内の「間主観的な共有」を知ることである。このような「間主観的な共有」で「文化」は成り立っているから、「文化」に参加することで「意味」は自他ともに妥当するものになるのである。

　ブルーナーは「意味は『頭の中に』あるのだけれど、意味は、それが創りだされた文化において、自らの起源と意義をもっている」(Bruner 1996, p. 3) と

述べている。これは「意味」が「文化」によって構成されているということである。「文化」が「意味」の構成要素だからこそ、「意味」は他者と通じ合うもの、つまり「公共的で共有されたもの」になるのである。

(4)「意味生成」と「間主観性」と「文化」

「文化」が「意味」の要素であるということは、「意味生成」にも「文化」が関与しているということになる。そこで、「意味生成」と「文化」の関係性について詳しく見てみよう。

すでに見たように、ブルーナーのいう「意味生成」とは「特定の時の異なる状況における事柄に意味を割り当てる」こと、すなわち新規な出来事の「意味」を構成することであった。そのような「意味生成」に対し、ブルーナーは「意味生成が構造化された枠組みの中に表現や出来事や行為を位置づけることを含んでいることは自明のように思われる」とし、「そのようにそれら〔＝表現や出来事や行為〕を位置づけることで、われわれはすでに知っていることにそれらを関係づける」としている（Bruner 1995, p. 21. 引用箇所の〔 〕内引用者補足）。したがって、「意味生成」をより詳しくいえば、「既知のことに関連づけることで未知な表現や出来事や行為の意味を見い出すこと」ということになる。ブルーナーはそのような「意味生成」を可能にする「根本的な枠組み」（primitive framework）が３つあるとしている。

１つめは「間主観性」の枠組みで、「人間が出来事や相互作用や表現によって共有されるように他者と定義する『象徴的空間』（symbolic space）の中で出来事や相互作用や表現を位置づけること」である（*Ibid.*, p. 21. 引用箇所の傍点は原文イタリック）。２つめは「道具性」（*instrumentality*）で、「道具性」とは「誰が、誰に対するどんな目的での誰の統制のもとで何をするのかという人間の行為の手段−目的の構造」のことである。３つめは「標準性」（*normative*）で、そこで「人間の文化の中心にあるもろもろの義務と責任（commitments）の秩序だった枠組みの中に出来事や表現が位置づけられる」ことになる（*Ibid.*, p. 22. 引用箇所の傍点は原文イタリック）。

これら３つの枠組みと「意味生成」の関係について、ブルーナーは次のようにも述べている。

1つめは合意（meeting of minds）の中で他者と関連づける人間の欲求に関係している。2つめは手段－目的関係の枠組みの中での目標指向的な活動の文脈において事柄を位置づけることに関与している。3つめはどのように期待され、信頼され、そのため正当なように思われる、事柄の成り行きの構造へ出来事を位置づけるかということを扱う。（*Ibid.*, p. 23）

　「意味生成」に「間主観性」が関わっているのは、ブルーナーの「意味」の考えからも暗示されている。「意味」は「文化」によって他者と共有できるものであった。裏を返せば、他者と共有できていないものは「意味」といえない。それゆえ、「意味生成」は他者と通じ合うようになされなければならない。「意味生成」に「間主観性」、すなわち、他者との「意味」の交流が必要である。
　「道具性」は「意味」が何かを志向したものであるということと関係している。ブルーナーは「意味」を「人間の志向性を反映した企て」としている（Bruner 1986, p. 158）。「意味」は何らかの目的に基づいて生じている。したがって、「意味生成」もその生成の目的を目がけてなされることになる。次節で論じるが、ブルーナーにとって「意味生成」は「心」の一側面である。「心」は「志向的状態」と無縁でないからである。そのことからも、ブルーナーのいう「意味生成」に「道具性」が関係しているのは意外なことではない。
　「標準性」とは、他者が一般的だとみなしていることに「意味」を位置づけることである。一般的とみなされているということは、他者にも通じるということである。「意味」が「標準」と関連づいているからこそ、「意味」は他者と通じる。「間主観性」の枠組みから考えても、「意味生成」が「標準」に基づいてなされる必要がある。
　この「標準性」は「文化」と関係している。ブルーナーは「文化」を「われわれの周囲の日常生活の外見上の普通さ（ordinariness）」（Bruner 2006c, p. 230）とみなしている。「外見上」とされているのは、自分が感じている「普通」がほんとうに他者と一致するか、確認のすべがないからであろう。他者の「心」を完全に読むことができない以上、他者と自分の「普通」が一致していると思っても、それはあくまで思い込みにすぎず、しかし思い込み以上のものにすることはできない。「外見上」とあるのは「間主観性」についての考えとの一貫性が保たれていることにほかならない。

第3章　「文化心理学」の構造　　*147*

「文化」が「日常生活の普通さ」であるならば、「文化」が「意味」の「標準」を提供していることになる。「普通」ということは一般的ということである。「普通」だからこそ、それは「標準」とみなすことができる。「意味生成」が「標準」と関連づけられるということは、「意味生成」が「文化」と関連しているということである。

　３つの枠組みからブルーナーの「意味生成」が明らかになった。ブルーナーにとって、「意味生成」は、他者にも妥当するようにしたり、目的に沿うようにしたり、「標準」に位置づけるようにしたりして、なされる営みである。他者との妥当において「間主観性」が「意味生成」と関わり、「標準」への位置づけにおいて「文化」が「意味生成」に関わるのである。

（5）本節のまとめ

　ブルーナーの「文化心理学」は「意味生成」の過程を明らかにする心理学のことであった。「意味生成」のための心理学に「文化」という言葉が形容されるのは、人間は「意味生成」によって「文化」と結びつくからであった。その論理はどういうものかという問いのもと、本節では考察を進めてきた。

　ブルーナーの「文化心理学」において、「意味生成」と「文化」が結びついているのは、「意味生成」は「文化」が与える「標準」に位置づけながらなされるためである。この「標準」への位置づけには、多くのことが関連している。

　「意味」は「世界」における経験の「解釈」である。この「解釈」には「間主観的」な経験も含まれる。したがって、「意味」は「間主観的」なものであり、たとえ個人の「頭の中」にあるものであっても、他者と通じることになる。

　「意味」が他者と通じあえる１つの根拠となっているのは、「文化」である。「文化」に参加することで、「意味」は他者と共有されたものになる。「文化」は「間主観的な共有」を基盤に成立しているからである。

　「意味」が「文化」に基づきながら「間主観的」に解釈されたものであるなら、「意味生成」に「文化」が関係するのは必至である。「意味」はそもそも「間主観的」で「文化」的なものだからである。実際、ブルーナーは「意味生成」が「間主観性」と「道具性」と「標準性」の枠組みでなされると主張していた。「意味生成」が「文化」と明確に関与しているといえるのは「標準性」の枠組みのためであるが、「間主観性」からも「意味生成」は「文化」と関わ

っているといえる。

「標準」に「意味」を位置づける必要があるのは、他者と「意味」が妥当するように構成を行うためだといえる。「標準」だからこそ他者と「意味」を妥当させることができるからである。「意味生成」は「文化」によって「間主観的」になるのだ。

「意味生成」の枠組みである「道具性」において、「志向的状態」に触れた。ブルーナーが心理学で「意味生成」を扱うのも、「心」が「志向的状態」と関連しているからである。ブルーナーにとって、「意味生成」を扱うことは「心」を扱うことである。そこで、ブルーナーのいう「心」とは何かを確認しよう。その際に、ブルーナーの「文化心理学」における「文化」の位置も明らかになる。ブルーナーは「心」と「文化」を関連づけているからである。

3　ブルーナーの「文化心理学」における「心」と「文化」

本節では、ブルーナーの「文化心理学」における「心」と「文化」および両者の関係性を考察する。その第1の目的は「文化心理学」における「心」と「文化」の関係性を明示することにあるが、本章の冒頭で触れた、「文化」とは何か、「文化心理学」における「文化」の位置はどこかという課題に応えることも目的としている。本節では、まずブルーナーのいう「心」を明らかにし、次に「文化」を明らかにする。そうして「心」と「文化」の関係性を考察し、「文化心理学」における「文化」の位置を明示する。

(1)「文化心理学」における「心」

ブルーナーにとって、「心」はわれわれが生み出す観念である。自伝『心を探して』では、「心」について次のように述べられている。

心とは概念、すなわち人間（と他の生物にも、しかし誰が他の生物についてわかろうか）が与えられた情報を超えていくことを可能にする、その注目に値する実行に場を与えるために、われわれが構成する（construct）観念である。心が何で「ある」という考えはすべての人間において、いくらか異なっているということを私は疑わない。（Bruner 1983b, p. 201）

「心」とは何かという答えは人によって異なる。「心」は各々が構成する観念だからだ。ブルーナーはこのようにいいながらも、彼なりの「心」の観念について言及している。それは「与えられた情報を超えていくことを可能にする」ことを基軸にわれわれは「心」の観念を構成するということである。

　「与えられた情報を超える」とは、1つの情報からさまざまな情報を想起し関連づけるという現象であり、ブルーナーの思考の研究で主題とされたことであった（第2章第2節参照）。第1章でも言及したように、ブルーナーは「世界についての知識を達成し、蓄え、変形する際に心がそれ自体をどのように表現するかを説明することによって、心を研究できる」と確信していた（*Ibid.,* p.274）。「与えられた情報を超えること」からも、「知識を達成し、蓄え、変形する際に心がそれ自体をどのように表現するか」ということからも、ブルーナーは「心」を実体として捉えず、何らかの作用として捉えている。

　このような作用としての「心」を、ブルーナーは乳児の研究で自覚したようだ。前章で述べたように、ブルーナーは「心」の起源を探るため乳児の研究を行った（第4節参照）。もっとも、彼はそれによって「心」の起源とは何かという問いが無意味であると理解した。このような理解に至ったきっかけになったのは、前章でも紹介した乳児の実験である。その実験は、絵を見ることと吸啜の関係性を調べるもので、乳児が目的に合わせて吸啜と注視を自由に組み合わせることができると確認したものである。その乳児の研究と当時の一連の乳児研究の成果から、ブルーナーは「心」の起源を探ることが無意味であるという見解に達する。彼はこう述べている。

　いかに人は心のはじまりを考えるだろうか。1つには、新しい多くの研究が、いわば心は無から生じるものでないということをすでに明らかにしていた。……

　　したがってその問いは、心がはじまるのはどこで、またはいつからというものでない。たとえ「そこに」あったとしても、作用する（operative）形式の中に心ははじめからそこにあったのである。むしろその問いは、より豊かに、より強く、より自信に満ちた人間の心を生み出す条件に関わるのである。（*Ibid.,* p.152. 傍点引用者）

ブルーナーは乳児の研究から、「心」がはじめからあったということに気がついた。だからこそ、「心がいかにはじまるか」という問いが誤りであると理解したのである。「心」は「作用する形式」としてはじめから現れている。つまり、対象に「作用」しているという行為をわれわれは「心」とみなしているのである。

　この「作用」としての「心」について、ブルーナーはライル（Ryle, G.）の「心」の概念を用いながら、次のように述べている。

　　彼が派手に宣言するように、心はトラック運転手の手にあり、チェス盤上の詰め手にあり、フットボールの競技場での戦略にある。それは頭の中にだけあるのではない。心とは、課題に適用された方法なのである。（Bruner 1983b, p. 183. 傍点引用者）

「課題に適用された方法」とはどのようなものか、ここに示されている３つの例から吟味しよう。トラックを運転しているとき、運転手の手はハンドルやギアを握っている。そして、手でそれらを扱うことで、方向を定めたり、スピードを調整したりすることが可能となる。確かに運転手における手は、運転という課題に対して適用された方法を示しているといえる。チェスではどうであろうか。チェスでは、勝利へと向かって駒を動かす。そのためにここではポーンを動かし、ここではナイトを動かす、ということが行われる。当然のことであるが、ポーンやナイトといった駒は、駒自体が勝手に動くのでない。プレーヤーが勝利のために駒を動かすのである。その動かし方は確かに勝利へという課題のために適用された方法を示しているといえよう。フットボールの競技場での戦略も同様である。勝つための戦略によって、フットボールの選手はボールを操る。よってフットボールの戦略にも、勝利という課題に適用された方法を反映している。換言すれば、運転手の手、チェス盤上の詰め手、フットボールの競技場での戦略は、その目的に対する「作用」でもある。「課題に適用された方法」とは、目的をもって何かを実行する「作用」のことである。

　ブルーナーは別の場所で「心は、使っている手や道具の拡張であり、手や道具に適用する仕事（jobs）の拡張である」とも述べている（Bruner 1996, p. 151）。「心」が「作用」であるということが一貫されている。「使う」ということは何

第3章　「文化心理学」の構造　　*151*

かのために行われるものであり、仕事での活動もまた何らかの目的のために行われるものだからである。

前章で確認したように、ブルーナーはこのような「目的」に対する「作用」を「志向性」と呼んでいた。ブルーナーのいう「心」の「作用」とは「志向性」のことである。

この「志向性」にある状態をブルーナーは「志向的状態」と呼んでいる。第1節でも触れたように、「志向的状態」とは信じる、欲望する、「意図」するといった状態のことである。信じている、欲望している、「意図」しているといった際には、必ずその作用の対象がある。信じる対象がなければ信じることもできないし、欲しているものがあるからこそ欲望する。何かをしようと思わなければ「意図」しない。「志向的状態」は「志向性」を伴っている状態を指している。

ブルーナーは「作用する形式」や「課題に適用された方法」を「心」とみなしているが、つまるところ、「志向的状態」に「心」を見い出しているということである。「志向的状態」が現れているとき、そこにわれわれは「心」を見い出す。これがブルーナーが構成した「心」の観念である。ブルーナーのいう「心」とは「志向的状態の現われ」のことである。

このように指摘できる一方で、バクハーストは、ブルーナーは「心」を「経験を組織化する」ものとみなしていると指摘している（Bakhurst 1995, p. 163)[2]。しかしそれは「志向的状態の現われ」の1つに過ぎない。「組織化する」ことも何らかの目的や「意図」——例えば経験したことを理解したい——を伴っているからである。

この観点からいえば、「意味生成」も「志向的状態」を伴っている。「意味生成」の「道具性」という枠組みは、ブルーナーがまさに「志向性」と呼んだものを含んでいるからだ。だから「意味生成」という行為に「心」が見い出せるのである。ブルーナーにとって、「意味生成」を明らかにするということは「心」を研究するということなのである。

「心」が「志向的状態の現われ」であるということは、「心」を理解するには「志向的状態」がどういうものか理解できなければならないということである。

ブルーナーによれば、われわれは「志向的状態」を「文化」と関連づけることで理解している。ブルーナーは「文化」が「人間の生と人間の心を形づくり、

解釈体系に活動の根底にある志向的状態を位置づけることで活動に意味を与える」とみなしている（Bruner 1990, p. 34)。「意味」という観点からいえば、ブルーナーにとって、これは当然の帰結である。前節で「意味」は「文化」によって他者と通じ合えると確認した。「意味」が他者と通じ合うものであるかぎり、「志向的状態」の「意味」も「文化」に支えられている。自他を問わず、「志向的状態」の「意味」は「文化」によって理解できるのである。

　この「文化」における「志向的状態」を理解する際に関わっているのが「フォークサイコロジー」である。ブルーナーは「すべての文化は、最も強力で構成的な道具の一つとして、どのように人間が『ふるまう』のか、自分自身や他者の心がどうなっているのか、位置づけられた活動がどのようなものとして期待できるのか、可能な生活の様式は何か、どのように他者と関与するのかなどについての、一連の多少関連し、標準的な記述であるフォークサイコロジーをもっている」(*Ibid.*, p. 35) と述べている。端的にいえば、「フォークサイコロジー」はある「文化」内の人間の行為や「心」を理解するための道具である。それゆえ、ブルーナーが「フォークサイコロジー」を「志向的状態」を扱い、「文化」が反映されているものとみなしている (*Ibid.*, p. 14) のも当然である。「フォークサイコロジー」は「心」と「文化」の両方に関わっているため、ブルーナーの「文化心理学」における重要な概念の1つである。

　「フォークサイコロジー」を観点に「心」と「文化」の関係について理解できることは、ブルーナーの「文化心理学」において「心」と「文化」は切り離せない関係にあるということである。「心」とは「志向的状態の現われ」である。「志向的状態」の「意味」は「文化」によって把握できる。「心」は「文化」によって把握できるからこそ、両者を切り離すことはできない。

　しかしながら、ブルーナーの「文化心理学」においてこのような「心」と「文化」の理解はその関係の一側面である。ブルーナーは「心が文化を創り、文化もまた心を創る」と述べたり (Bruner 1996, p. 166)、「文化」は「心の所産であるにも関わらず、明らかにそれは心に影響を及ぼす」と述べたりしている (Bruner 2001, p. 200)。「心」が「文化」によって把握できるということは、「心」に対する「文化」の役割のことであり、「文化」に対する「心」の役割については言及されていない。ブルーナーの「文化心理学」において、「心」と「文化」は相互に働きかける、相互作用の関係にある。これまでの考察では、

「文化もまた心を創る」や「文化」が「心に影響を及ぼす」といった「文化」が「心」に作用する側面しか明らかになっていない。

　そのような理解だけでもよいのかもしれない。石橋由美はブルーナーの「文化心理学」における「心」と「文化」の関係について、「『つくりつくられる』循環関係というよりは、文化によって精神が『つくられる』関係しか見出されない」（石橋 1997, p.40）と指摘している。さらに石橋は「文化によって彼ら〔＝主体たち〕の主観的世界が間主観的に『つくられる』側面が強調されることになる」（同上、p.43.〔 〕内引用者補足）とも述べている。これまでの考察からしてみても、これは正しいと思われる。「志向的状態」の「意味」は「文化」によって把握できるというのは、「志向的状態」は「文化」によって「間主観的」に妥当する「意味」をもつということである。もしブルーナーが「文化」から「心」への作用のみしか論じていないのであれば、石橋のいうように、「文化」が「心」を創る側面のみ強調されていることになる。

　ブルーナーは「文化」が「心」を創るという側面のみしか論じていないのであろうか。次に、「心」が「文化」を創るという側面から、「心」と「文化」の関係を検討しよう。

(2)「文化心理学」における「文化」の変化——「文化の弁証法」について

　ブルーナーのいう「心」は「志向的状態の現われ」であった。この「志向的状態」に着目したとき、ブルーナーがいう「心」が「文化」を創るという側面が明確になる。

　ブルーナーの「文化心理学」において、「文化」は変化しないものでは決してない。ブルーナーは「文化」の変化を「文化の弁証法」（the dialectic of culture）として描いている。

　「文化の弁証法」は「規範的に予期できるもの（the canonical expectable）と想像的に可能であるもの（the imaginatively possible）の弁証法」（Bruner 1999, p.202）のことである。より詳しくいうと次のことである。

　　内容をより物語のように述べるなら、もろもろの文化の本性そのものは、現実についての諸概念に対する統御の闘争として特徴づけられる。どんな文化にも、どのような物事がほんとうであり、どのようにあるべきかという規

範的なバージョンと、何が代わりに可能であるかについての対抗するビジョ
ンを持っている。(Amsterdam and Bruner 2000, pp. 231-232. 傍点原文イタリッ
ク）

　「文化」が「現実」の概念を統御する闘争と述べられている。前節で、ブル
ーナーが「文化」を「われわれの周囲の日常生活の外見上の普通さ」と述べて
いることに触れた。別のところでも、ブルーナーは「結局、文化はわれわれの
普通さの考えを規定している」と述べている（Bruner 2002, p.90）。「文化」は
われわれの日常生活における普通を決めるということで、われわれにとっての
日常生活における「現実」、すなわち、普通ならばこうであるということを
「文化」は統御しているということになる。この「文化」の性質をブルーナー
は「標準」や「規範」という言葉で表現している。「標準」や「規範」という
のは、物事の普通さに関わるものだからである。
　「文化」が「現実」の概念を統御する闘争であるのは、「標準」や「規範」、
「普通」に対抗勢力があるからである。ブルーナーはその対抗を「規範性や普
通なものは、ふつう、想像できる『別のもの』と衝突している」（Amsterdam
and Bruner 2000, p232）として描いている。つまり、「標準」・「規範」・「普通」
の対抗勢力とは、これまでのそれらに代わろうとしているものである。これを
「想像的に可能であるもの」とか「代替的にありうる」こととして、ブルーナ
ーは表現している。
　ブルーナーが「文化」に対立的な2要素を想定しているのは、「文化」の変
化を描くためである。彼は「規範的なものと想像されるものの弁証法は、人間
の文化の本質であるだけでなく、その弁証法は文化に運動の過程を与え、そし
てある程度底知れない方法で、文化に予測不可能性、つまり、文化に自由を与
える」（Ibid., p.232）と述べている。対抗勢力があることで、これまでの「普
通」や「規範」、「標準」が変化する。対抗勢力によってもたらされた「普通」
や「規範」、「標準」の変化が「文化」の変化であると、ブルーナーは考えてい
るのである[3]。
　「文化の弁証法」とは、「文化」とはわれわれの日常生活の「普通」・「規
範」・「標準」であり、「文化」はほかにもありえる「普通」・「規範」・「標準」
として想像される「想像的に可能なもの」によって変化するということを示す

第3章　「文化心理学」の構造　　*155*

概念である。

「文化の弁証法」では、「想像的に可能なもの」によって「文化」が変化することになる。この「想像的に可能なもの」は「志向的状態」と関わっている。

ブルーナーは「各々の文化は、現実的なもの（the actual）に代わるものであふれた、その文化の独特な想像力豊かな空間（imaginative space）を保持している」とみなす。この「想像力豊かな空間」は「心が他の可能世界を描くことができる」場所である。ブルーナーはこの「想像力豊かな空間」を「ノエティックスペース」（*noetic space*）と名づける（*Ibid.*, p. 237. 引用箇所の傍点は原文イタリック）。その上で、「ノエティック」は古ギリシア語の「ヌース」（nous）に由来するとし、「ヌース」には「合理的な心の熟慮だけでなく心の欲求や愛情（appetites and affections）、すなわち、現代の哲学者が心の『志向的状態』と呼ぶかもしれないことを含んでいる」とブルーナーは述べている（*Ibid.*, pp. 237-238）。

「ノエティックスペース」は「想像力豊かな空間」のことであるので、「心」が「可能世界を描く場所」である。にもかかわらず、「想像力豊かな空間」を「ノエティックスペース」と呼びかえ、さらに「ノエティック」の語源に遡り、「志向的状態」に言及していることは、「ノエティックスペース」としての「想像力豊かな空間」が「志向的状態」と関与していることを強調したいからにほかならない。「ノエティックスペース」は「心」の「志向的状態」によって生み出されているのである。

それはブルーナーが「代替的にありうることは、望ましく思えることや魅力的に思えることと、悲惨で恐ろしく思えることの両方を含んでいる」（*Ibid.*, p. 232）と述べていることからも明らかである。「文化の弁証法」において、「代替的にありうること」は既存の「普通」や「規範」、「標準」に対するものであるから、それは「想像的に可能なもの」でもある。それゆえ、その起源は「ノエティックスペース」にある。その「代替的にありうること」には「望ましさ」や「魅力」、「悲惨で恐ろしい」という何らかの対象に作用している「心」の状態、つまり「志向的状態」が含まれている。既存の「普通」・「規範」・「標準」の対抗勢力である「代替的にありうること」や「想像的に可能なもの」は「志向的状態」によって生み出されているのである。

そこで、「志向的状態」から「文化の弁証法」を描きなおしてみよう。それ

こそが「心」が「文化」を創るというプロセスだからである。

　既存のものとは別のものを思い描くときはどういうものであろうか。ブルーナーにとって、「文化」における既存のものとは「志向的状態」に「意味」をもたらしてくれるものである（それゆえに、「文化」は「心」を創るということになる）。しかし、いかなる「志向的状態」も既存のもので表現しつくせるだろうか。「志向的状態」として表したい「意味」を既存のものではもたらしてくれないとき、それを表したい「意味」のために既存のものとは別のものへと向かうであろう。それは既存のものに不満を抱くときでもある。「代替的にありうること」は、既存のものに対する不満によって描かれることになる。

　既存のものに対する不満によって「代替的にありうること」が描かれるとき、現状よりもよりよいものを信じたり「意図」したり欲望したりすれば「望ましいもの」や「魅力的なもの」となり、現状よりさらに悪いものを信じたり「意図」したり欲望したりすれば「悲惨で恐ろしいもの」となる。よいものであれ悪いものであれ、「代替的にありうるもの」は既存の「普通」・「規範」・「標準」に対する「不満」から生じた「志向的状態」から生み出される。

　ブルーナーが「代替的にありうること」を「想像的に可能なもの」というように、それは想像の産物である。無論、その想像も「志向的状態」に端を発している。それゆえ、「代替的にありうること」の起源は個人になる。しかし、ブルーナーは「志向的状態」から描かれた「個人の可能世界はすぐに集合的ビジョンになれる」と述べている。「人間の想像力の気ままさこそがその所有者を仲間の確認を求めるよう駆り立てる」からである（*Ibid.*, p. 236）。人間は自分が想像したことを他人に伝え、認めてもらいたくなるということであろう。個人の「不満」から生じた「代替的にありうること」（それがよりよいものであれさらに悪いものであれ）が、他者にも認められ、さらに広範囲に認められたとき、「文化」における既存のものが「代替的にありうること」にそのスペースを奪われることになる。そうして、「代替的にありうること」が新たな既存のものとなる。

　「志向的状態」によって生み出された既存のものに対する「代替的にありうること」が広範囲の人びとに認められること、これが「志向的状態」から描きなおされた、「文化の弁証法」に基づく「文化」の変化である。これを端的に表せば、「文化」は「志向的状態」によって変化するということになる。

第 3 章　「文化心理学」の構造　　*157*

「文化の弁証法」に基づけば、その変化によってもたらされる既存のものは以前に比べて新しい。たとえ、はるか以前にあったものだとしても、現存の既存のものと比べれば新しい。なぜなら、今までと異なるものを望んで「代替的にありうること」が生まれ、それが既存のものと変わるからである。「文化の弁証法」による「文化」の変化は「文化」の創造（それが過去にあったものになってしまったら、再創造）である。「文化の弁証法」による「文化」の変化の動力は、「代替的にありうること」や「想像的に可能なもの」を生み出す「志向的状態」にある。「志向的状態」が「文化」を創るのである。「文化の弁証法」は「心」が「文化」を創るプロセスなのである[4]。

（3）「文化心理学」における「心」と「文化」の関係性

　これまでの議論から、ブルーナーの「文化心理学」における「心」と「文化」が明らかになった。「心」とは「志向的状態の現われ」のことである。「文化」は「われわれの日常生活における『普通』・『規範』・『標準』」である。

　日常生活における「普通」・「規範」・「標準」であるため、「文化」は「志向的状態」に「意味」をもたらす。「意味」は他者と共有できるものであるため、「文化」によって得た「志向的状態」の「意味」は自他ともに通じあうものである。したがって、「文化」は自己の「志向的状態」を理解すると同時に他者の「志向的状態」を理解するためにも必要である。このことから、「文化」によってお互いに「志向的状態」が理解できる。それはすなわち、自他の「心」が理解できるということである。「文化」は「心」の理解を可能にする。

　「文化」によってもたらされる「意味」は、必ずしも納得されるものではない。既存の「意味」がある「志向的状態」の「意味」として不満であると思えば、「文化」は変化にさらされる。不満によって、既存の「普通」・「規範」・「標準」に対して「代替的にありうること」あるいは「想像的に可能なもの」が生み出される。それらは想像力によって生み出されたものであるが、その想像力の源となっているのは「志向的状態」である。人間は想像したことを他者に認めてもらいたくなる。「志向的状態」によって生み出された「代替的にありうること」や「想像的に可能なもの」が広範囲の他者に認められることで、それが既存のものに取って代わる。新たな「普通」・「規範」・「標準」となる。「心」が「文化」を変化させ、新たなものにする。

新たな「文化」になれば、「心」に新たな「意味」がもたらされることになる。「文化」が変化すれば「心」も変化する。その変化に対しても、「志向的状態」の新たな「意味」を欲したとき、「文化」が変化に導かれる。「志向的状態」に新たな「意味」をもたらそうとするかぎり、「文化」は変化し続ける。「心」もまた変化し続ける。

「文化」は「心」の理解に必要であり、「心」は「文化」の変化に必要である。このように、両者は相互依存の関係にあり、相互改変の関係にある。この関係の仲立ちをしているのは「意味」である。

ブルーナーの「文化心理学」は「意味生成」の過程を解明する心理学のことであった。「意味生成」は「志向性」を含んでおり、「志向的状態」を伴っている。「意味生成」は「志向的状態の現われ」という「心」そのものである。ブルーナーにとって、「意味生成」を解明するということは「心」を解明することである。

「心」を「意味生成」と捉えれば、「文化」は「意味生成」の解明に必要である。「文化」は「意味」そのものとその構成の把握に不可欠だからである。したがって、ブルーナーの「文化心理学」において、「文化」は「志向的状態の現われ」である「意味生成」を把握するための概念として位置づけられている。

4　まとめ——ブルーナーの「文化心理学」の構造とそれに反映された研究関心

「ナラティヴ」研究の着手を起点に、「認知革命」批判を扱い、ブルーナーの「文化心理学」とは何かを明らかにしながら、「意味」や「心」、「文化」といった諸概念およびその関連を見てきた。これはブルーナーが提唱する「文化心理学」の構造を把握するために行ったことである。本章の最後に、これまでの議論を振り返りながら、ブルーナーの「文化心理学」の構造を明示化するとともに、本章での議論で垣間見られた「ナラティヴ」研究に到達した際の研究関心がどのように反映されているかを確認する。

ブルーナーが「ナラティヴ」研究に達したのは、乳幼児の言語獲得研究で生じた自己の「意図」や、他者の「意図」の知覚、すなわち、「間主観性」への関心のためである。「意図」を扱う媒体として適していたのが、彼にとって、「ナラティヴ」であった。

第3章　「文化心理学」の構造　　*159*

この「ナラティヴ」研究の際に提唱されたのが「文化心理学」である。その提唱の理由は「認知革命」から生まれた当時の認知科学の状況にあった。一翼を担っていたにもかかわらず、ブルーナーが「認知革命」を批判したのは、認知科学が「意図」を含んだ「志向的状態」を禁止したからであった。それは当初の「認知革命」のねらいと異なる結果だった。当初の「認知革命」を復権すべく提唱されたのが「文化心理学」である。

　したがって、ブルーナーの「文化心理学」の提唱の動機は「認知革命」批判にあるが、ブルーナーの「文化心理学」提唱時の研究関心は「志向的状態」と「間主観性」にある。

　「意味」を扱うべきだとして「認知革命」を批判したとおり、ブルーナーの「文化心理学」は「意味」を扱っている。ブルーナーの「文化心理学」とは、人間の生物学的側面と「文化」的側面から「意味生成」の過程を明らかにする心理学であった。

　「意味生成」とは新規な出来事の「意味」を構成することである。ブルーナーにとって、「意味」は世界の「解釈」である。その「解釈」は物的存在のみならず他者経験にも行われる。他者経験は相手の「心」を読む「間主観性」によってなされる。ブルーナーにとって「心」とは「志向的状態の現われ」であり、「間主観性」とは他者の「志向的状態」を理解することである。その理解の道具となるのが「文化」である。つまり、他者の「志向的状態」の「意味」は「文化」の助けを借りながら、「間主観性」によって把握される。

　「文化」が関与することで「意味」は他者と共有されているものとなる。「文化」は「間主観性」を基盤に成立したものであるから、「文化」を用いて得られた「意味」は「間主観的」である。だから、「意味生成」においても、新規の「意味」は他者と共有可能なものである。したがって、「意味生成」には「間主観性」が欠かせない。「意味生成」は他者に妥当するようになされるだけでなく、手段－目的という「道具性」にも基づいている。そして、他者に妥当させるようにするために、創り出した「意味」を「文化」に位置づけるという「標準性」に基づいている。「意味生成」に「文化」は不可欠である。

　「意味生成」が目的をもった営みであるなら、それは「志向性」に基づいていることになる。それゆえ、「心」を「志向的状態の現われ」とみなすブルーナーにとって、「意味生成」は「志向的状態の現われ」という「心」である。

160

「意味生成」を解明することは「心」を解明することになる。すでにみたように、「心」の理解に「文化」は切り離せない。だから、「心」の解明を「文化」抜きには行えない。

　ブルーナーの「文化心理学」において、「文化」における「志向的状態」に関する事柄は「フォークサイコロジー」と呼ばれている。「フォークサイコロジー」は「志向的状態」に関係するため、相手の「心」を読む「間主観性」にも関係している。「フォークサイコロジー」に着眼することは、「志向的状態」と「間主観性」を扱うことを意味している。

　「フォークサイコロジー」にアプローチするのに最も適しているのは「ナラティヴ」である。「ナラティヴ」は「人間の行為と人間の志向性の素材」を扱い、「文化の規範的世界と、信念・欲望・希望についてのより人に特有の世界を媒介する」ものだからである（Bruner 1990, p. 52)[5]。

　したがって、ブルーナーの「文化心理学」の構造は次のように描写される。「文化心理学」の基底にある概念は「意味生成」である。「意味生成」は「志向的状態」と「間主観性」に関連する。その「志向的状態」と「間主観性」に関連するのが「文化」であり、「志向的状態」と「間主観性」と「文化」にアプローチするのに適しているのが「ナラティヴ」に具現化されている「フォークサイコロジー」である。

　このような構造をもつブルーナーの「文化心理学」は「志向的状態」と「間主観性」を基軸に構成されていることになる。ブルーナーの「文化心理学」において、「意味」も「意味生成」も、「心」も「文化」も、「フォークサイコロジー」も「ナラティヴ」も、すべて「志向的状態」か「間主観性」に、あるいは両者に関連づけられているからである。まさにこの関連性に、ブルーナーが「ナラティヴ」研究へと至った研究関心が反映されている。

　ブルーナーの言述からそれを確認しよう。

　ブルーナーは『意味の復権』（*Acts of Meaning*, 1990）で「認知革命」を批判し、「文化心理学」の必要性を訴えていた。ブルーナーは『意味の復権』を「私の最も新しい考えだけでなく、いわば、『心に抑圧されたものの蘇り』を表している」（*Ibid.*, p. xv）と述べている。「文化心理学」が「認知革命」の当初のねらいの復活を目指したものであれば、「文化心理学」は思考の研究からずっと抱かれたものである。実際、思考の研究でも「文化」について言及されて

いたし、知覚の研究においても「文化」への着目が暗示されていた。

なぜ「心に抑圧されたもの」が『意味の復権』で解放されたのか。

その要因は「ナラティヴ」研究が大きく関わっているはずである。なぜなら、ブルーナーの研究関心は、言語獲得研究までに至ることで、「意図」や「志向性」、「間主観性」となり、それらにアプローチするために「ナラティヴ」研究を開始したからである。「ナラティヴ」研究は「志向的状態」や「間主観性」に心理学的に迫る研究である。それゆえ、「ナラティヴ」研究は「志向的状態」が禁じられている状況にそぐわない。ブルーナーの好奇心の強さからいえば、自身の関心に基づく探究が認められない状況は耐えられないはずである。もちろん、心理学における文化心理学への関心の高まりも影響しているだろうが、「ナラティヴ」研究を進めるにあたって不都合な状況に、「心に抑圧されたもの」を抑え続けることができなくなったのであろう。「文化心理学」における諸概念が「志向的状態」や「間主観性」と関わっていることがそれを示している。

「文化心理学」提唱後、ブルーナーは教育について論じている。そして、「文化心理学」は乳幼児の言語獲得研究に至ったことで抱いた関心と大きく関連している。

『教育の過程』に代表されるように、「文化心理学」を提唱する前から、ブルーナーは教育を論じている。「文化心理学」の提唱以前以後で、彼の教育論に本質的な変化はないのか。あるとすれば、それはどのようなものであるのか。

次章以降で、これまでの考察をもとに、ブルーナーの「文化心理学」における教育論を検討する。

補節　ブルーナーの「文化心理学」における「心」と「構成主義」

本章ではブルーナーが構成した「心」の観念として、「文化心理学」における「心」を「志向的状態の現われ」とした。この結論は、斬新なブルーナーの「文化心理学」解釈を提示した横山草介の見解から見るとナンセンスといえるかもしれない。そこで、補節として横山の見解について言及しておきたい。

横山の解釈はこれまでのブルーナーの「文化心理学」に対する2つの学的潮流における受容、すなわち、文化心理学の学的潮流とナラティヴ心理学の学的

潮流における受容に対し、ブルーナーが構想した彼の「文化心理学」の理解を訴えることから始まる。このような訴えをするのも、横山によれば、ブルーナーは2つの学的潮流における受容に適う論述を展開しているからである（横山2015, pp. 91-94）。横山が試みていることは、ブルーナーの構想に即したブルーナーの「文化心理学」解釈である。その結論として、彼はブルーナーの「文化心理学」を「ナラティヴの文化心理学」と定式している（同上, p. 106）。この解釈を支えているのは、横山がブルーナーの思考から引き出したとされる、「人間の精神の働きはあらゆる認識論に先行する」という命題である。それは横山が「本稿は、人間の精神の働きはあらゆる認識論に先行する、という命題をブルーナーから引き出し、彼の心理学に接近を試みた」と述べていることからしっかりと確認できる（同上, p. 106）。横山のブルーナーの「文化心理学」解釈の特徴は「人間の精神の働きはあらゆる認識論に先行する」という命題を軸にした解釈ということにあり、それが彼の解釈の斬新さとなっている。

　横山がブルーナーの思考から引き出したという命題における「精神」は、彼のブルーナーの引用箇所の訳から mind の訳と判断される（例えば彼は、science of mind を「精神の科学」としている（同上論文 p. 94 における、Bruner 1990, pp. ix-x の引用箇所））。横山のいう「精神」は第3節での検討対象である「心」なので、横山がブルーナーの思考から引き出した命題は、ブルーナーのいう「心」とは「志向的状態の現われ」であるという第3節で示した見解と相反していることになる。なぜなら、第3節での「心」の見解は「人々の精神の働き」に「先行」するとされたブルーナーの「認識論」に基づいてなされているからである。その「認識論」とは「構成主義」のことである。

　第1章と第2章で確認したように、萌芽段階であったとしても、ブルーナーは「構成主義」の立場で自身の研究を進めてきた。この観点から見ると、ブルーナーが「心」を「われわれが構成する観念」と述べていたので、ブルーナーのいう「心」は「現実はわれわれが構成したものである」とする「構成主義」の立場に基づいているといってよい（ブルーナーの「構成主義」については第5章で詳しく論じている）。さらにいえば、本章第1節において「ナラティヴ」も「構成主義」に基づいていると指摘したし、ブルーナーが「文化心理学者にとって、基本的な課題は、異なる文化においてや社会生活のさまざまな条件のもとでわれわれが構成する（construct）現実になんらかの記述的で分析的な構造

を与えることである」と述べていることから理解できるように（Bruner 2001, p.213)、「文化心理学」に対する見解にも「構成主義」の立場が反映されている。

　ブルーナーのいう「構成主義」は明らかに「認識論」の１つである。それはブルーナーが「構成主義の基本的な主張は単純に、われわれが選び取ったパースペクティヴに照らして知識は『正しい』か『誤り』であるということである」（Bruner 1990, p.25）と述べていることに明らかである。

　もしかすると、横山にとって「構成主義」は「認識論」ではないのかもしれない。しかしながら、横山はどのように「認識論」を捉えているかを明示していないので、彼のいう「認識論」には彼が考える特別な意味は込められておらず、「知識の正しさ」や「知識の獲得」について問う哲学の領域という常識的な意味で「認識論」を捉えていると理解するしかない。そうすると、ブルーナーの「構成主義」についての先の言明は「認識論」そのものであるとなってしまう。だから結局のところ、ブルーナーの思考から「人間の精神の働きはあらゆる認識論に先行する」という命題を引き出された横山の論文において、「認識論」である「構成主義」への言及は避けることができないはずである。

　このような「構成主義」への言及の不可避性があるにもかかわらず、「構成主義」に言及されていないので、横山の解釈の説得力が弱まってしまっているように感じられる。

　さらに「認識論」の観点からいうと、ブルーナーの思考から引き出したとされる「人間の精神の働きはあらゆる認識論に先行する」という命題に対する疑問点がまだある。それはその「引き出し方」に関係していて、ブルーナーのテキスト解釈に起因している。

　横山は『意味の復権』において、ブルーナーは「個人的なものと文化的なものとの関係を、いずれか一方に還元可能なものとしては論じない」とし、次のように述べている。

　　したがって、個人的なものと、文化的なものとは、彼においては共約不可能な関係にある。……ただし、人間の精神の働きは、両者が奇麗に分断された状態で、いわば二元論的に我々に現前するのではない。両者は複雑に絡まり合った統合的な過程としてしか我々に現前し得ないのである。言葉を換えれ

ば、どこまでが個人で、どこからが文化か、といった問いに明白な解を与えることは容易ではないのである。（横山 2015, p. 101）

　続けて横山は、「2つの共約不可能な過程の実践的な現前という事態を次のように説明する」とし、『教育という文化』にある、「両者の間にある差異も、それが実行されるにあたっては差異を生むことはない」、「その差異が大きく現われてくるのは、我々が認識論上の問題として両者の関連を見ようとする時だけである」（Bruner 1996, p. 111. なお、横山が引用している訳に関しては、特に断りをしないかぎり、すべて横山の訳にしたがっている）という一節を引いている。そして、「こうした文言に続いて彼は複雑な認識論の構築に取り組んだであろうか」と問い、「否である」と断言する。そして「彼は、共約不可能な2つの概念に何の変換を施すこともなく併存させ、両者が出会うことから生じているずれや葛藤を精神の働きが繋ぎ止めようとする方途を意味という概念を基点として人びとの日常的実践の現場の中に観察しようとする」と述べ（同上、p. 101）、こう続ける。

　　諸個人の志向的状態と人々の間に共有された文化歴史的脈絡とは、認識論的な位相においては共約不可能な関係にあるがゆえに相互に還元し得ない。しかしながら、人間の日常的な精神の働きとして我々に現前するに至っては、それらは統合的な過程として我々に現前することになる。（同上、p. 101）

　「それゆえにブルーナーは次のように言う」とし、ブルーナーの記述である「複合的な諸過程とは、それ自身として本来統合性をもっているのであって、進化的、文化的、状況的な相互作用をそこに反映しているものとして理解されねばならない」（Bruner 1996, p. 170）と「精神を理解するということは、哲学的探求が、いかに役に立つにせよ、それを超えて非常に実践的な思考の中に埋め込まれた探求なのである」（*Ibid.*, pp. 160-161）を引いたうえで、次のように結論する。

　　以上に明らかなように、ブルーナーにおいて人びとの精神の働きは、あらゆる認識論の構築に先行する。認識論の構築は、現前する人びとの日常的な

第3章　「文化心理学」の構造　*165*

精神の働きの観察に照らして初めて妥当されることになる。したがってブルーナーはまず、今、まさに眼前で精神を働かせている人々を注意深く観察することに重点を置く。そう考えるがゆえに、彼が心理学の探求において重視するのは人間の精神を十全に説明し得る統一的な認識論や理論的ツールの構築ではなく、日常的な実践の中に生きる、日常的な人びとの曖昧で矛盾を内包する実際的な精神の働き、つまり、意味生成と意味使用のプロセス……なのである。（横山 2015, pp. 101-102. 傍点原文。）

　横山の命題の引き出され方が明らかになった。「人間の精神の働きはあらゆる認識論に先行する」という命題の根拠は、「個人的なものと文化的なもの」が共約不可能であるが現実には統合されて現前しているのであり、区別されるのは「認識論」上だけのことにあるということにある。この根拠により、ブルーナーは現実の精神の働きを「認識論」よりも優先させているとして導かれている。
　しかし、この導き方は曖昧さを非常に残している。それは「2つの共約不可能な過程の実践的な現前という事態を次のように説明する」という先に見た横山の一文に端的に現れている。この一文は、人間の精神の働きが「個人的なもの」と「文化的なもの」に明確に分けられないと述べられた文のすぐ後に書かれている。だから、文脈上からは先の一文にある「2つの共約不可能な過程」とは、「個人的なもの」としての人間の精神の働きと「文化的なもの」としての人間の精神の働きとなる。しかし、先の一文の直後に引用されたブルーナーの記述である、「両者の間にある差異も、それが実行されるにあたっては差異を生むことはない」、「その差異が大きく現われてくるのは、我々が認識論上の問題として両者の関連を見ようとする時だけである」にある「両者」とは、初めに引用されたブルーナーの文の直前が「私は2つの知ることの様式（the two modes of knowing）は還元不可能だが相補的であると信じている」（Bruner 1996, p. 111. 引用者訳）という文であるので、「2つの知ることの様式」ということになる。ブルーナーのいう「2つの知ることの様式」と、横山のいう「個人的なもの」としての人間の精神の働きと「文化的なもの」としての人間の精神の働きが重なりあうのか、先に見たとおり、横山は何も説明していないので、不明である。そしておそらく、ブルーナーの思考において、それらはよほどの

説明がないかぎり重なりあわない。なぜなら、ここでいう「2つの知ることの様式」は「説明的」（explanatory）な「知ること」と「解釈的」（interpretive）な「知ること」だからである。その確認のため、重複を恐れず、ブルーナーの記述を引用する。

　心理学の領域の埒内では、例えば、われわれは満足を遅らせる能力のような過程を探すのに対し、慣習的な文化の領域ではわれわれはそのような遅れを支持できる、可能な公共の共同体の儀式を探す。前者の例は説明的であり、後者は解釈的である。文化それ自体の領域の埒内では、説明（explanation）は実行不可能である。例えば、なぜアルトリコーダーはcではなくeフラットの音域なのか、のようにである。私は2つの知ることの様式は還元不可能だが相補的であると信じている。しかし両者の間にあるこの差異は実践的な差異を作らないと、私は主張したい。われわれが認識論的に（epistemologically）それらを関連づけたいと望むときのみに重大に見える差異なのである。
（*Ibid.*, p. 111. 引用者訳。なお、この文の最後の2文が、先ほど取り上げた横山が引用した箇所である。）

　文脈を踏まえれば、「2つの知ることの様式」は「解釈」と「説明」になると思われる。そしてそうであれば、「2つの知ることの様式」と「個人的なもの」および「文化的なもの」としての「人間の精神の働き」は別物である。第2節第2項で言及したように、ブルーナーの思考において「解釈」と「説明」は「意味」に関わるものだからである。もしこの理解が正しければ、横山の命題の引き出し方は、引用箇所に対して恣意的な解釈に基づいていると指摘せざるをえない。

　仮に上記のことが誤っているとしよう。つまり「2つの知ることの様式」と「個人的なもの」および「文化的なもの」としての「人間の精神の働き」が重なるとしよう。だとしたら、横山は「2つの知ることの様式」として「知ること」にブルーナーが言及していることをどう理解しているのだろうか。これは「知ること」を対象とする「認識論」と無関係なのか。横山が「認識論」をどうとらえているか明示されていないので、この関係性について読み取ることができない。すでに指摘したように、仮に一般的な意味での「認識論」でよいの

なら、「2つの知ることの様式」はブルーナーにとって「認識論」ではないか。「2つの知ることの様式」が「認識論」であれば、横山の指摘に反し、ブルーナーは「認識論」を構築していることにはならないか（もっとも、「複雑な」ものではないかもしれないが。しかし、どういったものが「複雑な認識論」なのかを横山は明示していないので、「2つの知ることの様式」が「複雑」か否かを判断できない）。このようなことから、横山の命題の導き方には不明瞭な点があると指摘せざるを得ない。

　そしてなによりも横山の命題の難点は（むしろ最大の難点だと考えられるのだが）、「あらゆる認識論」に先行して「人びとの精神の働き」を認識できるのかということである。少なくとも、「人びとの精神の働き」が具体的に何かを示す必要があろう。そうでなければ、いったいどういう現象が「人びとの精神の働き」なのか、実際に知ることができないからである。

　ブルーナーはこのことをおそらく意識している。というのも、本章で言及しているように、『心を探して』であれ『意味の復権』であれ『教育という文化』であれ、ブルーナーも「心」とは何かを記述しているからである。そもそも「心」とは何かを規定しなければ「心」という対象を把握しようがない。ましてや「人びとの精神の働き」を、である。だから、「心」を対象とするには「心」とは何であるかという認識が先行されなければならないはずである。そうすると、「心」を認識するための「認識論」が必要なはずである。

　「心」の認識といったものはいらない、定義があれば事足りるといえるかもしれない（もちろん、ここでいう定義はブルーナーが規定する「心」の定義である。ブルーナーが規定する「心」の定義とわざわざ断っているのは、ブルーナーのいう「心」に即さなければ、ブルーナーの「文化心理学」を彼の構想に即して理解することなど不可能だからである）。この場合、（本章の成果に誤りがないという仮定のもとであるが）本章の成果に基づけば、ブルーナーは「心」の定義を「構成主義」の立場で行っているということになるので、ブルーナーは「人びとの精神の働き」に先行して「認識論」を仮定していることになる。

　おそらく、横山は「素朴実在論」（naïve realism）のような立場に基づいているのではないだろうか。すなわち、われわれの認識とは関係なく、われわれの認識の外にすでに「人びとの精神の働き」はあるとみなしているのではないだろうか。そうであれば「人間の精神の働きはあらゆる認識論に先行する」とい

う命題を洞察したことに合点がいく。認識と「人びとの精神の働き」が無関係であれば、確かに「あらゆる認識論」がなくても「人びとの精神の働き」はすでにあるといえるためである。

　横山がこのような対象と認識の切り離しを前提としているのは、次のブルーナーの記述の解釈に端的に現れている。

　　人間の精神の研究は極めて難しい。というのも、自身が自らの研究対象であ
　　ると同時に、研究の担い手でもあるというジレンマに捕われているからであ
　　る。それゆえ、その探求を昨日までの物理学から引き出された思考様式に限
　　定することはできない。この仕事は、人間が世界の、ともに生きる他者の、
　　そして、自分自身の作り出したものについて我々が理解するための豊富で多
　　様な識見を受けるに足る、極めて重要な仕事である。(Bruner 1990, p. xii)

　この引用箇所の第1文と第2文は、心理学者としてのブルーナーの思慮深さが明確に現れているといってよい。心理学の研究をする主体もまた、心理学の研究対象であるということを自覚しているからである。ここから読み取れるのは、心理学の研究において、自分の認識（あるいは「知ること」）を抜きにした対象の認識はありえないという、ブルーナーの研究態度である。

　しかしながら、横山はこの引用の後、「ブルーナーの心理学の統合への眼差しは、生きた人間の実践に埋め込まれた精神の働きの観察と結びついている」と続けている（横山 2015, p. 107）。横山は心理学研究者という自分自身が研究対象であり研究行為の主体であるということを間違いなく訳しているにもかかわらず、ブルーナーの研究態度にここで言及せずに「人びとの精神の働き」に言及している。このような解釈は主体と対象を切り離すことができるという前提でなければできないであろう。反対に、ここで引いた文章は本章の検討を裏づけているといえる。なぜなら、本章はブルーナーの「認識論」に基づく研究対象（すなわち、「心」）を、換言すれば、ブルーナーが自分という研究主体の認識（正確にいえば、自分が依拠する「認識論」に基づいた自分の認識）と研究対象を切り離していないことを、論じたからである。

　なによりも、ブルーナーは認識と対象を切り離すことを否定している。詳しくは第5章で論じているが、ブルーナーは「素朴実在論」を否定しており、そ

第3章 「文化心理学」の構造　　*169*

してそれこそが心理学を次の段階へと進めるという考えの持ち主だからである。もし「人間の精神の働きはあらゆる認識論に先行する」という命題が「人びとの精神の働き」という対象と研究者によるそれの認識が切り離されていることを意味しているのであれば、ブルーナーの考えからいって、心理学に後退をもたらすことになってしまう。

　横山の洞察が正しければ、本章の成果、ひいては他の章での成果の大半が誤りということになる。なぜなら、本書では横山とは逆の洞察に基づいているからである。横山の洞察が正しいというのであれば、ブルーナー研究の発展からいって、本書の成果の大半が誤りであることが示されたことは歓迎すべきことである。しかし以上の検討から、本書が前提としている、ブルーナーが認識と対象を切り離してはいないということ、より一般化すれば、対象の認識は何らかの「認識論」に基づいているということは、横山の洞察によってまだ反証されていないとみなしたい。そして、横山の解釈に敬意を払い、ブルーナー研究の発展という学術的観点から、上記のような検討を行ったということも付言しておきたい。

注
1)　このことは「世界」が「意味世界」として立ち現われていることと矛盾しない。独我論として「意味世界」として経験するすべてが現れていると受け取れば、すべてが自分自身で創り出したものとして物的存在や他者を否定することになるが、ブルーナーは独我論的に物的存在や他者を捉えているわけではない。この点については第5章で「構成主義」を検討する際に論証する。
2)　なお、バクハーストがそのように「心」を指摘するのも、ブルーナーの「構成主義」の問題点を明示化するためである。このバクハーストの指摘に対しては、第5章で検討する。
3)　このことから、ブルーナーは「弁証法」という言葉で「運動の論理」を表していると考えられる。
4)　本項では、「文化の弁証法」に焦点を当て、「心」が「文化」を創るプロセスを論じてきた。これをもって、前項でみた石橋の指摘への批判とするのは不適切である。本項は先に引用した石橋の論文では参照できない文献を中心に論じている。したがって、石橋が指摘した当時においては、ブルーナーのいう「心」が「文化」を創るという側面を明らかにできないということを、本項の議論は証明している。論文発表当時において、石橋の指摘

は正しかったと同意せざるをえない。

5）「ナラティヴ」については第6章で詳しく扱い、「フォークサイコロジー」と「ナラティヴ」の関係については第7章で詳しく扱う。

第4章

形成過程から見る『教育という文化』における 教育論の特徴

　「文化心理学」提唱後の教育論が示された代表的な著作が『教育という文化』である。

　『教育という文化』では、「文化心理学」における教育の位置づけなど、「文化心理学」と教育の関係が論じられている。本章では『教育という文化』を中心にした「文化心理学」提唱後に展開された教育論を検討する。

　見てきたように、ブルーナーは「文化心理学」提唱前から教育について論じている。また、「文化心理学」の発想も（萌芽段階であったが）初期の研究からブルーナーの考えに見られたものであった。「文化心理学」を提唱したとはいえ、ブルーナーの教育論にも各研究の時期を通して、共通しているものがあると推測される。そうであれば、「文化心理学」提唱後に展開された教育論には、提唱前のものと比べて、どのような新しさがあるのであろうか。

　この問いに答えること、すなわち、「文化心理学」提唱前の教育論に対し、提唱後の教育論の特徴を明らかにすることが、本章で行う検討の目的である。

　本章では、『教育という文化』を中心に[1)]、その形成過程に着目することで、「文化心理学」提唱後の教育論の特徴を検討する。本章では、まず「文化心理学」における教育の位置づけと目的を確認する。次に、ブルーナーの教育論が「文化心理学」提唱以前と以後とを比較して、どのような部分が変化しているのかを、『教育という文化』へ至る過程に着目して特定する。そしてこれまでの教育論と比べ、「文化心理学」提唱後に展開された教育論で注目すべき概念を抽出することで、次章以降の論点を提示する。

173

1 「文化心理学」と教育

(1)「文化心理学」における教育の位置

ブルーナーは「教育は、確かに、文化心理学に萌芽しつつある考えのための正当な『テストフレーム』である」(Bruner 1996, p. xi) といっている。「文化心理学」の妥当性は教育によって確かめられるということである。教育が「文化心理学」のテストフレームになる理由を、ブルーナーはこう述べている。

> それ〔=文化心理学〕は、人間の心的活動は、たとえ「頭の中で」続けられているときでも、単独でも援助なく行われるものでもないと仮定している。われわれは何らかの意味ある方法で教える唯一の種である。心的生活は他者とともに生きられ、コミュニケーションされるように形成され、文化的規則や伝統などの助力とともに展開されている。しかしこのことは学校を超えて広がっている。……だから、文化心理学をテストするために教育実践より適切なものはない。(*Ibid.*, p. xi. 傍点原文イタリック。〔 〕内引用者補足)

われわれの心的生活は他者とともに生きるようになされている。そのようになるのも、他者とコミュニケーションができるように「心」が形作られるとともに、「文化」に助力されることでコミュニケーションが可能になっているからである。このような形成や「文化」の助力は「教える」ということによってなされる（ここでいう「教える」は学校の場面以外でも起こっている）。人間は「教える」ことでコミュニケーションができるようになったり、「文化」を伝達していたりするので、教育実践が「文化心理学」のテストフレームとしてふさわしいと、ブルーナーはいうのである。

おそらく、ブルーナーがこのようにいう背景には、「文化心理学」が想定する「心」と「文化」の関係性がある。

前章で確認したように、ブルーナーの「文化心理学」では「心」と「文化」は相互依存かつ相互改変の関係とされている。それをブルーナーは「心が文化を創り、文化もまた心を創る」(*Ibid.*, p. 166) と述べていた。ブルーナーの「文化心理学」における「心」と「文化」の関係は教育と関連している。

ブルーナーは『教育という文化』について、「その中心となる主題は文化が
心を形成するということに、文化がわれわれの世界のみならず、われわれが自
己や能力（power）という概念そのものを構成する道具一式をわれわれに与え
るということにある」（Ibid., p. x）と述べている。「文化」が「心」を形成する
ということが『教育という文化』の中心的主題であるということは、ブルーナ
ーが教育を「文化」が「心」を形成する側面を含んだものとしてみなしている
ことを意味している。事実、ブルーナーは「学習すること、想起すること、会
話すること、想像すること、これらすべては文化に参加することによって可能
となる」（Ibid., p. xi）と述べている。学習や想起、会話や想像が可能になるの
が教育の結果だとすれば、教育は「文化」に参加させるプロセス、「文化」が
「心」を創るプロセスということになる。
　その逆の関係もブルーナーは認めている。ブルーナーは「教育」は「文化を
その構成員の要求（needs）にあわせること（fitting）と、その構成員と彼らの
知る方法をその文化の要求にあわせることという複雑な遂行（pursuit）であ
る」と述べている（Ibid., p. 43）。ブルーナーは「心」が「文化」を創るという
側面も教育に認めている。「文化」の構成員の要求に「文化」をあわせるとい
うことは、「文化」の構成員が「文化」をつくりかえること、すなわち、「心」
が「文化」を創ることだからである。
　「文化心理学」が「心」と「文化」の相互依存かつ相互改変という関係を前
提としているということも、「文化」が「心」を創り、「心」が「文化」を創る
プロセスである教育が「文化心理学」のテストフレームとして適切である理由
といえるであろう。「文化心理学」にとって、教育は「心」と「文化」の相互
関係が具現化されている現場なのである。

(2)「文化心理学」提唱後に展開された教育論の目的

　ブルーナーは「文化心理学」を提唱した後に、教育の目的についても言及し
ている。2005 年 2 月 8 日に行われたオルソンによるインタビューにて、ブル
ーナーは教育についてこう語っている。

　私が述べたことの背景にあったことは、思いますと、どんな教育のシステム
においても、その目的（goal）は、何らかの缶詰めにされた過去から得た知

識やノウハウのバージョンを若者に伝承することだけでなく、可能なことについての生き生きとした感覚、つまり、現在と未来のために知識を構成し再構成する方法を伝達することです。教育は、若者が未来を形成する際に使用することを学習できるように、過去を超えていくことを彼らができる習慣と技能を培わなければなりません。学校はある世代が次の世代に家具を運ぶ移動トラックのようなものではありません。現在に妥当で、未来への方向を構成する際に役立つ意味生成の方法を培うために、教育は可能なことについての生き生きとした感覚を培わなければなりません。(Olson 2007, p. 141. 傍点引用者)

　ブルーナーは教育の目的を知識やノウハウの伝達だけでなく、「可能なことについての生き生きとした感覚」を培うことに定めている。そして、ブルーナーは「可能なことについての生き生きとした感覚」を「現在と未来のために知識を構成する方法」としているが、「現在に妥当で、未来への方向を構成する際に役立つ意味生成の方法」とも述べられていることから、現在と未来のための「意味生成」の方法と捉えられる。加えて「過去を超えていく」と述べられていることから、現在と未来のための「意味生成」の方法とは、与えられたことからそれ以外の「可能なこと」を生み出せるようにすることと解釈できる。「可能なことについての生き生きとした感覚」とは、与えられたものから「可能なこと」を自分自身で生み出せることといえよう。
　『教育という文化』に「教育」は「可能性の感覚を燃え立たせる」という表現がある。しかしここでは教育の目的として示されていない（Bruner 1996, p. 42）。したがって、『教育という文化』では「可能なことについての生き生きとした感覚」が「文化心理学」提唱後に展開された教育論における教育目的であると明言できない。しかしオルソンによるインタビューに照らせば、『教育という文化』において、「可能なことについての生き生きとした感覚」を培うという教育目的が暗示されていたとすることはできる。「文化心理学」提唱後に展開された教育論における教育の目的は「可能なことについての生き生きとした感覚」を培うことに定められているといってよいであろう。
　この教育目的の設定はブルーナーのもつ信念に由来している。『心を探して』に、彼の「可能なこと」に対する思いが述べられている。

また、私は可能なことについての力（power）への信念を身に付けたのか。私はオプティミストではないが（その安心感に対して、失うことを避けられないという私の恐怖はあまりにも大きすぎる）、事柄を行う仕方、事柄を考える仕方、さらには事柄を感じる仕方を変える存在定理の力を深く信じている。教育「改革」と若者のよりよい配慮のための仕事で私が行っていたことの多くは、何が可能かを示すことは何かを行うことに変わるだろうという確信を反映している。……私は、可能性の存在が希望を支え、そして希望は、われわれの道具と同じように、種としてのわれわれの生活の不可欠な１つの要素であると、考えている。(Bruner 1983b, p. 8)

　「可能なことについての力」は人間のこれからなそうとする行為に影響するものである。それは希望を抱くための条件であり、希望はわれわれ人間が生きるために欠かせない要素である。このような「可能なことについての力」という信念を、いつ身に付けたかは定かではないが、ブルーナーはもっている。
　この信念は研究にも反映されている。ブルーナーが「心理学の核心」を「心の諸力とそれらの可能化（enablement）の研究」と述べていることに（*Ibid.*, p. 63）、それは明らかである。「可能なことについての力」という信念から、ブルーナーは「可能なことについての生き生きとした感覚」を培うことを教育目的に設定しているといえる。
　そうであれば、先の引用に「教育『改革』」とあることに暗示されているけれども、その教育目的は「文化心理学」を提唱したから設定されたと想定するのは無理があろう。「文化心理学」提唱前から、ブルーナーは「可能なことについての力」という信念をもっていたからである。実際、教育の研究時にも、「可能なことについての生き生きとした感覚」を培うことと似た主旨のことをブルーナーは述べている。

　しかし教育は、それによってわれわれの経験に形と表現を与えるのだから、教育はまた心の活動（enterprise）に制限を課す主要な道具になりうる。その制限に抗う保証はオルターナティヴの感覚である。したがって、教育は文化を伝達する過程だけでなくオルターナティヴな世界の見方を与え、それを探索する意志を強めなければならない。(Bruner 1978, p. 117)

教育によって「オルターナティヴな感覚」を育むことが主張されている。「オルターナティヴな感覚」を育まないといけないのは、教育が「心」の活動に制限を与えるからである。これは、教育で伝えたことによって、その伝えたことのようにしか「心」の活動を生かせなくなるということを意味している。つまり、与えられたものにしたがうということになってしまう。ブルーナーはこれを防ぐために「オルターナティヴな感覚」を育まないといけないというのである。

　この論理は「可能なことについての生き生きとした感覚」に用いられたものに等しい。「可能なことについての生き生きとした感覚」は、与えられたことを超えるために、与えられたことからそれ以外の「可能なこと」を描けるようにするために培わなければならないとされたものであった。「オルターナティヴな感覚」も、与えられたものから別の（＝「オルターナティヴな」）ものを探せるようにするために、育むことが主張されている。ブルーナーは「オルターナティヴな感覚」を育むということで、与えられたことから「可能なこと」を見いだせるという「可能なことについて生き生きとした感覚」を育むということと同等な主張をしているのである。

　この点に着目すれば、ブルーナーの教育論において、「文化心理学」提唱以前から「可能なことについて生き生きとした感覚」を育むということが教育目的として設定されていたということになる。したがって、「文化心理学」提唱後における教育論の目的は、それ以前のものと変わらない。教育目的に関して、「文化心理学」提唱以前以後に違いはないということになる。

　「文化心理学」提唱後に展開された教育論に、提唱前に展開されたものと比べて、何か決定的な違いはないのだろうか。もしそれがなければ、ブルーナーの教育論として「文化心理学」提唱後に展開された教育論を改めて検討する意義を失うであろう。次節以降で、『教育という文化』の形成過程に着目し、「文化心理学」提唱後に展開された教育論の特徴を探るために、「文化心理学」提唱以前以後における教育論の決定的な違いについて検討する。

2 『教育という文化』の形成過程1
——就学前教育論と『教育という文化』の関連性

　前節で教育目的に関して「文化心理学」提唱以前以後の教育論に大幅な変更はないと確認した。このことは、「文化心理学」提唱以前以後において教育論に連続性があることを示している。このような連続性は教育目的以外のことですでに指摘されている。ルッケハウスやグリーンフィールドの指摘である。

　彼女たちの指摘は主に1960年代のブルーナーの次の3つの活動に注目したものである。アフリカで行った心理学実験、MACOS開発、ヘッドスタートの関与という3つである。アフリカで行った心理学実験とは、セネガルのウォーロフ族（the Wolof）に行われたもので、グリーンフィールドと同行して行われたものである。この成果は『認識能力の成長』に示されている[2]。MACOSは人類学に基づき実際に用いられた小学校社会科用の教材であり[3]、「人間存在（human beings）にとって人間（human）とは何か」、「どのように人間は人間存在になるのか」、「どのように人間はより人間存在らしくなるのか」という3つの問いを中心に構成されている[4]。ヘッドスタートは低所得層の家庭を対象とする補償教育を行う政策である。

　ルッケハウスはこれらの「3つの全ての経験は、文脈に位置づけられた学習、換言すれば、学習は特定の文化的文脈で生じ、個人が学習する仕方に文脈が影響するということにブルーナーは気づかされたものであった」（Lutkehaus 2008, p. 47）と指摘している。例えば、ルッケハウスはグリーンフィールドとともにMACOSについて次のように述べている。

　　……MACOSは、学習と教育に関するかぎり、ブルーナーを実験室の外へと出し、実際の世界を観察させたり、余儀なくしたりした。彼は……詳細にMACOSによって展開されたカリキュラムを使いながら教師と生徒を観察し始めた。こうして、彼は学習が生じた文化的環境を観察することを始めた……（Lutkehaus and Greenfield 2003, p. 426）

MACOSは、ブルーナーを実験室ではなく実際の世界に目を向けるように

したとルッケハウスはいう。なぜなら、ブルーナーは MACOS に基づいたカリキュラムが実際の教室でどのように展開されたかについても観察したからである[5]。実験室以外のところで観察を行ったという点では、アフリカの心理学実験もヘッドスタートも同じである。実験室を飛び出して研究したことで、ブルーナーは学習を特定の文化的状況で生じるものとみなすようになったというのがルッケハウスの指摘である。

　ブルーナーが学習を特定の文化的状況で生じるとみなしているのは事実である。『教育という文化』に次の一文がある。

　　理論上、おそらく、この本は異なる文化における教育のより広い検討を含んでいるかもしれない。……それは、教育と学校での学習を、それらが位置づけられた文化的な文脈で考えることを要求するのであり、それが私が試みようとすることである。(Bruner 1996, p. x)

　『教育という文化』で表明した、学習を文化的な文脈で考えるということは、ルッケハウスにしたがえば、アフリカで行った心理学実験、MACOS 開発、ヘッドスタートの関与によってもたらされたことになる。

　この他にも、特にヘッドスタートの関与と『教育という文化』の関連性について、ルッケハウスとグリーンフィールドは指摘している。その指摘は、ブルーナーがヘッドスタートで得た経験と、グリーンフィールドとトロニック (Tronick, E.) が関わった乳幼児のチャイルドケアセンターのプロジェクトのカリキュラムの関係からなされている。

　2000 年の 10 月にグリーンフィールドが行ったブルーナーのインタビューをもとに、グリーンフィールドは彼に「教育を社会的公正に関連した文化資源として見るようにさせた」のは「ヘッドスタートの経験であった」、「それは彼がカリキュラムとしてだけでなく文化の一側面として教育を見ることを理解し始めたときであった」と述べている。このことから、グリーンフィールドは『教育の適切性』の 1 つの章題である「貧困と幼年期」("Poverty and Childhood") の問題を「失敗の文化」という文化を用いた言葉で表しているとする。そしてその章に書かれたことに基づいて、グリーンフィールドが関わった乳幼児のプロジェクトがなされ、そのプロジェクトのカリキュラムの背後にある諸原理は

「貧困と幼年期」でブルーナーが描いたものであると述べる。このことから、ルッケハウスとグリーンフィールドは「共同体自身の文化的機関、学校を組織する共同体を示すカリキュラムのこのテーマは、彼の最後の教育についての本である『教育という文化』に強く残っている」と指摘している。その一例として「教育は文化の生活様式の主要な具体化であって、そのための準備だけではない」（Bruner 1996, p. 13）とブルーナーが述べていることを彼女たちは挙げている（Lutkehaus and Greenfield 2003, pp. 421-422）。つまり、ブルーナーが「貧困と幼年期」で社会的な問題を文化という言葉で表現したのはヘッドスタートでの経験からであり、そのように表現された問題に対するブルーナーの考えが「文化心理学」提唱後に展開された教育論に残っていると、ルッケハウスとグリーンフィールドは指摘するのである。

　以上のルッケハウスとグリーンフィールドの指摘は、1960年代でのブルーナーの活動が『教育という文化』へと発展した過程を明らかにしてくれている。しかし、ヘッドスタートの関与に限ればさらなる関連性を指摘することができる。ブルーナーのヘッドスタートの関与は、彼の就学前教育論[6]の核心となり、その核心は『教育という文化』で示されている「社会的要請としての教育という視点」へと反映されているからである。ヘッドスタートの関与をもとに構成されたブルーナーの就学前教育論は、先にふれた「貧困と幼年期」や、イギリスに渡り、そこで調査したことを著した『イギリスの家庭外保育』（*Under Five in Britain*, 1980）などで展開されている。

　以下で、ルッケハウスやグリーンフィールドによってなされた指摘以外の「文化心理学」提唱以前以後における教育論の連続性を見るために、就学前教育論と『教育という文化』の関連性を検討する。本節では、最初にブルーナーがヘッドスタートにどのように関与していたのかを明らかにする。次に、ブルーナーがヘッドスタートに関与した経験とブルーナーの就学前教育論の関係を明らかにし、彼の就学前教育論の核心を明らかにする。そして、その核心をブルーナーのヘッドスタートについての言及や評価から明確化し、就学前教育論と『教育という文化』の関連性を明らかにする。

（1）ヘッドスタートへのブルーナーの関与

　ヘッドスタートは、ジョンソン（Johnson, L.）が大統領のときに「貧困との

戦い」（War on Poverty）の1つとして展開された、低所得層の家庭を対象とする補償教育を行う政策である。補償教育を行う政策であるが、ヘッドスタートは教育のための政策というよりも福祉のための政策である（ジグラ・ムンチョウ 1994, p. 255; 陶山 1995, p. 69; 添田 2005, pp. 287-290）。実際、ヘッドスタートは子どもに教育だけでなく、健康サービスも提供しており（陶山 1995, pp. 74-76）、教育のみのプログラムではない。また、子どもだけの教育だけでなく、両親や地域を巻き込んだプログラムであること[7]も特筆すべき点であろう。

　ヘッドスタートの立ち上げの中心人物はシュライバー（Shriver, S.）である[8]。シュライバーは初年度のヘッドスタートに参加する適正人数に関する助言をブルーナーに求めている（ジグラ・ムンチョウ 1994, pp. 36-37; 添田 2005, pp. 103-104）。ヘッドスタートを実行する際の助言者として、ブルーナーはヘッドスタートに関与していたのである。

　しかしブルーナー本人によれば、彼のヘッドスタートへの関与は初年度の適正人数に関する助言以上のものである。ブルーナーはヘッドスタートというアイデア自体の誕生に関わっていたからである。そういえる理由は2つある。

　第1の理由は、ブルーナーと数人がヘッドスタートのようなアイデアをもって、シュライバーにその実行を求めていることにある。『心を探して』では、ブルーナーを含めた少人数でシュライバーを訪れ、ヘッドスタートのような計画をシュライバーに提出し、その数ヵ月後に、ジョンソン大統領夫人の促しで、その計画が実行されるようになったと述べられている（Bruner 1983b, pp. 151-152）。ジョンソン大統領夫人の促しとあるが、ブルーナーはシュライバーを通じてそのときに提示した計画を、ジョンソン大統領夫人の前で話していたようである。2005年に行われたオルソンによるインタビューにおいて、ブルーナーはこう話している。

　　私はサージェント・シュライバーに会いに行きました。そして、現在明らかになっていることに基づきますと、貧しい生い立ちの子どもたちは学校を始める前に何らかの有利なスタート（head start）の類のものを得る必要があります。そうしなければ彼らは学校の利益を受けられません、と言いました。彼はそれに興味をもってくれて、その夜に私はワシントンのホワイトハウスでのレセプションとディナーに招待され、私たちはレセプションの列をくだ

ってバード・ジョンソン夫人のところにいきました。そして彼がジョンソン夫人に、こちらは今日ケンブリッジから来たブルーナーで、彼は貧しい子どもたちに、彼らが学校にいるときに有利なスタート（head start）の類のものをもつよう、連邦レベルで彼らが学校にはいる前に何かを与えることを私たちに促しています、と言いました。（Olson 2007, p. 177）

　このような経緯によってシュライバーがヘッドスタートの立ち上げに臨んだのであれば、ブルーナーがヘッドスタートの着想をシュライバーに与えたといえるであろう。
　第2の理由は、ジョンソン大統領教育諮問委員会（President Johnson's Advisory Panel on Education）において、ブルーナーらが議論していたヘッドスタートのような提案を、労働省のモイニハン（Moynihan, D.）が今日のヘッドスタートへと変える手助けをしたと、ブルーナーが述べていることにある。

　それらの年の間、1960年代中ごろでは、私は月に一度か二度、ジョンソン大統領教育諮問委員会に務めるため、ワシントンにいた。それはわれわれアメリカ人がわれわれの中に不平等、不公正、貧困の原因を発見していた、いわゆる公民権の時代であった。実際、過酷な貧困が家族生活と子どもの世話を破壊することを通して初期の精神発達に深刻な損傷を生むだろうことが、そのときに徐々に明らかになっていた。数人の同僚と私……はワシントンでのわれわれの委員会の会議で、連邦のサポートによって幼い子どもの家族の世話への貧困の深刻な衝撃に対抗しうるプレスクールを与えることが緊急に必要であることを議論し始めた。貧困の子どもたちは、いわば、彼らが学校に入り失敗の道のりに参加する危険を冒す前に「有利なスタート」（head start）を彼らに与えうるプレスクールを必要としていると、われわれは強く議論した。ダニエル・パトリック・モイニハン、愛称「パット」は、……この全てに多大な援助をした。彼は連邦によって資金が適用される「ヘッドスタート」（head start）のためのわれわれの小文字の提案を、アメリカの今日における公式のヘッドスタート計画（Head Start program）に変える手助けをした。（Bruner 2006b, pp. 4-5）

第4章　形成過程から見る『教育という文化』における教育論の特徴　*183*

ブルーナーによれば、1961 年の終わりに、ホワイトハウスのバンディー
（Bundy, M.）から電話を受け、その後まもなく大統領の科学諮問委員会の教育
委員団（the Educational Panel of the President's Science Advisory Committee）に
参加することになった（Bruner 1983b, p. 186）。バンディーが電話をかけた理由
までブルーナーは言及していないが、時期的に推測して、『教育の過程』の著
者だったからと考えられる。ブルーナーはケネディー（Kennedy, J.）とジョン
ソンが大統領の時期に教育委員団を務めていたと述べている（Ibid., p. 187）。こ
のような経緯があったからこそ、ブルーナーはモイニハンと接触でき（もちろ
ん、このことはシュライバーにもあてはまろう）、ヘッドスタートの立ち上げに関
われたのであろう。

　上述した２つのことが真実であれば、今日のヘッドスタートはブルーナーら
の着想から生まれたということになる。ヘッドスタートの助言者だけでなく、
ヘッドスタート誕生のきっかけを与えた者として、ブルーナーはヘッドスター
トに関与していたのである。

（2）ブルーナーの就学前教育論の核心

　ヘッドスタート誕生のきっかけを与えた者として、ヘッドスタートの助言者
として、ブルーナーはヘッドスタートに関与していた。このようにしてヘッド
スタートに関与した経験は、ブルーナーの就学前教育論に反映されている。

　今井がブルーナーの就学前教育論を「読む・書く・話すといった文化を獲得
し、〔貧困家庭で育った子どもが将来貧困家庭を生むという〕負の連鎖を断ち切る
ための早期からの教育」（今井 2009b, p. 37.〔 〕内引用者補足）と述べているよ
うに、ブルーナーの就学前教育論にヘッドスタートに関与した経験が反映され
ているのは確かであろう。なぜなら、ヘッドスタートは貧困家庭に行う福祉の
ための政策だったからである。

　だが、負の連鎖を断ち切るということのみがヘッドスタートの経験としてブ
ルーナーの就学前教育論に反映されているわけではない。一般家庭を対象とし
たブルーナーのイギリスの家庭外保育論にもヘッドスタートの経験から得たこ
とが反映されているからである。以下で確認しよう。

　ヘッドスタートは現在までも続いているプログラムであるが、その歩みは順
風満帆ではなかった（cf. ジグラ・ムンチョウ 1994）。予期した以上の成果があ

げられなかったこともその1つである。ブルーナーもそれを認知していた。ブルーナーはその原因を、ヘッドスタートによって子どもたちを底上げしても、入学してしまえば新しいチャンスが与えられず、しかも、卒業しても能力に応じて職を得られないことにあると見る。こうして、ブルーナーは社会の本質そのものや教育している子どもたちの社会に対する態度を変える必要があると気づき、中流家庭の子どもたちは学校での学習は何か役立つものであるという感情を学校に入学する時点でもっているが、貧困家庭の子どもたちは彼らに学校は何も与えてくれないと、入学当初から打ちひしがれた気持ちをもっているという問題を見過ごしていることを知ったのだった（ブルーナー 1974, pp. 27-28）。
その問題に対処するため、ブルーナーはこう述べている。

> そこで私たちが学んだことは、子どもたちに単なる知的技術を身につけさせるだけでなく、家庭内で希望や自信を身につけさせなければならないということです。なんとかしてそれはやらねばならない。もし家庭がそれをなし得ないなら、それに代わる方法を考えなければなりません。（同上、pp. 28-29）

学校で学ぶことが有意義であるためには、まず、子どもたちが社会に対して希望をもっていること、そして自分に自信をもつことが必要である。これを学校に入学する前に育む必要がある。その育みはまず家庭に求められる。家庭で無理である場合に「それに代わる方法」が求められることになる。
「希望や自信を身につけさせなければならない」という考えは貧困家庭の子どもの教育を対象に導かれたのであるが、ブルーナーはイギリスの一般的な家庭の家庭外保育を論じる際にもそのような考えを用いている。成長における初期幼児期の重要性から就学前教育についてこう述べている。

> 教育の目的はどの年齢でも広範で複数である。すなわち、自分の生活を自分で成し遂げ、そうしながらも公共の善に貢献できる、有能でやる気のある人間を生み出すことである。初期幼児期の重要性の教えは、子どもが学校に入る前に健康で適格なスタートを子どもたちがきることを保障するように、私たちが全力を尽くすということを確実にするということである。（Bruner

1980a, pp. 9-10. 傍点原文イタリック）

　ここでは、学校に入る前から「健康で適格なスタート」を切れるように、子どもたちを教育しなければならないと述べられている。その際の教育の目的は、「有能でやる気のある人間を生み出す」ことにある。ここに、貧困家庭に対する考えと同様なことを、ブルーナーは一般的な家庭の子どもにも当てはめていることが見いだせる。ブルーナーの就学前教育論はヘッドスタートに関与した経験から構成されたといっても過言ではなかろう。

　しかしそうだからといって、ブルーナーの就学前教育論の核心は、ヘッドスタートの目的である貧困の負の連鎖を断ち切ることにあるとはいえない。そうではなく、社会への希望と自分の力への自信を家庭や「それに代わる方法」で育むことにあろう。たしかに、貧困の負の連鎖を断ち切るためにブルーナーは希望と自信を育むことを主張していた。だが、貧困家庭の子どもに希望と自信を育むことと同等のことが一般的な家庭を対象としたイギリスの家庭外保育論にも適用されていたことに鑑みれば、希望と自信を育むことを、言葉を換えれば、有能でやる気のある人間を生み出すことを、貧困家庭のみならず一般家庭においても、就学前教育としてブルーナーは求めていることになる。つまり、希望と自信を育むということが、アメリカでの就学前教育論とイギリスでの就学前教育論に通底するブルーナーの主張なのである。貧困家庭であれ一般的な家庭であれ、就学前で重要なことは希望と自信を育むことにあるとブルーナーがみなしているといえよう。

　ブルーナーの就学前教育論の核心は、後続する成長のために、家庭で、家庭でできなければ「それに代わる方法」で、希望や自信を育むということにある。

（3）ブルーナーの就学前教育論の核心の明確化

　ブルーナーは自身の就学前教育論の核心をヘッドスタートに関与した経験から得ていた。その核心における、家庭でできない場合の「それに代わる方法」とはどのようなことを意味しているのであろうか。おそらく、それは政策として行う方法である。このことはヘッドスタート開始から数十年後のヘッドスタートに関するブルーナーの言述や評価に確認できる。

　ブルーナーのいう「それに代わる方法」として挙げられるものとして、「経

済改革」がある。シュライバーらによってヘッドスタートが政策として実施されてから数十年経った後、ブルーナーはアメリカで貧富の差が広がっていることを認めている（Bruner 2003, p.220）。ヘッドスタートがなされてもなお貧困の問題は解決されていないと、ブルーナーが認めているとしてよいであろう。しかし、これはブルーナーが経済格差による教育への問題を解決できないとしているわけではない。ブルーナーはこう述べている。

　結局のところ、貧困によって生み出される無力と絶望の感覚は改良された学校の性能に対する最悪の障壁であるとわれわれは知っている。それに基づけば、経済改革に付随していない学校改革は素朴に十分でない。（*Ibid.*, p.221）

　ブルーナーは経済格差を教育だけでは解決できないとみなしている。貧困のために家庭教育ができないのであれば、貧困を断ち切るために希望と自信を育む家庭での教育に代わる方法として、「経済改革」が必要となる。

　もっとも、ブルーナーは貧困に対する教育の力を軽視してはいない。オルソンが指摘しているように、ブルーナーは「不平等と文化的多様性の諸問題は学校だけで解決できないが、学校がその解決の重要な部分であることに彼は楽観的である」（Olson 2007, p.96）からである。実際、貧困問題に対し、教育ができることを「ヘッドスタートのような実験は子どもたち（とおそらく彼らの母親）に、やみくもに貧困文化自体を再生産するように彼らに思われるときでさえ、貧困文化を切り抜ける可能な方法の感覚を与えるというのが私の見解である」（Bruner 1996, p.76）と述べている。つまり、経済格差の問題に対して教育ができることは、貧困によって生み出される「無力と絶望の感覚」をもつ子どもたちに、貧困を切り抜ける「可能な方法の感覚」を与えることなのだ。

　この「可能な方法の感覚」を就学前教育論で主張された希望や自信とみなしても差支えないだろう。貧困を切り抜けることができる方法があると感じることは、自らを苦しめている貧困を生む社会に対する絶望と貧困から生じる自分の無力を相対化し、社会に対する希望や自分の力への自信をもつことにつながるからである。こういったことから、ブルーナーが目論むヘッドスタートの照準は、ヘッドスタートの黎明期から希望と自信の育みにあったといえよう。

　その観点からいえば、ヘッドスタートには意味があった。ヘッドスタート開

第4章　形成過程から見る『教育という文化』における教育論の特徴　　*187*

始から数十年後、ブルーナーはヘッドスタートの効果の調査結果を参照しながら、こう述べている。

> 「対照群」と比較すると、そのプログラムを経験した子どもたちは、学校に長くとどまったりよい行いをしたり、職を得たり長く職にとどまったり、刑務所の外にいたり、犯罪にあまり関与しなくなったりといったことなどをするようになった。実際、それは「報われた」のである。ヘッドスタートの費用（ヘッドスタート計画の愛好者のでさえ）は、失業手当、投獄の費用、福祉の費用からの経済的損失よりもかなり少ないのだから。(*Ibid.*, pp. 74-75)

　経済格差が解消されていないとブルーナーが述べていることを踏まえれば、おそらく貧困家庭出身者は依然貧しいであろう。しかし、貧困家庭出身者は持続して正当に稼ぎを得ることがヘッドスタートによって可能となっている。貧困からの脱却の一歩を踏み出しているとみなしてよかろう。
　貧困に対する教育の力をブルーナーは認めているのだから、「それに代わる方法」は「経済改革」だけでなく、家庭教育でない教育、ヘッドスタートのような補償教育といった社会が政策として行う教育も含められるだろう。この観点から、次のブルーナーのヘッドスタートの評価を読み解いてみたい。

> ヘッドスタートは生き残ったと私は思う。なぜなら、それは十分に発達の最初の場面に介入することによって、子どもの後の人生を変えうるからもしれないという新しい意識を創りだした（もしくは意識の表面のすぐ下にある信仰を作った）からである。これは「信仰」だったと私は言う。なぜなら、当時の間、ヘッドスタートが「永続的」効果をもつ（もしくはもたない）という直接的証拠はほとんどなかったからである。(*Ibid.*, p. 74)

　ブルーナーはヘッドスタートが生き残ったと評価している。その理由は「新しい意識」もしくは「信仰」をつくりだしたからである。ブルーナーは明確に表現していないが、「新しい意識」や「信仰」は、貧困階層の人びとのものだけでなく、アメリカ国内の人びとのものであろう。実際、ヘッドスタートには中流階層の支持があった。

ヘッドスタートに対する中流階層の支持を明らかにしたのは添田久美子である。添田によれば、ヘッドスタートはメイン・ストリームである中流階層、ひいてはアメリカ大衆の抱く「よい社会」、社会正義に適っていた（添田 2005, pp. 274-275）。添田は、アメリカ的「福祉国家」の基底は「ルールの有効性を普遍的なものとするために、ゲームに参加できなかった者を個人的に改造する、あるいは異質な領域をメイン・ストリームに同一の原理にもとづいて結合可能な状態にかえるように支援すること」（小林 1999, p. 267）である「ルールの普遍化」という小林清一の洞察に依拠して、「同一のルールをすべての者に適用し、社会のすべての領域をつらぬきとおすことによってのみ」（同上、p. 269）国家の正統性が維持されるという社会がアメリカの「よい社会」であるとしている（添田 2005, pp. 42-43）。添田にしたがえば、「ルールの普遍化」が適用された政策だったから、メイン・ストリームである中流階層はヘッドスタートを支持したのである。

　ヘッドスタートが中流階層に支持されていたのであれば、当事者でない中流階層にも「新しい意識」や「信仰」がつくりだされたとブルーナーが見ているとしても差し支えなかろう。アメリカ国内の多くの人びとに「新しい意識」や「信仰」がヘッドスタートによって生まれたのである。

　そうであれば、アメリカの多くの人びとが、貧困による家庭教育の困難は貧困家庭に任せるだけでは解決できず、社会が政策として行うべきであると支持していたとブルーナーがみなしていたともいえるであろう。福祉として行ったヘッドスタートにおける教育のような、社会が行う教育政策もまた、ブルーナーのいう家庭でできない場合の「それに代わる方法」なのである。

　ヘッドスタート実施後のブルーナーの言述やヘッドスタートの評価から、「それに代わる方法」は経済や教育の政策であると結論できよう。

　こうして、ブルーナーの就学前教育論の核心は次のように明確化できる。その核心とは、原則家庭で、それが困難であると社会的にみなされるのであれば政策として、後続する成長のために希望や自信を育むことである。

（4）就学前教育論と『教育という文化』の関連性

　以上で明らかになったブルーナーの就学前教育論の核心は、「社会的要請としての教育という視点」として『教育という文化』に反映されることになる。

以下で確認しよう。

　ブルーナーが社会で教育を行うという場合、それは社会としても問題となっている場合である。ヘッドスタートの着想当時、アメリカでは「貧困の発見」がなされたときだった（Bruner 1996, p. xiii）。この貧困を解決するために、教育からアプローチしたのがブルーナーのアメリカでの就学前教育論である。貧困が社会的問題であり、それを家庭では解決できないから、社会として行う必要があるとブルーナーは説いたのである。また、彼はイギリスの家庭外保育を論じるにあたって「政策という広義の問題」を考えなければならないとしているが、それは当時のイギリスでは、婦人の労働力参入の増加、核家族化、母親が感じるストレスの増加などが起こり、母親が1日中保育をするのが難しくなっていたからである（Bruner 1980a, ch. 1）。

　このように、ブルーナーの就学前教育論には「社会に要請される教育」という視点がある。それは、学校教育に限定されているけれども、『教育という文化』にも見られる。ブルーナーは「われわれが学校で行うと決定したことは、社会が若者にその教育的投資を通して成し遂げようとすることというより広い文脈において考えられたときにのみ意味をなす」（Bruner 1996, pp. ix-x）と述べているからである。さらには、次の箇所にも明瞭である。

　　学校はそこが培う心の使用、つまり、どの使用が「基本」とみなされ、どれが「飾り」とみなされるか……などに関していつも大いに選択されている。この選択性のいくつかは、社会が何を要請したかと個人が暮らしていくために何を必要としたかについてみなされた考えに疑いなく基づいている。（*Ibid.*, p. 27）

　学校で育むことは社会として何をなそうとしているかを抜きには考えられない。そのような視点が『教育という文化』にもある。その視点はヘッドスタートの経験から構成された就学前教育論からすでにあった。ブルーナーの就学前教育論における「社会的要請としての教育という視点」が『教育という文化』に継承されているのである。

3 『教育という文化』の形成過程2
——知覚の研究と『教育という文化』の関連性

前節で確認した、アフリカの心理学実験、MACOS 開発、ヘッドスタートへの関与から得たことと『教育という文化』の関連性は連続的である。それらの経験で得たことがそのまま『教育という文化』に結びついているからである。『教育という文化』には過去で得た成果が連続的に展開されているといえる。

しかし、『教育という文化』には、このような、過去に得た成果を連続的に展開するような側面だけが見られるわけではない。『教育という文化』とそれ以前のブルーナーの研究の関連性について、ルッケハウスやグリーンフィールドと性質が異なる指摘がなされている。序章でも触れた、オルソンと高屋の指摘である。

オルソンは1972年から10年間行われたブルーナーの乳幼児の言語獲得研究に着目する。オルソンは乳幼児の言語獲得研究を境に、ブルーナーは「主観性」から「間主観性」を教育において強調するようになったと述べている。オルソンがいう「主観性」とは「学習者の経験と理解」のことであり、「間主観性」とは「共有された主観性」のことであると同時に「子どもと教師がともに見て考えることができる、観点を共有するようになることができる」という考えを表すものである。そしてオルソンは、『教育という文化』でブルーナーは「間主観性」の教育的含意を探求しているという（Olson 2007, pp. 55-58）。オルソンは乳幼児の言語獲得研究を契機に、ブルーナーはそれ以前とは異なることを『教育という文化』で論じていると指摘している。

高屋もオルソンと似た指摘をしている。高屋は乳幼児の言語獲得研究に直接の原因を定めていないが、ブルーナーは個人的（individual）から共同的（communal）へ、「客観／主観」から「間主観性」へ焦点を変えたとみなしている（Takaya 2008, p. 10）。

オルソンや高屋は、ルッケハウスらと違って、『教育という文化』でこれまでと異なることが展開されていると主張している。この点で、彼らの指摘はルッケハウスらの指摘と異質である。彼らは『教育という文化』を形成していく過程の転換点を指摘しているといえるからである。

オルソンや高屋のいうように、『教育という文化』にこれまでと異なる論点が含まれているならば、それは「文化心理学」提唱前に展開された教育論との決定的違いということになる。オルソンと高屋の指摘は、「文化心理学」提唱後に展開された教育論の特徴を探るうえで有益である。

本節では、オルソンや高屋のいうような、『教育という文化』とそれ以前の研究の転換点を検討する。本節で着目するのは知覚の研究である。知覚の研究の成果は『教育という文化』で提示された「相互期待のネットワーク」(network of mutual expectations)を経由して、「相互的学習者の共同体」(community of mutual learners)と関連している。この関連性が知覚の研究からの連続的展開か否かを検討することで、オルソンや高屋が主張するように、ブルーナーの『教育という文化』に転換点があるか否かを検証する。

本節ではまず、第2章でも見たブルーナーの知覚の研究を改めて概観する。次に、知覚の研究の結論が「相互期待のネットワーク」に反映されていることを明らかにする。そうして、「相互期待のネットワーク」と『教育という文化』で提示された「相互的学習者の共同体」の関連性を明らかにすることで、『教育という文化』に見られる教育論と知覚の研究の関連性を検討する。

(1) ブルーナーの知覚の研究の概観

アングリンによれば、1940年代から50年代にかけて行われたブルーナーの知覚の研究は次のように要約できる。

> 彼〔=ブルーナー〕のアプローチは、……、少なくとも3つの方向において、知覚の研究に対するより伝統的なアプローチと異なっていた。第1に、ブルーナーのその仕事の基本的な原則は、……知覚は分離し、独立したシステムだけではなく、多くのほかの心理的システムと相互作用するものであるということである。……2つめは、……、ブルーナーは知覚の機能的性質を強調していることである。知覚者は受動的で無関心な有機体としてではなく、能動的に情報を選択し、知覚の仮説を形成し、驚きを減らし価値をもつ目標を達成する働きにおける入力を時折歪めるものとしてみなされる。3つめは、知覚は概念達成とほかの高次精神機能のように基本的に同じ性質の活動であるとブルーナーが議論していることである。(Anglin 1973b, p.3.〔　〕内引用

者補足）

　アングリンがブルーナーの知覚の研究を要約するにあたって、知覚の能動性
や知覚者の知覚以外の心理的機能の関連性を強調しているように、ブルーナー
は知覚の受動性に対して異議を唱えている。知覚とは受動的なものではなく、
知覚には主体の能動的な作用が働いていると明らかにすることにブルーナーの
知覚の研究のねらいがあった（第2章第1節参照）。

　その知覚の研究において、ブルーナーは知覚には知覚者の「期待」（expec-
tancy）が関与していると述べている。

　　しかしながら、刺激は無関心な有機体には作用しない。……知覚において
　有機体は、何らかの方法で環境についての期待の状態にある。刺激の知覚効
　果は、有機体の構え（set）もしくは期待に必然的に依存するということは、
　繰り返す価値があるわかりきったことである。（Bruner and Postman 1949,
　p. 68）

　知覚は有機体が環境に対してもつ「期待」と無関係に生じないとブルーナー
は主張している。これはブルーナーの知覚の研究における重要な結論でもある。
なぜなら、ブルーナーは知覚における「期待」を基底にして自らの知覚理論を
構築しているからである。それはブルーナーが自らの知覚理論を「期待もしく
は仮説の知覚理論」と称していたこと（第2章第1節参照）にも示されている。

　ブルーナーは後年になっても、知覚は知覚者の「期待」を伴うという結論を
変えていない。それは、『可能世界の心理』（*Actual Minds, Possible Worlds,*
1986）にある、ブルーナーによる自身の知覚の研究の要約から確認できる。

　閾、つまり対象や出来事を見たり認知したりするのに必要な時間や入力の量
は期待によって綿密に決定される。……そのシステムが取り入れることがで
きる量には限界が、つまり、マジック・ナンバー7±2の枠と呼ばれる伝達
経路の容量がある。期待されている情報であれば7つの枠に多くを入れるこ
とができるが、期待されていない情報であれば少なくなる。……これはすべ
てあまりに陳腐であるが、しかしその含意はそうではない。というのも、知

第4章　形成過程から見る『教育という文化』における教育論の特徴　　*193*

覚が、いくらか特定できない程度まで、われわれが自分の期待によって構造
化してきた世界の道具であるということを、それは意味しているからだ。さ
らに、見られたものや聞かれたものが何であれ、可能であれば、期待された
ことに同化する傾向にあるというのが複雑な知覚過程の特徴である。（Brun-
er 1986, pp. 46-47)

　この引用からも理解できるように、知覚は「期待」を伴うという結論をブル
ーナーは固持している。この結論は「文化心理学」提唱後に展開された教育論
である『教育という文化』に関与することになる。

(2) 知覚の研究と「相互期待のネットワーク」の関係性

　前章で確認したとおり、ブルーナーの「文化心理学」では「間主観性」に着
目されている。実際、ブルーナーは「私の見解では、それ〔＝「間主観性」〕が
あらゆる文化心理学の実行可能な概念の中心となる一連のトピックである」と
述べている。ここでいわれた「間主観性」とは「人びとが、他者が考えている
ことと他者がそれらしく応じることを知るようになる方法」のことである
（Bruner 1996, p. 161. 引用箇所の〔　〕内引用者補足）。「間主観性」を簡潔にいえ
ば「相手の心を読むこと」である。

　ブルーナーが「間主観性」に着目するのは人間の進化の特徴と関係している。

　　文化化された（enculturated）人間の心について述べてきた際に、私は類
　人猿から人間の象徴的機能への転換にアプローチする２つの方向があると言
　及した。その１つは、恣意的で象徴的な記号を通して象徴的な「代理」
　（standing-for）関係を把握する個々の人間の能力を強調したものであった。
　第２のアプローチは、より「交流的」（transactional）で、より「間主観的」
　なものであり、どのように人間が思考、意図、信念、そしてある文化の中で
　の同種の心的状態を読み取る能力を発達させたのかに焦点をあてたものであ
　った。というのも、人間の進化はちょうどそのような発達によって特徴づけ
　られるからである。それは相互期待のネットワーク、すなわち、共同体で生
　きる文化化された人間の特徴の絶えざる成長によって大いに促進される。
　（*Ibid.*, p. 174. 傍点引用者）

人間の進化の特徴は共同体で生きること、すなわち「相互期待のネットワーク」で生きることにある。人間の進化には他者と「交流」することが必要であるし、他者と「交流」するには他者の「心」を理解できなければならない。人間が他者との「交流」を通して進化してきたなら、「交流」を可能にする「間主観性」を考慮する必要が生じてくる。人間の進化という観点から、ブルーナーは「間主観性」を「文化心理学」の「一連のトピック」の中心とするのである。

　ここで、人間の進化の特徴とされた「相互期待のネットワーク」に着目したい。なぜなら、「相互期待のネットワーク」ということに、知覚の研究での重要な結論、つまり知覚は「期待」を伴うという結論が反映されていると推測できるからである。推測であるのは、ブルーナーは「相互期待のネットワーク」の意味を明確に説明していないためである。だから、知覚の研究と「相互期待のネットワーク」の関係性を明らかにする検討が必要となる。その検討を「相互期待のネットワーク」が共同体で他者とともに生きることを意味しているということから始めたい。

　「相互期待のネットワーク」が共同体で他者とともに生きることであれば、そこでは他者とのやりとりが行われていることになる。ブルーナーは他者とのやりとりを「交流」という言葉で表現している。ブルーナーのいう「交流」は、「世界はどのようであり、心がどのように働き、われわれは何をしようとし、コミュニケーションがどのように進むべきであるのかについての仮定や信念を相互に共有することを前提とする行い（dealings）」を意味している（Bruner 1986, p. 57）。つまり、ブルーナーにとって、「交流」は何らかの「仮定」や「信念」を相互に共有していなければ成り立たないものなのである。

　しかし「交流」において他者と何らかの「仮定」や「信念」を共有していたとしても、その「交流」において何かを見たり聞いたりすることを知覚しているのは、その「交流」の主体である。「交流」における知覚が知覚であるかぎり、ブルーナーの知覚理論にしたがえば「期待」が伴うことになる[9]。「交流」という文脈でいえば、他者知覚において「期待」していることは相互に共有している何らかの「仮定」や「信念」ということになる。ブルーナーにとって、「相互期待のネットワーク」における「相互期待」とは「相互に何らかの仮定や信念を共有している期待」ということになろう。

人間はこの「相互期待」をもとに共同体を構成するとブルーナーは主張する。

　ある文化では、煙が炎を代理することやギルバート・スチュワートの有名な肖像画がジョージ・ワシントンを代理することを超えていく方法で諸事物が別の諸事物を代理している。1つの文化は共同体の「代理」が共有されたネットワークに思える。そして、種のメンバーとして、われわれは自然の中でと同じく、そのネットワークの中で生きている。われわれはこの共有をもとにして誠実さを作りだし、共同体を構成するのである。(Bruner 1996, p. 164)

　ある「文化」において、事物が別の事物の「代理」として用いられている。だから、別の事物の「代理」として事物を理解していなければ、コミュニケーションに齟齬が生まれることになる。そのため、その「文化」での「代理」を共有する必要がある。そうすることで、その「文化」を共有した人びとは同じように「代理」を理解していると「期待」して「交流」できる。こうして、その「文化」は人びとを凝集する力となり、共同体を形成することになる。「相互期待のネットワーク」は、いわば、共同体形成の論理なのである。

　ブルーナーにしたがえば、共同体とは、ある事物が別の事物を「代理」しているという「仮定」を人びとが共有することで成立する。だから、共同体の「交流」において、人びとはその「代理」の「仮定」が共有されている相互に「期待」することができる。それゆえ、「交流」では共同体の構成員すべてが「代理」の「仮定」を共有していることを相互に「期待」しているのである。これが「相互期待のネットワーク」という言葉でブルーナーのいわんとすることであろう。

　「相互期待のネットワーク」に知覚の研究の成果が反映されているのは確かであろう。ブルーナーの知覚理論に基づけば、他者に対する知覚においても「期待」を伴っており、そのことが「相互期待のネットワーク」という言葉に反映されている。そうであれば、知覚の研究の成果が「文化心理学」に基づいた『教育という文化』における教育論にも影響を及ぼしているのではないだろうか。

（3）「相互作用の原則」と「相互期待のネットワーク」の関係性

　前節でみたように、『教育という文化』にはさまざまな考えが含まれているが、知覚の研究との関連性を明らかにすることを目的としたとき、『教育という文化』で検討の対象となるのは、ブルーナーが教育への「心理－文化的アプローチ」（psycho-cultural approach）として掲げた9つの原則のうちの1つ、「相互作用の原則」（the interactional tenet）から提案された「相互的学習者の共同体」である。

　「相互作用の原則」というのは、知識や技能を教えることは必ず相互作用を通してなされるということを意味している。ブルーナーはこう述べている。

　　知識と技能を伝達することは、あらゆる人間の交換のように、小共同体（subcommunity）での相互作用を含んでいる。最小限、それ〔＝小共同体〕は「教師」と「学習者」を含んでいる。またはもし生身の教師でなければ、そのときは本や映画、展示、もしくは「反応する」コンピューターのような代行的なものである。（*Ibid.*, p. 20.〔　〕内引用者補足）

　ブルーナーはこの「相互作用の原則」に基づき、学習のための「小共同体」について論じる。学習のための「小共同体」について、ブルーナーはこう述べている。

　　そこで、無邪気だが根本的な問いに戻ろう。どのように構成員の間での学習を専門的に扱う小共同体を考えるのがもっともよいか。1つの明白な答えは、それは、他の事柄の中で、学習者たちが、各々の自分の能力にしたがって、各々にほかの学習を助ける場所であるということだ。そしてこれは、もちろん、教師の役割を務める誰かの存在を締め出さなくともよい。それは単純に、教師は独占してその役を行うのでなく、学習者が同じくお互いのために「足場をかける」（scaffold）ことを意味しているのである。（*Ibid.*, p. 21）

　ここで述べられた「足場かけ」とは、ブルーナーがヴィゴツキーにインスピレーションを受けて発想したものであり（cf. Bruner 1986, ch. 5; 今井 2008a, pp. 35-42)、それは「大人がはじめは学習者の能力を超えている課題の要素を

第4章　形成過程から見る『教育という文化』における教育論の特徴　*197*

『統制する』（controlling）ことで、学習者に自分のコンピテンスの範囲内でその要素だけを具体化し、仕上げるようにすることから本質的に成り立つ」（Wood, Bruner and Ross 1976, p. 199）ものである。したがって、ここで述べられた「小共同体」とは、誰もが教師にも学習者にもなり、お互いに学習を援助しあって能力を高めあっていく場のことである。知識や技能は必ず相互作用を通して伝達されるという「相互作用の原則」に基づけば、相互作用なくして教授も学習も生じない。「相互作用の原則」に基づくかぎり、教師と学習者、学習者と学習者の相互作用を可能とする「小共同体」の形成をブルーナーが主張するのも当然といえよう。

　このようにブルーナーが主張するのも、「相互作用の原則」から教育学への可能な提言がそれだからである。そして、その提言に「相互期待のネットワーク」というブルーナーの考えが反映されている。ブルーナーはこう述べている。

　　文化的‐心理学的アプローチから相互作用的で間主観的な教育学へと続ける１つの公式など明らかにない。ある事柄にとって、適用される実践は主題とともに変わりうる。詩と数学は疑いなく異なるアプローチを必要とする。その唯一の指針は、人間のかかわる場では、（それが何であっても）学習は、示すことや話すことだけでなく人びとがお互いに学習する相互作用の過程であるということである。それは、そのような相互的学習者の共同体を形成する人間の文化の性質であるのは確かである。（Bruner 1996, p. 22. 傍点引用者）

　人間同士で相互作用を通して学習がなされると、「相互的学習者の共同体」が形成されていくことになる。それは「人間の文化の性質」として確かであるとブルーナーは主張する。ここでいう共同体を形成する「人間の文化の性質」とは「相互期待のネットワーク」のことである。「相互期待のネットワーク」はある事物が別の事物を「代理」しているという「仮定」を共有し、「交流」、すなわち人びとの相互作用において、その「仮定」が共有されているという「期待」を相互にもつことによって共同体が形成されていくことであった。この論理は学習における相互作用においてもあてはまる。相互作用を通して学習がなされるということは相互に作用しあっている人びと同士で何かを共有していくことでもある[10]。そのような学習における共有によって、相互作用にお

ける「期待」も育まれていく。そして、そのような「期待」をもつ者が多くなっていくことで共同体が形成されていくことになる。共同体の形成が何かの共有によって生じるのであれば、何かを共有する相互作用の過程を通して共同体が形成されていくのは当然の論理である。相互作用を通した学習によって「相互的学習者の共同体」が形成されていくのは、「相互期待のネットワーク」という共同体の形成論理が前提とされているからなのである。

　「相互期待のネットワーク」が「相互作用の原則」に基づいて主張された「相互的学習者の共同体」形成の根拠となっているのであれば、ここに『教育という文化』における知覚の研究の影響が認められよう。「相互期待のネットワーク」は「交流」における他者知覚にも「期待」が伴うということが反映された概念であった。それは「交流」という相互作用における「共有」の「期待」を根拠に共同体が形成されていくという共同体形成の論理である。学習が相互作用を通してなされる以上、学習における相互作用で共有されたことへの「期待」が生じ、「相互的学習者の共同体」を形成することになる。「相互期待のネットワーク」には知覚の研究の成果が反映されており、「相互的学習者の共同体」は「相互期待のネットワーク」に基づいているのだから、「相互的学習者の共同体」にも知覚の研究の成果が反映されていることになる。

　ただし、ここで特筆すべきは、知覚の研究の成果が反映された「相互的学習者の共同体」が提示されるためには、ブルーナーにとって、乳幼児の言語獲得研究を経なければならなかったということである。まず、「相互的学習者の共同体」は知覚の研究の後に発表された『教育の過程』には見られない発想であるということからそれを確認しよう。『教育という文化』にこう記されている。

　　私がはじめて教育に活発に従事するようになった数年後、私は私にとっていくつかの理に適った結論と思われることを『教育の過程』に書き留めた。それは今となっては、約30年後に顧みると、当時、知ることについての単独な精神内部の過程と、どのようにそれらが適切な教育学で援助されうるかということについてで、あまりにも頭がいっぱいだったように私には思われる。(Bruner 1996, p. xi)

　したがって、「相互的学習者の共同体」は『教育の過程』に起源をもってい

第4章　形成過程から見る『教育という文化』における教育論の特徴　　*199*

るのではない。「相互的学習者の共同体」のルーツとなるのは、単独な精神内部の過程を扱っていない研究、つまり、精神間の過程を扱った研究にある。それが乳幼児の言語獲得研究である。ブルーナーの乳幼児の言語獲得研究は、母子間の相互作用から乳幼児がどのようにして言語を獲得していくかを研究したものだからである（第2章第5節参照）。これは、バクハーストとシャンカーが「実生活の言語学習を注意深く調査することを通して、ブルーナーは彼の後の仕事の全てを知らせる人間発達の根本的な相互作用論に基づく説明に到達した」（Bakhurst and Shanker 2001, p. 9）と述べていることからも裏付けられよう。それゆえ、「相互的学習者の共同体」は（ひいては「相互作用の原則」も）、『教育の過程』と連続してはいない。「相互的学習者の共同体」は知覚の研究の成果を乳幼児の言語獲得研究で得た考えを応用したことによって提示されたのである。『教育という文化』と知覚の研究の関連は、乳幼児の言語獲得研究なくしてはありえなかったのである。

（4）『教育という文化』の形成過程における転換点

　『教育という文化』の形成に、知覚の研究の成果が乳幼児の言語獲得研究を経由して関与していることが明らかになった。ブルーナーによる知覚の研究の重要な結論は、知覚は「期待」を伴うということである。その結論が乳幼児の言語獲得研究を経ることで、他者知覚に反映されることになった。その反映は「相互期待のネットワーク」という共同体形成の論理にみることができた。ブルーナーはこの共同体形成の論理から、『教育という文化』で提示した「相互作用の原則」に基づき、「相互的学習者の共同体」を提唱した。つまり、知覚の研究の成果が「相互的学習者の共同体」に生かされているという点で、『教育という文化』の形成過程に知覚の研究の成果が関与しているのであるが、それは乳幼児の言語獲得研究なしにはありえない関与の仕方なのである。

　本節冒頭で触れたように、『教育という文化』とそれまでのブルーナーの研究の関連性は、大きく分けて、『教育という文化』へ至る連続性を指摘する先行研究と転換点を指摘する先行研究の2つがあった。それに対して、本節の成果が示しているのは、知覚の研究での結論が『教育という文化』で生かされているという点で連続性があるが、乳幼児の言語獲得研究という転換点がなければそれは実現しなかったということである。したがって、ブルーナーの知覚の

研究と『教育という文化』の関連性には連続性と転換点の2点が認められることになる。こういった点からいえば、とりわけ本節でも言及した『教育の過程』に対して、『教育という文化』は乳幼児の言語獲得研究によってもたらされた「間主観性」への着目に特徴があるということができるであろう。「間主観性」への着目こそが、両教育論の決定的な違いだからである。ブルーナーの教育論には、乳幼児の言語獲得研究を境に、それまでにない性質が表れている。

4 「文化心理学」提唱後に展開された教育論の特徴

　『教育という文化』に至るブルーナーの教育論の形成過程を追ったとき、乳幼児の言語獲得研究が1つの転換点となっていることが前節で明らかになった。乳幼児の言語獲得研究を行うことで、教育に対しても「間主観性」に着目するようになったからである。

　乳幼児の言語獲得研究でブルーナーが「間主観性」に言及したのは、「意図」に着目したからだった。言語獲得にはお互いの「意図」を理解しあうことが求められるからである（第2章第5節参照）。「意図」への着目により、ブルーナーは「ナラティヴ」へと目を向けた。そして、「意図」を含めた「志向的状態」を心理学で扱う必要性から、「文化心理学」を提唱したのだった（前章第1節参照）。このことから理解できるように、ブルーナーにとって「間主観性」と「志向的状態」は1組となっているといえるほど、密接に結びついている。

　したがって、「間主観性」への着目は「志向的状態」への着目をも意味しているはずである。『教育という文化』に「志向的状態」に関する言及があれば、それもまた、「間主観性」と同じく、『教育という文化』の特徴であるといえよう。

　『教育という文化』において、「志向的状態」に関わる概念が論じられている。「ナラティヴ」と「フォークペダゴジー」である。「フォークペダゴジー」は「フォークサイコロジー」をもとに提案された概念である。前章でみたように、ブルーナーにとって「ナラティヴ」と「フォークサイコロジー」は「志向的状態」を扱う上で必要な概念であった。

　「ナラティヴ」と「フォークペダゴジー」——これらは乳幼児の言語獲得以後でなければ、ブルーナーの教育論に現われることのできない概念である。こ

の意味で、「ナラティヴ」と「フォークペダゴジー」は「文化心理学」提唱後に展開された教育論の特徴と推測できる概念である。

「ナラティヴ」と「フォークペダゴジー」はどういった概念なのか。「文化心理学」提唱後に展開された教育論の特徴的な概念と確かにいえるのか。次章以降で検討する。

注

1) 「『教育という文化』を中心に」としたのは、ブルーナーは『教育という文化』以後も教育に関する論文を発表しているからである。ブルーナー自身が編集した教育の選集に『教育という文化』以後に発表された論文が収められていることが、その例証である（Bruner 2006a）。

2) グリーンフィールドによる実験の成果については、『認識能力の成長』の第11章と第13章に収められている。

3) ブルーナーとMACOSの関わりについては、ルッケハウスらの論文を参照されたい（Lutkehaus and Greenfield 2003, pp. 418-421, 423. Lutkehaus 2008, pp. 49-54）

4) MACOSのより詳しい説明は『教授理論の建設』（*Toward a Theory of Instruction*, 1966）でなされている（Bruner 1966, ch. 4）

5) 『心を探して』にMACOSの授業での子どもたちの発言が書かれている（Bruner 1983b, pp. 192-193）。このことからも、ブルーナーがMACOSによって、実際の授業を観察し、研究室ではなく実際の世界に目を向けるようになったことが理解できる。

6) 本章でいうブルーナーの就学前教育論は、この後に言及する今井康晴が幼児教育論として扱っているものと同じである。本章でそれを就学前教育論としたのは、後の議論で触れるように、ブルーナーは小学校の教育に向けて幼児教育を論じているからである。小学校へ接続するための幼児教育論ということを強調したく、本章では就学前教育論と表現している。

7) 両親の参加については陶山岩見が（陶山 1995, pp. 76-77）、地域住民の参加に関しては添田久美子が述べている（添田 2005, pp. 260-267）。

8) シュライバーが中心となってヘッドスタートが立案されるまでになった経緯については、添田が詳しく述べている（添田 2005, pp. 96-113）。

9) ブルーナーは他者知覚に関する研究を行っていたようであるが（cf. Bruner and Tagiuri 1954）、この研究を途中で切り上げたと述べている（Bruner 1986, pp. 58-59）。それゆえ、ブルーナーに他者知覚に関する明確な結論を求めることはできない。しかし、ブルーナーは他者知覚においても「期待」が伴うと見ているようである。ブルーナーは「驚き」が「そうで

あると期待されている」という意味での「前提」を覆すことから生じるとし、「私が遭遇する驚きは普通のことを覆したり、『規則に逆らった』何かをしたりする、他者によってたいてい生み出される」と述べている（*Ibid.*, pp. 46-47）。「驚き」が他者からもたらされるということは、他者に対しても「期待」をもって接触しているということである。それゆえ、ブルーナーの知覚理論は他者知覚においても妥当するとしても問題なかろう。

10) この点に関しては、ブルーナーのいう「協同」（collaboration）に確認できる。ここでいう「協同」とは「人間を交わらす教授と学習に関わる資源（resources）を共有すること」（Bruner 1996, p. 87）である。この定義からもわかるように、学習者のための「小共同体」と同じく、「協同」もまた「相互作用の原則」に基づいた概念である。それゆえ、相互作用を通した学習は何かを共有することなのである。

第5章

「2つの思考様式」と「構成主義」の吟味

　前章において、「ナラティヴ」と「フォークペダゴジー」が「文化心理学」提唱後の教育論の特徴的な概念であると推測した。続く諸章で、それら2つの概念の検討を行う。本章では、「ナラティヴ」の検討のために、「2つの思考様式」と「構成主義」を吟味する。

　「ナラティヴ」に先立って、「2つの思考様式」と「構成主義」を吟味する理由は次のことにある。第3章で言及したように、ブルーナーの「ナラティヴ」研究は「2つの思考様式」という思考様式の二分から始まった。したがって、ブルーナーのいう「ナラティヴ」を検討するには、「2つの思考様式」という二分法の理解が出発点となる。

　「ナラティヴ」が「構成主義」を前提としていることも第3章で述べた。このことに暗示されているが、「2つの思考様式」は「構成主義」を前提としている。「ナラティヴ」の前提になっているということで、「2つの思考様式」という二分法と「構成主義」の理解を、「ナラティヴ」を検討する前に行っておく必要がある。

　そのような必要性の上で、「2つの思考様式」と「構成主義」を吟味しなければならないのは、両概念ともそれらの問題点を指摘されているためである。その指摘が妥当であるならば、「ナラティヴ」をわざわざ検討する必要はなくなる。前提に欠陥があれば、その欠陥は必然的に「ナラティヴ」にも及ぶからである。「ナラティヴ」を検討するにあたって、「2つの思考様式」と「構成主義」を吟味することは必須である。

　本章では、「構成主義」が「2つの思考様式」の前提であることを確認するためにも、「2つの思考様式」から吟味を始める。

1 「2つの思考様式」の吟味——思考様式の二分法を中心に

　「2つの思考様式」はその関係性をめぐって問題点が指摘されている。本節では、まず「2つの思考様式」がどのような関係性であるのかを、「2つの思考様式」を概観しながら確認する。そして、その関係性に対する問題点の妥当性を検討していく。

(1)「2つの思考様式」の概観

　第3章でも「2つの思考様式」について言及したが、改めて「2つの思考様式」がどのようなものであったかを確認しよう。ブルーナーのいう「2つの思考様式」とは、2つの「経験を整序し、現実を構成する特有の仕方」(Bruner 1986, p.11) あるいは「人間が世界についての知識を組織し扱い、実は直接的な経験 (immediate experience) さえ構造化する、大まかな2つの仕方」(Bruner 1996, p.39) のことである。その1つは「物理的な『事物』(things) を扱うためにいっそう特殊化されている」ものであり、もう1つは「人間とその窮状を扱うためにいっそう特殊化されている」ものである (*Ibid.*, p.39)。ブルーナーは前者の思考様式を「論理‐科学的様式」(あるいは「パラディグマティック様式」) と呼び、後者を「ナラティヴ様式」と呼んでいる。

　「論理‐科学的様式」と「ナラティヴ様式」の具体的な特徴は次の通りである。「論理‐科学的様式」は記述と説明の形式的で数学的な体系の理念を実現しようとする。それは範疇化あるいは概念化、および諸範疇が確立され、例証され、理念化され、互いに形式的な体系に関係づけられる操作を用いる。全体的レベルでは、一般的諸原因とそれらの確証を扱い、検証できる参照を保証し、経験的真実を験すための手続きを利用する。一方、「ナラティヴ様式」は人間ないしは人間風の「意図」と活動、およびそれらの成り行きを示す移り変わりや帰結を扱う。「論理‐科学的様式」による想像力の適用はよい理論、簡潔な分析、論理的証明、しっかりした議論、推論された仮説によって導かれた経験的発見をもたらす。それに対し、「ナラティヴ様式」による想像力の適用は見事なストーリー、人の心をひきつけるドラマ、必ずしも真でないけれども信じられる歴史的説明をもたらす。「ナラティヴ様式」は時間を超越した奇蹟を経

験という個別例にし、経験を時間と場所に位置づけようとする。それとは対照的に、「論理‐科学的様式」はますます高度に抽象化を達することによって個別性を超えることを求め、結局原則として個別性が関係づけられるすべてのいかなる説明的価値を否認する（Bruner 1986, pp. 12-13）。

　このように各々の特徴をもつ「2つの思考様式」の相互の関係については「その2つは（相補的であるけれども）互いに還元できない」と述べられている。というのも、両者は「それ自身の作動原理」と「適格性についてのそれ自身の基準」をもっており、「検証の手続きにおいてそれらは根本的に異なっている」からである。ここでいわれている検証の対象は論証とストーリーである。ブルーナーによれば、論証とストーリーの「両者は他方を納得させる手段として用いられることができる」けれども、「何について納得させるかは基本的に異なっている」。論証は「真実」（truth）について納得させるものであり、「真実」であることを「形式的および経験的な証明を立証する手続きに最終的に訴えることによって検証する」。ストーリーは「迫真性」（lifelikeness）について納得させるものであり、「真実ではなくほんとうらしさ（verisimilitude）によって確証する」。論証の検証に関わるのが「論理‐科学的様式」であり、ストーリーの検証に関わるのが「ナラティヴ様式」だから、検証の手続きにおいて両者は根本的に異なっているとブルーナーはいうのである（*Ibid.*, p. 11. 引用箇所の傍点は原文イタリック）。

　要するに、「2つの思考様式」は「真実」や「迫真性」を検証する手続きが異なるゆえに両者は還元不可能だけれども、その点を除けば一方を他方に用いることができる相補関係にある、ということである。ブルーナーはこのような「還元不可能な相補関係」として「2つの思考様式」の関係性を規定している。

　「還元不可能な相補関係」という関係性について、問題点が指摘されている。本節で検討するその問題点は、斎藤と生田によって指摘されたものである。斎藤はブルーナーが「2つの思考様式」を対立的に二分していると批判し、「2つの思考様式」を包括的に捉えることを主張している。対立的な二分法ではなく付加的な二分法であると指摘している点で斎藤と異なっているが、生田もまた「2つの思考様式」を包括的に捉えるあり方を訴えている。斎藤の指摘の根はブルーナーのいう「還元不可能」の解釈にあり、生田の指摘の根は「相補関係」の解釈にある。斎藤と生田によってなされた指摘の妥当性は、「還元不可

能」と「相補関係」に対する解釈によって決まる。ブルーナーのいう「還元不可能」と「相補関係」がどのような意味であるのかを中心に、斎藤と生田が指摘した「2つの思考様式」の問題点を検討する。

(2)「2つの思考様式」における「還元不可能」の意味

(2-1)「還元不可能」は対立を意味するのか

斎藤は、野口裕二がナラティヴ（物語）をセオリー（理論）に対立するものとして定義していることを指摘し（野口 2005）、その対立的な二分法の正当性の根拠がブルーナーの「2つの思考様式」にあるとしている（斎藤 2006, p. 253）。それに加え、斎藤はブルーナーが「2つの思考様式」を主張した背景に着目し、ブルーナーが思考様式を対立的に二分していると解釈し、ブルーナーの「2つの思考様式」がナラティヴとセオリーの対立的二分法の正当性の根拠として裏づける。斎藤はこう述べている。

> この「論理 - 科学モードとナラティヴ・モードは対立する」という言説自体が、実はこの言説が主張された時点でのコンテクスト（背景）と無関係ではない。近代の心理学は、それまでの「非科学性」のラベリングを払拭するために、科学主義である極端な行動理論へと傾いていた。したがって、当時の心理学においては、科学物語の専一に対抗するために、対立するものとしてのナラティヴ・モードを強く主張する必要があったと考えられる。つまり、ブルーナーの言説自体が一つのナラティヴなのである。（同上、p. 254）

斎藤が指摘するように、ブルーナーが「2つの思考様式」を主張した当時、斎藤のいう「科学主義である極端な行動理論」へと傾いており、ブルーナーはそれに対抗していた（Bruner 1986, pp. 93-95）[1]。「極端な行動理論」というセオリーに対抗してナラティヴをブルーナーは主張したのであれば、ブルーナーのいう「2つの思考様式」は対立的な二分法とみなせる。

ナラティヴとセオリーを対立的に二分する根拠を「2つの思考様式」に見る斎藤は、医療の立場からナラティヴとセオリーの対立関係は望ましくないとする。ナラティヴとセオリーを相容れないものとするのではなく、セオリーのナラティヴ性、ナラティヴのセオリー性といった両者の関係を熟考することが、

実践現場では有用であると彼は考えているからである（斎藤 2006, p. 253）。

　そこで斎藤は両者の対立関係を次のように解決する。医療領域に限定してナラティヴを考える場合、ベイトソン（Bateson, G.）による「お話＝物語とは、関連（relevance）という名で呼ばれている種に属する結びつきが、複数個つながってできたものである」という定義や、人類学者のヤング（Young, A.）の考えをもとに斎藤が採用している「ナラティヴとは複数の言説を何らかの意味のある連関で結び合わせたもの、あるいは結び合わせることによって意味づける行為」という定義が有用であるとする。そのような定義を採用するならば、ナラティヴは何らかの体験を意味づけるための言説のほとんど全てを網羅することになり、セオリーはナラティヴの一特殊型となって、セオリーはナラティヴに対立するものではなくなるからである（同上、p. 254）。

　斎藤はこの論理をブルーナーにもあてはめる。斎藤はブルーナーがグッドマン（Goodman, N.）の見解である「世界はナラティヴによって構成され、かつナラティヴには多数のヴァージョンが存在することから、唯一の真実の世界があるわけではなく、ナラティヴのヴァージョンとしての可能世界はいくつでも構成することができるとする」ということを肯定的に取り上げていることに着目し、「そのように考えるならば、科学理論は世界を説明するための物語の無数のヴァージョンの一つとなる」と主張する。つまり、ブルーナーの区分に即せば、「論理−科学的様式」は「ナラティヴ様式」の１つのバージョンであるということだ。こうすることで、斎藤は「２つの思考様式」の対立関係が解消されるとする（同上、pp. 254-255）。

　しかし「２つの思考様式」を互いに「還元不可能」であると規定するブルーナーにとっては、斎藤のような一方を他方に含めるという論理は許容できないものだろう。実際、ブルーナーは「２つの思考様式」の一方が他方から抽象化されたものであるという考えは、「誤りか、なんら啓発的でない仕方においてのみ真であるにちがいない」と断じている（Bruner 1986, p. 11）。この言明は、「論理−科学的様式」は「ナラティヴ様式」の１バージョンという主張に真っ向から相反するものである。しかしながら、斎藤が解するように、「２つの思考様式」が対立関係にあることで相互不干渉となることも、ブルーナーにとっては望ましいことではないはずだ。そうであれば両者に「相補関係」は成立しないからである。

このジレンマは「2つの思考様式」の「還元不可能」性から導かれている。「還元不可能」性が対立的二分法を意味しているか否かが、ブルーナーの「2つの思考様式」を対立的二分法とみなす議論の最大の論点である。

　「還元不可能」性は対立的二分法を意味するか否かを吟味しなければならない。もし対立的二分法であり、斎藤の主張の方に有用性があるのであれば、ブルーナーの「2つの思考様式」はもはや乗り越えられた過去の遺物となる。

　結論を先取れば、「2つの思考様式」は対立的に二分されたものではない。ブルーナーは「2つの思考様式」に「決定的差異」（crucial difference）があるとみなしている。「決定的差異」があるからこそ、「2つの思考様式」は「還元不可能」であり、二分せざるを得ないのである。「決定的差異」に基づく二分法が対立的でないことを以下で明らかにする。

(2-2)「決定的差異」から見た「還元不可能」性の意味

　「決定的差異」は自然科学と人文科学の区別に用いられている。自然科学と人文科学の区別は「2つの思考様式」の区別と無関係ではない。オルソンはブルーナーのいう「論理‐科学的様式」は自然科学での説明を好んだ思考様式であり、「ナラティヴ様式」は社会科学や人文科学での説明に共通する思考様式のことであると述べているが（Olson 2007, p. 26）、この解釈は正しい。ブルーナーは、これまでの歴史を振り返れば「2つの思考様式」という区別は決して初めてでないといい、ディルタイ（Dilthey, W.）が100年前に、「自然科学」（*Naturwissenschaften*）と「精神科学」（*Geisteswissenschaften*）の区別として議論していたと述べている（Bruner 1985b, p. 119）。「2つの思考様式」は自然科学と人文科学の区別に対応している。

　もっとも、「2つの思考様式」は自然科学と人文科学としての営みだけで働く思考様式ではない。「2つの思考様式」を概観した際に確認したが、「2つの思考様式」は「経験を整序し、現実を構成する特有の仕方」であるので、自然科学や人文科学以外の営み、例えば日常生活の現実の構成といったことにも適用されるものである。伊藤智樹がブルーナーにとって文学的物語や数学、科学は「われわれが日常的に用いる思考様式の特定の機能的側面を純化した形式」であると述べているように（伊藤 2000, pp. 75-76）、純化されれば「2つの思考様式」は自然科学や人文科学における思考様式に対応するということである。

ブルーナーのいう自然科学と人文科学の「決定的差異」は「2つの思考様式」にも対応していることは、上記によって示されている。ここで、「決定的差異」に話を戻そう。

　「決定的差異」は、ブルーナーが肯定的に取り上げていると斎藤が指摘していた、グッドマンのいう「世界制作」（world making）に関する差異である。ブルーナーはグッドマンのいう「世界」を「現象（appearance）の世界、われわれが住んでいるまさにその世界は、心によって『生み出されている』」と解釈しており（Bruner 1986, p. 96）、だから「世界」は「心」によって制作されたものと理解している。自然科学と人文科学における「世界制作」は、異なる「世界」の制作を目指している。それがブルーナーのいう自然科学と人文科学の「決定的差異」である。ブルーナーはこう述べている。

　……〔自然〕科学と人文科学は収束する起源に始まり、方法の点で分岐すると思われるだろう。しかし、それはある別の決定的差異を捉えそこなっていると私は思う。それらは共通の起源から始まるかもしれないが、それらは世界制作に関して、異なる目標を念頭に置くことで分岐し専門化している。科学は人間の意図や人間の窮状を超えた不変を維持する世界を制作しようとする。大気の密度は世界に対する人の倦怠感の関数に変換しないし、してはならない。一方で、人文科学者は主に見る人の立場や態度で変化する世界を扱う。科学は、理解を求める人々の生活状態の変化を超えて、事物と出来事の不変性に結びついた「存在」である世界を創りだす……。人文科学者は世界に住む要求を反映した世界を理解しようとする。（Ibid., p. 50.〔　〕内引用者補足）

　「世界制作」の観点からいえば、科学は人間の「意図」や状態で変化しない「世界」の制作を目指しているが、人文科学では逆に人間の「意図」や窮状のために変化する「世界」の理解を目指している。人間の意図や窮状を反映した「世界」を扱うことを目指すか否かという目的の違いが、ブルーナーのいう自然科学と人文科学の「決定的差異」である。

　ブルーナーにとって自然科学と人文科学の「決定的差異」は、自然科学や人文科学のみならず、すでに言及したように、それ以外の「現実」にもあてはま

る。「現実とはつくられたものであって、見つけられたものではない」（Bruner 1996, p. 19）という「構成主義」の立場であるブルーナーにとって、「現実」は「世界」と同じく制作（構成）されたものである。ブルーナーによれば、「われわれにとっての大部分の『現実』は2つの領域によって大まかに構成されている」。その2領域とは「自然の領域」と「人間的出来事の領域」のことである（Bruner 1986, p. 88）。そして次のように続ける。

> ……前者は論理や科学のパラディグマティック様式で構造化されるようであり、後者はストーリーやナラティヴの様式で構造化されるようである。後者は、人間の意図や移り変わりのドラマを中心としている。前者は、むらなく抵抗しがたい、因果という一様に自然に関わる観念を中心としている。世界における個人の感覚を構成する主観的現実は、おおよそ自然的現実と人間的現実に分けられる。（*Ibid.*, p. 88. 傍点引用者）

　自然科学と人文科学の差異と同じように、ブルーナーにとって「自然的現実」と「人間的現実」の差異も、人間の意図や窮状を扱うことを目的とするか否かということなのだ。したがって、「2つの思考様式」は、どんな「現実」を構成するかという目的の違いである「決定的差異」に基づいている。より詳述すれば、「論理－科学的様式」は「自然的現実」の構成をめざし、「ナラティヴ様式」は「人間的現実」の構成を目指すという点で区別されるということである。

　「決定的差異」によって、ブルーナーのいう「2つの思考様式」は次のように理解されなければならない。「自然的現実」（人間の「意図」や窮状が含まれない、事物に関する事柄）について思考している際の思考様式が「論理－科学的様式」であり、「人間的現実」（人間の「意図」や窮状を扱う事柄）について思考している際の思考様式が「ナラティヴ様式」である。つまり、思考は思考する対象によって様式が異なる。それゆえ、対象にあった思考様式を区別しなければならない。これこそがブルーナーの「2つの思考様式」として思考様式を二分した根拠である。思考の対象と様式の相関性によって二分しているので、ブルーナーの二分法は「相関的」二分法と呼ばれるべきである。

　それでもなお、思考の対象の差異を対立として捉えることで、「2つの思考

様式」は対立的な二分法であるといえるかもしれない。そして、だからこそ両者を統一的に捉える必要があると主張しえるかもしれない。しかしその場合は、セオリーとナラティヴを方法という観点のみで議論するのではなく、セオリーとナラティヴを用いる対象に議論を向けなければならない。「2つの思考様式」は、いわば事物と人間を扱う様式である。事物と人間の区分は、「決定的差異」から「意図」の有無によって導かれる。だから、ブルーナーの「2つの思考様式」を統一する議論のあり方として、事物に「意図」があると、あるいは人間に「意図」はないと論証することがなされなければならないであろう（もちろん、「意図」そのものについて議論することも考えられる）。

　おそらく、人間に「意図」を認めないと、人間は目的に向かう能動的な存在ではなく、機械的な存在として扱われることになるであろう。後者は人間を研究する想定として妥当であろうか。ナラティヴへの着目は、そのようなセオリー的な想定に対する反省ではなかったか。

　事物に「意図」を認めるとしても、それをどう証明するのか。人間がそのようにみなしたいという「意図」によって事物に「意図」があると認められるというような反論も考えられる。事物に「意図」があるとすることをアニミズムと呼ばれている。事物に「意図」があるというのはアニミズムだと主張することで、事物に「意図」はないと反論することもできよう[2]。

　この議論の是非はともかく、「2つの思考様式」の二分法をめぐる議論は上述のようにあるべきである。方法が対立しているということでは、「2つの思考様式」の二分法の是非について論じることはできない。

　斎藤のいう（ひいては、斎藤が基づいた野口のいう）ブルーナーの「2つの思考様式」が対立的な二分法であるということが、様式という方法の側面だけに基づいた解釈であれば、それは正しくないし、ブルーナーの「2つの思考様式」の限界でもない。そして、「相関的」二分法と解釈しても、斎藤がセオリーをナラティヴに含めた有用さが否定されるわけではない。

　斎藤は「医療実践においては、個々の患者のナラティヴを尊重することはもちろんであるが、科学的言説や臨床疫学的な根拠などの多彩な言説群を出来るかぎり適切に患者のために利用することが必要であり、そのためにはセオリーを排除するのではなく、セオリーをも一つの物語として利用していくことを可能にするようなナラティヴの理解が役に立つ、と筆者は考えている」（斎藤

2006, p. 255）と述べている。斎藤がセオリーをナラティヴに含めたのも、セオリーかナラティヴかという排除的な二者択一を避けたいからであろう。

「相関的」二分法は斎藤の危惧する排除的な二者択一に陥ることはない。「相関的」二分法は、思考対象と様式が相関的であるからこそ目的に適した方を選べばよいという発想に誘うからである。

だから、ここでの議論は次のように結論できよう。たとえ思考の対象が対立的であったとしても、「2つの思考様式」はお互いにお互いを排除し合うことはない。それゆえ、「決定的差異」に基づいて「2つの思考様式」を解釈した「相関的」二分法であっても、対立的二分法の問題点は克服できる。この意味で、「相関的」二分法は対立的二分法とは異なった見方である。

「2つの思考様式」という二分法は対立を根拠になされたものではなく、思考対象と様式の相関性を根拠になされている。「2つの思考様式」における「還元不可能」性は「思考対象と様式の相関」性を意味している。

(3)「2つの思考様式」における「相補関係」の検討

斎藤による「2つの思考様式」の問題点は「2つの思考様式」における「還元不可能」をめぐるものであった。「2つの思考様式」の問題点は、「還元不可能」だけではなく、「相補関係」にも指摘されている。生田によるものである。

生田は、斎藤と同じく、思考様式を二分することに問題を指摘している。彼女は「2つの思考様式」が包括された「包括的な思考様式」に注目することで、「思考の二分法を『普遍的』とみなしてきた『教育』に対して新たな『教育問題』を突きつけるにちがいない」と考えるからである（生田 2009, p. 6）。このような主張に至る際に、生田はブルーナーの「2つの思考様式」に言及し、批判している。

生田にとって、ブルーナーの「2つの思考様式」が問題であるのは、第1に、彼が「2つの思考様式」を「普遍的」と捉えていることにある。生田は、ブルーナーが「2つの思考様式」を「文化が異なれば、その表現様式は変わり、……両方の様式に対する特権の与え方も異なってくるが、いかなる文化といえども両様式を必ず備えている」（ブルーナー 2004, p. 52）[3]と述べ、「2つの思考様式」をいかなる「文化」においても「普遍的」と捉えている（同上、p. 52）ことに言及し、「ブルーナーが、『文化』を『常に変化の過程』にあるとしなが

らも、二つの思考様式については『普遍的』であるとみなすのは、彼にとって
変容を前提とする『文化』とは優先的にパラダイム（ある特定の共同体によって
受け容れられた方法、問題領域、解決の基準の源泉）としての『文化』（文化的背
景）であり、一方、パラダイムの中で『獲得された文化』としての思考様式の
違いや変化は『特権の与え方』において違いや変化が生じるものにすぎないと
みなしているからに他ならない」と指摘する（生田 2009, p.4）。そして、「彼の
提示する二つの思考様式を『普遍的』な別個の道筋として捉えること、そして
様式の違い（変容）は『特権の与え方』の範囲にあるという主張の問題性を指
摘したい」（同上、p.5）と批判している。この批判の要点は、ブルーナーが
「2つの思考様式」を「普遍的」に捉えていることにある。生田は「普遍的」
だからこそ、「2つの思考様式」は変化しないし、それ以外のあり方が認めら
れていないと解釈しているのであろう。

　それに加え、生田は「2つの思考様式」が「還元不可能な相補関係」にある
ことに言及した上で（同上、p.5）、「2つの思考様式」を「付加的な二分法」と
指摘する（同上、p.6）。ブルーナーが「2つの思考様式」を「ある知識領域を
いわゆるより『高次のレベル』で特徴づけるしかたは、『低次のレベル』で特
徴づけるしかたを包含しており、それを置き換えて、より強力で正確なものと
する」（ブルーナー 2004, p.162）という関係として描写しており、そのため
「ブルーナーは『物語（ナラティブ）的思考』を『科学的な思考』の前段階ある
いは第一段階としての価値を認めるものの、それはあくまでも『科学的な思
考』に向けての一つの段階にすぎないと考えるのである」と、生田はみなして
いるからである（生田 2009, p.5）。つまり、生田のいう「付加的な二分法」と
は、一方（「ナラティヴ様式」）を他方（「論理－科学的様式」）に付け加えるもの
として思考様式を二分しているということにある。

　生田は古典芸道などの「わざ」を論拠にこの「付加的な二分法」を誤りだと
主張する。生田によれば、「わざ」は「感性的な思考」あるいは「物語（ナラ
ティブ）的な思考」と呼ばれるもので、「科学的思考」や「理性的思考」とは
種類の異なるものである。その「わざ」の教授法には「わざ」言語といえる、
特殊な、記述言語や科学言語とは異なる修辞的な表現が使われている。この言
語使用は「可能的世界を切り拓く力があるという認識」に基づいている。「可
能的世界の想定」は事態の整合性を高めていくための予測を果てしなく続ける

ことである。そして、生田は「この可能的世界の想定は論理 – 科学的思考にお
いても不可欠な要素であることは明白であり、そうした事実は、……『思考』
と『想像』、また『感性』と『理性』を別系統の認知・思考様式として、付加
的に捉えること自体の誤りの証左となり得るし、さらにそこから、新たな包括
的な思考様式を再構築することの可能性が拓けてくるのである」と述べている
（同上、p.6）。

　生田による指摘の要点は、ブルーナーが「2つの思考様式」を「普遍的」と
していることで、それは絶対的で変化しないものであり、しかも、一方を他方
に付け加える見方をしているということにある。このような見方ゆえに、「2
つの思考様式」は「付加的な二分法」であり、そこには「包括的な思考様式」
の構築の可能性がないとして、批判されている。

　「包括的な思考様式」が教育に新たな可能性を拓くという是非はさておき、
しかし、生田の指摘には次の3つの難点がある。1つは、ブルーナーが「2つ
の思考様式」に対して述べた「普遍的」についての批判の仕方である。2つは
「2つの思考様式」の変化に関する解釈である。そして3つは、「2つの思考様
式」という二分法は「付加的な二分法」であるという解釈である。順に検討し
ていこう。

　ブルーナーが「2つの思考様式」を「普遍的」としたとしても、ただそれの
みでそれが問題であるとはいえない。これまで言及してきたように、「2つの
思考様式」は「人間」と「自然的事物」を思考する際の様式である。ブルーナ
ーが「2つの思考様式」をどの「文化」でも「普遍的」としたのは、どの「文
化」内にいても、人は「人間」と「自然的事物」について考えるということで
ある。だから、「2つの思考様式」における「普遍的」を問題視するならば、
まずもって、どこの「文化」にいる人であっても、「人間」と「自然的事物」
について考えるか否かを検討しなければならないはずである。ブルーナーが
「2つの思考様式」を「普遍的」であると述べたことを批判するのであるなら
ば、どの「文化」においても、人は「人間」と「自然的事物」を考えるわけで
はないと、あるいは、「人間」と「自然的事物」という区別が妥当でないと論
証しなければならない。仮にその区別が妥当であるならば、「2つの思考様式」
が「普遍的」であるか否かの次なる検討は、「人間」と「自然的事物」に対す
る思考の相関関係に対するものでなければならない。「2つの思考様式」とい

う区別が絶対視されているというのみでは、ブルーナーが「2つの思考様式」を「普遍的」と述べたことに対する批判とはならないであろう。

「2つの思考様式」は「人間」と「自然的事物」に対する思考の相関関係に基づいていることを意識すれば、それが変化しないというのみでは問題点の指摘とはならない。それを問題と指摘するには、ここでも同様に、「人間」と「自然的事物」に対する思考の相関関係を論駁するか、新たな相関関係を提示しなければならない。

ブルーナーの「2つの思考様式」が「付加的な二分法」という解釈も、それが十分に論証されているとはいえない。第1に、「2つの思考様式」を、生田がみなしていたように、「思考」と「想像」や「感性」と「理性」に単純に重ねることはできない。生田は「感性的な思考」を「ナラティヴ様式」に、「理性的な思考」を「論理－科学的様式」に重ね合わせているが、「2つの思考様式」は「人間」と「自然的事物」に関する思考の様式であるので、単純には重ねることはできない。「ナラティヴ様式」で理性的な思考は可能であろうし、「論理－科学的様式」で感性的な思考もありえるからである。

そして第2に、生田は「ナラティヴ様式」が「論理－科学的様式」を補う関係しか考慮していない点で、「付加的な二分法」と断定するには説得力が欠けてしまっている。ブルーナーのいう「2つの思考様式」はお互いに「相補関係」にある。だから、「ナラティヴ様式」が「論理－科学的様式」に付け加えられるという関係のみではない。瀬戸口昌也が「ブルーナーは、二つの思考様式の関係について、相互に融合することはなく、物語的思考が妨害される時に、パラディグマティック的思考が用立てられるものとしている」と述べているように（瀬戸口 2006, p.53）、「論理－科学的様式」が「ナラティヴ様式」を補うということも可能なのである（「2つの思考様式」の「相補関係」については次章で詳しく扱う）。生田は「ナラティヴ様式」を「論理－科学的様式」の前段階とみなしていたが、お互いに補い合う関係にあるのだから、「2つの思考様式」を段階的に捉えることは不適切である。ブルーナーの「2つの思考様式」が「付加的な二分法」であるとすると、ブルーナーがもともと提示していた「2つの思考様式」の関係性――「還元不可能な相補関係」――を的確に捉えきれないのである。

ブルーナーのいう「相補関係」とは、一方を他方の前段階とみなすような関

係性を表すものではない。「還元不可能」とあるように、両者は独立していないながらも、お互いにお互いを補い合える関係を意味しているのである。

(4) まとめ

ブルーナーは「2つの思考様式」の関係を「還元不可能な相補関係」と規定している。本節では斎藤の指摘から「還元不可能」の意味を、生田の指摘から「相補関係」の意味を明確にしてきた。「2つの思考様式」における「還元不可能」とは「思考対象と様式の相関」を意味している。対象が違えば方法が違うということである。この「還元不可能」から思考様式が二分されるわけであるが、思考の対象と様式の相関性に基づいているために、「2つの思考様式」は対立的な二分法ではない。「2つの思考様式」における「相補関係」とは、お互いがお互いを補い合えるという関係である。一方が他方の前段階として存在する関係を指しているのではない。

本節では、「2つの思考様式」の二分法に関する問題点を検討し、それが問題ではないと示した。しかし、これをもって「2つの思考様式」に関わる問題が解消されたわけではない。「2つの思考様式」に関しては、本節で検討してきた問題よりも、より根本的な問題が指摘されている。それは「構成主義」に関わるものである。本節第1項で確認したように、「2つの思考様式」は「経験を整序し、現実を構成する特有の仕方」である。また、第2項でブルーナーが「構成主義」の立場であることにも触れた。これらのことは「2つの思考様式」が「構成主義」の立場から提示されたことを意味している。したがって、「構成主義」に問題があれば、「2つの思考様式」はその根本から否定されかねない。次節で「構成主義」の問題点について検討する。

2 ブルーナーの「構成主義」の吟味

ブルーナーの「構成主義」はバクハーストによって批判されている（Bakhurst 1995, 2001）。バクハーストによる批判の要点は、ブルーナーが「始原的実在」（aboriginal reality）[4] を否定したことにある。「始原的実在」とは「われわれ自身の心やわれわれの前の時代もしくは同時代の人々の心から独立した」「実在」のこと（Bruner 1986, p.96）、換言すれば、構成主体および時間

と無関係に存在する超越的な「実在」のことである。実在論の立場に立つバクハーストにとって、「始原的実在」の否定は「反実在論」（anti-realism）か「非実在論」（irrealism）に陥ることになり、心理学の否定へ帰結する。それゆえ、バクハーストはブルーナーの「構成主義」を批判するのである。

　ブルーナーはバクハーストの批判に対して直接的に応答していない。しかし、批判されても自身の立場を変えていない。このことからブルーナーがバクハーストによる「構成主義」批判を不当とみなしていると察せられるが、しかし、バクハーストの批判が妥当でないと明示できないかぎり、「2つの思考様式」の根本が否定される可能性が残ってしまう。バクハーストによる「構成主義」批判の是非を検討する必要がある。

　バクハーストに加えて、シャンカーによる批判も本節では検討する。シャンカーはブルーナーが「デカルト主義者」であると批判している（Shanker 1992, 1993）。後に見るように、バクハーストはこの批判に同意している。これによりシャンカーの批判に言及してしまうことになるが、これが本節でシャンカーの批判を検討する第1の理由ではない。本節でシャンカーによる批判までも検討しなければならない理由は、バクハーストによる批判を検討していくことで浮上する問題、すなわち、他者理解に関わる問題と直結しているからである。バクハーストによる批判を検討した後、シャンカーによる批判を検討する。

（1）バクハーストによる「構成主義」批判の検討
（1-1）バクハーストの批判の要点

　バクハーストによるブルーナーの「構成主義」批判は、すでに述べたように、「始原的実在」の否定をめぐってなされている。そこで、バクハーストの批判を見る前に、ブルーナーが「構成主義」の立場から「始原的実在」を否定していることを確認しておこう。

　ブルーナーは「構成主義」を「われわれが住む『世界』に帰する実在は構成されたものである」と説明している（Bruner 1996, p. 19）。われわれの「世界」にある「実在」はわれわれが構成したものであるというのがブルーナーの「構成主義」である。しかしより厳密にブルーナーの「構成主義」を規定するなら、一切の「実在」はわれわれが構成したものであり、われわれの構成から独立した「実在」は存在しない、ということになる。ブルーナーは「われわれは始原

第5章　「2つの思考様式」と「構成主義」の吟味　　*219*

的実在を知りえない、そのようなものはない、われわれが創りだすどんな実在も、所与として受け取ったいくらか前の『実在』の変形に基づいている」（Bruner 1986, p. 158）と主張している。ここで述べられているように、「実在」を構成するために所与として受け取る「実在」はある。しかしその「実在」はわれわれによる構成とは別にすでにそこにあるような「実在」ではなく、われわれが構成した「実在」のことである。だから、われわれによる構成から独立した「実在」、つまり「始原的実在」などなく、ましてや「始原的実在」から「実在」を構成することなどありえない。「始原的実在」を想定しないブルーナーの「構成主義」は「われわれが生きている世界におけるすべての『実在』はわれわれによって構成されたものである」ことを意味している。

　このようなブルーナーの「構成主義」を、バクハーストは2度批判している。もっともバクハーストによるブルーナーの「構成主義」批判は、ただそれを論破するという破壊的なものではない。むしろ、ブルーナーの「文化心理学」を補強しようとするためのものである。初回のものから確認していこう。

　バクハーストは『意味の復権』を中心に検討することで、ブルーナーの「文化心理学」を「心の文化強力説」（strong cultural theories of mind）[5]と位置づけている（Bakhurst 1995, pp. 160-161）。「心の文化強力説」とは「文化がある意味で心の構成要素であり、したがって個人の精神生活の本性と内容は、個人がその部分となる文化に関係なく理解できないことを支持するために、心は構成され、拡散され、関係的で、位置づけられている、または社会的に構成されるというスローガンを用いる」理論のことである（*Ibid.*, p. 159. 引用箇所の傍点原文イタリック）。

　ブルーナーの「文化心理学」を「心の文化強力説」と位置づけた上で、バクハーストはブルーナーの立場を肯定しつつもその危険性を次のようにいう。すなわち、「ブルーナーはわれわれに科学的心理学はどのようにあるべきかを再考するよう頼むようにいつも執筆するけれども、彼は時折認知の科学という考えそのものを蝕むような見方に彼自身を関与させている」（*Ibid.*, p. 162）。このように、バクハーストはブルーナーに認知科学の否定という危険を見い出している。そして、バクハーストがいうブルーナーが関与している「認知の科学という考えそのものを蝕むような見方」こそ、「始原的実在」の否定にほかならない。バクハーストは次のように述べることからその論証を始める。

220

既成の世界（ready made world）がある、もしくは「始原的実在」があると
いう考えをブルーナーは拒否する。そして、彼が「実在」という用語を使う
とき、彼はしばしばそれを恐ろしい引用符内で述べる。これは、「実在」で
あることはわれわれの概念化の様式の帰結であるとする、完全な構成主義
（full-blown constructivism）を提案しているのである。したがって、認知科学
者と文化心理学者の関係は、前者が意図的な言説によって構成された仮想的
な実在の基礎をなす実在する仕組みを扱うことができないということになる。
なぜなら、科学はナラティヴ的構成に従事するただの社会的制度、われわれ
の文化的自己解釈の別の側面だからである。……科学それ自体は知性のパー
スペクティヴから理解されうるし、そのパースペクティヴは文化心理学の解
釈的態度から照らされている。われわれは認知科学と解釈学的心理学は別の
「言説」であると認めなければならない。他方に対して一方の主張を行う独
立した真理の標準がないのである。（*Ibid.*, p. 163）

　自身の「文化心理学」において「既成の世界」すなわち「始原的実在」を否
定するブルーナーにとって、われわれとは無関係な存在が「実在」の構成に入
り込む余地はない。だから、「文化心理学」者であるブルーナーのいう「実在」
はわれわれと独立に存在するものとは無関係であり、われわれが行う「概念化
の様式の帰結」といわざるをえない。したがって、一切の「実在」はわれわれ
が構成したものだということになる。そうなると、認知科学が科学として機能
できなくなるということになる。なぜなら、科学は構成された「実在」の基礎
となる「実在」を扱うからである。この構成された「実在」の基礎となる「実
在」を喪失することで、ブルーナーの「文化心理学」には認知科学に対する
「独立した真理の標準」がなくなる。だから、ブルーナーの「文化心理学」は
「実在」を認める認知科学と別物となってしまうのである。
　バクハーストによるブルーナーの「構成主義」批判の要点は、明らかに、
「始原的実在」の否定にある。「始原的実在」が否定されることによって、認知
科学が探究すべき構成された「実在」の基礎となる「実在」までも否定される
ことになるからである。
　バクハーストはこの主張をさらに裏付けるため、ブルーナーの「構成主義」
に「ラディカル構成主義」（radical constructivism）の要素があると指摘する

第5章　「2つの思考様式」と「構成主義」の吟味　*221*

(*Ibid.*, p. 163)。「ラディカル構成主義」は、その代表的論者であるフォン・グレーザーズフェルド（von Glasersfeld, E.）によれば、「知識をどのように定義したところで、知識は人の頭の中に存しており、思考主体は自らの経験を基礎として自ら知っていることを構成する以外は他にないという前提から出発する」（フォン・グレーザーズフェルド 2010, p. 16）立場のことである。「ラディカル構成主義」は、ブルーナーと同じく、主体と無関係に独立した「実在」を認めていない。「ラディカル構成主義」は自らの経験からしか何も知ることはできないとみなしているからである。

　バクハーストはブルーナーの「ラディカル構成主義」の要素の根源を、ブルーナーの「『経験の組織化』（"organizing experience"）としての心」という見方にあるとしている（Bakhurst 1995, p. 163）。バクハーストは「ブルーナーは、論理実証主義者を誇り高くする概念枠（conceptual scheme）と経験内容（empirical content）の二元論を扱っている」と述べた後に、次の記述を「『経験の組織化』としての心」の見方として指摘している（*Ibid.*, pp. 163-164）。

　　知識は、経験における規則正しさ（regularity）に意味と構造を与えるためにわれわれが構成したモデルである。知識の体系を組織する考え（idea）は、経験を経済的で関係しあったものにするための発明である。……文化の歴史とは、すぐれた組織する考えの発達の歴史である。（Bruner 1979, p. 12）

　バクハーストのいう「概念枠と経験内容の二元論」は、おそらく（というのも明示的に参照していないから）、デイヴィットソン（Davidson, D.）が論文「概念枠という考えそのものについて」（"On The Very Idea of a Conceptual Scheme," 1974)[6]によって指摘したものである。デイヴィットソンは「概念枠」を「経験を組織化する方法」と述べており（Davidson 1974, p. 183（訳書、p. 192))、「概念枠と経験内容の二元論」を「枠組と内容、組織化するシステムと組織化を待つなにか」としている（*Ibid.*, p. 189（訳書、p. 200))。「概念枠」によって経験の内容が組織されるという「概念枠と経験内容の二元論」は、確かに、バクハーストが引用しているブルーナーの記述に見られる。ブルーナーにとって「知識」という「概念枠」は経験の内容を組織するものだからである。

　ブルーナーが「『経験の組織化』としての心」の見方をしているために「概

念枠と経験内容の二元論」に基づいているのであれば、バクハーストがブルーナーに「ラディカル構成主義」の要素を見出したのも当然である。「概念枠と経験内容の二元論」に基づいているかぎり、経験から独立した「実在」を認めることはできないからである。

しかしながら、バクハーストが指摘したブルーナーの「『経験の組織化』としての心」の引用箇所は「ナラティヴ」研究以前のものである。だから、それ以降のブルーナーは「『経験の組織化』としての心」という見方をしていないとして、バクハーストの主張を否定することも可能である。バクハーストはそのような反論に対して手を打っている。バクハーストは近年の「ナラティヴ」研究からも、ブルーナーが「『経験の組織化』としての心」を抱き続けていると指摘している。ブルーナーは「ナラティヴ」を「経験を組織化する」様式として記述している（Bruner 1990a, p. 43）からである（Bakhurst 1995, p. 164）。バクハーストにしたがえば、ブルーナーは「ナラティヴ」を研究している際にも「『経験の組織化』としての心」の見方を抱いているのである。

「『経験の組織化』としての心」を抱くこと、それは「概念枠と経験内容の二元論」に基づくことである。バクハーストは「そのような枠組‐内容の二元論は、何らかの哲学的足場が急いで組み立てられないかぎり、簡単に反実在論に陥る」（*Ibid.*, p. 164）と結論する。そして、「文化主義者の仕事は、心理学を不可能にしない、社会的存在としてのわれわれの本性に哲学的に満たす根拠を見つけることである」（*Ibid.*, p. 168）と主張している。

「始原的実在」を否定することで「反実在論」となり、そのため、科学としての心理学の営みまでも否定することになる。これが初回のバクハーストによる「構成主義」批判の骨子である。

2度目の「構成主義」批判も基調は同じである。すなわち、2度目の批判においても、バクハーストは「始原的実在」を否定すると心理学は科学として成り立たなくなると主張している。「始原的実在」の否定から確認しよう。バクハーストは次のように述べている。

ブルーナーの立ち位置はさらによりラディカルに、「実在」の全ては、ある意味で、われわれの解釈と範疇化の様式の人工物であるとするところの徹底的な構成主義（full-bloodied constructivism）と示されるといえよう。ブルー

ナーは「始原的実在」はない、換言すれば、われわれが出会うような世界は心の組織化する力の所産、「実在のナラティヴ的構成」の所産であると主張する。そのように、われわれは自己が人工物であると認めることで自己を小さくしない。なぜなら、科学でさえ、この徹底的な読み方では、「実在を構造化する」一連の広範囲の実践のただのもう1つ、「世界制作の方法」のただのもう1つにすぎないからである。（Bakhurst 2001, p. 188）

「始原的実在」の否定に言及し、「心の組織化する力の所産」と述べ、それを科学と関連づけていることからも、バクハーストは初回の批判と論点を変えていないことは明らかである。バクハーストはさらに、言葉に若干の違いがあるが、初回の批判と同じく、「『経験の組織化』としての心」がもたらす心理学への危険性を次のように述べる。

心が経験を組織するという考えは全体的な（global）非実在論へうまく歩かせる道のもとにわれわれを導くのである。その結果として生じる位置は、とりわけポストモダン的な態度を与えられたときに流行し、使いやすい。なぜなら、それは文化心理学者に主流の心理学からの批判を無価値なものとすることを許して、研究するための「実在の」（'real'）心があるという妄想に悩むことを退けられるからである。（*Ibid.*, pp. 188-189）

「非実在論」へと向かえば、心理学そのものを無効にしてしまいかねない。なぜなら、心理学の対象である「心」でさえ「実在」しないといってのけるからである。「実在」を否定することは心理学の否定になるのである。
　こうしたことから、バクハーストは「非実在論」の道を拒絶する。

この非実在論は大いなる誤った案内であると私は考える。大部分はわれわれが作成したものではないという永続する世界における個人的存在の実在を、そしてその世界と認知的に接触する個人的存在の実在を支持する心と世界のビジョンを熱望すべきであると私は信じている。その仕事は、心の社会文化的次元を十分に重要と考えつつ、この実在論的なビジョンを快諾することである。（*Ibid.*, p. 189）

「始原的実在」を否定すれば「反実在論」や「非実在論」に陥ってしまう。それは構成された「実在」の基礎となる「実在」や「心」の「実在」の否定となる。そうなれば科学としての心理学が成立しなくなる。だから個人による構成とは無関係な「実在」を認めなければならない。そのため、バクハーストは個人による構成とは無関係な「実在」を認めるイリエンコフ（Ilyenkov, E.）やマクダウェル（MacDowell, J.）の思想を用いることで、ブルーナーの「文化心理学」を補強する論を展開している（Bakhurst 1995, pp. 164-169, 2001, pp. 189-194）。

　イリエンコフやマクダウェルを援用することでブルーナーの「文化心理学」を補強しているから、バクハーストは決して破壊的な批判をねらってはいない。その建設性は評価できる。しかし、バクハーストによる補強は本当に必要なのだろうか。バクハーストのいうように、「始原的実在」の否定は科学としての心理学にとって致命的なのだろうか。

（1-2）「始原的実在」の否定の意味

　バクハーストによる「構成主義」批判の要点は「始原的実在」の否定にある。なぜなら、バクハーストによる批判の骨子は、「実在」を構成する立場で「始原的実在」を否定することは、構成された「実在」の基礎にある「実在」、あるいは「実在」を構成する「心」から「独立した真理の標準」を否定することとなってしまい、真の「実在」と虚構としての「実在」を区別できなくなり、その結果、科学としての営みが崩壊してしまうということにあったからである。

　バクハーストが指摘するように、ブルーナーは確かに「始原的実在」を否定していた。しかしながらブルーナーは、バクハーストに批判されてもなお、「始原的実在」を否定し続けている。バクハーストによる2度目の批判が行われた論文は、バクハーストとシャンカーが編集したブルーナーの研究を論評する論文集に収められており、その論文集の最後にブルーナーのリプライ論文が収められている（Bruner 2001）。

　リプライ論文といっても、論文集の論者全員に個別に対応するものではなく、総括的に応答する内容となっている。そのためバクハーストに直接向けられているとは明示されていないが、その論文でブルーナーは「構成主義」について「私は実在の唯一の『根本的に真である』（'basically true'）バージョンはないと

いう見方を採る」（*Ibid.*, p. 212）と述べている。

　この「唯一の『根本的に真である』バージョン」と「始原的実在」は同義である。「根本的に真である」とあるように、「唯一の『根本的に真である』バージョン」とはある「実在」に対して「真」といえる「実在」のバージョンのことである。つまり、「唯一の『根本的に真である』バージョン」はある「実在」が「真」か「偽」かを判断する根拠のことである。「始原的実在」もまた、ブルーナーにとってある「実在」を「真」か「偽」かを判断する根拠としての「実在」を意味している。それは「ひとたび始原的実在が捨てられると、われわれは世界の偽のモデルから真を区別する方法としての対応の基準を失う」（Bruner 1986, p. 98）とブルーナーが述べていることに明らかである。

　したがって、「始原的実在」はある「実在」が「真」だといえる根拠を意味している。しかも「始原的実在」は「実在」の構成に無関係なものであったから、それは構成主体とは無関係に存在する「真」の根拠である。

　「唯一の『根本的に真である』バージョン」である「始原的実在」の否定は、バクハーストが指摘していたように、「独立した真理の標準」を棄却することを意味する。「始原的実在」を否定し続けることから、ブルーナーはバクハーストの批判を正当な批判とみなしていないようである。批判されてもなお、なぜブルーナーは「始原的実在」を否定し続けるのか。ブルーナーが「始原的実在」を否定した意味を検討することで明らかにしよう。その過程で、ブルーナーがバクハーストの処方箋そのものを批判していることもまた明らかとなる。

　ブルーナーが「構成主義」の立場に立つのは、自身もその首謀者の1人である「認知革命」と関係している。ブルーナーによれば、「認知革命」によって心理学や言語学が「被験者の顕在的で、客観的な反応ではなく、被験者が知っていること、どのように知識を獲得しそれを使用するのかということ」に専心するようになり、「その重点は、パフォーマンス（人々のしたこと）からコンピテンス（人々の知っていたこと）へと移った」。しかし、それは科学性を満たすものではなかった。「顕在的な行為は観察可能で可算的である一方、それらを導く思考や規則はこの意味で『客観的』でなかった」からである。なぜ「観察可能」で「可算的」でなければ「客観的」ではないのか。それは論理実証主義の科学哲学に基づいていたからである。論理実証主義者（カルナップ（Curnap, R.）やヘンペル（Hempel, C.））は「19世紀の物理学」を「よい科学」としてい

た。つまり、「存在すると主張されるものは何であれ、物理的に示されなければならないか、もしくは少なくとも物理的なことに還元されなければならない。しかし、認知過程、すなわち思考や知ることとしての非客観的な過程に対する注目が増加して、心理学者はこの立場に挑戦した」のだった。こうして、新しい科学哲学が要求されることになった（Ibid., pp. 93-95）。

　ブルーナーにとって、その新しい科学哲学がグッドマンの構成主義であった。

　ブルーナーはグッドマンの構成主義を「その中心的命題である『構成主義』は、常識と反して、人間の精神活動と象徴的言語から先立って存在し、独立している唯一の『実在世界』はない、つまり、われわれが世界と呼ぶものは心による象徴的手続きが世界を構成するというなんらかの心の所産である」（Ibid., p. 95）と解釈している。この解釈から、ブルーナーの「構成主義」がグッドマンの構成主義に多くを負っていることは明白であろう。ブルーナーによるグッドマンの構成主義解釈に、「始原的実在」の否定が含まれているからである。

　ブルーナーはさらにグッドマンの構成主義解釈を続ける。グッドマンによると、「現象（appearance）の世界、われわれが住んでいるまさにその世界は、心によって『生み出されている』」。したがって、「物理的なナマの（raw）の物質」よりも「それらを創りだした心理学的諸過程」のほうが「実在的」である（Ibid., p. 96）。このことから、われわれの「心」の外にあるものよりも、「心」による「実在」の構成過程の方が重視される。このようなグッドマンの構成主義に対し、ブルーナーは「その形而上学的あいまいさに関わらず、われわれが象徴的体系に助けられながら与えられた『所与の世界』（"given world"）を扱うことによって世界を構成するという彼の主張は、認知的な観点からは、……グッドマン自身が認める用意をできていたことよりは、おそらく正しい」（Ibid., p. 100)[7]と述べている。ブルーナーは「始原的実在」の否定という観点から、グッドマンの構成主義に同意しているのである。

　このようにグッドマンに同意をするのも、ブルーナーは心理学において「始原的実在」の否定が徹底されていないとみなしているからである。

　心理学者は（認知心理学者でさえ）人びとが実在の世界または始原的な世界を「表象する」ように創りだす世界について考えることを好む。ピアジェでさえ、彼の認識論は、成長の過程でより単純なものを包みこんでいくより洗

練した構成概念を伴った、構成主義のものであったが、それにも関わらず、残存の素朴実在論を捨てきれなかった。彼にとって構成は成長しつつある子どもが適合や「調節」しなければならない1つの自律した実在世界の諸表象であった。(*Ibid.*, p. 98)

　ブルーナーは多くの心理学者は「始原的実在」を捨てきれない素朴実在論者であると指摘している。だから、グッドマンの構成主義を理解できないとする。これは「始原的実在」の否定を認めないバクハーストにもあてはまるが、ここでは指摘するに留めておく。ブルーナーがこれほどまでに「始原的実在」を棄却することを強調するのは、「始原的実在」という存在こそが心理学の桎梏となっているからである。ブルーナーは述べる。

　心理学者たちは、彼〔＝グッドマン〕が提起した認識論の中心的な問題に取り組んできた。というのも、精神物理学者のグスタフ・フェヒナーとヴィルヘルム・ヴントを心理学の設立の父であるとすると、彼らから与えられたことの相続によって、心理学は、どのように心とその心的過程が刺激の操作を通して物理的世界を変形するのかという立場をとらなければならないと感じていたからだ。「世界」はそこにあるという観念をきっぱりと変えることなく捨て去り、世界だとみなしていることはそれ自体、象徴的体系で表現された規定にほかならないという観念に代えた瞬間、そのとき根本的に学問（discipline）の姿は変わる。そして、ついに、実在がとりうる無数の形態、すなわち科学によって創られた実在と同様、ストーリーによって創られた実在を含めて扱える立場に、われわれは立つのである。(*Ibid.*, pp. 104-105.〔　〕内引用者補足)

　ここには論理実証主義に基づいた古い科学哲学ではなく、グッドマンの構成主義に基づいた新しい科学哲学から見た心理学の姿が描かれている。上で見てきたように、ブルーナーは「認知革命」によって新しい科学哲学が要求されたとしていた。ブルーナーによれば、「認知革命」は「客観主義の長く寒い冬の後に、人間科学に『心』を取り戻そうと意図されたのだった」(Bruner 1990a, p. 1)。この客観主義によって、「『世界』がそこにある」と仮定されてしまう。

「『世界』がそこにある」と仮定されてしまうと、認知といったことが心理学で扱えなくなる。認知は客観的でないとして、科学から排除されてしまうからである。グッドマンの「構成主義」が新しい科学哲学としてふさわしいのは、「始原的実在」を否定することで「『世界』がそこにある」という観念を捨て去ったからである。「始原的実在」を否定することで、認知といった「心」の作用を「象徴的体系で表現された規定」として扱うことができ、科学のみならず、ストーリーによって創られた「実在」も扱うことができる。ブルーナーにとって、「始原的実在」の肯定が心理学に限界を課していたのである。

　ブルーナーによる「始原的実在」の否定の背景には客観主義との決別がある。したがって、ブルーナーにとって「始原的実在」の否定は真偽の客観主義的な基準、バクハーストの言葉を用いれば「独立した真理の標準」の否定である。「始原的実在」は認識論に関わっている。

　「始原的実在」の否定をめぐって、バクハーストは認識論、とりわけ「主観は客観に的中できるのか」という主観−客観問題を視野に入れている。バクハーストはシャンカーがブルーナーを「残存するデカルト主義」とした指摘を「その相互関係の『交流的』本性を強調したとしても、ブルーナーは主観と客観の伝統的な認識論的二元論を扱い続けている」と解釈している。バクハーストはこれをブルーナーは「枠組と内容の二元論」に基づいているという自身の解釈に結びつけ、「枠組と内容の二元論はブルーナーの立場におけるより広い認識論的二元論に明らかに適合する」とし、「さらに、それ〔＝枠組みと内容の二元論〕は、主観が認知をもたらす何かとして概念枠が示されうるので、それが受け継がれたとしても、部分的には少なくとも、文化から交流モデルを容易にする」と述べている。続けて、ブルーナーがこの二元論に暗に基づいていることを十分に理解しなければ自分の立場を蝕んでしまうというシャンカーの主張を引き、「シャンカーにとって、文化に訴えることは、われわれが認知心理学の伝統的な問題に答えなければならない源泉を補充する方法として理解されるべきではない」と述べ、シャンカーに同意している（Bakhurst 1995, p. 169 note 4. 引用箇所の傍点は原文イタリック）。

　バクハーストがシャンカーに同意しているのは、ブルーナーの立場における認識論上の問題である。シャンカーは主観−客観問題をブルーナーの立場における「交流」にあてはめ、ブルーナーが「文化」に「交流」を可能にする根拠

を求めたとしても、「文化」もまた自己の枠組となっている以上、「交流」における正しさ、つまりお互いに意思疎通ができている保証ができないと指摘している（より詳しくは後述する）。シャンカーは自己（＝主観）が他者（＝客観）を正しく認識できるのかという主観－客観問題を議論し、ブルーナーの「残存するデカルト主義」ではそれを解決できないとしている。これにバクハーストは同調しているのである。

バクハーストは「始原的実在」の否定によって「独立した真理の標準」が失われると主張していた。したがって、その批判の妥当性はブルーナーが「始原的実在」を否定したうえでどう認識論上の問題——主観－客観問題——を扱っているかにある。バクハーストは「枠組と内容の二元論」に基づいているため、「始原的実在」を否定すれば、真偽の根拠は失われるとみなしていた。彼によれば、ブルーナーの立場では主観－客観問題を克服できない。

事実は逆である。ブルーナーの方が、バクハーストよりも、はるかに徹底的に主観－客観問題を克服している。

先に見たように、「始原的実在」は「実在」をそれと対応させることでその「実在」の「真偽」を判定するものであった。そもそも「始原的実在」は構成主体とは無関係な「実在」のことであったから、「始原的実在」を認めるということは、構成主体から超越したものに対応させることで「真偽」を判断することを認めるということになる。このように「始原的実在」を捉えるならば、ブルーナーにとって「始原的実在」の否定は「真偽」の判断を構成主体から超越したものに求めるのではなく、構成主体に内在したものに求めるということを意味している。それはブルーナーが「構成主義」における「正しさ」（rightness）の基準について、次のように述べていることに裏づけられる。

……構成された世界のための「正しさ」の基準は、一致によってであれ調和によってであれ、確立している「真理」のための通例の基準とほんの少しも関係していない。むしろ、正しさはプラグマティックにコントロールされているとはっきりしてくる。つまり、それは影響を及ぼさなければならない環境（setting）の中で相互作用をする人びとの間で耐えうる（can live with）ことである。（Bruner 1991, p. 249）

230

「正しさ」の基準は構成主体から超越した「真理」にあるのではなく、構成した「実在」が人びととの相互作用において耐えられるかという、プラグマティックなものであると、ブルーナーはいう。ブルーナーにとって、それは構成主体にとってどのような影響を及ぼすかによって「正しさ」が判断されるということである。それはブルーナーが「プラグマティストの問い」として「どのようにこの見方が世界とそれへの関与についての私の見方に影響するのか」を述べていること（Bruner 1990a, p. 27）にも確認できよう。

このようなブルーナーの「正しさ」の基準に対するプラグマティックな見方は、リプライ論文によってさらに鮮明になっている。

　構成主義はプラグマティックな基準（pragmatic criteria）に訴える。要求する「実在」がある望ましい目的の達成を成就するだろうか。それは持続に十分であるか、それは事項について信用できる記述を生み出すか。それは生成的である論理および実用的な言語（working language）を生みだすのか。（Bruner 2001, p. 214)[8]

ここではさまざまな「プラグマティックな基準」の具体例があげられているが、総じてみると、構成した「実在」がその構成主体にとってどのような結果をもたらすのかという、「構成主体にとっての結果の有用性」に関する問いかけとなっている。「プラグマティックな基準」とは「構成主体が構成した『実在』の『結果の有用性』を『正しさ』の基準とする」ということである。「結果の有用性」は構成主体にとってのものであるから、「プラグマティックな基準」は、構成主体に対して超越的なものでも無関係なものでもない。このことから明らかなように、「始原的実在」という超越的な「正しさ」の基準を捨て、構成主体に基づいた「正しさ」の基準をブルーナーは定めているのである。

これは次のことにも明らかである。「意味（すなわち『実在』、というのも、結局はその2つは区別がつかないからだ）は、人間の志向性を反映し、それと独立にその正しさを判断されえない企てである」（Bruner 1986, pp. 158-159）、あるいは「構成主義の基本的な主張は単純に、われわれが選び取ったパースペクティヴに照らして知識は『正しい』か『誤り』であるということである」（Bruner 1990a, p. 25）と述べているように、ブルーナーは構成主体である人間の「志

向性」や「パースペクティヴ」といったことを観点に「正しさ」は判断される
とみなしている。「プラグマティックな基準」を踏まえれば、ブルーナーにと
って「正しさ」は、ある観点に相関的に生じた「結果の有用性」によって判断
されるということになる。ブルーナーは「正しさ」の基準について、徹頭徹尾、
構成主体から超越したものに求めていないのである。ブルーナーにとって「始
原的実在」の否定は「正しさ」の基準の転換を意味している。

　したがって、「始原的実在」の否定は、バクハーストの危惧するような、構
成された「実在」の基礎となる「実在」の否定を意味していない。事実、ブル
ーナーはあらゆる「実在」を否定していない。ブルーナーはこう明言している。

　　その範囲において主観を扱い、しばしば「実在の構成」を言及するにもかか
　　わらず、文化心理学は、いかなる存在論的な感覚における「実在」を確実に
　　排除しない。「外的な」(external) もしくは「客観的な」実在は、心の特性
　　と心が依拠している象徴的体系によってのみ知られうるのであると、文化心
　　理学は（認識論的な背景において）主張するのである。(Bruner 1996, p. 12. 傍
　　点引用者)[9]

　ブルーナーは「外的な」「実在」や「客観的な」「実在」という「実在」を認
めている。もし「始原的実在」の否定によってそれらが認められないとするな
らば、この明言はブルーナーが自分の主張を変えたのか、あるいは論理的に整
合的でないことを述べてしまっていることになる。だが決してそうではない。
ここでのブルーナーの主張は、「外的な」「実在」や「客観的な」「実在」はあ
るかもしれないが、それをありのままに認識することはできない、つまり「心
の特性と心が依拠している象徴的体系」を通してしか知りようがないというこ
とである[10]。特筆すべきは、ブルーナーはこれを「認識論的な背景」から主
張しているということである。ブルーナーのいう「認識論的な背景」は「構成
主義」にほかならない。ブルーナーの「構成主義」では構成主体と無関係な
「実在」は想定されない。「外的な」「実在」や「客観的な」「実在」は「心の特
性と心が依拠している象徴的体系」によって知られるというのは、それらが構
成主体と無関係に知られることはないということである。ここでの主張は「始
原的実在」を否定したブルーナーの「構成主義」と首尾一貫している。

バクハーストに対するブルーナーの反批判は「存在論は、私の懐疑的な思考方法によれば、認識論の人工物である」（Bruner 2001, p. 213）という主張に暗示されている。この主張に示されていることは、認識主体の認識と存在を無関係に扱うことはできないということである。仮に認識主体の認識と存在を無関係に扱えるとすれば、認識に関係ない「存在」を示さなければならない。しかし、それはどう示されるのか。認識に関係ない「存在」、これをここでは「ありのままの存在」と呼ぼう。この「ありのままの存在」は認識主体とどう無関係に認識されるのか。これはすなわち、「主観が客観に的中できるのか」という主観‐客観問題そのものである。

バクハーストの想定——構成された「実在」の基礎となる「実在」、「実在」を構成する「心」から「独立した真理の標準」——こそ、主観‐客観問題にとらわれているのである。バクハーストは無邪気にわれわれと無関係な「実在」を想定している。そのように想定できるのも、「主観は客観に的中できる」と想定されているからにほかならない。そうでなければ、構成主体と無関係な「実在」など想定できるはずがない。だから、バクハーストによる批判のあり方は間違っている。バクハーストがブルーナーの「構成主義」を正当に誤りだと指摘するなら、構成主体と無関係な「実在」を把握できる論理を示さなければならない。構成された「実在」の基礎となる「実在」や「独立した真理の標準」が失われると指摘するだけでは不十分である。

「始原的実在」の否定を批判するのであれば、なすべきことは転換した「正しさ」の基準の妥当性の検討であろう。「始原的実在」のような、構成主体とは無関係な「実在」をありのままに認識できない以上、そのようなものを「正しさ」の基準にすることは背理である。だから「始原的実在」の否定を批判するのであれば、「正しさ」の基準が観点相関的な「結果の有用性」でよいか否かを議論すべきである。

ブルーナーがピアジェに対して指摘したように、バクハーストは「始原的実在」を捨てきれない素朴実在論者である。そして、そのような素朴実在論者——「世界」はそこにあるという観念をもつこと——は、客観主義を前提とする古い科学哲学に基づく心理学に新しい科学哲学に基づく心理学を引き戻してしまう。バクハーストが構成主体と無関係な「実在」を認める実在論を提案することは、ブルーナーからいえば、古い科学哲学への逆行なのである。

（2）シャンカーによるブルーナー批判──「構成主義」における他者について

　バクハーストによる「構成主義」批判は妥当性を欠くものであった。しかしながら、バクハーストがブルーナーの「構成主義」解釈でなした独創性は失われていない。むしろ、その独創的な解釈が妥当であることが示されている。それは、ブルーナーの「構成主義」は「ラディカル構成主義」であるとする解釈である。ブルーナーの「構成主義」はしばしば「社会的構成主義」（social constructivism）もしくは「社会的構築主義」（social constructionism）とみなされてきたからである（古屋 2001b, p. 209; 今井 2010b, p. 52, 2011b, p. 118)[11]）。

　「ラディカル構成主義」は一切を己の経験から考える立場であった。ブルーナーは構成主体と「実在」を決して切り離さない。その証左となるのが「プラグマティックな基準」である。バクハーストによる批判の核は的外れであっても、ブルーナーの「構成主義」が「ラディカル構成主義」であるという解釈は適切である。

　だが、「ラディカル構成主義」ということで指摘される問題がある。「ラディカル構成主義」の代表的論者であるフォン・グレーザーズフェルドは、「実在の存在を否定することは愚かであ」り、実在の存在の否定は「独我論（solipsism）に行き着き、独我論は受け入れられない」といわれると述べている（Von Glasersfeld 1995, p. 7)[12]）。

　独我論という性質は教育に大いに関連する。例えば、スティナン（Sutinen, A.）は、「ラディカル構成主義」を念頭に置きながら、構成主義について次のように問題を指摘している。

　　構成主義は個人の構成過程は外側から影響を受けることができないという前提に基づいている。さらに、構成主義の学習理論は個人の学習過程は生得的な発達の論理にしたがって展開すると仮定された発達の考えにしばしば依存している。したがって、教育は可能でも必要でもない。（Sutinen 2008, pp. 1-2)

「ラディカル構成主義」に基づけば、一切は己によってしか構成されない。だから外からの働きかけは「ラディカル構成主義」では無意味なものであり、それゆえ、教育という営みも不必要となる。スティナンに基づけば、「ラディカ

ル構成主義」は教育の不可能性に帰結する。

　この問題の根は独我論である。独我論であるがゆえに、他者も自分自身の一部とされる。だから、他者の働きかけが否定され、教育が不可能になる。「ラディカル構成主義」が独我論であるという批判は、そこにおいて他者はどう位置づけられるのかという、他者に関わる問題でもある。「ラディカル構成主義」に基づけば（さらに、「ラディカル構成主義」に基づいて教育を論じるのであれば）、この独我論という問題、すなわち、他者はどう位置づけられるのかという問題を避けることはできない。

　ブルーナーの立場を「デカルト主義者」として独我論とする批判が、シャンカーによってなされている。もっとも、シャンカーはこの批判において、ブルーナーの「構成主義」を直接的な対象としていない。したがって、ブルーナーは「ラディカル構成主義」だから独我論であると、シャンカーはみなしていない。しかし、ブルーナーの「構成主義」に「ラディカル構成主義」の要素を認める以上、独我論の問題を避けることはできないし、また、シャンカーによる批判は他者に関わる問題について及んでいる。ブルーナーの「構成主義」に「ラディカル構成主義」の要素を認める以上、シャンカーによる批判を無視することはできない。シャンカーによるブルーナー批判の検討をもって、ブルーナーの「構成主義」における「ラディカル構成主義」の問題の検討としたい。

(2-1)「デカルト主義者」としてのブルーナー

　シャンカーによる批判は『意味の復権』を中心になされている。シャンカーはブルーナーの『意味の復権』における問題点を丹念に論じているが、その批判においてなしているのはブルーナーが「デカルト主義者」であると論証することである。

　シャンカーがブルーナーを「デカルト主義者」とみなす主な根拠は「フォークサイコロジー」にある。そこで、「フォークサイコロジー」についても再度確認しておこう。「フォークサイコロジー」はある「文化」に所属する「心」の「志向的状態」を理解するための道具であった（第3章参照）。したがって、「フォークサイコロジー」は他者の「心」を理解する道具でもある。

　その「フォークサイコロジー」に対し、シャンカーは「ブルーナーが人間の行動についての理論――『フォークサイコロジー』――を構成するように、意

図、欲望、信念のわれわれの判断に言及している事実そのものが、ある程度の帰属理論（attribution theory）で文化心理学に向けての彼の態度を形づけるということを、まさしく明らかにしている」（Shanker 1992, p. 58. 傍点原文イタリック）[13]と主張する。シャンカーによれば、「フォークサイコロジー」が帰属理論であるため、ブルーナーは「デカルト主義者」となっている。

　なぜ「フォークサイコロジー」が「デカルト主義」へと結びつくのか。シャンカーはそれを「フォークサイコロジー」によってブルーナーが否定したはずの「情報処理過程」（information-processing）に無自覚的に陥っているからだとして説明する。そのように指摘するシャンカーの論理を以下で追っていく。

　シャンカーによれば、「フォークサイコロジー」の問題は、「われわれのフォークサイコロジーの明白な前提は……人びとがもろもろの信念と欲望をもっているということである」（Bruner 1990a, p. 39）ということに要約的に示される（Shanker 1992, p. 62）。ブルーナーのこの「フォークサイコロジー」に対する言明を根拠に、シャンカーは「ブルーナーは、他者の心（『志向的状態』）が他者の行為（actions）を統御することをどのようにわれわれが知るのかというデカルト主義者の問題を解決することに、いまだに大いに関与している」（Ibid., p. 63. 傍点引用者）と指摘する。「フォークサイコロジー」に基づけば、「心」は「志向的状態」を伴い、その「志向的状態」によって「行為」する。つまり「心」は「行為」の原因である。シャンカーはこの発想を「デカルト主義者」であるとする。それゆえシャンカーにとって、ブルーナーは「行為」の原因としての他者の「心」を私という「心」がどのように理解するかを解決しようとしているので、「デカルト主義者」となる。

　さらに、シャンカーは「フォークサイコロジー」によるこのような「デカルト主義者」としての「心」の理解を帰属理論として指摘している。ブルーナーが「フォークサイコロジー」を心の理論（theory of mind）[14]のように論じていると確認した上で（Ibid., p. 58）、心の理論と「フォークサイコロジー」を関連づけながら、こう指摘する。

　　ここでの争点は乳幼児が心の原理論（primitive theory of mind）をもっているかどうかではなく、むしろ、素人がブルーナーによって考えられる意味で心の理論をもっているかどうかであると注意することが重要である。この

意味でのフォークサイコロジーをもつことは単に x の信念または欲望によっ
て原因となるような行動の類（class）を説明することである。……ここでの
問題は、身体的な原因と心理的な原因を類別することとの間に範疇的な違いは
ないという、ハイダーの第1の前提に由来している。すなわち、われわれは
各々の外的な出来事に同じ種類の因果の枠組みを課すのである……。これが
帰属理論に課す歪みはこれが「認知的無意識」（'cognitive unconscious'）のた
めに生み出す動因において最も明白である。個人は彼の社会的知覚において、
それらの枠組を呼び覚ますことに無自覚なので、彼の判断は前意識過程の最
終結果にならなければならない。……ブルーナーはその情報処理過程を無視
しながら、その帰結を維持することを求めている。（*Ibid.*, pp. 69-70.）

シャンカーは素人が「フォークサイコロジー」をもっているかと投げかけ、
そうである場合を想定している。その想定では、人は「フォークサイコロジ
ー」をもとに、「志向的状態」が原因となっている「行動の類」を説明すると
みなされている。そのようにみなされた根拠は、『可能世界の心理』にある乳
幼児の言語獲得についての次の記述である（*Ibid.*, p. 69）。

〔乳幼児と大人の〕相互作用はすぐにフォーマット —— 相手をお互いに予測で
き、意図を帰属でき、そして一般にお互いの行為と発話に解釈を割り当てる
ことができる、活動の型 —— にはまりはじめる。……経験しながら、われわ
れのモデルは特殊化され一般化される。つまり、われわれは人びとの種類、
諸問題の種類、人間の諸状態の種類についての諸理論を発展させるのである。
（Bruner 1986, pp. 48-49. 傍点原文イタリック。〔　〕内はシャンカーによる補足）

シャンカーは「人びとの種類、諸問題の種類、人間の諸状態の種類について
の諸理論」を「フォークサイコロジー」とし、それを根拠に「フォークサイコ
ロジー」は「志向的状態」が原因となっている「行動の類」としている。つま
り、われわれは「心」を「行動の類」である「フォークサイコロジー」に帰属
させることで理解しているのである。
　シャンカーは「行動の類」としての「フォークサイコロジー」による「心」
の理解には個人の意識に先立つ何かを想定しなければならなくなると、次のよ

うに指摘している。

　ハイダーに基づけば、「身体的な原因」と「心理的な原理」の類別に「範疇」の違い、すなわち「種類」としての違いはない。われわれの外側にあるものすべては同じ枠組みに帰属される。そしてその帰属は「認知的無意識」としてなされる。「認知的無意識」とは「個人の前意識での心の指令」（Shanker 1992, p. 61）のことである。つまり、「フォークサイコロジー」による帰属は、個人の意識に先立ち、それと無関係に行われているということである。この例として、シャンカーは『乳幼児の話しことば』（*Childs Talk*, 1983）の次の箇所を挙げている（*Ibid.*, p. 70）。

　　最初の1年の間に乳児は空間、時間、因果関係さえも扱うための諸規則を持っているように見える。スクリーンの背後を動いている間に外見を変形させる動きのある対象は、新しい外観で現れたときに驚きを生む……乳幼児の知覚世界は、色乱れ咲き音響く混沌（blooming, buzzing confusion）としてあることから遠く、むしろ高度な抽象的諸規則のように思われるものによって秩序立てられ組織されている。（Bruner 1983a, pp. 29-30）

　乳児には知覚世界が秩序立ち組織されたものとして現れている。それは「空間、時間、因果関係」を扱うための「諸規則」を持っているからであり、それは乳児の意識とは無関係に働いている。だから、乳児にはすでに知覚世界は秩序があり組織されたものとして現れているのだ。シャンカーはこのように解釈し、次のように結論する。

　　心は情報を選択し変形するための規則に支配されたシステムである。この埋め込まれた規則がなければ、われわれは経験を構造化する方法をもたないであろう。しかしそのとき、なぜこの明白な議論が『意味の復権』で見失われているのか。答えは単純だ。たとえ計算主義（computationalism）でなくとも、出発点が情報処理過程だったからである……。（*Ibid.*, p. 70）

　乳児のころから知覚のための「諸規則」をもっているということは、われわれには知覚のための、意識とは無関係な「諸規則」がすでに埋め込まれている。

その「諸規則」を適用するのがブルーナーのいう「心」である。「フォークサイコロジー」もその「諸規則」を表現するものである。つまり、「心」は「フォークサイコロジー」によって他者の情報を意識とは無関係に整える。ブルーナーにとって、「心」は他者の情報を処理するものなのである。だから、シャンカーは「フォークサイコロジー」を「情報処理過程」に結びつけているのである。

シャンカーによれば、「情報処理過程」は「デカルト主義者」の最たる特徴を示している。

情報処理過程のパラダイムでは、個人は感覚の流入に対処するために前もって準備された「システム」である。彼は混沌から秩序を確立しなければならない。すなわち、秩序は無規則な外的出来事に内的に課されるのである。これは実在に直面する心の究極的なデカルト主義者の描写である。(*Ibid.*, p. 73)

「デカルト主義者」は無秩序な外的世界を「心」という内側で秩序立てられた世界とするとみなす立場である。「情報処理過程」もまた、無規則な外的世界を「心」という内側で秩序付けられた世界にするとみなしている。それゆえ、「情報処理過程」に基づくことは「デカルト主義者」である。

「心」は「フォークサイコロジー」によって「心」の外側にいる他者を意識に先立って秩序づける。つまり、「心」によって他者の情報が処理されている。ブルーナーのいう「フォークサイコロジー」は「情報処理過程」であり、だからこそ、シャンカーにとってブルーナーは「デカルト主義者」なのである。

(2-2) シャンカーに対するブルーナーの反批判

シャンカーは「フォークサイコロジー」と「情報処理過程」ということから、ブルーナーを「デカルト主義者」と位置づけた。これは『意味の復権』でのブルーナーの主張を覆すような結論である。なぜなら、ブルーナーは「情報処理」として「心」を扱うことを拒否したからである（Bruner 1990a, ch. 1）。

それゆえか、「情報処理過程」に基づいていると指摘されたことに対し、ブルーナーは次のように反論している。「私は『情報処理過程』に反対しているのではない。文化交換という行為（conduct）の役割をする、状況の、交流の

第5章 「2つの思考様式」と「構成主義」の吟味　239

意味を考慮することに失敗する情報処理の類に反対しているのだ」（Bruner 1992a, p. 77）。ブルーナーのいわんとしていることを確認しよう。ブルーナーは『意味の復権』において、「情報処理過程は前もった計画立てと適切な規則を必要とする」として、次のように述べている。

　　それは「イスラム原理主義者の心ではどのように世界は組織化されているのか」、もしくは「ホメロス風のギリシアと脱工業的世界における自己の概念はどのように異なるのか」といった悪い形の問いを排除する。そして、それは「乗り物が算定される道のりで時間を守ることを確証する、統御された情報としてオペレーターに与えるための最適な方略は何か」、のような問いの形を好むのだ。（Bruner 1990a, p. 5）

「情報処理過程」では答えが確実に導出できる問いを扱い、そうでない問いを拒む。というのも、ブルーナーのいう「情報」は次のことだからである。

　　情報は意味の側面に関しては無関心である。計算主義の用語では、情報はシステムにおける、すでにあらかじめコード化されたメッセージで成る。意味はメッセージをあらかじめ割り当てられている。意味は計算操作の結果ではなく、割り当ての恣意的感覚を除いて、計算操作と関連しない。（*Ibid.*, p. 4. 傍点引用者）

「情報」とはシステムによってすでに決められたメッセージである。だが、「意味」は「情報」のように、システムからあらかじめ決められたものではない。確かに、「情報」も「意味」もそれがそのメッセージであると割り当てられており、その割り当てに根拠はなく、恣意的である。しかし、「情報」におけるメッセージは、それが割りあてられているシステムにおいて必ずそうなる。一方、「意味」は必ずそのメッセージを運ぶとは限らない。「情報」と「意味」の大きな違いは、それらがもたらすメッセージが一義的か多義的かということにある。
　したがって、ブルーナーはメッセージを一義的に扱うことに反対しているのであって、（原理的に可能か否かはさておき）多義的にメッセージを扱うならば、

「情報処理過程」にも賛同できるということになる。だからブルーナーはシャンカーに、「意味を扱わない情報過程処理に反対している」というのである。

　ブルーナーは「フォークサイコロジー」についても反論を加える。まず、ブルーナーはシャンカーによる「志向的状態」と行為についての解釈の仕方を、次のように述べる。

　　それら〔＝シャンカーの間違った読み〕の最初の誤読は、人びとが言うことと、人びとが信じている、考える、もしくはしようとすることと、人びとが現に実際に信じる、考える、もしくはしようとすることとの関係性に関わることである。慎重な偽りや戦略的な回避はさておき、人びとは信じること、考えていること、意図していることを実際に知っている。明らかに、これらの志向的状態の形式はそれらを表現するために役立つ言語に（ほとんど決定されないけれども）影響を及ぼしている。(Bruner 1992a, pp. 75-76.〔 〕内引用者補足。傍点原文イタリック)

　ブルーナーは自身が「言う」ことと「する」こととについて主張したことを、シャンカーは誤って解釈していると批判する。ここでは「われわれは実際に志向的状態に影響を受けているではないか」というような、いささか強引な反論となっているが、『意味の復権』でのブルーナーの主張を辿れば、その真意が見えてくる。

　『意味の復権』において、ブルーナーは「私が思うに、われわれの説明的な概念（explanatory concept）において主観主義に対する不信の多くは、人びとが言うことと人びとが実際にすることの相違に対する主張に関係している」(Bruner 1990a, p. 16. 傍点原文イタリック) と述べた上で、次のように主張している。

　　「人びとが言うことは必ずしもすることとはならない」という非難には奇妙な曲解がある。それは人びとがすることの方が人びとが言うことよりも重要であり「実在」的であること、あるいは後者は前者について示すことができるもののためにのみ重要であることを暗示している。(Ibid., p. 17. 傍点原文イタリック)

「主観主義に対する不信」とは「言う」ことと「する」こととの齟齬であり、それは「言う」通りに何かを「する」とは限らないということである。だから、「言う」ことは信頼できない。しかし、「する」ことの方が「言う」ことよりも重要であるといえるのはどうしてかと、ブルーナーは疑問を投げかけている。ブルーナーが疑問を呈しているように、日常生活では、われわれは「する」ことだけを信頼しているわけではなかろう。「する」ことは「言う」ことよりも、必ずしも信頼できるとは限らないはずである。ブルーナーはこう述べている。

　　実際、あらゆる日常生活での出会いの中での関係者の多くの行為に当てる意味は、彼らがその前か、同時か、行為した後に、お互いに言うことに依存している。または、与えられた特定の文脈から、彼らがその他者が言う・だろ・うことについて予想することができることである。（*Ibid.*, p. 18. 傍点原文イタリック）

「する」こと（＝「行為」）の「意味」は「言う」ことと関係している。そして、「言う」ことが「する」ことに「意味」をもたらす場合、「する」ことの前に「言う」ことがなされているということでは必ずしもない。同時的でもあれば、事後的でもある。「する」ことに対する「言う」ことへの不信感は、事前に「言う」ことのみに焦点を当てた、偏った見方なのである。

　このような「言う」ことと「する」こととの関係について、ブルーナーはシャンカーが誤読しているというのだ。シャンカーのいうとおり、「言う」ことにも「する」ことにも「志向的状態」は関わっている。しかし、「行為」（「する」こと）の「意味」は前もって定められるわけではない。「行為」は「志向的状態」に影響された「言う」こととの、いわば相互作用的に決められるのであって、「認知的無意識」からあらかじめ定められるわけではないと、ブルーナーはシャンカーに反論している。

　だから、ブルーナーはシャンカーの「フォークサイコロジー」解釈にも反論する。

　　フォークサイコロジーは幻想、誤った推論、誤った信念、といった目録などではない。それは文化の中の人びとが規範的（canonical）とみなしているこ

とだ。その要点は、（与えられた状況において人びとが言うことを推論するように）「フォークサイコロジー」は、信念という言明だけというよりも、むしろ、行為を必要とする変化した状況でどのように人びとがふるまうという、最上の、あるいはいっそうよい指標（predictor）である、ということではない。（Bruner 1992a, p. 76. 傍点原文イタリック）

「フォークサイコロジー」は目録ではないし、その目録から人びとの「行為」を一方的に理解するためのものではないと、ブルーナーはいう。「情報処理過程」ということを意識すれば、ここでいわれた「目録」は「情報」のことであろう。ブルーナーはわれわれは他者の「行為」を「情報」として前もって処理しているわけではないと主張しているのである。

　ブルーナーからいわせれば、シャンカーはブルーナーが批判した「情報処理過程」──前もって用意したことのみを適用するあり方──を誤解している。だから、批判としては成り立っていないとみなしているのである。

(2-3)「デカルト主義者」は問題か

　このような批判を受けてもなお、シャンカーは自らの主張を撤退させてはいない（Shanker 1993）。そして、ブルーナーがシャンカーからの批判に応えきれているともいえない。ブルーナーによる「デカルト主義者」批判に対する応答が、反論として不十分だからである。

　シャンカーに「デカルト主義者」として指摘されたことに対するブルーナーの応答を確認する。ブルーナーはシャンカーに「デカルト主義者」と批判されたことを、こう述べている。

　　最後に、シャンカー博士はあまりにもデカルト主義者の方法で「内部から外部へ／外部から内部へ」問題（the 'inside-out/outside-in' problem）──頭の中で始めるか、世界の中で始めるか──を扱っていると激しく私を非難している。私が有機体が文化の諸規則を創りだし、習得するその全範囲の傾向を打ち立てたことを非難されている。……同種から由来する相互作用の圧力とこれらを対処するために要求される精神内過程の間の恒常的な交渉を想定すること、これはデカルト主義的過失か。……あるときは彼は生物学を無視し

第5章　「2つの思考様式」と「構成主義」の吟味　*243*

ていると私を厳しく批評する……。(Bruner 1992a, p. 77)

「文化」を創り習得すること、それは種の傾向として備わっている。そして
われわれは同種で相互作用しているし、その相互作用のために必要な心理的能
力も持っている。このようにブルーナーは生物学の観点から論じているだけな
のに、シャンカーはそれを「デカルト主義者」として批判する。これは、シャ
ンカーがブルーナーの「文化心理学」における生物学的側面を無視しているか
らにほかならない。だから、ブルーナーはそれを述べることでシャンカーに対
する「デカルト主義者」批判に応えているのである。

　しかし、シャンカーが追及したのは「同種から由来する相互作用的な圧力」
に「対処するために要求される精神内過程」に関するもので、他者理解に対す
るものである。「文化心理学」における生物学的側面に言及しただけでは、シ
ャンカーの「デカルト主義者」批判の反批判とはならない。シャンカーによる
他者理解の指摘を確認しよう。

　シャンカーによれば、『意味の復権』の全般的な関心はブルーナーが「経験
の『内的な』("inner") 世界と経験から自律した『外的な』("outer") ものとの
分離」(Bruner 1990a, p. 40) を埋めようとしていることにある。さらに、シャ
ンカーはブルーナーが「文化に参加することによって、意味は公的で共有され
たものになる」(*Ibid.,* pp. 12-13) と述べていることを引いている。シャンカー
は、ブルーナーが『意味の復権』において私的なものから公的な「意味」への
移行を描こうとしていると解釈している (Shanker 1992, p. 59)。この私的から
公的への移行について、シャンカーは他者を関連させてその問題を鋭く批判す
る。

　シャンカーが指摘する問題の核心は、他者と何かを共有していることをどう
やって確かめるのかということにある。まず、シャンカーは「ブルーナーの主
な標的は、個人が自分の『公的自己』を自覚することは二次的で、自分の『私
的自己』の自覚に依存しているという発達的命題である」とする。この「発達
的命題」に対し、「後者〔＝私的自己〕を解決しそうになるときに、彼は認識論
的な私的自由（epistemological privacy）の教義に堅実に関わっている」と指摘
する。その根拠として、シャンカーは「ブルーナーはわれわれは自分の心的表
象を外的世界へ投影する素朴実在論者であると議論している」ことを挙げてい

244

る。ブルーナーは「心的表象を外的世界へと投影する」過程を、「オンティック・ダンピング」（ontic damping）、すなわち「われわれの心的過程を所産へと変換し、何らかの世界の実在にそれを付与する」（Bruner 1986, p. 65）こととしている。シャンカーはその過程を「共有された文化を構成すること」であると解釈する。なぜなら、ブルーナーは次のように述べているからである。

　私的なものは公的なものへと変えられる。そしてそれゆえ、……われわれが共有された実在の世界にわれわれ自身を位置づける。（*Ibid.*, p. 65）

　これに対し、シャンカーは「しかし、この策は他者の心の問題を解決しない。というのも、2人の主体が同じ『共有された実在』を投影しているという保証はいまだにないからである」と指摘する。そして、個人の「心」は同じ言語を話していることから他者からの反応によって「実在」が共有されている可能性を推定しているとして、「方法論的独我論（methodological solipsism）は帰属理論に出会う」と結論している（Shanker 1992, pp. 60-61）。
　ここでのシャンカーの批判の要点は、私的なものが公的なものへと移行する過程をブルーナーは他者と何かを共有する過程として描いているが、他者と何かを共有したという保証はどこにも考慮されていないということにある。共有したという保証がないから、何かを共有したとしても、その共有は思い込みにすぎないかもしれない。その場合、私的なものは依然私的なものである。シャンカーがこの指摘によって求めている応答は、他者と何かを共有すること、換言すれば、他者理解を保証するものを明示せよということである。生物学的にそうできるというのでは答えにはならない。なぜなら、これは他者理解の正しさという認識論的指摘だからである。
　ブルーナーの「デカルト主義者」批判として、シャンカーのこの認識論的指摘は鋭い。デカルトのように、「私」から一切を考えるという「方法論的独我論」では、他者も「私」に帰属させて考えなければならない。「私」の外部である他者の理解は、あくまで「私」の理解であって、「私」が理解したことと他者の真意が異なっている可能性は拭いきれない。
　だが、このように考えるシャンカーこそ「デカルト主義者」である。というのも、要するにシャンカーの論法は主観‐客観問題をここでの文脈に当てはめ

ている、つまり、「私」（主観）はどうすれば「他者」（客観）を正しく認識できるのかという問題を前提にしているからである。バクハーストによる批判でも検討したように、だからここでも「私」は「私」を超えて何かを理解できると示されないかぎりは、その指摘の妥当性は乏しい。そして、もしそれが示すことができなければ、主観－客観問題とは異なる枠組みで他者について考えなければならない。すでにみたように、ブルーナーは主観－客観問題とは異なる枠組み——「プラグマティックな基準」——に基づいている。

　「私」は「私」を超えて認識できない以上、認識へのアプローチは「方法論的独我論」にならざるをえない。あくまで方法論として独我論を貫いたうえで、他者と何かを共有したといえる保証を導かなければならない。ブルーナーにおいては、それもまた「プラグマティックな基準」となる。ブルーナーは他者理解として述べていないが、他者理解の「プラグマティックな基準」として、次の言明が示唆的である。

　　構成主義の基本的な主張は単純である。われわれが当然と思って選んだパースペクティヴに照らして、知識は「真」か「偽」である、ということである。この種類の真と偽は、たとえそれをうまく検証できなくても、総計して絶対的真理や絶対的虚偽にはならない。望みうる最善のことは、「真」や「偽」について主張するときに、自らのパースペクティヴと他者のパースペクティヴに気がつくことである。(Bruner 1990a, p. 25)

　ブルーナーのいう「パースペクティヴ」とは「実在」の構成はそれを構成する際の観点からなされるということである。他者がどのような「パースペクティヴ」で「実在」を構成しているかに気づき、その「パースペクティヴ」を自分のものと重ね、重ねた「パースペクティヴ」からやりとりすることでお互いに「実在」を「正しく」共有できる。ブルーナーにしたがえば、「パースペクティヴ」の重ね合わせによって、他者と何かを共有したということが保証されることになる[15]。

　しかしこのようにみなした場合、独我論だから他者はあくまで「私」の一部分となり、したがって他者は存在しないとも指摘できよう。しかし、これはブルーナーに関しては妥当しない。前項で確認したように、ブルーナーはあらゆ

る「実在」を否定しないからである。ブルーナーが独我論になるのは、シャンカーの言葉を借りれば、方法論としてであり、したがって彼は決して他者という「実在」を否定してはいない。

　シャンカーが指摘した「デカルト主義者」としての他者理解に関する問題は、ブルーナーにとって問題ではないのである。

(2-4) まとめ——「ラディカル構成主義」から見たブルーナーの「構成主義」

　これまでシャンカーによる他者理解に関する批判を「デカルト主義者」批判として検討してきた。この批判は、ブルーナーの「構成主義」における「ラディカル構成主義」に端を発しているといえよう。「ラディカル構成主義」は独我論——正確にいえば「方法論的独我論」——だからである。「ラディカル構成主義」の要素が、ブルーナーを「方法論的独我論」へと誘っているのである。

　そうであれば、本項の冒頭で示した、「ラディカル構成主義」の問題がブルーナーにもあてはまることになる。その問題とは独我論ゆえに他者からの、あるいは他者への働きかけが無意味なものとなってしまうということであった。

　この問題はブルーナーの「構成主義」にはあてはまらない。ブルーナーは他者が「実在」していることを否定しないからである。むしろ、ブルーナーの「構成主義」には他者が大きな役割を果たしている。それは「社会的実在」(social reality) の構成においてである。「社会的実在」について、ブルーナーはこう述べている。

　　もし民主主義や公正、あるいは国民総生産のような社会的「実在」を議論しているのであれば、その実在は事物にも、頭の中にもなく、議論するという行為とそのような概念の意味について交渉するという行為の中にある。社会的実在は、蹴ったときにわれわれをつまずかせたり傷つけたりする煉瓦ではなく、われわれが人間の認知の共有によって達成する意味なのである。(Bruner 1986, p. 122)

　ブルーナーは「社会的実在」を「人間の認知の共有によって達成する意味」とみなす。「社会的実在」の構成には、他者の存在を欠くことはできない。そしてまた、シャンカーが『意味の復権』に対して指摘していた私的なものから

公的なものへの移行、あるいは「『私的自己』から『公的自己』への発達」という「発達的命題」にも他者の存在を欠くことはできない。私的なものから公的なものへの移行とは、他者と何かを共有することでなされるからである。

　ブルーナーの「構成主義」に「ラディカル構成主義」の要素が含まれていたとしても、それは決して他者を否定するものではない。むしろ、「実在」の構成にとって他者は必要不可欠な存在である。

　ブルーナーの「構成主義」に対してバクハーストとシャンカーによって指摘された問題点は解消されたはずである。「2つの思考様式」の前提は擁護された。教育における「2つの思考様式」──「ナラティヴ様式」と「論理‐科学的様式」──の検討へと向かおう。

注
1）　この点については次節で言及し、検討する。
2）　ブルーナーはアニミズムを両様式の混乱や重複としてみなしている（Bruner　1986　p. 88）。この混乱や重複は、両様式の相補性によるものと捉えられる。
3）　生田は『教育という文化』の邦訳から引用しているので、生田の論文におけるブルーナーの引用は邦訳にしたがっている。
4）　これまで、real や reality を「現実」として表記してきたが、本節では「実在」と表記することにする。というのも、バクハーストが批判していることは現実における存在に関わることだからである。
5）　バクハーストはそれを「強い文化主義」（strong culturalism）とも呼んでいる（Bakhurst 1995, p. 160）。
6）　なお、バクハーストはこのデイヴィットソンの論文を引用文献に挙げている（Bakhurst 1995, p. 170）。
7）　この箇所からも理解できるように、ブルーナー自身、グッドマンの見解に曖昧さを感じている（Bruner 1986, p. 99.）。後述によってもはっきりとしてくるが、ブルーナーはグッドマンの見解に完全に同意しているのではない。
8）　「プラグマティックな基準」という言葉はブルーナーの独創とはいえない。たとえば、ブルーナーよりも前に、クワイン（Quine, W. V. O.）がすでに「プラグマティックな基準」という言葉を用いているからである。クワインはこう述べている。「われわれは、自身の概念図式、自身の哲学を、それに頼りながらも、少しずつ改良していくことができる。だが、われわれにはそこから離れて、概念化されていない実在との客観的な比較を行うこ

248

とはできない。よって、ある概念図式が実在の鏡として絶対的に正しいかどうかを探るということは、無意味であると私は考える。概念図式の根本的変化を評価するための我々の基準は、実在との対応という実在論的基準ではなく、プラグマティックな基準でなければならない。概念は言語であり、概念と言語の目的は、コミュニケーションと予測における効率性である」（クワイン 1992, p. 1. 傍点引用者）。

9）　この引用箇所は、バクハーストの最初の「構成主義」批判の後に書かれたものであるため、バクハーストによる「構成主義」批判を検討するにあたって不適切な引用かもしれない。しかし 2 回目の論文では確実に参照できたはずである。確認したように、バクハーストの 2 回に及ぶブルーナーの「構成主義」批判の論調は変わっていない。それゆえ、この箇所をバクハーストによる「構成主義」批判の検討の際に引用するのは不適切とはいえない。

10）　このブルーナーの主張にはグッドマンの影響がみられる。すでに確認したように、ブルーナーはグッドマンの構成主義を「われわれが世界と呼ぶものは世界を構成する心の象徴的手続きの所産である」と解釈していたからである。このブルーナーの解釈から、「心の特性と心が依拠している象徴的体系」というのはグッドマンの影響を受けた表現といえるであろう。しかしながら、「正しさ」の基準として「プラグマティックな基準」を採用しているところに、ブルーナーとグッドマンの相違点があるといえる。グッドマンは構成主義における「正しさ」の基準として、プラグマティズムに基づくことを避けているからである（グッドマン 2008, pp. 218-220）。

11）　ブルーナーの「構成主義」を「認知心理学でのブルーナーの構成主義はピアジェの著作に大半は直接つながっており、社会的構成主義の形では、ヴィゴツキーとつながっている」（Olson 2001, p. 105）とする解釈もある。「ラディカル構成主義」にはピアジェの影響があると指摘されている点で（Prawat 1996, p. 216）、この指摘もまたブルーナーの「構成主義」を「ラディカル構成主義」に位置づけているともいえる。しかし、ピアジェの構成主義とフォン・グレーザーズフェルドの「ラディカル構成主義」が区別されてもいることから（Phillips 1995, p. 6）、ブルーナーの「構成主義」をバクハーストが「ラディカル構成主義」と明確に解釈したことは、ブルーナーの「構成主義」解釈としてなお独創的といえる。

12）　フォン・グレーザーズフェルドを独我論として批判している一例としてマッカーティ（Mccarty, L.）とシュワント（Schwandt, T.）の見解を挙げておく（Mccarty and Schwandt 2000, pp. 41-53）。

13）　帰属理論は「一般の人々が、身の周りに起こるさまざまな出来事や、自己や他者の行動に関して、その原因を推論する過程（原因帰属）、およびそのような原因推論を通して、自己や他者の内的な特性・属性に関する推

論を行う過程（特性帰属）に関する諸理論」（中島・安藤・子安・坂野・繁桝・立花・箱田 1999, p. 162）、あるいは「他者の性格・能力や行動傾向を推察したり、他者の行動を因果的に解釈する過程」（梅津・相良・宮城・依田 1981, p. 547）のことである。

14）　子安増生によれば、「心の理論」とは「同種の仲間であれ多種の個体であれ、他者の行動に『心』を帰属させること」であり、「心を帰属させること」とは「他者の行動の背後に『心』というものの働きがあると仮定すること、言い換えると、他者の行動が一定の『心』の働きに支配されていると考えること」である。（子安 2000, p. 13）

15）　自分が気づいた他者の「パースペクティヴ」は、「方法論的独我論」を貫く以上、自分の理解に基づいている。この理解の正誤は自分という主観に基づく。その正誤もまた、ブルーナーの「構成主義」に基づくかぎり、「プラグマティックな基準」によってなされることになる。この意味で、ブルーナーの他者理解も構成主体に内在した基準に基づいている。

第6章

「2つの思考様式」と教育

　ブルーナーの「ナラティヴ」研究は彼が「2つの思考様式」を提唱したことにより始まった。彼にとって、「ナラティヴ」研究は「知り方」の探究だった。ブルーナーが「ナラティヴ」へと関心を寄せたのは、乳児の研究によって「意図」に着目したからであった（第2章・第3章参照）。

　「ナラティヴ」研究は教育に特化されたものではない。しかしブルーナーは「ナラティヴ」と教育、さらには「2つの思考様式」と教育について論じている。本章では、「ナラティヴ」に重きを置いて、教育を観点に「2つの思考様式」を検討する。このような検討をするのも、「ナラティヴ」が「文化心理学」提唱前に展開された教育論には見られない概念だからである（第4章参照）。

　ブルーナーが「ナラティヴ」について論じたことは、教育の領域で質的研究の理論的根拠（Reid and Button 1995）として援用されたり、ディルタイの教育学上の諸問題という観点（瀬戸口 2006）や科学教育の観点（川浦 2010; 高橋 1999; Tselfes and Paroussi 2009）から注目されたりしている。「ナラティヴ」が科学教育と関係するのは「ナラティヴ様式」が「論理 - 科学的様式」に貢献できるという「2つの思考様式」の相補性のためである。

　このような状況から、本章において検討すべき課題は3点挙げられる。1つは、相補関係からではなくて、教育における「ナラティヴ」それ自体の固有性を検討することである。ブルーナーは「ナラティヴ」のみに着目して教育について論じている。それにもかかわらず、その論にはこれまであまり関心が惹かれてこなかった[1]。教育における「ナラティヴ」の固有性を理解しなければ、ブルーナーのいう「ナラティヴ」を教育的に十全に把握することも生かすこともできないだろう。

251

2つは、ブルーナーの「論理‐科学的様式」の教育についての考えを明らか
にすることである。「ナラティヴ」研究を行っているブルーナーにとって「論
理‐科学的様式」と教育の関係は、「ナラティヴ」と教育の関係ほど関心を惹
かないことは容易に察せられる。しかし「2つの思考様式」と教育の関係を検
討するのであれば、「論理‐科学的様式」にも言及しなければならないであろ
う。

　最後は、教育における「論理‐科学的様式」から「ナラティヴ様式」の貢献
を明らかにすることである。「2つの思考様式」の相補性に鑑みれば、これま
で注目されてきた「ナラティヴ様式」から「論理‐科学的様式」への相補関係
ではなく、その逆の相補関係もありうる。「論理‐科学的様式」から「ナラテ
ィヴ様式」への貢献を考察することは、「2つの思考様式」と教育の関係性を
検討する上で欠かすことはできない。

　この3つの課題に応えるよう、本章では次のように論を進めていく。まず、
「ナラティヴ」と教育がどのように関連しているのかを明らかにする。そして、
「論理‐科学的様式」と教育についての関連性を考察した後、教育における
「ナラティヴ様式」と「論理‐科学的様式」の相補関係を検討する。

　なお、本章およびこれ以降の諸章では、「ナラティヴ」と「ナラティヴ様式」
に言葉上の違い以上の違いはないものとしてそれらを扱っている。なぜなら、
「私は何が思考のナラティヴ様式で、何がナラティヴの『テキスト』もしくは
会話（discourse）であるかを明確に区別することはできないとわかった」
（Bruner 1996, p. 132. 傍点原文イタリック）と、ブルーナー本人が「ナラティヴ」
と「ナラティヴ様式」に言葉上の違いを認めていないからである。

1　「ナラティヴ」の教育的地平

（1）ブルーナーによる「ナラティヴ」の定義

　教育におけるブルーナーの「ナラティヴ」を検討していくにあたり、まずは
ブルーナーがいう「ナラティヴ」とは何かを確認すべきである。

　ブルーナーによる「ナラティヴ」の定義は以下の通りである[2]。

　　最小限で簡潔なナラティヴの定義は、人間という（もしくは人間のような）

行為者（actors）が時間とともに従事した際の出来事の帰結に関わる話（account）というものである。出来事の帰結は、事柄（affairs）の安定した状態もしくは正当な状態から始まる。次にそれが危機を生み出すなんらかの突然生じた出来事によって混乱させられたり妨げられたりする。そうしてそれが新しい状態もしくは急激な変化がもたらされた正当な状態として取り戻される（redressed）ことになるか存続を許されることになる。（Bruner 1992b, p. 106）

　本書では、ブルーナーのいう「ナラティヴ」を「安定した状態もしくは正当な状態から危機に出会った行為者の一連の出来事の話」として捉える。
　すでに言及してきたように、ブルーナーは「意図」——ひいては「志向的状態」——を扱うために「ナラティヴ」に着目した。「安定した状態もしくは正当な状態から危機に出会った行為者の一連の出来事の話」である「ナラティヴ」が「志向的状態」と関わるのはなぜか。その理由は、「ナラティヴ」が「行為者」や「行為主体」（agent）を含んだ話ということにある。ブルーナーは「行為主体」を「志向的状態」によって行為をなす主体と、次のようにみなしているからだ。

　　自然の世界が人間に似たものとして「アニミズムのように」みなされないかぎり、ストーリーは特に自然の世界についてのものよりむしろ人間の行為主体についてのものである。人間の行為主体を特徴づけることは、彼らの行為が重力のよう物理的な「力」のようなものでなく、欲望、信念、知識、意図、関与（commitments）といった志向的状態によって生み出されることである。（Bruner 1996, pp. 122-123）

　ブルーナーは「ナラティヴ」を「ストーリーをつくること」（story making）とも用いている（*Ibid.*, p. 39）[3]。先に見た「最小限で簡潔な定義」にある「出来事の帰結に関わる話」は、平たく言えば「ストーリー」のことである。「ストーリー」は、ブルーナーによると、「意図」も含まれた「志向的状態」によって行為する「行為主体」を含んでいる。したがって、「ナラティヴ」によって「意図」へとアプローチできることになる。ブルーナーにとって、「ナラテ

第6章　「2つの思考様式」と教育　　*253*

ィヴ」は「志向的状態」を扱う媒体なのである。

　ブルーナーによる「ナラティヴ」の定義や「意図」（さらには「志向的状態」）と「ナラティヴ」の関連性が確認できた。教育と「ナラティヴ」の検討へと向かおう。

(2)「ナラティヴ」と「自己」

　ブルーナーは学校教育において「ナラティヴ様式」を鍛えるべきだと提言している。

> 教育のシステムは文化の中で成長する人びとがその文化の中でアイデンティティを見つけるよう助けなければならない。それなくしては、彼らは意味を求める努力で躓く。唯一ナラティヴ様式こそ、人がアイデンティティを構成しその文化の中で自分の居場所を見つけることができるのである。学校はナラティヴ様式を鍛え、育まなければならず、ナラティヴ様式を特に注意を払う必要のないものとみなすことをやめなければならない。（Bruner 1996, p. 42）

　ブルーナーは「アイデンティティ構成」と「自分の居場所づくり」ということから、「ナラティヴ様式」を鍛え育むことを主張している。「ナラティヴ様式」を鍛え育むことがどうしてそれらにつながるのか、前者から確認していこう。

　ブルーナーによれば、「自己性」（selfhood）についての普遍性は２つある。その１つが「ストーリー」に含まれている「行為主体」である。ブルーナーは「自己性」は「自分自身で諸行為を始め、達成できるという感覚に由来する」という。というのも、「人びとは自分自身を行為主体として経験する」からである。そのような人間の「自己性」を特徴づけているのは、「いわば、世界で行為主体と出会うことについての『記録』を組織する概念システムの構成」であり、その「記録」は「過去に関連づけられており」、「しかし、未来へと推論することもある」もので、「すなわち歴史と可能性とともにある自己」のものである（*Ibid.*, pp. 35-36）。「自己性」は時間の流れの中で経験される「行為主体」だということが、「自己性」の普遍的な特徴の１つである。

もう1つは「評価」である。ブルーナーは「われわれは行為主体として自己を経験するのみならず、われわれは行うために望んだことや求められたことを成し遂げる際の有効性を評価する」という。このことには「行為主体」が関連している。「行為主体は行為を始めるための能力だけでなく、行為を完成させるための能力も含んでいるから、スキル（skill）や方法知（know-how）を含んでいる」からである（Ibid., pp. 36-37. 引用箇所の傍点は原文イタリック）。「行為主体」は「行為」を始めるとともに「行為」を全うする主体であるから、それを行うための「スキル」や「方法知」も含んでいる。それゆえ、その「技能」や「方法知」に対し、「行為主体」としての「自己」を「評価」することになると、ブルーナーはいうのである。ブルーナーはこの「評価」することによってもたらされる「行為主体としての有効性と自己評価の混合」を「自尊感情」（self-esteem）と呼んでいる（Ibid., p. 37）。

ブルーナーは「いかなる教育のシステムであれ、いかなる教育学の理論であれ、いかなる『壮大な国家政策』であれ、生徒の自尊感情を養う学校の役割を減少させることはその主要な機能の1つを失敗しているのである」といい、「より積極的にいえば、もし行為主体と自尊感情が自己の概念の構成の中核にあるなら、そのとき学校の通常の実践は、何が人間性（personhood）の2つの重要な構成要素に貢献するのかという見解とともに検討される必要がある」と述べている（Ibid., p. 38）。「行為主体」と「自尊感情」が養われることで、「自己性」が確立されていくのである。

「自己性」という観点からいえば、ブルーナーにとって「アイデンティティ構成」は、「行為主体」を「評価」し、「自尊感情」を育むことになる。「行為主体」として「自己」を感じ、それを「評価」することで自身の「自己」とは何かを定めていくことになるからである。したがって、「アイデンティティ構成」に「ナラティヴ」が関わるのは、「行為主体」が「自己」の構成要素だからである。「ナラティヴ」は「行為主体」を扱うので、「アイデンティティ構成」のために鍛え育む思考様式は「ナラティヴ様式」となる。

次に「自分の居場所づくり」と「ナラティヴ様式」の関連を確認しよう。

ブルーナーにとって「自分の居場所づくり」は「自分」の「居場所」を「心に描く」ことである。「自分の居場所づくり」もまた「ナラティヴ様式」でなされる。「世界の1つのバージョン、つまり個人的世界（personal world）を創

第6章 「2つの思考様式」と教育　255

り、その中で、心理的に彼らが自分自身のための居場所を心に描くことができることを、子どもに（実は一般的に人びとに）なす思考と感覚の様式」には「ナラティヴ」が必要だからである（*Ibid.*, p. 39）。ブルーナーは「ナラティヴ様式」によって「自分の居場所を心に描くこと」をより具体的に述べていないが、それは「世界に安らぎを感じること」であるように思われる。「世界に安らぎを感じること」を「自己自身を自己‐記述的ストーリーに位置づける仕方を知ること」と述べており（*Ibid.*, p. 41）、それが「自分の居場所」を「心に描く」という「ナラティヴ様式」の内実と考えられるからである。ブルーナーが教育に「自分の居場所を心に描くこと」ができるようにすることを求めるのは、移民の増加に対応するためのようである（*Ibid.*, p. 41）。

「アイデンティティ構成」と「自分の居場所づくり」——これらは「自己」の安定に関わっているので、「自己」安定と以下で表記する——は「ナラティヴ様式」によってなされる。しかし「ナラティヴのスキルは『自然に』生じ、それは教えられる必要はないと常に暗黙のうちに仮定されてきた。しかしより詳しく見ればそれは正しくはない」（*Ibid.*, p. 40）とブルーナーはみなしている。したがって「ナラティヴ様式」を意図的に鍛え育む必要がある。このようなことから、ブルーナーは「自己」のために「ナラティヴ様式」を教育で鍛え育まなければならないと主張するのである。

（3）「ナラティヴ」と「歴史」・「他者」・「文化」

ブルーナーが教育において「ナラティヴ様式」を鍛え育む必要性を明示的に主張したのは「自己」安定のためのみである。しかし、「ナラティヴ」が「自己」に関わるがゆえに、それは「歴史」や「他者」にも関連してくる。まずは「歴史」との関連について確認しよう。

> 生は次から次へと続く一まとまりのストーリーではなく、生自体の基底でそれぞれナラティヴ的なのである。筋、登場人物、設定の全ては拡張し続けるように思われる。……われわれは次の日目覚めてもいまだほとんど同じであるアイデンティティを保つ自己を創ることによって「生」を構成する。……われわれは過去に一貫性を課し、それを歴史へと変える。（*Ibid.*, pp. 143-144）

過ぎゆく時間の中で、われわれはアイデンティティを保つよう「ストーリー」を続ける。それを通して、われわれは過去を一貫性のあるものにし、それが歴史へと拡張される。「ターニングポイント」がその契機である。「『新しい』ものが『古い』ものへと変わる時間において重要な出来事」である「ターニングポイント」が「歴史（または自伝）の拡張可能性を可能にする」（*Ibid.*, p. 144）からである。

　「ナラティヴは出来事の順序を含む」（*Ibid.*, p. 121）ものである。ブルーナーにとって「歴史」は「重要な出来事」を軸にした「出来事の順序」なのである。それゆえ、「自己」安定のために続ける「ストーリー」は「自己」の「歴史」である「自伝」へと拡張する。ブルーナーはこの発想を歴史にあてはめている（*Ibid.*, pp. 143-147）。「歴史」把握は「自己」安定から派生している。

　このように、ブルーナーの「ナラティヴ」は「自己」安定と「歴史」把握に関連している。「歴史」把握も「ナラティヴ様式」を通してなされるのであるならば、「自己」安定と同じ理由で、当然、「歴史」把握のためにも「ナラティヴ様式」を鍛え育まなければならない。

　ところが、ブルーナーのいう「ナラティヴ」では、この論理は「歴史」把握のみにあてはまるわけではない。「他者」理解にもそれがあてはまる。ブルーナーは「われわれがナラティヴの能力（capacity）をひとたび身につけると、われわれは己と他者をつなぐ自己性を、想像された未来という可能性のために自分自身を形づくりながら己の過去に選択的に立ち返られるようになる自己性を、生み出すことができる」（Bruner 2002, pp. 86-87）と述べているからである。そこで、「ナラティヴ」と「他者」の関連について、次に見てみよう。

　ブルーナーは「他者」を完全に理解することはできないものとして捉える。「他者」の「心」を完全に知る術をわれわれはもっていないからである。しかしそれは「他者」を理解することが全く不可能であるということではない。「間主観性」という「他者」の「心」を読解する能力（*Ibid.*, p. 16）がわれわれには備わっている。ただし、あくまでその読解は推論である。

　「心の読解」はその本性そのものにおいて推論である。われわれにはテレパシーの能力はない。つまり、われわれが直接心の読解をすることをはじめるくらい近い感情移入の伝染力はわれわれにはない。（Bruner 2001, p. 209）

それでは何を根拠にわれわれは「他者」の「心」を推論するのであろうか。ブルーナーによれば「志向的状態」と「文化」である。

　「他者」理解は、ブルーナーにとって、自身を「行為主体」として経験したことから、己のように「志向的状態」を他者がもっているということを根拠になされる。つまり、「われわれは『あたかも』(as if) 他者が志向的状態をもつように他者をみなすことに慣れてしまうので、われわれは彼らがすることを当然のように思ってしまう」(Bruner 1996, p. 106) ということである。「志向的状態」の理解は「ナラティヴ様式」によってなされるのだから、「他者」理解も当然「ナラティヴ様式」でなされることになる。

　「自己」の「志向的状態」を根拠に「他者」の「志向的状態」を理解するにあたって、「文化」が大きな役割を果たしている。ブルーナーはいう、「コミュニケーション可能な方法でわれわれの世界を体系づけ、理解するための道具を与えるのは文化なのである」(*Ibid.,* p. 3) と。彼がこのようにみなすのは「世界の中で自分自身のバージョンを主に構成するのは自分自身のナラティヴを通してであり、文化がその構成員のアイデンティティと行為主体のモデルを与えるのはそのナラティヴを通してなのである」(*Ibid.,* p. xiv) と考えているからである。ブルーナーにしたがえば、「自己」の「行為主体」、より正確にいえば、「自己」の「志向的状態」の「意味」が理解できるのは所属している「文化」のおかげである。第3章で詳しく論じたように、「文化」には「志向的状態」が反映されているからである。自身の所属する「文化」によって行為主体としての自身の「志向的状態」の「意味」が理解できるようになり、他者の「志向的状態」も理解できるようになるのである。

　これに加えて、ブルーナーは「自己」や「他者」を理解するために必要な「文化」は「ナラティヴ」を通して得られるとしている。「自己」や「他者」だけでなく、「文化」にもまた「ナラティヴ」が関わっている。

　ブルーナーの「文化心理学」において、「ナラティヴ」と「文化」の関係は重要である。ブルーナーにとって、「ナラティヴ」と「文化」の関係は、彼が解明を試みようとする「内化」(internalization, interiorization) に関わる事柄だからである。

（4）「文化」を「内化」する手段としての「ナラティヴ」

（4-1）ブルーナーのヴィゴツキー批判

　ブルーナーが「内化」に関心を寄せる理由は、ヴィゴツキーおよびヴィゴツキー派（the Vygotskian）に対する不満と関連している。ブルーナーはヴィゴツキーの影響を受けている。それはヴィゴツキーがピアジェにない、発達における「文化」の役割を重視していたからであった（第2章第4節参照）。そのような理由から、ブルーナーはピアジェからヴィゴツキーへと接近したのであるが、ヴィゴツキーの理論を全面的に認めているわけではない。その認められない部分が「内化」という概念である。「文化心理学」提唱後、ヴィゴツキーが十分に「内化」を説明していないことも認めながらも（Bruner 1997, p. 191）、ブルーナーはヴィゴツキーのいう「内化」を批判している。

　ブルーナーによる「内化」批判は、ブルーナーが「文化と心の結びつき」（culture-mind nexus）という観点でヴィゴツキーの理論を検討したときになされている。ブルーナーのいう「文化と心の結びつき」とは、「文化」は「心の所産にもかかわらず、明らかに文化は心に影響を与えている」という結びつきのことである（Bruner 2001, p. 200）。

　ブルーナーによれば、ヴィゴツキーの場合、文化と心が「内化」によって結びつく。そして、この見方では「『外言』（outer speech）と科学的概念のような他の文化的形式が『内言』（inner speech）に取り入れられるか『内化される』か、または移行するときに文化は心に影響する」と「内化」について述べ（*Ibid.*, p. 203）、こう続けている。

　　この見方では、個々の心での「内化」と無関係に文化の形式を特徴づけるために真剣に努力することが少しもされていない。そして、何が文化であるかを、どのように文化は知られ歴史的に伝達されるのかを規定する真剣な努力がされていないため、この立場は文化と心の結びつきをほとんど明らかにできない。実際、内化論は、文化と心の共約性という大いに議論されている問題を後者が前者を「内化する」と単純に断言することによって覆い隠している。ヴィゴツキーとヴィゴツキー派はどのように子どもの心が成長し、どのように子どもの心は「外側の」形式を使うのかについて豊かな報告を提供したが、しかし彼らはどのようにこれが成し遂げられるのかについて、ほと

んど述べる必要はなかった。(*Ibid.*, p. 203)

　ここで述べられたブルーナーによるヴィゴツキー批判の要点は、ヴィゴツキーやヴィゴツキー派は「文化」が「心」とどのように結びつくのかを全く明らかにしていないということである。ブルーナーによれば、ヴィゴツキーやヴィゴツキー派は「外言」が「内言」になることで「文化」は「心」と結びつくというのみで、「文化」が「心」へと「内化」される仕組みの解明を行っていない。なぜなら、「文化とは何か」「文化を知るとはどういうことか」「文化が歴史的に伝達されるとはどういうことか」に真剣に応えようとしないからである。ブルーナーはこのようにヴィゴツキーの「内化」を批判し、「文化と心の結びつき」の解明にあたって、この立場を「私は時折絶望する」(*Ibid.*, p. 202) とまで述べている。

　このブルーナーの批判に対しては、ヴィゴツキーおよびヴィゴツキー派から付言しておかなければならないだろう。ヴィゴツキーはブルーナーのいうように、確かに十分には「内化」を説明していないかもしれないが、「内化」を「転回」として（cf. 中村 1998, p. 122）、その３つのタイプを述べている（ヴィゴツキー 2005, pp. 201-202; ヴィゴーツキー 1990, p. 30）。それになにより も、オランダのヴィゴツキー研究者ファン・デル・フェール（van der Veer, R.）が、ヴィゴツキーが37歳で死んだときに、彼の多くの考えは「依然十分に詳しく述べられていなかった」と述べているように（van der Veer 2007, p. 113）、ヴィゴツキーの夭逝を無視して強く非難するのは無理があろう。

　ブルーナーの批判はヴィゴツキー派にも及んでいたが、ヴィゴツキー派も「内化」の再考や洗練をしているし[4]、ファン・デル・フェールがヴィゴツキーのいう「文化」について論じている（van der Veer 1996）。これらを「真剣な努力」としてブルーナーが受け取っているかどうかはわからないが、「文化」を明らかにしようとしたり「内化」を再考したり洗練したりする試みはすでになされている。この点からいえば、ブルーナーによる批判は公平であるとはいえない。しかし、ヴィゴツキー派がブルーナーの指摘した問題点に取り組んでいることは、ヴィゴツキー派もブルーナーと同じように「内化」に問題点があることを認めていることでもある。ブルーナーはヴィゴツキーの理論における「内化」の問題点を的確についているといえよう。

この批判において、ブルーナーは「内化」の問題点を指摘するのみで終始している。したがって、ブルーナーによるヴィゴツキー批判は建設的なものであるとはいえない。しかしブルーナーは、彼が指摘した「内化」の問題点について、「文化心理学」における「基本的な争点」（cardinal issue）として取り組んでいる。そしてその試みは、ヴィゴツキーの「内化」批判に鑑みると、ブルーナーなりの「内化」の再考とも受け取れる。そこで、ブルーナーのいう「文化心理学」における「基本的な争点」とブルーナーによる「基本的な争点」へのアプローチを見てみよう。

(4-2)「内化」の手段としての「ナラティヴ」

ブルーナーは「文化心理学」における「基本的な争点」について、次のように述べている。

> 文化心理学には長くてかなり不安定な歴史がある。しかし「新しいスタート」の頻繁な宣言にもかかわらず、それは1つの基本的な問題への専念で著しく安定したままだった。その基本的な問題とは、どのように心は文化の支配をうけるのかということである。しかも、どういうわけか「内側」で主観的な心として、「外側」で（アルフレッド・クローバーの言葉を借りれば）超有機的な文化として、である。（Bruner 2008, p. 29. 傍点原文イタリック）

ブルーナーのいう「文化心理学」の「基本的な争点」とは、「内側」にある「心」が「外側」にある「文化」の支配をどのようにして受けるのかという問題である。言い換えれば、「文化」がどのように「心」に「内化」されるのかということである。「心」が「文化」の支配を受けるとは、「文化」に影響されるということだからである。

このような「基本的な争点」に前提とされているのは「心」と「文化」のはっきりとした区別である。それは「実際、文化の概念と個人の心という概念の間には不可解な共約不可能性があると、私は思う」（*Ibid.*, p. 40）とブルーナーが述べていることからも理解できる。

「心」と「文化」を区別して「内化」の問題に取り組むということは、ブルーナーがヴィゴツキーやヴィゴツキー派に対してなした批判に応答することと

して解釈できる。なぜなら、区別できるということは両者がどのように違うのかについても明示しなければならず、したがって、ブルーナーが彼らに指摘した「文化とは何か」「文化を知ることはどういうことか」についても答えなければならなくなるからである。

　ブルーナーのいう「心」と「文化」の区別についてはすでに論じた。ブルーナーの「文化心理学」において、「心」とは「志向的状態の現われ」であり、「文化」とは「日常生活における『普通』・『規範』・『標準』」のことであった（第3章第3節参照）。したがって、ここで検討しなければならないのは「文化を知ることはどういうことか」ということである。

　この問いに対するブルーナーの答えは「ナラティヴ」を通して、である。

　　われわれの心が日常生活に適応する主要な方法の1つは、真実であれ虚構であれ、われわれが語り聞くストーリーを通してであると私は主張したい。われわれは文化をわれわれの文化の範囲内で読まれるストーリーを通して知る（learn）のである。（Bruner 2006c, p. 230）

「ナラティヴ」によって「文化」を知るとするブルーナーの根拠は「ストーリー」の形式と「文化の弁証法」の関連にある。まずはブルーナーのいう「ストーリー」の形式を確認しよう。

　　形式的に述べると、もろもろのストーリーは期待されたもの（the expected）に期待されないもの（the unexpected）を介入させる記述である。それらは〔他者と〕共有された普通への妨害と、どのようにその妨害が解決されるのかについてのものである。ストーリーは、特徴として、いくつかの〔他者と〕共有された普通さを前提とされたバージョンとともに始まり、次にその妨害（アリストテレスがペリペテイア（*peripeteia*）として言及するもの）に移り、そうして始めの普通さに戻すか新しいバージョンを生みだすために起こされた諸活動を列挙し、最後に解決を提供する。それには「教訓」の形でしめくくりがしばしば続く。（Bruner 2008, p. 36.〔　〕内引用者補足）

ブルーナーによれば、「ストーリー」とは「期待されたもの」が「期待され

ないもの」によって妨害され、その妨害を解決し、以前のものか新しい「期待
されたもの」へと戻すものである。これはデューイの「探究」(inquiry)、すな
わち、問題解決を通した環境への再適応を想起させるものである（ブルーナー
の「ナラティヴ」とデューイの「探究」については、第9章で詳しく比較検討する）。
この点についても興味深いが、「文化」を知るという観点から見たとき、ここ
でブルーナーが述べたことで重要なのは、「ナラティヴ」として語られたり読
まれたり書いたりする「ストーリー」に「期待されたもの」と「期待されない
もの」という2つの相反する要素が含まれていることである。先の引用では、
その両者は「共有された普通さ」と「その妨害」として描かれている。他者と
「共有された普通さ」だから、自分にとっても他者にとっても「期待されたも
の」である。「その妨害」はそれゆえ「期待されないもの」である。
　このように「ナラティヴ」に「期待されたもの」と「期待されないもの」が
含まれる理由は、そうでなければ「ナラティヴ」として話す必要がないためで
ある。

> ナラティヴは会話であり、会話の最重要な規則は沈黙からそれを区別するに
> たる理由があることである。ナラティヴは規範性（canonicity）が妨害され
> ていることを順を追って話す出来事の順序のおかげで正当化されたり保証さ
> れたりする。つまり、それは期待されない何かについて語る、もしくは聞き
> 手が疑う理由をもつ何かについて語るのである。ナラティヴの「要点」は、
> 期待されないことを解決する、聞き手の疑いを処理する、もしくは、最初に
> ストーリーを語ることを引き起こした「不均衡」を何らかの方法で直したり
> 明らかにしたりすることにある。(Bruner 1996, p. 121)

「ナラティヴ」は「規範性」が妨害されないかぎり語られないものである。
「規範性」だから当然そうだというものであり、したがってそれは「期待され
たもの」である（この点で、「ナラティヴ」における「規範性」と「共有された普
通さ」は同義である）。「期待されたもの」はお互いにそうだと思っていること
であり、それについて話す必要はない。それが揺らいでいるからこそ、「ナラ
ティヴ」として話されるのである。「ナラティヴ」には「規範性」や「共有さ
れた普通さ」といった「期待されたもの」と「その妨害」である「期待されな

いもの」が必ず含まれている。

　この形式ゆえに、「ナラティヴ」は「文化」を描くことになる。「日常生活における『普通』・『規範』・『標準』である「文化」が変化するのはそれらに対抗する「想像的に可能なもの」によってであり、ブルーナーはこれを「文化の弁証法」と呼んでいた（第3章第3節参照）。

　形式という点に着目すれば、「文化」も、「ストーリー」と同じく、相反する2要素（「日常生活における『普通』・『規範』・『標準』」とそれらに対抗する「想像的に可能なもの」）で成り立っている。形式として「文化」も「ストーリー」も同等であるが、実質的にも同等である。というのも、「ストーリー」に描かれる「規範性」や「共有された普通さ」は「日常生活における『普通』・『規範』・『標準』」である「文化」にほかならないからである。「ストーリー」では、「文化」である「規範性」や「共有された普通さ」に対抗するものと、その対抗の帰結まで描かれることになる。つまり、「ストーリー」は「文化の弁証法」を描いているのである。だから、「ストーリー」は「文化の弁証法」であり、それゆえ「ナラティヴ」によって「文化」を知ることができるのである。

　「文化を知ることはどういうことか」。ブルーナーの答えは「ナラティヴ」を通して「文化の弁証法」を知るということである。ブルーナーにとって、「ナラティヴ」は「文化」を知る手段なのである。それと同時に、ブルーナーは「ナラティヴ」を「文化」を「内化」する手段とみなしている。

　「文化心理学」の「基本的な争点」は「どのように文化が心を支配するか」ということにあった。これは、先に見たように、換言すれば「どのように文化が心に影響するか」ということである。ブルーナーは「どのように文化が心に影響するか」は「内化の問題にほとんど支配されているアプローチ」であるという。そして彼によれば、「内化」に関わる問題は「内化」のプロセスが全く分かっていないことにある（Bruner 2008, p. 35）。つまり、「どのように文化が心に影響するか」という問いは「内化」のプロセスを問うことなのである。その上で、ブルーナーは「文化は共有された普通さに経験を慣例化することを通して心に影響する。慣例化とは、共有された普通さからの逸脱を理解可能で対処可能な形に変えるための場所、さらにはそれらをたくみに『偽装させる』ための場所をつくることである」（*Ibid.*, p. 35）という。したがって、ブルーナーにとって「内化」のプロセスは「共有された普通さからの逸脱を慣例化するこ

264

と」、換言すれば、「共有された普通さからの逸脱を経験にとって理解可能かつ対処可能にすること」である。「共有された普通さとその逸脱」を描写するのが「ナラティヴ」であったから、経験に「共有された普通さからの逸脱」を「慣例化」するのは「ナラティヴ」となる。実際、ブルーナーは「文化のナラティヴの集積」が「文化の支配下で生きなければならない人びとの心を、感情（hearts）を、希望を、そして不安でさえも形作るのである」（Bruner 2006d, p.23）としている。「ナラティヴ」は「共有された普通さの逸脱を慣例化する」手段、すなわち、「内化」の手段なのである。

「文化心理学」の「基本的な争点」のゆえに、ブルーナーは「内化」を批判するだけでなく、自らもそれに答えなければならなかった。その答えは「ナラティヴ」であった。ブルーナーが意識している意識していないに関わらず、結果的に、ブルーナーはヴィゴツキーの理論における「内化」を批判するのみならず、再考しているのである。

(5)「ナラティヴ」によって鍛え育まれること

ブルーナーは「ナラティヴ」によって「文化」が「内化」されると主張する。彼にとって、「文化」の「内化」の契機は「他者」にある。ブルーナーは「子どもたちが文化は世界に関することであり、文化は世界を考える方法であるとわかるのは、主に他者と相互作用することを通してである」（Bruner 1996, p.20）という。「ナラティヴ」が会話であれば、それは「他者」を前提する。だから、「文化」を「内化」することは「他者」を通してということになる。「他者」に語るにたる理由があるときに「ナラティヴ」として「ストーリー」を語り、その「ストーリー」に「文化」が描かれているからである。

「自己」の安定、「歴史」の把握、「他者」の理解、「文化」の「内化」、これらはすべて「ナラティヴ様式」によってなされる。したがって、「ナラティヴ様式」としての鍛え育みはそれらに関わっている。

ここでブルーナーの「ナラティヴ」における「自己」の安定、「歴史」の把握、「他者」の理解、「文化」の「内化」の各々は論理的に奇妙な関係となっていることに気づかされる。時間を通した「自己」の安定は「歴史」把握と関連する。その「自己」安定のためには己を「志向的状態」によって行為する「行為主体」として捉えなければならない。そして「行為主体」としての己の「志

向的状態」を根拠にわれわれは「他者」を理解する。その「他者」理解の道具となるのが「文化」であるが、「文化」は「他者」を通して「内化」される。「他者」を通した「文化」の「内化」は新たな「自己」の安定の契機でもある。「文化」によって新たな「アイデンティティと行為主体のモデル」を手に入れることができるからである。

ブルーナーの「ナラティヴ」においては、「自己」の安定、「歴史」の把握、「他者」の理解、「文化」の「内化」の各々が網目のように直接的にあるいは間接的に関連しあっている。上述したように、「自己」の安定と「他者」の理解および「文化」の「内化」は直接的に関連しあっている。「歴史」の把握は「自己」の安定と直接的に関連しているがために、「自己」の安定を介して間接的に「他者」の理解と「文化」の「内化」に関連しうる。したがって、どれか1つが変化すれば、残りの3つにもその変化が波及しうる網目構造となっている。

ブルーナーの「ナラティヴ」論がこのような網目構造となるのは、その四者がすべて「ナラティヴ」に関わっているからである。「ナラティヴ」が四者を網目のように関係させているのである。

その要因は「ストーリー」の要素にある。ブルーナーは「ストーリー」を6つの要素で捉える。「行為」(Action)、それをなす「行為主体」(Agent)、「行為」における「目標」(Goal)と「行為」の「受取手」(Recipient)、これらすべてが生じた「環境」(Setting)、そして「トラブル」(Trouble)である(Bruner 2006d, p.20. 引用箇所の傍点原文イタリック)。この6要素に「行為主体」が含まれていることから、「ナラティヴ」が「自己」の安定と「他者」の理解に関連すると理解するのは容易であろう。「ナラティヴ」は「行為主体」を扱うがゆえに「自己」の安定と「他者」の理解の媒体になるのである。「歴史」の把握は「自己」安定から派生しているものだったから、その意味で「歴史」の把握も「ナラティヴ」における「行為主体」という要素と関連しているといえる。

「ナラティヴ」を「文化」の「内化」と関連づけるのは「トラブル」である。

トラブルは普通なことが期待されないことに出会うときのことであり、そしてそれはどんな文化においてでもたいていの場合の生の姿に似ていることである。それゆえ、どんな特定の文化で生じうる不意打ちや衝突(conflicts)

を枠づけする手段をわれわれに与えるのはナラティヴの形式である。（Bruner 2006c, p. 231. 傍点原文イタリック）

　ここでの論理は「文化」の「内化」として確認したことと同じである。なぜなら、「トラブル」は「期待されないこと」に出会ったときに起こるものであり、したがって、それは「規範性」や「共有された普通さ」に対する妨害そのものだからである5)。この「トラブル」の要素ゆえに、「ナラティヴ」は「文化」を「内化」する媒体となるのである。
　「トラブル」の要素はこれまでに確認してきたこととは異なる媒体をもたらす。それは「トラブル」の解決である。ブルーナーにしたがえば、「ナラティヴ」は「トラブル」によって脅かされている「普通なこと」を元に戻すことを志向するからである。ブルーナーは述べる。

　　どこでもどんなストーリーでも、あるストーリーはある世界の普通なことと平凡なもの（the conventional）の存在を仮定することによって始まる。これはしばしばストーリーにおける始めの規範的状態（*initial canonical state*）と呼ばれる。……
　　それからナラティヴは、この普通さ、この平凡さ（banality）が転覆されることを、いくらかの「トラブル」に出くわすことを要求する。……ナラティヴでの次は、活動、すなわち物事の始めの規範的状態を取り戻すことをなすことである。もし成功すれば、その活動は解決（*resolution*）を生む。ストーリーはまた、しめくくり（*coda*）をもつ……（Bruner 2006d, p. 19. 傍点原文イタリック）

　「ナラティヴ」は「トラブル」を解決しようとする性質をもつ。「ナラティヴ」は「トラブル」を解決する媒体でもあるのだ。実際、ブルーナーは生に生じる「文化」的な衝突、つまり「トラブル」を把握する形式として「ナラティヴ」をみなしている。

　　どこででも、心の生は普通なことと期待されないもの、平凡なもの（the quotidian）と例外的なもの（the exceptional）の決して終わりのない弁証法に

とらわれているらしい。ナラティヴはその２つを文化的にも認知的にも処理しやすい形式に変えるためのわれわれの自然な形式のようである。（Bruner 2008, p. 37）

「ナラティヴ」が「トラブル」をわれわれに処理しやすい形式に変えるのであれば、「ナラティヴ」が「文化」を把握することに適している。「文化」もまた「トラブル」をもつ構造となっているからである。「文化」を知るという意味で「トラブル」の解決と「文化」の「内化」が関連している。したがって、「トラブル」の解決は間接的に「自己」の安定、「歴史」の把握、「他者」の理解にも関係しうる。

「ストーリー」の６要素が「自己」の安定、「歴史」の把握、「他者」の理解、「文化」の「内化」、「トラブル」の解決の各々を直接的にまたは間接的に関連づけている。そしてそれらが「ナラティヴ」に関わる以上、それらのスキルは自然には生じない。ブルーナーの「ナラティヴ」においては、それら５つのために「ナラティヴ様式」を鍛え育てる必要があると、明示的に、あるいは暗示的に、主張されている。

（6）「ナラティヴ様式」のスキルを鍛え育む方法

ブルーナーは「ナラティヴ様式」を鍛え育てる必要性を、そのスキルが自然に生じるものではないから、として訴えていた。だから、「ナラティヴ様式」を鍛え育てる際に目指さなければならないのは、そのスキルを高めることのはずである。

この具体的な方法についてははっきりしていないようである。実際、ブルーナーは「われわれはストーリーという海の中にいて、（ことわざによると）水を発見する最後の者である魚のように、まるでストーリーの中を泳ぐことを把握するようなわれわれ独自の難しさをもっている」と述べている。われわれにとって「ナラティヴ」があまりにも身近であるので、「ナラティヴ」を把握しがたいということである。しかしそのような中で、ブルーナーは「簡単に自動的に行っていることについての意識の達成」のための方法を述べている（Bruner 1996, p. 147）。

その方法として、ブルーナーは「対比」（contrast）、「対決」（confront）、「メ

タ認知」（metacognition）を挙げている。「対比」について、ブルーナーは「2つの対照的だが『同じ』出来事の等しく理にかなった説明を聞くこと」を「ありふれた例」として挙げている。「対決」については「無意識のために強力だが危険な薬」であると述べられている。「対決」の「活発な要素」は「期待をくじくこと、つまり、自分の現実のナラティヴのバージョンが、後で生じることや他者の現実の主張に衝突することに出くわすこと」である。「メタ認知」は「思考という対象それ自体が思考される」ということである。ブルーナーは「メタ認知は現実の性質についての存在論的議論をどのようにわれわれが知るのかについての認識論的なものへと変える」という（*Ibid.,* pp. 147-148）。「メタ認知」は「思考のあり方」へと視線を向けることで、自分の「ナラティヴ」に気づく方法ということであろう。

　これら3つを総じて、ブルーナーは次のように述べている。

　　対比と対決が知ることの相対性について意識を高揚させるかもしれないのに対し、メタ認知の目的は現実をつくることを考え出すオルターナティヴな方法を生みだすことである。メタ認知は、この意味で、人間相互の意味の交渉のための理にかなった基盤を、交渉が合意をもたらすことに失敗したときでさえも相互の理解を達成する方法を与える。（*Ibid.,* p. 148）

　「対比」と「対決」によってもたらされることは、無意識に対する介入具合は違っても、あるものから別のものへと気づきを促すもの、「ナラティヴ」の文脈に即せば、1つの「ストーリー」から別の「ストーリー」に気づくことである。それに対し、「メタ認知」は、今なしている思考そのものを変えることを、ある「ストーリー」の「ナラティヴ」そのものを変えることをもたらす。「対比」か「対決」か「メタ認知」か、無意識的になされる「ナラティヴ」への介入にどれがよいかは、その介入の目的によるだろう。しかしこれら3つに共通することは、無意識になっている「ナラティヴ」を意識させるということである。

　「ナラティヴ」に対する無意識の意識化を行うことで、今までとは異なる「ナラティヴ」に気づくことができる。そのような気づきの過程で「ストーリー」をつくることに慣れていき、「ナラティヴ様式」が鍛え育まれるといえる

だろう。

(7) まとめ——「ナラティヴ」と「志向的状態」および「間主観性」の関連

　ブルーナーによる「ナラティヴ様式」を鍛え育むべきものという主張は、「自己」の安定、「歴史」の把握、「他者」の理解、「文化」の「内化」、「トラブル」の解決に関わるものであると明らかになった。そして、その「ナラティヴ様式」の鍛え育みとして「対比」「対決」「メタ認知」が考えられることを確認した。

　ブルーナーの「ナラティヴ」において、「ストーリー」の6要素のため、「自己」の安定、「歴史」の把握、「他者」の理解、「文化」の「内化」、「トラブル」の解決は網目構造となっていた。これら5つの「ナラティヴ」の網目構造は、「自己」の安定と「他者」の理解、「文化」の「内化」が直接に関連しており、「歴史」の把握は「自己」の安定を通して、「トラブル」の解決は「文化」の「内化」を通して、間接的に残りのものへと関連するのであった。

　直接的に関連している「自己」の安定、「他者」の理解、「文化」の「内化」に目を向けたとき、これらを関連させているのは（本節での検討過程で暗示されていたが）「ストーリー」の6要素だけでなく、「志向的状態」と「間主観性」でもあるといえる。「自己」とは己の「行為主体」のことであり、「行為主体」とは「志向的状態」に基づいた主体のことである。「他者」もまた「志向的状態」に基づいた「行為主体」である。「自己」を捉えることと「他者」を捉えることの大きな違いは、「自己」の「志向的状態」は直接的に捉えられるのに対し、「他者」の「志向的状態」は「自己」の「志向的状態」から推論して読解するということにある。この「他者」の「志向的状態」の読解を、ブルーナーは「間主観性」と呼んでいた。「文化」もまた、「志向的状態」と「間主観性」に関わっている。「文化」は「間主観性」を基盤に成り立っており、自他の「心」の「志向的状態」が反映されたものだからである（第3章第2節・第3節参照）。

　「ナラティヴ」が「自己」の安定や「他者」の理解、「文化」の「内化」の媒体となるのは、「ナラティヴ」が「志向的状態」と「間主観性」に関わっているからにほかならない。この点で、ブルーナーが「ナラティヴ」を観点に教育について論じたことは「文化心理学」の提唱前に展開された教育論と異なって

270

いる（第4章参照）。本節の検討によって、「文化心理学」提唱後に展開された教育論の新しさが示されたことになり、また、「ナラティヴ」に「ナラティヴ」研究の際の研究関心がどのように反映されているかも明らかになったであろう。

「ナラティヴ様式」が「文化心理学」提唱後に展開された教育論の新しさを示すのであれば、「ナラティヴ様式」と「論理 - 科学的様式」の相補関係にも目を向ける必要がある。「論理 - 科学的様式」に関わる教育は、この相補関係内において、新しさが見い出される。「文化心理学」提唱後に展開された教育論の新しさとして「2つの思考様式」を確認するためにも、次節では、ブルーナーが「論理 - 科学的様式」の教育をどのようにみなしているのかを確認した上で、教育における「2つの思考様式」の相補関係について検討する。

2　教育における「2つの思考様式」の関係性

(1)「論理 - 科学的様式」と「構造」

『教育という文化』は「ナラティヴ」研究時に書かれている。したがって、ブルーナーが「ナラティヴ」に関心をもっていることは容易に察しがつく。実際、『教育という文化』では「ナラティヴ」について多く論じられている。とはいえ、『教育という文化』において、ブルーナーは全く「論理 - 科学的様式」に言及していないわけではない。教育における「ナラティヴ様式」の重要性を述べた後で（Bruner 1996, pp. 39-41）、ブルーナーはこう述べている。

　　〔教育における「ナラティヴ様式」について述べてきた〕それらの全ては論理 - 科学的思考の重要性を過小評価するつもりではない。その価値はわれわれの高度に技術的な文化において疑えないので、それを学校のカリキュラムに含めることは当然のことである。その教授は改良の必要が依然あるかもしれないけれど、1950年代や1960年代のカリキュラム改革運動以来、著しくよくなっている。（*Ibid.*, pp. 41-42. 傍点引用者。〔　〕内引用者補足）

ここで注意を惹くのは、「論理 - 科学的様式」の教授が「1950年代や1960年代のカリキュラム改革運動以来、著しくよくなっている」と述べられていることである。1950年代や1960年代のアメリカのカリキュラム改革運動といえ

第6章　「2つの思考様式」と教育　　*271*

ば PSSC などのカリキュラム開発のことであるから、『教育の過程』の内容も当然その運動に含まれる（この点については、第2章第3節を参照されたい）。したがって、『教育の過程』で論じられたように、「構造」を教えることは「論理－科学的様式」を鍛え育むための方法の1つといえる。そして、ブルーナーは『教育の過程』で論じたことをいまだに肯定している。ブルーナーはこう明言している。

　　私は教材（subject-matter）の教授についての私の初期の仕事で表わした見解をなお固持している。その見解とは、ある教科の学問の生成的構造（the generative structure of a subject discipline）の感覚を学習者に与える重要性、「スパイラルカリキュラム」の価値、教材を学習する際の自己生成的な発見の重要な役割、などである。(Bruner 1996, p. 39)

　科学技術が発達した社会において、「論理－科学的様式」を軽視することはできない。それは教える必要のあるものであり、その方法としての「構造」をブルーナーは依然肯定しているのである（以上のような見解に、教育の研究後の、ブルーナーの「構造」に対する態度の変化が垣間見られる6)）。
　したがって、ブルーナーの「論理－科学的様式」と教育に関する見解は『教育の過程』のころと同じということになる。この点で、その見解に「文化心理学」提唱後に展開された教育論としての新しさはない。しかし、「ナラティヴ様式」との相補関係においては「論理－科学的様式」にも新しさが見出せるであろう。ブルーナーは教育における「ナラティヴ様式」と「論理－科学的様式」の相補関係について、「文化心理学」提唱後に論じているからである。
　この相補関係として注目されているのが、本章冒頭で言及した、「ナラティヴ様式」から「論理－科学的様式」に対する貢献である。

(2)「ナラティヴ様式」と「論理－科学的様式」の相補関係
　ブルーナーは「ナラティヴ様式」から「論理－科学的様式」への相補関係について、科学教育の文脈で論じている。その一方で、「論理－科学的様式」から「ナラティヴ様式」への相補関係はほとんど論じられていない。しかし、「2つの思考様式」が相補関係にある以上、「論理－科学的様式」が「ナラティヴ

様式」に役立つことも可能なはずである。そこで、まず「ナラティヴ様式」から「論理 - 科学的様式」への相補関係を、ブルーナーの記述に即して確認した後、その逆の関係について考察する。

ブルーナーは科学教育における「ナラティヴ」の役割について、「スパイラルカリキュラム」から論じ始めている。「スパイラルカリキュラム」とは、「主題を教える際に生徒の理解範囲にうまく収まっている『直観的な』(intuitive)説明から始め、何回も何回も再循環させながら、その学習者がその十分に生成的な力における題目や主題を習得するまで、より形式的で高度に構造化された説明へと後で旋回する考え」のことである (Bruner 1996, p. 119)。平たくいえば、「スパイラルカリキュラム」とは1つの主題を、子どもが理解できるレベルから始め、発達とともに深い理解へと到達させるように教えていくカリキュラムのあり方のことである。

ブルーナーは「スパイラルカリキュラム」と「ナラティヴ」の関係について、こう述べている。

　もろもろのストーリーやナラティヴについて一般的なことを少し述べさせてほしい。というのも、われわれが自分の経験と知識を組織化する最も自然で最も簡単な方法はナラティヴの形式に基づいていることはよくありうる事例だからである。そして、スパイラルカリキュラムにおける始期、移行期、そして観念を十全に把握する時期はストーリーやナラティヴの形式でその観念を具体化していることにかかっているのも真実であろう。(*Ibid.*, p. 121)

ブルーナーは、「スパイラルカリキュラム」における始まり、移行期、終わりというさまざまな時期は、学習者が何かの観念を「ナラティヴ」の形式でどの程度具体化しているかで決まるという。これは、学習者が「ナラティヴ」の形式でどれくらい何かの観念を理解しているか、ということである。つまり、ブルーナーは科学的な知識の理解に「ナラティヴ」による理解が関連しているとみなしているのである。このような科学的な知識の理解の仕方を、ブルーナーは「ナラティヴ的発見方法」(narrative heuristics) と呼んでいる。

　要点に直接触れると、われわれはその特徴として、自分の科学的理解への

努力をナラティヴの形式に、あるいは、いうなれば、「ナラティヴ的発見方法」へ変換すると、私は提案したい。「われわれ」には科学者やわれわれが教える教室にいる生徒の両方を含んでいる。これはナラティヴの形式へと変えたり、よりよくはわれわれの見方における規範的なものと期待されているものを強調したりするようになる、われわれが探求している出来事で成り立っているので、「疑わしく」（fishy）て間違っていることや、それゆえ解明される必要があることをより簡単に見つけることができるであろう。（Ibid., p. 125）[7]

「ナラティヴ的発見方法」とは、科学的探求においてその前提とされているものを見つけることである。前節でみたように、「ナラティヴ」は「規範性」が脅かされることで発動するものであった。科学的探求における出来事を「ナラティヴ」として理解すると、その探求における「規範的なもの」や「期待されているもの」、換言すれば、その探求において前提となっているものが浮き上がってくる。こうして、疑わしいことや間違っていることを解明するといった、科学的探求として何をしなければならないかが理解されることになる。「規範性」を意識させてくれる「ナラティヴ」ならではの理解の仕方といえよう。

　このような「ナラティヴ的発見方法」に基づけば、ブルーナーによると、科学的探求における議論が「死んだ科学」から「生きた科学づくり」（live science *making*）へと転換することになる。そのようになるのも、「ナラティヴ的発見方法」によって「外にあるものとしての自然」（nature-as-out-there）から「どのように自然についてのわれわれのモデルを構成するのか」という自然の「追求」（*search*）へと関心が移るためである（Ibid., p. 126. 引用箇所の傍点は原文イタリック）。「ナラティヴ的発見方法」はわれわれを「科学づくり」へと向かわすのだ。

　科学教育において、ブルーナーは「科学づくり」を重視している。彼は「われわれの科学のインストラクションは、教科書、ハンドブック、そして標準的でしばしば退屈な『実演的実験』に代表される『終わった科学』としてのみの記述ではなく、むしろ、はじめから終わりまで生き生きとした科学づくりの過程を大切にすべきである」と提案している（Ibid., p. 127）。ここでいわれている

「科学づくりの過程」とは「自然についての仮説（hypothesis）をつくりだすこと、つくりだした仮説を検査すること、仮説を修正すること、自分の理解を筋の通ったものにすること」から成り立っており、その「科学づくりの過程はナラティヴである」とブルーナーは述べている（*Ibid.*, p. 126）。このようにブルーナーがいうのも、仮説と「ナラティヴ」が関連しているからである。仮説は「形式的もしくは経験的な証明可能性へと変換する過程によって科学的成熟を迎える」けれど、「多くの科学的および数学的仮説はちょっとしたストーリーやメタファーとして誕生する」とブルーナーはみなしている（Bruner 1986, p. 12）。

「科学づくりの過程」は「ナラティヴ」で成り立っている。したがって、科学教育で「科学づくりの過程」を大切にするならば、「ナラティヴ」——より正確には「ナラティヴ的発見方法」——を活用しなければならなくなる。こうして、「論理‐科学的様式」を鍛え育む科学教育に「ナラティヴ様式」が貢献するのである。「2つの思考様式」が相補関係であるがゆえに成立する貢献である。

相補関係であるがゆえに、「論理‐科学的様式」が「ナラティヴ様式」に貢献することもありえる。ブルーナーは「論理的もしくはパラディグマティック様式はナラティヴの破れを解明する課題に役に立たせられ」、「その解明は『理由』という形式である」と述べている（Bruner 1990a, p. 94）。「ナラティヴ」として「ストーリー」をうまくつむげないときに、その「理由」を明らかにしてくれるという点で、「論理‐科学的様式」は「ナラティヴ様式」に役立つのである。

ブルーナーは教育における「論理‐科学的様式」から「ナラティヴ様式」への貢献を直接述べてはいない。しかし、「ナラティヴ様式」を鍛え育まなければならない以上、教育においても、「論理‐科学的様式」が「ナラティヴ様式」に役立つはずである。例えば、「自己」の安定、「歴史」の把握、「他者」の理解、「文化」の「内化」、「トラブル」の解決としての「ナラティヴ」がうまくいかないときなど、「論理‐科学的様式」を働かせるよう促してその問題の分析を進めさせるなど、その相補関係を利用することはできるであろう。

「ナラティヴ」は「志向的状態」と「間主観性」に関わっているがゆえに、「文化心理学」提唱後に展開された教育論を代表する概念である。「ナラティ

ヴ」の「スキル」はそれ自体のみで育む場合もあれば、相補関係を利用して、「論理 – 科学的様式」の力を借りながら育むこともできる。このような、「2つの思考様式」の相補関係を利用した教育のあり方も、「文化心理学」提唱後に展開された教育論の新しさなのである。

補節　ブルーナーの「構造」の再検討

　前節で、ブルーナーが「論理 – 科学的様式」の教育方法として、「構造」を挙げていることを確認した。これはブルーナーが「論理 – 科学的様式」の教育方法として「構造」を肯定していることを意味している。しかしブルーナーが肯定しているからといって、「構造」が有効であるとすぐさま首肯できない。ブルーナーのいう「構造」は過去に批判されているからである。そこで、補節として過去にブルーナーの「構造」がどのように批判され、そしてその批判に「構造」が耐えうるか否かを検討する。

(1)「構造」の問題点

　『教育の過程』で示されたブルーナーの教育論は、それが提示された当時、肯定的に受け入れられた一方（cf. 佐藤 1986, pp. 10-18）、その問題点についても指摘された。例えば、エリート教育になるという指摘が挙げられる（川瀬 1971, pp. 118-119）。「構造」に対してももちろんある。その1つの例として、ブルーナーのいう教科の「構造」が主として自然科学に基づくものであり、人文・社会科学に関連する教科には適用しにくいというものがある[8]。この指摘は「構造」に対する課題、あるいは限界を示すものであり、「構造」を完全に退けるものではない[9]。しかし、中には「構造」それ自体を否定しかねない批判もある。その批判は日本のデューイ研究者によるブルーナー批判に主として見ることができる。

　日本のデューイ研究者にブルーナーの教育論が検討された主たる理由は、序章でも確認したように、ブルーナーがデューイを批判した論文「デューイの後に来るものは何か」にあろう。ブルーナーのデューイ批判の吟味が日本のデューイ研究者たちになされ、その際に「構造」が批判されたのである。彼らによるブルーナーの「構造」批判の要点は、ブルーナーのいう「構造」は認識主体

と無関係に存在しているということに集約できる。

　ブルーナーの教育論をデューイと同質的に捉えた日本のデューイ研究者がいる中で（上寺 1966, pp. 406-417; 杉浦 1968, p. 188; 田浦 1968, p. 350）、まずブルーナーの教育論はデューイのものと異質であると主張したのは天野である。天野は「デューイの後に来るものは何か」のデューイ批判でもっとも注目しなければならないのは教材に関する批判であるという。子どもが立ち向かう教科の「構造」をブルーナーが強調していることが、デューイの教育論と大きく異なるからである（天野 1969, p. 23）。その根拠はブルーナーのいう「知識」にある。天野が着目するブルーナーの「知識」の叙述は以下のものである。

　　知識とは、経験界に見られる諸規則的事象に、意味と構造を与えるため、人間がつくりあげた一つのモデルである。知識体系を構成する諸概念は、要するに、経験を経済的にし経験相互に関連をもたせるためにつくり出されたものである。……経験というものは決して直接に生のままに行われるものではなく、予め一定のレディネスを通して行われるものである。そして、この組み合わせはいろいろな期待からつくりあげられており、期待はさらに、事物の存在や生起の順序というものについて我々が抱くモデル──即ち概念から生ずるものである、_{ママ}(Bruner 1979, p. 121)[10]

　これに対して天野は「明らかにデューイとの対決を意識した知識論、認識論であるが、要するに、デューイのように経験を基礎として真の知識が形成されるのではなく、客観的に存在する知識をモデルにして経験が導かれる」（天野 1969, p. 23. 傍点引用者）と述べている。さらに、天野はデューイの立場から「知識自体の中に価値を求め、その統一性を求めることは、デューイが最も危惧したところの、教育内容が独立して、それだけで絶対的価値をもつものとされ、児童による『発見』という方法条件を取り入れはするが、主体の側の受容の素地を第二義的に考える危険はないか」（同上、p. 24. 傍点引用者）と指摘する。ブルーナーが先の「知識」の見解から教育で強調しなければならないのは「知識」の統一を「知識」それ自体から求めることだと主張しているからである（Bruner 1979, pp. 120-121）。

　天野がなす「構造」批判の要点は「構造」が主体と関係なく存在していると

いうことにあろう。それを根拠に「『構造』の価値がそれだけで絶対化され、子どもを『構造』より軽視してしまう可能性がある」という指摘がなされているといえるからである。

　このような批判は天野だけに見られるものではない。「デューイの後に来るものは何か」を詳しく検討した牧野宇一郎もまたそのような指摘をしている。ブルーナーが「知識」を「知識」としてマスターさせようとしているから、ブルーナーのいう「知識の構造は子どもにとっては探究の構造を反映したものでないから経験や生活と結びつかず、子どもが自己の知識を真に創造し生産することには役立たないであろう」（牧野 1972a, pp. 42-43）といい、また「デューイの後に来るものは何か」を「ただ外で構造化した知識を注入するための技術的見解を無理に拡大して外見上教育学的信条にみせかけた程度のものにすぎない」（牧野 1972b, p. 4）と述べている。このように、牧野もブルーナーのいう「知識」を主体と切り離して捉えている。それに加えて、知識の生産に「構造」は役立たないとしている。

　高浦勝義は「私は心の発達（mental development）を、子どもが頭の中に世界についての一つのモデルを、すなわち、彼の周囲の世界を表象するための内面化された一連の構造を組み立てることとして考えてみたい」（Bruner 1979, p. 103）[11]というブルーナーの一文を引き、ここでいわれた「世界のモデル」は「知識」であるとみなす。その上で、先にも触れた「知識」がそれ自体で「構造」をもち、その統合の基礎は「知識」自体に求められなくてはならないということから、ブルーナーのいう「知識は認識者とは独立に存在するものなのである」としている（高浦 1979, p. 31）。

　デューイと比べれば、ブルーナーのいう「知識」は認識主体と無関係な存在であることが目につきやすい違いなのであろう。日本のデューイ研究者以外でもそのような指摘がある。例えば、フォックスはこう述べている。

　　ブルーナーにとって、知識の領域は独立してそこにあり、知りうることができ、そして学者らしい学問領域の最良の知性（the best minds）によって首尾一貫したモデルに構造化されることができる。……デューイにとって、知識獲得過程から切り離された知識はないので、独立した知識の領域はありえない。（Fox 1969, p. 69）

ヤングもまた、デューイとブルーナーを比較し、両者の違いは教材の組織化にあるとして、「知識はわれわれが構成したモデルである」にある「われわれ」は「何よりもまず成熟した学者たちの共同体」であるといい、ブルーナーは「『そこにある事物』または少なくとも『そこにある学問』の定められた構造や規則をかなり強調している」と述べている（Young 1972, p. 62）。

このようにブルーナーの「構造」が認識主体の外部に存在するものとして理解されているが、それはもっともなことでもある。フォックスやヤングが学者や科学者によって「モデル」が「構造」化されるというように、ブルーナーは「構造」のために学者や科学者の参加を求めているからである。ブルーナーはこう述べている。

> ある知識の領域の基本的な構造を反映する仕方でカリキュラムを編成することはその領域の最も根本的な理解を必要とする。それはもっとも有能な学者や科学者の積極的な参加なくしては達成できない仕事である。（Bruner 1977, p. 32）

「知識」の領域の基本的な「構造」の最も根本的な理解に学者や科学者の参加が必要ということは、「構造」は学者や科学者たちにしか知りえないということではないか。そうであるならば、「構造」は学者や科学者以外の主体にとっては外でつくられたものではないか。学者や科学者の参加ということから、「構造」が主体の外部にあるものと解釈することも十分可能である。

「構造」が主体にとって外部にあるものであるとするならば、「構造」は学者や科学者でもない子どもにとって無関係なものである。したがって、「構造」が絶対的な価値をもつとか「知識」の「構造」は知識生産に役立たないと指摘されるのも妥当である。

国内外を問わず、デューイとの比較において、ブルーナーが「構造」を認識主体と無関係に存在しているように解釈されていることが確認された。ブルーナーが「構造」について論じた記述にこのような解釈を認める余地もあるが、しかしこの解釈に次の点を指摘せざるをえない。それは、ブルーナーが論理実証主義的な枠組みで、より限定すれば、客観主義の立場で「構造」を論じているという前提に基づいた解釈であるということである。というのも、客観主義

第6章 「2つの思考様式」と教育　　279

に基づいているとみなさないかぎり、ブルーナーが想定した「構造」が主体と無関係に存在していると、すなわち、客観的に存在していると解釈することができないからである。上記のようにデューイとブルーナーを比較したデューイ研究者には、ブルーナーが客観主義に基づいていると見えていたのであろう。

これまでにも言及してきたように、ブルーナーはかなり早い時期から客観主義とは異なる立場──「構成主義」──に基づいていた[12]。だから、客観主義に基づいて「構造」を解釈することには無理があろう。実際、ブルーナーのいう「構造」は認識主体とは切り離せないものであるとする、客観主義に基づいたものとは真逆な解釈もある。したがって、先のように「構造」が批判されても、「構造」は有効であるといえる可能性がある。そこでブルーナーの「構造」が認識主体と切り離せないものといえるか、次に検討しよう。

(2)「構造」の再検討

これまでブルーナーの「構造」が主体と無関係に存在しているものであるという指摘を見てきたが、その逆の指摘もこれまでになされてきた。小川によるものと田中耕治によるものがそれである。両者ともに「構造」は主体と切り離せないものであると解釈している。

両者の解釈に共通しているのはブルーナーの科学観に着目していることである。それは科学によって得られた成果は自然世界に存在している真理ではなく、われわれ人間が生み出したものであるという、「構成主義」を連想させる科学観である。ブルーナーはこう述べている。

過去半世紀において、ニュートンの時代から受け継いだ科学の概念に対する深い革命が目撃された。ニュートンは科学者の仕事を発見の海に旅をすることとみなした。その旅の目的は真理の島々を発見するためのものである。……かなりの程度で、素人の科学の見解は発見の精神によって、自然主義的実在論の精神によってなお支配されている。

現代科学の性質はより唯名論的である。予言的価値があり、利用できる情報を超えて進む価値をもつ公式のモデルや理論を科学者は構成している。
（Bruner 1957, p. 19）

小川は、この科学観に加えてブルーナーのいう「記号化システム」（coding system）に着目する。小川は「記号化システム」は「偶然に関連する、非特殊的な一連の範疇」（*Ibid.*, p. 10）と規定されているとしている[13]。ブルーナーは、人が「与えられた情報を超える」ためには、人が「現在の与えられたもの」を「より生成的な記号化システム」の中に位置づけることができるからだと述べている（*Ibid.*, p. 11）。この「記号化システム」を、小川は「自然科学のこの構成的、発明的性格こそ、ブルーナーの記号化システムの理念型（ideal type）なのである」（小川 1972a, p. 124）として、次のように続ける。

　　ブルーナーが「構造」を示す一例として、物理学や数学の基本概念に言及するとき、それはこうした科学の構成的性格の中に、記号化システムの理念型を発見するからであり、そうしたモデルが思考の発展に有効性を発揮すると考えるからにほかならない。言い換えれば、ブルーナーは思考という主体の側の構成的働き、操作の延長線上に、そうした思考のモデルとし物理学や数学をみているのである。こうした関連を無視した客観的知識の組織を「構造」と呼んでいるのではない。（同上、pp. 124-125）

　「構造」は主体の思考によって構成されたものであるから、それを構成する主体と切り離すことはできず、それゆえ「構造」は主体と無関係ではない。
　田中もまた、ブルーナーの科学観を踏まえて、ブルーナーのいう「『モデル』とは、認識主体とは客観的に独立する外界の受動的反映ではなく、あくまで、人間の経験界に存在する事象を効率的に組織したものである」と述べている（田中 1980, p. 224. 傍点原文）。したがって田中にしたがえば、「構造」は「人間の経験界」から構成されたものであるから、「構造」は「人間の経験界」以外のところに独立して存在しているのではない、ということになる。
　小川や田中の解釈を成立させる根拠は、科学は自然世界に存在する真理を発見する営みではないというブルーナーの科学観にあった。この論理はブルーナーにとって科学以外でも当てはまる。それは次のブルーナーの叙述から理解できる。

　　人間は自然を直接的に扱うのではない。自然は象徴的な構成物であり、強力

な抽象を通して経験を表象するための人間の能力の産物である。エルンスト・カッシーラーならこういうかもしれないが、人間は人間自身で共同的に（collective）うみだした象徴の世界に住んでいるのである。その象徴の世界は経験の秩序化と解釈（explication）という１つの重要な機能をもつ。人のもつ世界の概念の変化は人が遭遇するものの変化ではなく、世界を解釈する（translate）仕方の変化なのである。（Bruner 1979, p. 159）

　人間は己自身で作り上げた象徴の世界に住んでいる。したがって、人間は己がうみだした世界以外のものを、人間とは関係なく存在するような世界を扱うことはできない。だから論理上、ブルーナーにとって主体と無関係なものを想定することは無意味である。それゆえ、ブルーナーの論じる「構造」は主体と無関係に存在するものではないと結論することができる。

　しかしながら、まだ「構造」は主体と切り離された存在であるとする余地がある。「構造」理解のための学者や科学者の参加の必要性についてまだ応えられていないからである。

　結論を先にいえば、ブルーナーが「構造」理解のために学者や科学者の参加を求めたとしても、それだけで「構造」は主体と無関係なものであるとはいえない。そもそもブルーナーが「構造」理解のための学者や科学者の参加の必要性を説いたのは、学習のためというより教授のためである。先に引用したように、ブルーナーが学者や科学者の参加の必要を説いたのはカリキュラム編成のためであった。とすると、学者や科学者の参加の必要性は「構造」を学ぶためのものというよりも教えるためのものと解する方が適切であろう。その目的においては、主体が生成した「構造」をその主体と関係なく外にあるものとあえてすることに利点がある。それは思考によって生み出したものを「外在化」させることで扱いやすくなるということである。ブルーナーはこう述べている。

　われわれは対象、すなわち思考の産物を外在化し（externalize）、それを「外にあるもの」（out there）として扱う。フロイトは、投射について評しながら、人間は内からよりも外側からの刺激の方がよりうまく扱うことができるようだと述べた。創造的な仕事を外在化することもその通りで、それ自身の発展をそれに可能にし、それ自身の自律性にそれが役立つようになる。あた

かもそれはより簡単にそこのものを扱いやすくするかのようであり、この手配がたやすく利用しにくい、より無意識な衝動や素材の出現を可能にするかのようである。（*Ibid.*, pp. 25-26. 傍点原文イタリック）

　ここでは創造的な仕事の「外在化」について述べられているが、「構造」の「外在化」にもそれは当てはまるだろう。ある主体が「構造」を「外在化」させる（例えば文字で表すなど）ことで、その主体はその「構造」を扱いやすくなり、ひいては、その主体以外の主体にも扱いやすくなる。「思考の産物の外在化」からいえば、ブルーナーにとって主体と切り離された「構造」とはある主体が「外在化」した「構造」にほかならない。

　ブルーナーは「ある教科のカリキュラムはその教科に構造を与える根底にあるもろもろの原理によって得ることができる最も基礎的な理解によって決定されるべきである」（Bruner 1977, p. 32）という。教科が何らかの学問と接点を持つならば学問の「構造」に関わる。有能な学者や科学者はその「学問」の根底にある原理や中心観念を知っている。だから、彼らの参加はカリキュラム編成に有益なのである。

　実際、ブルーナーは「知られていることについて十分な注意を払わずに、どのように知るようになるのかを調査することはできない」（Bruner 1979, p. 77）と述べている。つまり、知ることのために知られることをあえて独立させるのである。それは学習者が何を知ろうとし、それに対してどのようにそれを援助するのかという教授の観点のためのものとして捉えることができる。

　ブルーナーのいう「構造」が主体の外部にあるように受け取れるのは、「構造」が学習者としての主体の「構造」ではなく、教師としての主体の「構造」だからである。この違いを混同すれば、「構造」はあたかも主体と無関係に存在するものと受け取ってしまう。また、学者や科学者、あるいは教師たちの理解する「構造」も、そもそもは彼／彼女らのつくりだした「構造」であり、それを「外在化」することで教授に役立てようとするのであれば、「構造」が教授のためであろうとも、主体が生み出したものだから、そもそも主体と無関係ではない。

　「構造」は主体と切り離せないこと、学習か教授かといった観点の違いを明確にすることという2点によって、「構造」は主体と切り離せないものである

と解釈できることが示された。この解釈に立てば、「構造」がそれ自体で絶対的価値をもつといえなくなる。さらに、「構造」は知識の生産に役立つものとなる。それは小川の論に見ることができる。

広岡らがいう「構造化」は内容だけに注意が向けられているとし、ブルーナーの「構造」論は「主体（認識の仕方）と客体（対象）を切離すことはできない」（小川 1966, p.46）と主張した小川は、ブルーナーの「構造」を「subject matter の固有の思考法（a way of thinking）とその展開を示す概念」であると結論する（小川 1967, p.57）。小川が引用しているように、ブルーナーは「subject matter は知的組織（literate society）である。……それは一つの思考の方法（a way of thinking）としてみなされる。そしてこの学問（dicipline）の根底には生産的命題（generative proposition）がある」と述べている（Bruner 1966, p.154)[14]。このことから小川は、「この生産的命題こそ基礎観念とか基本原理とかいうものに他ならない」とし、「この基礎観念は一つの思考法である Subject matter、いいかえれば、一つの認識体系という context に位置づけられて始めて、生産性（generativity）を発揮することができる」とする（小川 1966, p.48）。そうして「構造を理解するということは基本観念を操作することによって特定の知識体系の思考法を身につけることである」と結論づけている（同上、p.51）。

小川にしたがえば、「構造」を学ぶということは「思考の方法」を学ぶことであり、その「思考の方法」を身につけることで知識の生産ができるようになる。この解釈に基づけば、ブルーナーにとって「構造」を学ぶことは個人が知識を生産できるようにすることであるといわざるをえない。このことについて、ブルーナーはこう述べている。

大学の学部に秘められ一連の権威ある書物に埋め込まれている、ある知識の体系は多くの重要な知的活動の結果である。これらの学問を誰かに教える（instruct）ことはその人に結果を覚えさせる事柄ではない。むしろ、それは知識の樹立を可能にする過程に参加させるためにその人に教えることなのである。（Bruner 1966, p.72）

ここでのブルーナーの主張は学問を教えることは知識を樹立できる過程に参

加させることだということにある。「構造」を学ぶことが学問の「思考の方法」を学ぶことであれば、「構造」を学ぶことは知識生産の方法を学ぶことであり、知識生産を可能とすることにほかならないのである。

知識生産の方法として「構造」を見れば、教える立場にとって「構造」は学習者の学びの向かう方向を示すことになる。小川が「もしブルーナーのように、子どもの思考法と科学の構造との間に共通なものをみようとするならば、なによりもまず、科学の構造を見方、考え方としておさえる必要がある。そしてそれゆえにこそ、子どもの中に科学概念の芽ばえを読み取ることができるのである」と述べているように（小川 1972a, p.117）、教師にとって「構造」は学習者を理解する手がかりとなるのである。

「構造」を主体と切り離せないものとしてみなせば、「構造」を学ぶことは「思考の方法」を学ぶことであり、「構造」を教えることは知識生産を可能とすることである。この「構造」解釈では、「構造」はそれだけで絶対的価値をもつとも、知識生産に役立たないとも解されない。

「構造」を主体と切り離せないものとする解釈は可能であり、それゆえ「構造」を主体から切り離された無関係なものとみなす批判に内在的に耐えることは可能である。ブルーナーの論じる「構造」は教育方法としていまだ有効なのである。

注
1) 『教育の過程』から「ナラティヴ」論展開後まで、広範にブルーナーの教育理論を論じたオルソンでさえ、ブルーナーのいう教育における「ナラティヴ」の固有性について取り立てて論じていない（Olson 2007）。また、今井もブルーナーの「ナラティヴ」に着目し、ブルーナーのこれまでの研究に言及しながら「ナラティヴ」を概要的に示しつつ、「ナラティヴ」と教育の関係について言及しているが、そこにおいても、科学教育の文脈となっている（今井 2010b, 2011b）。
2) 例えば、カン・ヒョンソク（Kang, H. S.）が「ブルーナーは思考のナラティヴ様式という概念を明確に定義していない」と述べているように（Kang 2014, p.258）、ブルーナーは「ナラティヴ」を定義していないと誤解されてきた（なお、筆者もまた、ブルーナーが「ナラティヴ」を定義していないと思いこみ、誤りにもかかわらずそう述べていた（嶋口 2010, p.36, 2011, p.40)。）。この状況に鑑みると、ブルーナーによる定義を示し

たことにも、ブルーナー研究に対する貢献があると考えられる。

3) ただし、岡本夏木らは、ブルーナーの「ナラティヴ」は「語る」行為だけでなく「語られた」もの、「書かれた」ものも含まれており、つくられたストーリー全体を指していると指摘している（岡本・仲渡・吉村 1999, pp. 247-248）。

4) 例えば、土井 2005; 西本 2007; 田島 2003; Toomela 1996; Wertsch, 1998 が挙げられる。

5) このことからも理解できるように、「最小限で簡潔な定義」にあった「危機」は「トラブル」のことである。

6) ブルーナーは『教育の過程』であれほど教育における「構造」の重要性を強調したのにもかかわらず、ここでは「論理－科学的様式」の鍛え育む方法の文脈で「構造」を取り上げている。このことから、『教育の過程』ほど、ブルーナーは「構造」を重視することにこだわっていないことが読み取れる。このような執着度の変化の理由は 2 つあると考えられる。

1 つはブルーナーの研究関心の変化である。「2 つの思考様式」を鍛え育むことを観点としたとき、「構造」の重要性が強調されるのは「論理－科学的様式」の方である。ブルーナーは発達の研究から徐々に「志向性」および「志向的状態」や「間主観性」に研究関心を移している。したがって、発達の研究以降は「ナラティヴ様式」に研究関心があるということになる。実際、第 3 章第 1 節でみたように、「2 つの思考様式」はこれまでの心理学研究での思考の扱いに対し提唱されたものであった。すなわち、心理学における思考の研究として、「論理－科学的様式」が重視されすぎ、「ナラティヴ様式」がなおざりにされていたのだった。「2 つの思考様式」から見たとき、「ナラティヴ様式」への関心の集中が、ブルーナーの「構造」への執着度を弱めていったと考えられる。

2 点目は当時の社会的背景である。『教育という文化』に、『教育の過程』も含まれる 1950 年代終わりごろから 1960 年代初めごろまでの教育改革の背景には「外部の」動乱、すなわち冷戦があったと述べられている。これは「科学技術上の」戦争でもあったので、当時、教育課程運動の焦点は科学や数学にあてられることになったのだった（Bruner 1996, pp. xii-xiii）。

このようにブルーナーは冷戦という社会背景に『教育の過程』を位置づけた上で、「その改革者たちは、例えば、彼らが改良されたカリキュラムを構築する際に興味をもっていたように、学校の子どもたちは改良されたカリキュラムの習得に興味をもつと、仮定していた。そして、子どもたちはある程度の教育的真空で生活していて、文化全体としての不幸や問題によって困っていないことも当然とされていた」（*Ibid.*, p. xiii）と述べている。ここで述べられている「文化全体としての不幸や問題」とは、第 4 章

第2節第1項で触れた貧困のことである。事実、ブルーナーは「教育を改革することについて軽率なひとりよがりからわれわれの多くを目覚めさせたのは、アメリカでの『貧困の発見』と公民権運動、詳しくいえば、貧困の衝撃の発見、人種主義、それらの荒廃の犠牲となった子どもたちの精神生活と成長の疎外であった」(*Ibid.*, p. xiii) と述べている。第4章で述べたように、貧困家庭の子どもたちは学校教育に学ぶ意味を見い出していないと感じている。このような子どもたちには、『教育の過程』に基づく学習指導やカリキュラムを与えても、無意味となってしまうのであった。

　ブルーナーは、「貧困の発見」から「それに続く何年かに、私は子どもたちが学校での学習で進んでいく道にいかに文化が影響しているのかについて、ますます専念するようになった」(*Ibid.*, p. xiii. 傍点原文イタリック) と述べている。ブルーナーは「貧困の発見」によって教育で「構造」を強調することよりも重要なことがあることを理解したのである。それは子どもを取り巻く「文化」の影響である。実際、ブルーナーは『認識能力の成長』で「表象」と「文化」の影響を扱っている(第2章第4節参照)。また、ヴィゴツキーの「文化‐歴史的理論」を受け継いだルリア (Luria, A.) とも出会い、「精神発達における文化が可能にする役割のための余地があまりない」ピアジェの理論に対する「私の信頼は崩された」と、ブルーナーは述べている (*Ibid.*, p. xiii)。このことに鑑みれば、ブルーナーがピアジェの理論からヴィゴツキーの理論へと転換したことに「貧困の発見」が大きく影響しているといえよう。ともあれ、ブルーナーは「構造」よりも子どもの学習に対する「文化」の影響の方が重要であると「貧困の発見」によってみなすようになったのである。

　研究関心の移り変わりや「貧困の発見」によって、ブルーナーは「構造」に執着しなくなった。しかしそれは執着しなくなっただけであり、「論理‐科学的様式」を鍛え育む方法として「構造」を肯定しているように、「構造」に基づいた自身の教育論を否定したわけではないと、付言しておきたい。

7) ここでいわれた科学的理解の努力を「ナラティヴ」の形態に変換する例として、ブルーナーは第1章第3節で言及したボーアが物理学における相補性の概念にたどりついたことを挙げている (Bruner 1996, pp. 124-125)。ボーアのエピソードが「文化心理学」提唱後の考えにも影響を与えている。ボーアとの出会いはブルーナーにとってやはり重要であった。

8) 例えば磯辺武雄と今井による指摘が挙げられる (磯辺 1981, p. 17; 今井 2007, pp. 118-119)。

9) この指摘に対する検討は本節ではこれ以上行わない。というのも、「論理‐科学的様式」の教育方法という文脈からいえば、その指摘は気にしなくともよいからである。その理由は「論理‐科学的様式」は「物理的な事

物」を扱う自然科学的な思考様式のことにある（前章第1節参照）。したがって、たとえ「構造」にその問題点がなお残り続けたとしても、「構造」は「論理 - 科学的様式」の教育方法としては依然有効である。

10)　引用した個所の訳は天野によるものである。

11)　この引用箇所の訳は高浦によるものである。

12)　前章で詳述した「構成主義」と比べれば萌芽段階であるが、知覚の研究時からブルーナーが「構成主義」の立場であったことは、第2章で論じた。さらに、萌芽段階ということを考慮すれば、青年期のころからもブルーナーは「構成主義」の立場に基づいていたと第1章第1節で指摘した。

13)　ここでの coding system の表記と coding system の基底についての箇所の訳は小川の表現にしたがっている。

14)　このブルーナーの引用箇所は小川による訳である。

第7章

「フォークペダゴジー」

　「フォークペダゴジー」は、ブルーナーが「文化心理学」を提唱した後にオルソンとともに提示した概念である（Olson and Bruner 1996）[1]。「ナラティヴ」と同じく、「フォークペダゴジー」も「志向的状態」と「間主観性」に関係している。本章において、「フォークペダゴジー」に「志向的状態」と「間主観性」がどのように関連し、「フォークペダゴジー」が具体的にどのような概念なのかを明らかにする。

　本章では、まず、「フォークペダゴジー」がどのような概念であるかを概観する。次に、「フォークペダゴジー」がどのような経緯で提示されたのかを観点に、「フォークペダゴジー」と「志向的状態」および「間主観性」の関連を明らかにする。この関連が「フォークペダゴジー」の核心をついているからである。最後に、「フォークペダゴジー」の可能性を検討する。

1　「フォークペダゴジー」の概観

（1）「フォークサイコロジー」と「フォークペダゴジー」

　「フォークペダゴジー」は教育の場面における「フォークサイコロジー」のことである[2]。「フォークサイコロジー」については、第3章や第5章でも言及したが、再度確認しておこう。ブルーナーは「フォークサイコロジー」を「どうして人間がそのようにふるまうのかという文化的根拠」（Bruner 1990a, p. 13）や「人びとが自分自身、他者、自分が生きている世界の見解をまとめることによって文化的に形作られた考え」（*Ibid.*, p. 137）と述べている。ブルーナーにとって、「フォークサイコロジー」は、ある「文化」内で人びとに抱かれ

289

ている自他を含めた人間の行為や人間の生きている世界についての考えというほどの意味で、心理学という学問の１領域のようなものではない。「フォークサイコロジー」はある「文化」の中で生きる人間が持っている、その「文化」での人間に関する考えのことである[3]。

　ブルーナーによれば、「フォークサイコロジー」は人間と人間との相互作用に関わっている。彼にしたがえば、「他者とのわれわれの相互作用は、どのように他者の心が働くのかについてのわれわれの日常の直観的な（intuitive）理論に深く影響されている」とされ、その「直観的な理論」が「フォークサイコロジー」と呼ばれているからである（Bruner 1996, pp. 45-46）。「フォークサイコロジー」を基軸に、われわれは他者から働きかけられた意味を理解したり他者へと働きかけたりすることを行っているということである。「フォークサイコロジー」は人間に関わる考えであるから、他者との相互作用に影響を及ぼしているのである。

　教育においても他者との相互作用が行われている。だから、教育の場面でも「フォークサイコロジー」に基づきながら相互作用がなされている。その際の「フォークサイコロジー」をブルーナーは「フォークペダゴジー」と呼ぶ。

　　フォークサイコロジーは、今ここでどのように心が働いているのかということに専念しているだけでなく、どのように子どもの心は学習するのかについての考えを、そしてどのように子どもの心を成長させるのかという考えさえも備えている。ちょうど日常の相互作用ではわれわれはフォークサイコロジーによって導かれているように、子どもが世界について学習することを助ける活動では、われわれはフォークペダゴジーの考えに導かれている。（Ibid., p. 46. 傍点原文イタリック）

　誰もがもっている人間に関わる考えである「フォークサイコロジー」には、どのように子どもの心は学習するのか、どのように子どもの心を成長させるのか、という考えも含まれている。そのような「子どもの学習や成長についての考え」が「フォークペダゴジー」である。そして「子どもの学習や成長についての考え」に基づきながら「子どもが世界について学習することを助ける活動」をわれわれは行っているゆえに、われわれは「フォークペダゴジー」によ

って教育の場での他者との相互作用を導かれているのである。

　共同提唱者のオルソンの例を借りると、具体的には次のことになる。例えば、もし子どもがわがままでしつけがなっていないと考えられているならば、教師は子どもに必要とされるしつけをする。もし子どもが無知、つまり知識がないと考えられているならば、教師は子どもに知識や別の情報源へのアクセスを与えるようにする（Olson 2007, p.131）。このようなことが、子どもの学習を助ける際にわれわれは「フォークペダゴジー」に導かれているとされている。「フォークペダゴジー」はある「文化」を生きる人びとが抱いている教育に関する考え、つまり、ある「文化」での学習や成長に関する考えということである。

　ここまで「フォークサイコロジー」を起点に「フォークペダゴジー」を概観してきたが、「フォークペダゴジー」は教育の場面での「フォークサイコロジー」であるため、類似した概念である。そこで、両者の共通点と相違点を整理しておこう。

　「フォークサイコロジー」と「フォークペダゴジー」の共通点は、両概念ともに、他者との相互作用——すなわち、コミュニケーション——に関わっていることにある。端的に言えば、「フォークサイコロジー」はある「文化」の中の人間に関わる考えのことである。人間に関わる考えゆえに、他者がどう思っているか、何を考えているのかといった他者理解の根拠となる。他者と相互作用する際の他者理解に用いられるのだから、「フォークサイコロジー」はコミュニケーションをなしている際の人間の心理を表している。「フォークペダゴジー」も同様である。「フォークペダゴジー」はある「文化」で生きる人間がどのように学習したり成長したりするのかといった考えのことである。だから、学習者を理解する根拠となっており、それゆえ教育の場面において教育者と学習者がなすコミュニケーションにおける心理を表している。

　しかしこのことに示唆されているように、「フォークペダゴジー」は教育の場面における人間の心理に特化されたものである。ブルーナーは「フォークペダゴジー」を教育の場面での「フォークサイコロジー」とみなしていたから、「フォークペダゴジー」は「フォークサイコロジー」に包括されている。とはいえ、両者をわざわざ区別しているのであるから、「フォークサイコロジー」は「フォークペダゴジー」以外の心理、すなわち、教育以外の場面における人間の心理を意味していると理解する方が理に適っていよう。

第 7 章　「フォークペダゴジー」　　*291*

「フォークサイコロジー」と「フォークペダゴジー」はコミュニケーション
をしている際の人間の心理という点で共通している。しかし、「フォークペダ
ゴジー」は教育の場面におけるコミュニケーションに特化されたものであり、
「フォークサイコロジー」は教育の場面以外でのコミュニケーションに用いら
れる点で異なっている。成長をもたらすといった、コミュニケーションが教育
的なものであるとき、そのコミュニケーションにおける心理は「フォークサイ
コロジー」ではなく、「フォークペダゴジー」と呼ばれるのである。
　教育の場面における人間の心理、これをブルーナーは「フォークペダゴジ
ー」と名づけた。そのように名づけることにどのような意味があるのだろうか。
「フォークペダゴジー」はオルソンと共同提唱のため、どこからどこまでがブ
ルーナー独自の見解であるかがはっきりとしないが、ブルーナーは「フォーク
ペダゴジー」を観点に、教育現象について分析を加えている。その分析によっ
て、ブルーナーは「教授」（teaching）と「学習者の心のモデル」の相関関係を
示している。「フォークペダゴジー」が提示された意味を理解するために、そ
の相関関係を確認しよう。

(2)「教授」と「学習者の心のモデル」

　ブルーナーは「フォークペダゴジー」が教育の場でのコミュニケーションに
関わっていることを根拠に、「教授」は必ず「子どもの心の性質」についての
考えに基づいており、「教授についての信念と想定は、教師が子どもについて
抱いている信念と想定を直接反映しているのである」と指摘する（Bruner
1996, pp. 46-47）。そして、ブルーナーは教育理論家や教師、さらには子どもが
共通に抱いている学習者の「心」についての考えに着目する。なぜなら、学習
者の「心」についての考えが「教室で生じる教育的実践を決定しうる」からで
ある（Ibid., pp. 52-53）。ブルーナーは「フォークペダゴジー」から「教授」と
学習者の「心」の相関関係を見い出している。
　ブルーナーが特に着目する「フォークペダゴジー」に含まれている学習者の
「心」についての考えは「学習者の心のモデル」として述べられている。ブル
ーナーによれば、われわれの時代における有力な「学習者の心のモデル」は4
つあるという。これらのモデルの各々は「異なる教育目標」を強調しており、
また、これらのモデルは「どのように教授し『教育する』のかを決定する心の

概念」である（*Ibid.*, p. 53）。「学習者の心のモデル」と教育目標および「教授」
の関係についてのブルーナーの見解を要約すると、以下のようになる。

①子どもを「模倣的学習者」として見る

　1つめの「学習者の心のモデル」は「模倣的学習者」である。子どもを模倣
的学習者として見ているとき、「手続き的知識」（procedural knowledge）、すな
わち「方法を知ること」（knowing how）が目指されている。「教授」は「実演」
（demonstration）や「モデリング」（act of modeling）となる。「実演」の場合、
大人は子どもを、「xのやり方を知らない」、「子どもは、xを見せられること
によってxのやり方を学習できる」という信念を抱いている。「モデリング」
の場合、「子どもはxをしたい」、「実際、子どもはxをしようと試みているか
もしれない」と仮定している。

　「実演」や「モデリング」によって徒弟制度のように洗練された技能を伝達
することはできる。しかし、例えば腕のいいピアニストは器用な手だけでなく、
音階の理論、ソルフェージュ、メロディの構造について知る必要があるように、
実践と概念的説明を組み合わせることによって学習するときのような、柔軟な
技能の水準に達することはできない。そこで、次の「学習者の心のモデル」が
想定されることになる（*Ibid.*, pp. 53-54）。

②子どもを「知る主体」（knower）として見る[4]

　模倣では「手続き的知識」は伝えられるが、「命題的知識」（propositional
knowledge）、すなわち「内容を知ること」（knowing that）は伝えられない。そ
こで必要とされるのが「講義型教授」（didactic teaching）である。このとき、
学習者は「知る主体」としてみなされている。これが2つめの「学習者の心の
モデル」である。

　「講義型教授」は、学ぶべき、記憶すべき、応用すべき活動の事実や原理、
規則を生徒に示さなければならないという考えに基づいている。この「教授」
では、学習者は「pについて知らない」、つまり、学習者は告げることによっ
て運ばれうる事実や規則原理について無知か、無垢な存在であると仮定されて
いる。「講義型教授」における学習者の心のモデルは、タブララサなのである。
知識が心に注ぎ込まれることは、累積的で、後の知識は先の知識に基づいて積

第7章「フォークペダゴジー」　*293*

み上げられるとする。これよりも重要なことは、子どもの心が受動的で、満たされることを待っている容器とする仮説にある。したがって、「講義型教授」では、教師は学習者を外側から、3人称の観点から見ることになる。3人称の観点からではなく、1人称の観点から子どもを捉えなおそうとすることで、次の「学習者の心のモデル」が提示されることになる。

ただし、このとき注意を喚起しなければならないのは、「講義型教授」を悪いと決めつけてはいけないということである。例えばイギリスの慣習法において扱われうる事件のさまざまな令状を知っているなど、「客観的」で所与のものとして知識が有効に扱われうる文脈があるのは明らかだからである（Bruner 1996, pp. 54-56）。

③子どもを「考える主体」（thinker）として見る

「講義型教授」のように、子どもを3人称の観点からみるのでなく、子どもを1人称の観点から見るというのは、学習過程における子どもの観点を認識することである。学習過程における子どもの観点の認識とは、子ども自身が自分のなす学習、記憶、推理、思考をどう組織化するか、その仕方を理解しようとすることである。この場合、教師は、どのようにして子どもが考えていること、信じていることに至ったのかということの理解に関心をもつ。ここに3つめの「学習者の心のモデル」が現われている。

3つめの「学習者の心のモデル」は「考える主体」である。子どもを「考える主体」として見るというのは、子どもは自分自身で、あるいは他者との会話（discourse）を通して推論し理解する（make sense）ことができる者として、あるいは大人と同様、自分自身の思考について考えたり、自分のアイデアや考えを反省によって訂正したりすることができる者として見ることである。したがって、子どもがよりよく、より力強く、しかし一面的にならないように子どもの理解を助けることが目指される。「教授」の仕方は討論や協同（collaboration）となる。というのも、討論や協同を通し、異なる見解を持っているかもしれない他者と合意を達成することにより、自分自身の見解をよりよいものへと表現していけるよう励まされることで、子どもの理解は促進されていくからである。

しかし、この「学習者の心のモデル」にも問題点を指摘することができる。

それは「知識」に関することである。「学習者の心のモデル」が「考える主体」であるとき、「知識」は「正当とされた信念」（justified belief）としてみなされる。したがって、主観的な信念がいかにして正当なものとして認められ得るか、どうやって主観的な信念が世界と事実についての実行可能な理論へと変わっていくのかということが問題となる。主観的信念が正当なものであるとされ、主観的信念が理論へと変わっていくには、公に検証される必要があるために、次の「学習者の心のモデル」が提示されることになる（Ibid., pp. 56-60）。

④子どもを「聡明な人」（knowledgeable）として見る

　信念や会話による交渉に焦点を当てすぎると、打ちたてられている知識の社会的交換の重要性を過大評価し、過去に蓄積された知識の重要性を過小評価してしまう危険性がある。しかし子どもたちは、「私たち」（友人、両親、教師など）によって知られていることと、広い意味で単に「知られている」ことの区別に、早くから遭遇する。

　ポスト実証主義、ポストモダンの時代において、「知られていること」は神が与えた真理でもなく、自然という書物に変更不可として書き込まれたものでもないことを、われわれは十分認識している。このような体系における知識はいつでも改定可能であるとみなされている。しかし改定可能であることを、どんな理論も究極的な真理ではないのだから、すべての理論が等価であるという、なんでもありの相対主義と混同してはならない。われわれは確かに、ポパー（Popper, K.）のいう次のことを区別している。個人的に抱く信念、直感、意見という「世界2」と、正当とされた信念という「世界3」[5]である。「世界3」を「客観的」としているのは、実証主義のいうそれ自体として独立した「始原的実在」とみなすことではなくて、精査に耐え、最善の入手可能な証拠によって検証されたことにみなすことである。そのような検証を経ているので、すべての知識は歴史を持っている。

　このような認識から、次のような見解が生じる。「教授」は、個人的知識と、「文化」によって「知られているとされているもの」の間の区別を、子どもが把握するのを助けるべきである。しかし、知識は歴史を持っているのであるから、ただ区別を把握させるだけでなく、知識の基盤、つまり知識の歴史もまた理解させなければならない。こうして新たな「学習者の心のモデル」が提示さ

れることになる。

　4つめの「学習者の心のモデル」は「聡明な人」である。子どもを「聡明な人」として見ているとき、個人的知識と「知られているとされていること」（what is taken to be known）の区別を理解できるようにすることが目指されている。

　子どもたちに個人的知識と「知られているとされていること」の区別を把握させるにはどうすればよいか。それは「古いテキストの中で生き続けている書き手」との会話によってなすことができる。しかし、その書き手との出会いは、その書き手を崇拝するためでなく、過去について、会話し解釈し、思考を「メタ化」（going meta）するためのものである。

　子どもが「世界2」から「世界3」へ飛び越えるような訓練では、教師は、子どもが自分の印象を越えて、さもなければ「知る主体」としての子どもから遠く離れているだろう過去の世界に参加するように達成するよう助ける役割になる（Bruner 1996, pp. 60-63）。

　以上がブルーナーの示した「学習者の心のモデル」と「教授」の相関関係である。

　4つの「学習者の心のモデル」と「教授」の相関関係の要点は次のとおりである。①子どもを「模倣的学習者」とみなしたとき、「教授」は模倣となる。②子どもを「知る主体」とみなしたとき、「教授」は「講義型教授」になる。③子どもを「考える主体」とみなしたとき、「教授」は討論や協同になる。④子どもを「聡明な人」とみなしたとき、個人的知識と「知られているとされていること」の区別の把握を目指して、「教授」は「古いテキストの中で生き続けている書き手」との会話になる。

　「フォークペダゴジー」は「文化」で抱かれている学習や成長に関する考えのことであり、そのため教育は「フォークペダゴジー」に基づきながら行われている。そしてこのことから、「教授」と「学習者の心のモデル」に相関関係が見い出されるのである。

　では、教育は「フォークペダゴジー」に基づいて営まれており、「教授」には必ず何らかの「学習者の心のモデル」が想定されているというこの考えは、ブルーナーがそれ以前の教育論で提示したものに対しどのような特徴をもって

いるのだろうか。さらにはその考えがどのようなことを教育にもたらすのであろうか。順に検討していく。

2 「文化心理学」提唱前の教育論に見る「フォークペダゴジー」の萌芽

第4章で検討したように、ブルーナーが「文化心理学」を提唱した以前以後で展開された教育論には連続性もある。ブルーナーが「文化心理学」提唱を境に全く異質な発想に基づいているわけではない。実際、ブルーナーは「文化心理学」提唱以前から「フォークペダゴジー」に類似した考えを論じているし、グリーンフィールドとオルソンは「文化心理学」提唱以前に展開された教育論と「フォークペダゴジー」のつながりを指摘している。ブルーナーの教育論における「フォークペダゴジー」の独特性を理解するために、本節では、「文化心理学」提唱以前にブルーナーが示した「フォークペダゴジー」に類似した考えと、グリーンフィールドやオルソンによって指摘された「文化心理学」提唱前に展開された教育論と「フォークペダゴジー」のつながりを確認する。

(1)「学習者の諸モデル」

「文化心理学」を提唱する前の、ブルーナーの「フォークペダゴジー」に類似した考えは、アメリカ教育研究協会（American Educational Research Association）の 1985 年次大会での招待講演「学習者の諸モデル」（"Models of the Learner," 1985）に示されている。

「学習者の諸モデル」において、ブルーナーは「学習者のモデルなしには教育の状態を向上させることはできない」（Bruner 1985a, p. 8）と述べている。ブルーナーがこのようにいう背景には、その招待講演の前年に行われた国際会議での議論があった。その議論で、「学習者が何であるか、彼や彼女がどのように動くか、そして何よりも、推定上の学習者のための十分な学習環境をどのように考えるのかという、いくらかのワーキングモデルをより明確に考えないかぎり、問題の核心には実際に到達できないだろう」という誰かの提案がきっかけで、学習者のモデルについての議論がなされたようである（Ibid., pp. 5-6）。

「学習者の諸モデル」では、学習者のモデルが、そのモデルに基づく学習の成功条件とともに、5つ挙げられている。1つめは「タブララサ」である。こ

第7章「フォークペダゴジー」 *297*

のモデルは「経験が心という蠟板に書き込む」という前提に基づいており、学習者は「経験から学ぶ」ということになる。このモデルでの学習の成功の原則は「経験をもつ」ことにある（*Ibid.*, p. 6）。

　次のモデルは「仮説生成者」（hypothesis generator）である。この見方は「タブララサ」に対抗する反応を示している。学習者は経験の被造物であるよりもむしろ、入り込むことになる経験を選択する。この選択の際に仮説が関与する。この見方では「経験は世界によってというよりも、仮説によって形成されるようになる」ということが前提になっているからである。このモデルの成功の原則は「よい理論をもつこと」である（*Ibid.*, p. 6）。

　3つめは「生得説」（nativism）である。この見方では、「心は内在している一連の諸々の範疇や仮説、経験を組織化する諸形式によって、生得的にもしくは生来的に形成されている」。したがって、「学習者の課題は、感覚という雑然とした表層構造を、より豊かな、またはより正しい、あるいはより予言的な、もしくはより一般化できるような、実在の表象を与える、内在的か理念的か深層的な組織化への彼や彼女の方法を働かすことである」ということになる。このモデルの成功の原則は、それゆえ、「心の生得的な力を用い練習する機会」にある（*Ibid.*, p. 6）。

　4つ目は「構成主義」である。ここでの「構成主義」でブルーナーが念頭に置いているのはピアジェのもので、「世界は見つけられるのではなく作られるものであり、経験の流れに課する一連の構造的諸規則にしたがって作られる」というものである。このモデルでは「習得するための方法として世界に対する自己推進的な操作」が強調されることになる。このモデルの成功の原則は、システムを「より高く包括するシステムへと向かうこと」にある（*Ibid.*, pp. 6-7）。

　最後の5つめは「初心者から熟練者へ」（novice-to-expert）というものである。このモデルは、「もし学習を理解したいなら、何が学習されているかを最初に尋ね、それをうまくこなす熟練者を見つけ、そして初心者を見て、どのように彼や彼女がそこで成功できるのかを理解する」という前提から始まっている。したがって、このモデルでの成功の原則は「具体的に、明晰に」ということになる（*Ibid.*, p. 7）。

　「学習者の諸モデル」では、このように学習者のモデルとそれに応じた学習の成功の条件が論じられている。学習の成功のあり方は学習者のモデルと相関

して決まるということである。相関関係を論じている点で、「教授」と「学習者の心のモデル」の相関関係と発想的に類似している。「フォークペダゴジー」は「フォークサイコロジー」と密接に関連した概念であるから、「文化心理学」提唱後でなければ提示されることはなかったであろう。しかしその着想は「文化心理学」提唱前からあったとすることは不適切ではない。「学習者の心のモデル」と「教授」の相関関係へとつながる着想があるという点で、「学習者の諸モデル」に「フォークペダゴジー」の萌芽が見い出されるのである[6]。

(2) グリーンフィールドとオルソンに指摘に見る「フォークペダゴジー」の萌芽

　グリーンフィールドとオルソンもまた、「文化心理学」提唱前に展開されたブルーナーの教育論に「フォークペダゴジー」の萌芽を指摘している。しかし、両者ともに招待講演「学習者の諸モデル」からではない。

　グリーンフィールドは、「付随的なもの」として断りつつも、『教育の適切性』に収められた彼女との共著論文（Bruner 1971a, ch.2）に、ブルーナーの「フォークサイコロジー」もしくは「心の理論」への関与の始まりを見つけたとし（Lutkehaus and Greenfield 2003, p.417）、この論文と「フォークペダゴジー」の関連性を指摘している。まずはグリーンフィールドの指摘する論文「文化と認識力の成長」と「フォークサイコロジー」の関連を確認しよう。

　グリーンフィールドが「フォークサイコロジー」の要素を見つけ出す際に着目したのはウォーロフ族に行った実験である[7]。彼女がこの実験で発見したことは、ウォーロフ族の未就学の子どもたちは、「なぜ X がそのようであるとあなたは考えるのですか」または「なぜ X がそのようだと言うのですか」という質問形式には答えられないが、「なぜ X がそうなのですか」という質問形式だと答えられるということであった。この結果を、グリーンフィールドとブルーナーは次の2つのこととして理解した。1つは、「考えること」についての質問に対する返答の欠如は、思考と思考の対象の区別が自覚的になされてないからだということである。すなわち、西洋の思考様式ではあまりにも基礎的である、心理的自己と身体的自己の二元論を欠いた一元論的な世界観に基づいているということである。2つは、思考の対象から思考が身体的に切り離す表象様式としてのリテラシーが、自分自身の思考について話す能力の急速な変化を

引き起こすということである。したがって、学校教育とリテラシーの力は認知的発達の過程を変化させるだけでなく、認知的発達に素朴心理学（naïve psychology）ないしは心の理論の刻印を押すということになる（Lutkehaus and Greenfield 2003, pp. 417-418. 引用箇所の傍点は原文イタリック）。学校教育によって、思考の仕方が異なり、他者の理解の仕方も異なってくるということである。

　ここにグリーンフィールドは「フォークペダゴジー」の萌芽を見い出している。グリーンフィールドは述べる。

　　その本〔＝『教育という文化』〕において、フォークペダゴジー、つまりどのように自分の生徒が考えるのかという教師の関心は、教授の重要な要素である。そしてどのように子どもが思考するかを記述する側面の1つにメタ認知、すなわち自分自身の思考についての自分の思考がある。アン・ブラウンの先駆的な研究に基づきながら、ブルーナーは思考と想起のための自分自身の方略に自分の内なる目を向けるための子どもたちの能力に大きな教育的価値があると考えている。グリーンフィールドとブルーナーが『教育の適切性』について書いたこと……は、メタ認知的な方略は、それ自身が学校教育やリテラシーのような外的表象によってもたらされる文化的構成であるということである。（*Ibid.*, p. 418.〔　〕内引用者補足）

　ブルーナーが『教育の適切性』でグリーンフィールドとともに主張したことは、回答者への質問はその回答者の思考様式に合わせなければならないということ、自分の思考について思考する「メタ認知」は西洋的な学校教育によって可能となるということである。だから、西洋的な学校教育を受けていないウォーロフ族の子どもはメタ認知的な質問に答えられないのである。

　グリーンフィールドはここに「フォークペダゴジー」のような発想を見い出す。彼女は「フォークペダゴジー」を「どのように自分の生徒が考えるのかという教師の関心」と解釈している。グリーンフィールドの解釈は誤りではない。ブルーナーが「フォークペダゴジー」を観点に「教授」と「学習者の心のモデル」の相関関係を見い出していたように、教師が「どのように自分の生徒が考えるのか」を理解することは「教授」をどのように行うのかということと直結している。そうしなければウォーロフ族の子どもが質問に答えられなかったよ

うに、教師が行う「教授」は生徒に理解できないことになるからだ。学習者をどのようにみなすかによって「教授」のあり方が異なってくるという「フォークペダゴジー」に基づく洞察の芽を、ウォーロフ族に行った実験に見い出すことができる。

それと同時に、「どのように自分の生徒が考えるのか」という問いに対する答えの1つとしてだが、グリーンフィールドは『教育という文化』において「メタ認知」について述べられており、ブルーナーはそれに大きな教育的な価値を置いていると指摘している。彼女にしたがえば、『教育の適切性』において、「メタ認知」は学校教育で教えられることで可能となるものであり、それはその学校教育が属する「文化」によって求められているものだと述べられている。ここにも「フォークペダゴジー」の萌芽が見出される。つまり、「メタ認知」が必要だとされる「文化」においては、学習者の「メタ認知」を育てなければならないという考えが教育者に反映されるということである。したがって、『教育の適切性』において「メタ認知」を求められているとされた西洋の「文化」に属する人びとには、「メタ認知」を可能にするための教育がなされ、その結果、その人びとは「メタ認知」ができるようになるのである。これは「フォークペダゴジー」によって人びとがどのように学習者を「文化」に基づいて教育し、どのように子どもたちが「文化」によって形成されていくかを示す例といえるであろう。「フォークペダゴジー」という概念が提示された後から眺めれば、ウォーロフ族に行った実験で得た結果は、「『文化』の中で生きる人びとの教育に関する考え」である「フォークペダゴジー」の1つの実例とみなせる。

教育者は学習者の思考に合わせて教授をしなければならないこと、教育者はどのように「文化」に即した教育をし、学習者はどのように「文化」によって形成されるのかを示していること、この2点が『教育の適切性』に暗示されている。この2点から、グリーンフィールドは『教育の適切性』に「フォークペダゴジー」の萌芽を見い出している。

グリーンフィールドは暗示的な点に着目していたが、彼女に比べ、オルソンはより明示的に「文化心理学」提唱前に展開された教育論に「フォークペダゴジー」の萌芽を指摘している。その指摘は招待講演「学習者の諸モデル」で見られたような相関関係に関するものである。

オルソンによれば、ブルーナーが（オルソンとともに）「フォークペダゴジー」によって指摘したことは、「どのように教授についてのあらゆる概念が心と知識についての優勢な概念から借りられているのか」ということにあった。その上で、「そのようにする際に、われわれは表象の諸様式——動作的、映像的、象徴的——と教授法（pedagogy）の諸様式——実演、描写、口頭での説明——を結びつけたときにわれわれが最初に探求した主題を拡張させていた」と述べている。ここで述べられた「われわれが最初に探求した主題」は、ブルーナーとの共著論文「経験による学習と媒体による学習」("Learning through experience and learning through media," 1974）で論じたことである（Olson 2007, p. 130）。

　オルソンが言及しているように、論文「経験による学習と媒体による学習」では、3つの「表象様式」とインストラクションの様式の相関関係について論じられている。この論文において、オルソンとブルーナーはまず、「直接経験」（direct experience）と「媒介された経験」（mediated experience）という2種類の経験に着目し、それらからどのように知識を得ているのかを考察している。

　彼らにとって、「直接経験」から得た知識は「活動」（activity）に由来している。彼らが「活動」としているのは、人間は環境からの情報を受動的に得ているのではなくて、「生命システム（living system）はそれ自身の統合性をもっている。すなわち、個体とその種の生存と充足のために要求されるように、環境から選択しまたこの環境に関する表象を打ち立てながら、それらは自分自身の見地から環境と交渉しているのである」というように、環境から自己に必要な情報を選択して得ているという能動的な見方をしているからである。したがって、直接経験では知識は「活動」を通して媒介され特定化されることになる（Olson and Bruner 1974, pp. 128-129）。このように考えると、「習得（mastery）は求められている目的に導くような活動の代替的な経路の間を選択するために必要な情報を獲得することにかかっている」ことであり、「そのような情報を獲得するために最も明らかな方法は、さまざまな遂行の領域でのさまざまな目標を達成するための能動的な試みを通してである」ということになる。これをオルソンとブルーナーは「自分自身の偶然の直接経験を通した学習として意味されること」としている（Ibid., pp. 129-130）。

　このような「直接経験」の学習以外にも、人間は「媒介経験」（mediate ex-

perience）からも学習するとオルソンとブルーナーはいう。その学習は 2 種類
あって、1 つは「モデル」からの学習である。もう 1 つは、「話された言葉や
印刷された言葉、映画、図など」といった「象徴として符号化された情報」、
つまり「媒体」（media）からの学習である（*Ibid.*, pp. 130-131）。

　オルソンとブルーナーは、以上の 3 つの「経験様式」を「動作的」、「映像
的」、「象徴的」という 3 つの「表象様式」と対応させている。つまり、「直接
活動」と「動作的」表象、「モデル」と「映像的」表象、「象徴的体系」と「象
徴的」表象という対応である（*Ibid.*, pp. 131-132）。

　オルソンとブルーナーは、何らかの理由のために、学習者に対する責任を認
める別の人の「意図」によって特徴づけられるようにこれら 3 つの対応関係が
使用されるときに、それは「インストラクショナル」になると主張する。例え
ば、自分自身の偶然的な経験からの学習を「教授者」（instructor）が意図的に
用いれば、学習者は「なすことによる学習」を行うことになる。「教授者」が
意図的に実演やモデル、あるいは何らかのフィードバックを用意する役割を行
えば学習者は「対応（matching）による学習」を行うことになる。「教授者」
が事実、叙述、説明を与えることのように、話して聞かせるという役割になれ
ば、学習者は「話されたことによる学習」を行うことになる（*Ibid.*, p. 134）。オ
ルソンとブルーナーは、このような「インストラクション」のカテゴリーは
「動作的」、「映像的」、「象徴的」という 3 つの「経験を表象する形式」に依存
していると主張している（*Ibid.*, pp. 134-135）。つまり、「インストラクション」
の方法は 3 つの「表象様式」と相関しているというのである。

　相関関係ということに着目すれば、オルソンのいうとおり、論文「経験によ
る学習と媒体による学習」に「フォークペダゴジー」の萌芽が見られる。ブル
ーナーは「フォークペダゴジー」によって「学習者の心のモデル」と「教授」
の相関関係を明示したからである。

　ところが、オルソンは「インストラクション」と 3 つの「表象様式」の相関
関係と「フォークペダゴジー」について、次のように述べている。

　　新しいアプローチは志向性と間主観性の新しい理解を考慮している。そのよ
　　うな「フォークペダゴジー」は「フォークサイコロジー」の教育的側面であ
　　る。（Olson 2007, p. 130）

オルソンは「フォークペダゴジー」が３つの「表象様式」と「教授法」の結びつきに関わる「新しいアプローチ」であるとする。そしてそれは「志向性」と「間主観性」を考慮しているとする。

看過できない指摘である。なぜなら、「フォークペダゴジー」がある「文化」における教育の考えであるとか、「フォークペダゴジー」は「学習者の心のモデル」と「教授」の相関関係を示しているという、これまで見てきた理解──すなわち、ブルーナーの記述に即した理解──とは異なった見解だからである。このオルソンの指摘は正しいのだろうか。

3　「フォークペダゴジー」の核心──「教授」の「間主観‐志向的アプローチ」

オルソンは「フォークペダゴジー」が「志向性」と「間主観性」を考慮していると述べていた。オルソンはこの見解について、『意味の復権』にある「人間の生とその人間の心を形成し、行為（action）に解釈的体系の中で行為に内在している志向的状態を位置づけることによって意味を与えるのは、生物学ではなく、文化なのである」（Bruner 1990a, p. 34）という一節を引き、次のような補足をしている。

> われわれがしようとすることを心について考える仕方とつなぐことができると、それがわれわれのフォークサイコロジーであり、教授について考える仕方とつなぐことができると、それがわれわれのフォークペダゴジーである。学校教育は……知識は経験の結果であり、知識は意識を有しており、知識は言葉に転換できるという心理学を、一般的に反映している。対称的に、言葉は知識へと転換できる。したがって、話されたことによって知識を学んだり獲得できたりする。（Olson 2007, p. 131）

難解な表現であるけれども、オルソンはここで「フォークサイコロジー」と「フォークペダゴジー」が何であるかを述べ、「フォークペダゴジー」を学校教育に即して説明している。オルソンによれば、われわれがしようとする行為の意味を「心」を観点に考えたものが「フォークサイコロジー」であり、われわれがしようとする行為の意味を「教授」を観点に考えたものが「フォークペダ

ゴジー」である。この解釈はこれまで見てきた「フォークサイコロジー」や「フォークペダゴジー」の意味と変わらない。オルソンのいわんとしていることも、要は、人びとが抱いている人間や教育に関する考えのことだからである。

　オルソンに基づくと、論文「経験による学習と媒体による学習」と同じく、学校教育は話すことで「教授」を行っている。これは学校で教える知識が言葉で伝えられると考えられているからである。この想定には人間は知識を言葉に変換し理解できるという学校教育の心理学、すなわち、学校教育での「心」の理解がある。したがって、「フォークペダゴジー」は学習者の「心」に相関したものであるということになる。これもまた、本章でこれまで見てきた「フォークペダゴジー」の理解と一致する。

　オルソンの「フォークペダゴジー」の理解は、第1節で確認してきたものと変わらない。その上で、オルソンが「フォークペダゴジー」は「志向性」と「間主観性」を考慮したアプローチであるとしたのは、「フォークサイコロジー」が対象とする「志向的状態」としての「心」を起点に理解しているからである。というのも、オルソンは上述したような「フォークサイコロジー」と「フォークペダゴジー」を説明する際に、ブルーナーが「心」（や「行為」）を「志向的状態」と関連させていることを確認していたからだ。だからオルソンは「フォークペダゴジー」を「志向性」と「間主観性」を考慮したアプローチといっているのである。この解釈は「フォークサイコロジー」から見て適切であるし、「フォークペダゴジー」の理解として本質的である。確認しよう。

　「フォークサイコロジー」はある「文化」の人びとがもっている人間に関わる考えのことであった。ブルーナーにとって、その「フォークサイコロジー」の「構成原理（organizing principle）」は「ナラティヴ的である」（Bruner 1990a, p. 35）。つまり、「フォークサイコロジー」である人間に関わる考えは「ナラティヴ」のように構成されるのである。このようにブルーナーがいうのも明快で、彼によれば「フォークサイコロジー」は「信念、欲望、意図、関与といったもろもろの志向的状態の性質や原因、結果を扱う」（*Ibid.*, p. 14）からである。前章で確認したように、「ナラティヴ」は「行為主体」を含んでいる。「行為主体」とは「志向的状態」によって「行為」する主体のことであった。ブルーナーは「フォークサイコロジーは、自分のさまざまな信念や欲望を基盤に物事をなし、さまざまな目標のために努力をし、打ち勝ったり負けたりする障害に会

い、それらが何度も繰り広げられる、人間の行為主体についてのものである」（*Ibid.*, pp. 42-43）と述べている。「行為主体」は「ナラティヴ」で扱われているとみなすブルーナーにとって、「行為主体」を扱っている「フォークサイコロジー」は「ナラティヴ」によって構成されるのである。

　「ナラティヴ」が「フォークサイコロジー」の構成原理であるということに示唆されているけれども、「フォークサイコロジー」は自己の「行為主体」だけでなく、他者の「行為主体」も扱う。それは「フォークサイコロジー」は「自分自身や他者の心の理論、動機の理論などを含んでいる」（*Ibid.*, p. 13）や「フォークサイコロジーの範疇に基づくことによってわれわれは自分自身や他者を経験する」（*Ibid.*, pp. 14-15）と述べられていることに明らかである。他者の「志向的状態」も対象であるがために、「フォークサイコロジー」は「他者の心を知る」ことである「間主観性」にも関わっているのである。

　「フォークサイコロジー」が「志向的状態」と「間主観性」に関わっていることは「フォークペダゴジー」にも反映されている。それは、トマセロ（Tomasello, M.）、ラトナー（Ratner, A.）、クルガー（Kruger, H.）の研究（Tomasello, Ratner and Kruger, 1993）を参考に述べられた次の箇所に示されている。

　　われわれ人間だけが誰かに何かを示したり、告げたり、教えたりするのは、最初に誰かがそのことを知らないと認めるからか、誰かが信じていることが誤りであることを認めるからである。したがって、人間以外の霊長類が自分たちの子どもに知らないことや誤った信念があるとすることに失敗するのは教育的努力の欠如であると説明しうる。というのも、それらの状態を認識するときのみ、われわれは実演や説明、討論によってその欠如を訂正しようとするからである。……

　　……学習者の心についての想定が教授を試みる根拠をなしている。知らないということを原因とせずに、教える努力はない。（Bruner 1996, p. 48）

　ブルーナーがここで「学習者の心の想定なくして教える努力はない」という趣旨のことを述べているのは、学習者が今これを知らないとかこの理解について誤っているといったことを把握し、それに的確に対応できる適切な方法を選んで教える、ということではない。そうではなくて、学習者が何かを知らない

とか何かについて誤った理解をしているということを把握しないかぎり、そもそもわれわれは誰かに何かを教えようとはしない、ということである。学校のような、教育が求められていることが第一義的な場所に限定して考えると、このことは理解しづらいかもしれない。そこで、教育が第一義的とされていない、日常生活の場面で考えてみよう。日常生活で誰かと会話しているとき、われわれ人間は絶えず誰かに何かを教えているわけではない。例えば仕事の取引についてであったり、趣味についてであったりと、教育の場面で見られる「教え‐学ぶ」ということ以外のこともなされている。むしろ、教えるということの方が少ないかもしれない。しかし時によっては、他愛のない会話でもわれわれは誰かに何かを教えたり、教わったりする。このとき、なぜ何かを教えたのかといえば、相手がそれについて知らなかったり間違ったりしていると把握したからである。そうでなければ、相手に何かを教える必要はない。つまり、相手が何かを知らないとか間違っているということを把握したからこそ、われわれは何かを教えるという「意図」をもち、それを実行するのである（もちろん、例えばただ知識を披露したいといったような「意図」をもっていても、相手の状態に関係なく何かを教えることもあるけれども）。だから、われわれが何かを教えるという「行為」の根拠は相手の無知や誤りなのである。ブルーナーはこれを「学習者の心についての想定が教授を試みる根拠をなしている」とし、「知らないということを原因とせずに、教える努力はない」と述べているのだ。

　この「学習者の心の想定なしに教授はない」という主張に、「フォークサイコロジー」を「間主観性」と「志向的状態」に関連させているブルーナーのスタンスが明瞭に反映されている。というのも、ブルーナーは「教授」を、「間主観性」により相手が何かについて無知だとか誤りだとかという「心」の把握がなされ、そのことによって生じた「教える」という「意図」をもつ「志向的状態」を伴った「行為」としてみなしているからだ。

　この理解に基づけば、ブルーナーが「フォークペダゴジー」から導きだした「学習者の心のモデル」と「教授」の相関関係の根底にあるのは、「間主観性」と「志向的状態」であることに気づく。つまり、「学習者の心のモデル」とは「教授」という「志向的状態」を生じさせる「間主観性」――相手の「心」を知る――のことである。「教授」のあり方は相手の「心」によって異なるから（例えば「無知」と把握したときは「講義型教授」になり、「誤っている」と把

握したときは討論をする、など）、「教授」は学習者の「心」に相関しているのである。「学習者の心のモデル」とは「教授」の根拠となる学習者の「心」を類型化したものである（それゆえ、「教授」もそれに応じて類型化されることになる）。

　だから、「フォークペダゴジー」という概念は「間主観性」と「志向的状態」なしには成立しえない。オルソンが指摘していたように、「フォークペダゴジー」という概念は「間主観性」と「志向的状態」から「教授」にアプローチしなければ提示されえないのである。このようなアプローチを「間主観‐志向的アプローチ」と呼ぼう[8]。「フォークペダゴジー」の核心は「間主観‐志向的アプローチ」、すなわち、「教授」という「行為」は相手の「心」を知る「間主観性」を根拠に生じた「志向的状態」によってなされているということにある。

4　「フォークペダゴジー」の可能性

　これまで、「フォークペダゴジー」は教育の場面における人間の心理であり、「フォークペダゴジー」に着目すれば、「学習者の心のモデル」と「教授」は相関関係にあり、4つに分類されることを見てきた。そして、「フォークペダゴジー」の萌芽は「文化心理学」提唱前に展開された教育論に見られることを確認した。その際のオルソンによる指摘に着目することで、「フォークペダゴジー」の核心は「間主観‐志向的アプローチ」であると明らかになった。

　ブルーナーは「徹底的な文化心理学が当を得ているならば、それはその主要なデータの源泉の1つとしてフォークサイコロジーをみなすだろう」（Bruner 1990b, p. 351）と述べている。だから、「文化心理学」が教育を対象とするならば、「フォークペダゴジー」が「主要なデータの源泉」となる。「文化心理学」提唱後に展開された教育論において、「フォークペダゴジー」は重要な位置にある。そこで問わねばならないのは「フォークペダゴジー」を「データ」とすることでどのような知見がもたらされるかであろう。

　「フォークペダゴジー」から何を得られるのか。ブルーナーが示してくれた「教授」との相関関係に基づいた「学習者の心のモデル」の類型化のみに終始するのか。

　そもそもブルーナー（とオルソン）が「フォークペダゴジー」を提唱したの

は、理論と実践の架橋を行いたいがためである。彼らはこう述べている。

　実践的問題に理論的知識を適用することは決して簡単ではない。医者であることの実践的技術について、アリストテレスは『ニコマコス倫理学』でこう書いている。「蜂蜜やワイン、エレボロス、焼療法や切開の効果を知っていることはたやすい。しかし、どのように、誰のために、いつ、われわれが治療法としてそれらを応用すべきかを知ることは、医者であることと劣らないほど医者を引き受けることなのである」。科学的進歩はさまざまな取り扱いの効果をわれわれに知らせるが、それらを適用するために「どのように、誰のために、いつ」を知る技術は依然困難なままである。

　これがまさしく、理論的知識を教育の実践的文脈に関連づける際にわれわれが直面する問題である。(Olson and Bruner 1996, p. 9)[9]

　理論と実践の架橋のために「フォークペダゴジー」が提唱されているのであれば、理論であれ実践であれ、「フォークペダゴジー」から教育に役立つ知見を導くことができるはずである。実際、そのような知見はトルフ（Torff, B.）とオルソンによって示されている。2人の知見を確認しながら、本節では「フォークペダゴジー」から与えられる教育への可能性について検討する。

(1) 教員養成の方法としての「フォークペダゴジー」の可能性

　トルフは「フォークペダゴジー」に着目した教員養成の方法を論じている。その論は次のように始まっている。

　ジュディスは生物学の教師になると決めていて、多くのことを学ばないといけないと知っている。……それと同時に、ジュディスはわずかながらに教授と学習についての知識を実はもっている。彼女は教育についての考えをもっている。もっともその考えは、ジュディスが教員養成課程（teacher-education course）で触れるだろう「学問の」（"disciplinary"）概念と対比して、「直観的な」（"intuitive"）概念と呼ばれるだろうけれども。教育の訓練を受けていない人びととでさえも教授と学習についての力強い直観的／暗黙的（intuitive/tacit）な概念を抱いており、それらの直観的な概念は人びとが教育の側

第7章 「フォークペダゴジー」　　309

面で考え行為する方法に多大な影響を働かせている。(Torff 1998, p. 195)

　この箇所からもトルフが教員養成において「フォークペダゴジー」に着目していることが窺える。ジュディスはまだ教師でなく、教育学の知識も知らない。しかし教育学を学ぶ前から、自らが形成してきた教育に関する考えをもっている。トルフはそれを「直観的な概念」(あるいは「暗黙的な概念」)と呼んでいるが、要はジュディスがこれまでの生活で抱いてきた教育に関する考えであるので、それはジュディスの「フォークペダゴジー」のことである。実際、トルフは「フォークペダゴジー」に言及しながら、教員養成について述べている。

　……フォークペダゴジーは個人を各自の方法で考え教えるようにしている。それらのいくつかは専門的な教授 (expert teaching) に特徴づけられているもろもろの概念や実践と一致しないのだが。他領域の直観的概念のように、フォークペダゴジーは、教員養成訓練計画での成功的な参加にもかかわらず、固持される傾向にあるかもしれない。だから、専門的な教師になることは、新しい知識を増やすということだけでも、わかりやすい方法で不十分な先入観を置き換えるということだけでもない。むしろ、教師の教育心理学による系統立てられた努力によって無批判に抱かれた信念に直面することが必要であり、特に、将来の教師に認知的変化に関連した形式を助成する活動への従事を促すことによってである。(Ibid., p. 196)

　トルフがここで述べていることは、教員養成課程で学ぶ前からもっている「フォークペダゴジー」を、教員養成課程を履修したにも関わらずそれに固執する場合もあるので、学問に適切にさらすことが専門的な教師になるために必要だということである。その具体的な方法については、次のように述べられている。

　……その計画は、素朴な見方 (folk view) によって始まる伝達的な教育の見方を最初に述べることで、その根底にある認識論的信念を考えさせることによる、ボトムアップの方法で動く。そうすることで、そのわれわれの文化のフォークペダゴジーが教員養成の課程における明確な焦点になる。最後に、

教授と学習の向上のために、教育で作用する暗黙知の重要な側面に光がもたらされ吟味されることである。(*Ibid.*, p. 210)

　トルフの描く「フォークペダゴジー」に着目した教員養成の方法とは、簡潔にいうと、最初に学生がもっている「フォークペダゴジー」を自覚させて、それを学問的に検討させるということである。このようにトルフが主張するのも、教員養成課程を終えた学生であっても教育に関する素朴な考えに固執する場合があり、その成果が終了した学生の実践に反映されないことがあるからである。トルフは教員養成課程として教育に専門的な教師を育てるには、学生が履修前からもっている「フォークペダゴジー」を変容させないかぎりは成し遂げられないと主張しているのである。
　このトルフの教員養成の方法はブルーナーの「フォークペダゴジー」の活用例として適切である。トルフが用いている「フォークペダゴジー」はブルーナーのものと一致しているからである。トルフは『意味の復権』と『教育という文化』を参照し、「フォークペダゴジー」について次のように述べている。

文化の構成員で共有されることで、フォークサイコロジーは知識や学習、思考、動機、「自己」、その他の心理的範疇についての一連の信念を構成する。フォークサイコロジーは心の働き方についてわれわれの常識的な直観的理論、すなわち、偏在しているのだけれどもめったに日常生活で明白にされない理論を反映している。フォークサイコロジーはここと今でどのように心が働くか、どのように子どもの心は学習し何が子どもを成長させるのかということに関わっている。
　したがって、ある社会の中のフォークサイコロジーは「フォークペダゴジー」、つまり教育は何であり教師は何をするのかに関わる一連の考えを備えるようになる。(*Ibid.*, p. 198)

「フォークペダゴジー」は教育の場面における「フォークサイコロジー」であること、したがって、「フォークペダゴジー」とはある「文化」において人びとが抱いている教育に関する考えであるということを、トルフは正確に把握している。トルフの教員養成の方法に用いられている「フォークペダゴジー」

第7章　「フォークペダゴジー」　　*311*

はブルーナーのいう「フォークペダゴジー」そのものである。

　ブルーナーは「フォークペダゴジー」を論じた際に、トルフのような方法を提示してはいない。そのため、ブルーナーが「学習者についての教師の概念が彼や彼女が用いるインストラクションを形作るといったん認めるならば、教師（や両親）に最も役立てられる子どもの心についての理論を備えることが重要になる」（Bruner 1996, pp. 48-49）と述べていることに注意が向く。ここでブルーナーが述べているのは、子どもの「心」に関する考えを教師や親に提供することで、彼・彼女らの「インストラクション」を改善していくということである。ブルーナーがいう「子どもの心についての理論」が教育に関する学問的知見であるのならば、トルフはそこで述べたことを具体化したことになる。

　トルフはブルーナーの「フォークペダゴジー」を応用することで、「フォークペダゴジー」の1つの具体的な活用方法を示している。

（2）第4の「フォークペダゴジー」の可能性

　オルソンは、「フォークペダゴジー」から類型化された「学習者の心のモデル」と「教授」のうち、4つめのもの（子どもを「聡明な人」と見たもの）を再考し、その可能性を論じている。

　オルソンが4つめのものに着眼したのは、その分類を提示した際にその考えが不十分だったからである。それをオルソンはカッツ（Katz, S.）とともに指摘している（Olson and Katz 2001, p. 244）（なお、オルソンは4つの「学習者の心のモデル」を基軸とした「教授」の分類のことを、第1節第2項で述べた順に、第1、第2、第3、第4のフォークペダゴジー、あるいはペダゴジーと表記している。本章の以下ではオルソンにしたがって、「学習者の心のモデル」に相関した「教授」の分類をフォークペダゴジーあるいはペダゴジーと表記し、ある「文化」において人びとが抱いている教育に関する考えを示す場合は「フォークペダゴジー」と表記する）。

　オルソンの指摘を見る前に、第4のフォークペダゴジーを簡単に確認しておこう。第4のフォークペダゴジーは第3のフォークペダゴジーに対して生じたものである。第3のフォークペダゴジーでは学習者を尊重するあまり、知識の客観性が軽視される可能性がある。だから、個人的知識と「文化」によって「知られているとされているもの」の間の区別をはっきりとし、「教授」を「知られているとされているもの」へ学習者を導く援助とするというものであった。

オルソンらによれば、この第4のペダゴジーに残った問題は「知識」に関することである。個人的で主観的な知識と区別可能であるために、「知られているとされていること」は客観的知識と呼ばれる。しかしながら、客観的ということには主観から自由である知識の形式という意味が含まれている。「知られていること」を教えるとなれば、「教授」は知識を運ぶもしくは伝達するという役割となってしまい第2のペダゴジーに陥りそうであるし、主観的に知ることを重視すれば「教授」を会話とする第3のペダゴジーへと陥りそうである。それゆえ、オルソンらは「すべての生き生きとした主体が知るということと知られているとされていることの間に範疇的区別を認めるペダゴジーである、第4のペダゴジーは問題を残していた」と指摘している（*Ibid.*, p. 244）。

　この第4のペダゴジーの問題点は、そのペダゴジーにおいて、「知識」をどのようにみなすかに起因している。だから、オルソンらは「知られていること」を「制度的知識」（institutional knowledge）として捉えなおすことから、第4のペダゴジーの問題の解決を試みている。

　「制度的知識」ということでオルソンが念頭に置いている「制度」とは科学のことである。科学者が抱く信念がすべて知識とみなされるわけではない。科学では信念が、私的にまたは集合的に続けられる思考過程のみならず、出版、複製、採択、引用などといった儀式を受けている公的人工物の提供も含んだ、正式に設立された制度の下での社会的過程を経ることで知識となる（*Ibid.*, p. 249）。オルソンのいう「制度的知識」とは、ある制度の下での社会的過程を経て公的になった信念のことである。

　この「制度的知識」によって、オルソンらは「知られているとされていること」を次のように捉えなおす。

　　知られていることや知られているとされていることのような事実は知識の制
　　度的な表現なのである。教育は学習者に制度的な事実や形式の手ほどきをす
　　ることなのである。（*Ibid.*, p. 250）

　第4のフォークペダゴジーにおける知識、すなわち、「知られているとされていること」とは、制度によって公的とされた知識のことである。だから、それを主観的に知っていても、自身のみならず、他者にもあてはまることになる。

第7章「フォークペダゴジー」　*313*

そのような「制度的知識」へと学習者を誘うことが第4のフォークペダゴジーなのである。したがって、「第4のフォークペダゴジーが提供することは、知られていることの主観的次元と集合的次元を認めることができ、また関連づけることができるモデルなのである」(*Ibid.*, p.251) ということになる。

　オルソンらに基づけば、第4のフォークペダゴジーの問題は「制度的知識」で解消される。「制度的知識」によって、知識が主観的かつ客観的であるとみなせる論理が提示されたからである。

　このように第4のフォークペダゴジーを再考した後、オルソンは次にその実践的可能性を示そうと試みている。それは学校教育における新たな「教授」のあり方に関わることである。その際のオルソンの問題意識は次のことにある。

　　過去の世紀の多くの教育学の理論は、第2と第3のフォークペダゴジーの間の、もっともひどい場合で戦いであり、もっともよい場合で会話である。教師たちは両方の理論を知っており、彼らを自分たち自身の経験と判断を越えた手引きがほとんどないまま、やむを得ず両方の理論のどちらかに切り替えている。……うまくいかないことが多いけれど、教師は公刊されたカリキュラムという厳正な標準とそれぞれの子どもに可能な達成を和解させようとする。そうする際に、教師は2つのペダゴジーを切り替える。省のガイドラインであれ子どもの特別なニーズを調整することであれ、それらを無視してしまうことにしばしば罪の意識を感じながらである。(Olson 2003, p.221)

　ここで語られていることは、端的にいうと、学校教育として達成すべきことが定められていてもなお子どもの主体性を保ちながらそれを可能にできるのか、ということである。第2のペダゴジーでは「教授」は「講義型教授」であり、このペダゴジーでは教師が授業の中心となる。これに対し、第3のペダゴジーは討論や協同を「教授」とみなし、授業の中心は子どもにある。オルソンは、「ペダゴジーは、少なくとも現代の民主主義的社会のペダゴジーでは、個人の主観性と学習者の意図に基づくか、少なくとも、考慮しなければならない」(*Ibid.*, p.213) とみなしており、したがって彼にとって現代教育では学習者は主体的でなければならない。そのとき求められるのは第3のペダゴジーである。しかし、教育内容として達成すべきことが定められた学校教育においては、や

314

むなく第2のペダゴジーにならざるをえないというジレンマが生じてしまう。オルソンはこのジレンマに教師が苦しめられていると捉えている。

オルソンはこのジレンマに第4のフォークペダゴジーからアプローチする。第4のフォークペダゴジーは、学習者の主体性を認めつつも、学習者の主観を超えた、教えるべきことも認めているからである。

第2と第3のフォークペダゴジーに由来するジレンマを解決するために第4のフォークペダゴジーに着目するとき、オルソンはそれに基づく実践の基盤は「共同意図の運営」（management of joint intention）にあるとしている。オルソンのいう「共同意図」とは、ブルーナーが「相手の志向的状態についての親密に織り目がつくりだされた相互関係（reciprocity）のパターン」（Bruner 1996, p. 182）と描いたことである（Olson 2003, p. 224）。換言すれば、「共同意図」とは相互に「志向的状態」を理解しあうことである。オルソンによれば、この「共同意図」は「もろもろの協働的活動（cooperative activities）の基盤を供給する」（*Ibid.*, p. 224）ものである。

オルソンが「共同意図」を実践の基盤とするのは、教師と生徒の「協働的活動」、すなわち、教師と生徒で目標を定め、その目標の達成に向けて各々が活動を行うためである。というのも、「規範や標準は課されるものだけでなく、学習者と交渉されるもの」であり、「もし目標が同意されうるのであれば、そのとき自分の学習の責任に出会う生徒は、同時に教師の教授の責任に出会う」ことになるからである（Olson 2007, p. 130）。オルソンのいうように、達成すべき基準を教師と生徒が相互の合意によって定めれば、その基準は学習者にとって無関係ではなくなる、すなわち自らの主体性と無関係ではなくなる。それと同時に、教師にしてみれば、学習者が決めたものだから、学習者の主体性を完全に奪うことなくその基準の達成に向けて援助できることになる。それは、「第4のペダゴジーが教師に注意を喚起するかもしれないことは、教授的交換（pedagogical exchange）は2つの側面、1つは、確かにこちらのほうが難しいのだが、基準に合意することであり、2つは、学習者に任せられる多くの責任もあるが、その基準に到達するための手段を選ぶこと、という2つに分けられるということである」（Olson 2003, p. 225）と述べていることに明らかである。「達成すべき基準」の合意に基づいた活動が、オルソンにとっての第4のペダゴジーの具体的なあり方であり、それと同時に第2のペダゴジーと第3のペダ

第7章「フォークペダゴジー」　*315*

ゴジーから生じるジレンマも解消されるのである。

　ここで注意しなければならないのは、第4のペダゴジーが万能ではないということである。学校教育における第2と第3のペダゴジーとの間で生じるジレンマを解消するのだから、第4のペダゴジーが学校教育で最も適していると思ってしまいかねないが、オルソンは他のペダゴジーを軽視していない。オルソンは、次のように述べている。

　　これら4つのペダゴジーはまた、特定の目標に適しているように思われる。例えば、教室のルールを学習するためには、最初と第2のペダゴジーが最も適している。(*Ibid.*, p. 226)

　オルソンはここで4つのペダゴジーは目的によって選択するべきだと述べている。このような考えはブルーナーも訴えている。ブルーナーは「もちろん、現実の学校教育は1つの学習者の心のモデルや1つの教授のモデルに決して限定されない」(Bruner 1996, p. 63) といい、「教授法の4つの見方〔＝4つのフォークペダゴジー〕は、それぞれの部分の意義がそれぞれの部分に照らして理解されるような、より広い大陸の部分として考えられるのが最もよい」(*Ibid.*, p. 65.〔　〕内引用者補足) と述べている。現実の学校教育の実践は複雑な事象であり、抽象化による類型であるフォークペダゴジーが一様に当てはまるというわけではない。実践の都度、それに適したフォークペダゴジーを選択する必要があるし、おそらく、このような考え方の方が現実の学校教育に適していよう。したがって、オルソンが自覚しているように、第4のペダゴジーのみで実践を行うというのではなく、目標に応じてその都度ペダゴジーを選択するという姿勢が求められる。

　しかしながら、このオルソンの自覚によって第4のペダゴジーにさらなる洗練の余地があると指摘せざるを得ない。ペダゴジーは目標に応じて選択しなければならないとしたら、そもそも第4のペダゴジーを第2と第3のペダゴジーの問題に対して提示する必要はなかろう。というのも、第4のペダゴジーは第2と第3のペダゴジーを許容するもの、換言すれば、教師の主体性も学習者の主体性も認めるものだったからである。そうなると、どういうときに第4のペダゴジーがよいのか、あるいはどういうときなら第4のペダゴジーより他のペ

ダゴジーの方が適切なのかを示さないかぎりは、どうしても第4のペダゴジーが万能のように思われてしまうことになる。この点で、オルソンによる第4のペダゴジーの再考にはあいまいさが生じている。

おそらく、このあいまいさは、第2と第3のペダゴジーによって生じるジレンマを解決するという観点から、第4のペダゴジーを再考したことに由来している。ジレンマを解決しようとしたがあまり、「フォークペダゴジー」提唱の背景にあった、「どのように、誰のために、いつ」という観点が置き去りにされている、あるいは「いつ」という観点を学校教育全体というあまりにも広い前提に置いてしまっているから、あいまいになっているのである。しかしながら、オルソンの第4のフォークペダゴジーについての見解に問題が指摘できるとしても、分析が不十分であった第4のフォークペダゴジーを修正し、具体的にどのように使えるのかを提示したことは十分に評価できることである。だからこそ「いつ」という観点から、さらなる洗練が求められる。

(3) 実践理論構築の条件としての可能性

「フォークペダゴジー」は理論と実践を架橋するために提唱されたものであった。トルフとオルソンは、どちらかといえば理論を実践に適用する方向性で、「フォークペダゴジー」の可能性を提示した。しかし、理論と実践の架橋という観点からいえば、「理論を実践へ」という方向性のみならず、ブルーナーは示唆のみにとどまっているが、「実践を理論へ」という方向性もありうる。そこで、トルフとオルソンが描いた可能性の他に、理論構築という観点から「フォークペダゴジー」の可能性を検討しよう。そうすることで、さらに「フォークペダゴジー」の可能性が広がるはずである。

ブルーナーによれば、「フォークサイコロジー」と「フォークペダゴジー」から「新しく、そしておそらく革命的でさえある洞察」が起こった。それは「教室での教育実践（もしくは教室とは別の環境での教育実践）について理論化するには、教授と学習に携わる人がすでにもっているフォークセオリー（folk theory）を考慮した方がよい」ということである（Bruner 1996, p. 46）。ここで述べられた「フォークセオリー」は、人が日常生活における交流を導く「人びとの種類、問題の種類、人間の状態の種類についての理論」のことである（Bruner 1986, pp. 48-49. 引用箇所の傍点は原文イタリック）。教育の文脈にあては

めれば、教育実践における「人びとの種類、問題の種類、人間の状態の種類」
について教師（あるいは子ども）が抱いている理論のことになる。ブルーナー
はその「フォークセオリー」に着目して教育実践に関する理論を構築すればよ
いというのである。しかし、ブルーナーは具体的に「フォークセオリー」に考
慮した理論化のあり方を示してはおらず、示唆程度にとどまっている。そこで、
そのようにブルーナーが述べたことを敷衍してみる。

　ブルーナーが教育実践の理論構築の際に「フォークセオリー」を考慮せよと
いうのは、おそらく、教育実践における「フォークセオリー」が人間の種類や
その状態の種類という「学習者の心」についての考えを含んでいるためである。
ブルーナーが「教授は、一言でいうと、学習者の心の性質についての考えに基
づくことは避けられない」（Bruner 1996, p. 46）と述べているように、「学習者
の心」の想定なき「教授」はありえないからである。それゆえ、「学習者の心
のモデル」に基づく「教授」の分類は、実践に即した分類であるとも解釈でき
る。

　本節冒頭で確認したように、そもそも「フォークペダゴジー」は「どのよう
に、誰のために、いつ」について応えようとしたものであった。そしてこれは、
理論を実践に適用するためであった。裏を返せば、実践に有効な理論であるた
めには「どのように、誰のために、いつ」が明記されていればよい、というこ
とになる。

　この「どのように、誰のために、いつ」は、「教授」、「学習者の心のモデル」、
「教育目標」に相当している。実際、「学習者の心のモデル」による分類は、
「教授」、「学習者の心のモデル」、「教育目標」が記述されている。そこで、こ
の観点から、第1節でみた分類を改めて確認しよう。

1つめの分類
　「教授」…「模倣」
　「学習者の心のモデル」…「模倣的学習者」
　「教育目標」…「手続き的知識」の伝達

2つめの分類
　「教授」…「講義型教授」

「学習者の心のモデル」…「知る主体」

「教育目標」…「命題的知識」の伝達

3つめの分類

「教授」…討論や協同

「学習者の心のモデル」…「考える主体」

「教育目標」…よりよく、より力強く、しかし一面的にならないような理解

4つめの分類

「教授」…「古いテキストの中で生き続けている書き手」との会話

「学習者の心のモデル」…「聡明な人」

「教育目標」…「文化」によって「知られているとされているもの」の把握

　教育実践には必ず「教授」・「学習者の心のモデル」・「教育目標」が含まれている。したがって、これらが備わっている理論は実践に適用しやすく有効ということになる。ブルーナーが教育実践を理論化するとき、その場にいる「フォークセオリー」を考慮せよと主張したのは、その教育実践を行っている人の「フォークセオリー」、すなわち「フォークペダゴジー」には、理論を実践に適用し、かつ、有効でありうる条件が含まれているからだと解釈できる。

　「実践に有効である」という観点からいえば、もう1つ付け加えなければならない条件がある。それは教育者がすでにもっている「フォークペダゴジー」に対する修正を可能にする記述である。ブルーナーは「『プロパーな』教育理論家として導入を望むどんな革新も、教師と生徒がともにすでに導かれているフォークセオリーを競合させたり、取りかえたり、そうでなくとも修正したりしなければならない」(*Ibid.*, p. 46)と述べている。トルフが論じていたように、どんなに理論を知っていたとしても、自身の「フォークペダゴジー」を自覚できなければ、その理論はそれを知っている人の実践に影響を与えない。自らの「フォークペダゴジー」に自覚を促しそれを修正できるような記述、あるいは、現実の学校教育が1つの教育目標や教授法に限定されないというブルーナーの主張に即せば、その他の理論も選択できるような記述が、理論を実践に有効とするための条件となるのである。

「フォークペダゴジー」に基づけば、「教授」・「学習者の心のモデル」・「教育目標」、および他の理論との関係性という４つが教育実践に適用でき有効な理論の条件となる。このように、「フォークペダゴジー」は実際に有効な実践理論を構築するための条件を提供する概念としても活用できる可能性を秘めている。

（4）まとめ──「間主観‐志向的アプローチ」という可能性

「フォークペダゴジー」の可能性として、教員養成、学校教育、実践理論構築の３つを確認してきた。「フォークペダゴジー」がこのような可能性をもつのも、「間主観‐志向的アプローチ」に基づいているからであろう。上記３つの可能性の根底にあるのはそれだからである。

トルフによる教員養成への「フォークペダゴジー」の可能性から確認していこう。トルフが述べていたように、教師になるために、教員養成課程でさまざまなことを学生は学ぶ。その一方で、教員養成課程で学んだことを現場で生かすことができない場合がある。それは教員養成課程に入学する前から、学生はすでに「フォークペダゴジー」をもっていることと関係している。トルフによれば、教員養成課程でさまざまな理論を学んだとしても、最初からもっていた「フォークペダゴジー」のせいで、学んだ理論を実際に生かすことができない。トルフは、だから自分の最初からもっている「フォークペダゴジー」を自覚しなければならず、教員養成課程ではそれを取り入れるべきだと論じていた。

このトルフの論は、学生の「間主観性」に基づく「志向的状態」の自覚といいかえることができる。すなわち、学生はすでにもっていた自身の「間主観性」、すなわち「学習者の心のモデル」に基づいているから、自分が思う「教授」をしようとする「志向的状態」となり、学んだ理論を生かせないということである。トルフのいう「フォークペダゴジー」の自覚は、子どもの「心」の理解を改め、それに見合った「教授」をできるようにするということが根底にある。

オルソンによる「フォークペダゴジー」の可能性は、共同提唱者だけあって、「間主観‐志向的アプローチ」が明確に反映されている。第４のフォークペダゴジーは「学習者の心のモデル」に相関した「教授」だからである。オルソンは最初に提示した際の第４のフォークペダゴジーには問題があったためにそれ

を再考することで、より具体的な第4のフォークペダゴジーのあり方を示し、「フォークペダゴジー」の可能性を明らかにしたのであった。

　最後の実践理論構築の条件としての可能性にも、「間主観－志向的アプローチ」が表れている。この可能性は、ブルーナーが理論と実践を架橋するために「フォークペダゴジー」を提唱したことから導かれている。ブルーナーによれば、理論をうまく実践に適用するためには、「どのように、誰のために、いつ」ということが示される必要がある。「誰のために」に「間主観性」が関係しているのは明白である。加えて、実践理論構築の条件として、構築した理論の使用者の「フォークペダゴジー」を修正することも求められるが、これはトルフの論と同等な理由に基づいている。そのため、「間主観性」と「志向的状態」が関係していることになる。

　「フォークペダゴジー」の可能性は、おそらく、本節で検討したこと以外にもあるだろう。その可能性の基盤は「間主観－志向的アプローチ」にある。「間主観－志向的アプローチ」という観点から、「フォークペダゴジー」の可能性をより拓くことができよう。

　このような「間主観－志向的アプローチ」に基づく「フォークペダゴジー」は、明らかに「文化心理学」提唱後に展開された教育論に特有なものである。そこには「間主観性」と「志向的状態」という、「文化心理学」提唱へと至ったブルーナーの研究関心が反映されているからである。「フォークペダゴジー」はブルーナーが「文化心理学」を提唱した後に展開した教育論の新しさを示す概念である。それと同時に、その教育論の可能性を表す概念でもあるのだ。

注
1)　その後、ブルーナーは『教育という文化』でその論文を改稿している（Bruner 1996, ch. 2.）。
2)　シュミットによれば、「ブルーナーは、ヴィゴツキーなら『日常』（every-day）という言葉を使用していたかもしれない意味で、『フォーク』という用語を使う傾向にあった」（Smidt 2011, p. 76）。ブルーナーは folk という言葉を「民族」というより「日常」という意味で用いている。
3)　オルソンによれば、論者によってはフォークサイコロジーが普遍的なものとされているが、ブルーナーのそれは「歴史的であり、特定の文化の枠組みに結びつけられている」（Olson 2007, p. 130）。人間に関わる考えと「文

化」を関連させている点にブルーナーの「フォークサイコロジー」の特徴
がある。

4) この表現はオルソンとの共著論文で用いられているものである（Olson
and Bruner 1996, p. 17）。『教育という文化』では「子どもを講義にさらす
こと（didactic exposure）で学習するとして見る」と改められている
（Bruner 1996, p. 54）。これよりも「知る主体」とするほうが、他の3つ
の心のモデルの表現と統一性がとれていると判断したため、共著論文の表
現を用いることにした。

5) 通常、ポパーのいう「世界2」は主観的世界、「世界3」は客観的知識の世
界のことだが、ブルーナーは、「世界3」を正当とされた信念と解釈して
いる。

6) このことから、「教授」と「学習者の心のモデル」の相関関係で「学習者
の心のモデル」に着目したのはブルーナー独自の見解といえるかもしれな
い。

7) グリーンフィールドは明記していないが、彼女はおそらく Bruner 1971a,
pp. 25-26 の箇所のことに言及している。

8) 「志向 - 間主観的アプローチ」としなかったのは、上述したように、「教
授」という「行為」では「間主観性」が「志向的状態」に先立っているか
らである。

9) 『ニコマコス倫理学』の箇所の訳出に当たっては、高田三郎訳を参照した
（アリストテレス 1971, p. 206）。訳注によると、エレボロスとは「より普
通には『ヘレボロス』。ラテン名 veratrum である。薬物として用いられ
た植物の名。精神病に対して特効を有するとされた」ものである（同上、
p. 282 訳注 71）。

第 8 章

「デューイとブルーナー」再考の必要性

　ブルーナーの研究の変遷をたどることで彼が唱える「文化心理学」とは何であり、そして「文化心理学」提唱以後に展開された教育論の特徴が何かを検討してきた。ブルーナーの「文化心理学」とは「意味生成」の過程を明らかにする心理学である。その背景にあるブルーナーの研究関心は「志向的状態」と「間主観性」であり、この2つの概念が「文化心理学」における「意味」や「文化」といった諸概念に反映されている。「文化心理学」提唱後に展開された教育論にはその2つが反映されている概念があった。「ナラティヴ」と「フォークペダゴジー」である。「ナラティヴ」と「フォークペダゴジー」は「文化心理学」提唱後に展開された教育論の特徴を示す概念である。

　ここに至り、本書における第3の課題であるブルーナーとデューイの関係性を再考する機会が与えられつつある。しかし、「ナラティヴ」と「フォークペダゴジー」を中心に「文化心理学」提唱後に展開された教育論とデューイの教育論を比較する前に、確認をしておかなければならないことがある。序章で示したように、例えば今井が両者は同質であるという解釈、ブルーナーの教育論はデューイの教育論の発展であるという解釈、両者は対立しているまたは異質であるという解釈があると分類しているように（今井 2005, pp. 76-78）、デューイとブルーナーの教育論における関係性（以下、序章と同じく「デューイとブルーナー」と表記する）の解釈は乱立状態にあった。もしブルーナーの「文化心理学」提唱後に展開された教育論とデューイの教育論が根本的に異質であったり、対立したりしているのであるなら、その比較の意味はなくなる。両者は対立している、異質である、という指摘はさまざまにできるだろうけれども、その結論は変わらないので、その検討は生産的で全くないからである。だから、

323

「文化心理学」提唱後に展開された教育論とデューイの教育論の関係性が異質的・対立的でないことが示されなければ、改めて「デューイとブルーナー」の検討を行う必要は生じない。

ここで特筆すべきことは、「文化心理学」提唱後にブルーナーがデューイのいう「道徳」を是認していることである。デューイのいう「道徳」を是認することは、実質的に、デューイの教育論の根本を是認することに等しい。この態度は「デューイとブルーナー」が異質的・対立的であるとされたときと逆である。

ブルーナーの教育論がデューイの教育論と異質的・対立的関係に措定される要因の1つは、ブルーナーの論文「デューイの後に来るものは何か」[1]（以下、「デューイの後」と略記する）にあった。この論文でブルーナーはデューイの教育論を否定的に扱った。それゆえ、「デューイとブルーナー」に異質的・対立的関係にあるという解釈がもたらされたのであった。

ブルーナーがデューイのいう「道徳」に対し肯定的な態度をとっていれば、ブルーナーはデューイの教育論に根本的に反対しているわけではないということにつながる。だから、ブルーナーがデューイに対する態度を変えたことで「デューイとブルーナー」を再考する必要性が生じていることになる。もとより、本人が例えデューイの教育論を根本的に否定していないからといって、ブルーナーの教育論がデューイの教育論と異質的・対立的でないと直ちに認めることは浅薄である[2]。その言明が支持できるか否かを検討する必要がある。

もしデューイのいう「道徳」の是認がデューイの教育論の根本を是認することにつながるということが妥当であれば、次に確認すべきは、ブルーナーはいつからデューイに好意的なのかということである。そして、好意的であれば、両者にどのような関係性が望めるかということである。以上のような検討を通し、ブルーナーがデューイに対する態度の変化を明らかにすることで、「デューイとブルーナー」を再考する必要があると示されるであろう。

本章の目的は、ブルーナーがデューイに対してとった態度の変化を検討することで、「デューイとブルーナー」を再考する必要性を明示することにある。

本章では、まず、ブルーナーがデューイのいう「道徳」を是認したことが、ブルーナーがデューイに向ける態度に対し何を意味しているかを検討する。次に、「デューイの後」と、ブルーナーがデューイ解釈を示したもう1つの論文

であるコーディル（Caudill, E.）とニニオ（Ninio, A.）との共著論文「言語と経験」を手がかりに、ブルーナーがいつからデューイに好意的なのかを考察する。そして、ブルーナーがデューイに好意的であることでどのような関係性が望めるかを考察する。最後に、「デューイの後」と「言語と経験」におけるデューイ解釈の違いを検討することで、ブルーナーがデューイに対し好意を示した際の理由について検討する。

1　ブルーナーによるデューイのいう「道徳」の是認

2005 年 2 月 8 日、オルソンによるインタビュー（Olson 2007, pp. 139-185）において、ブルーナーは「デューイとブルーナー」にとって看過できないことを語った。ブルーナーがデューイのいう「道徳」を是認していることが発覚したからである。

ブルーナーがデューイと対立しているという解釈を成り立たせる根拠の 1 つとして、ブルーナーがデューイを批判した論文「デューイの後」が挙げられる。ブルーナーはデューイを批判したのだから、デューイと対決していると理解されても無理はない。

だからこそ、ブルーナーによるデューイのいう「道徳」の是認は大きな意味をもつ。なぜなら、デューイのいう「道徳」を是認することはデューイの教育論の根本を是認することに等しいからである。もしブルーナーがデューイの教育論を肯定しているのであれば、なぜブルーナーは「デューイの後」でデューイを批判したのであろうか。

本節の目的は、デューイのいう「道徳」の是認は彼の教育論の根本の是認に波及することを示し、それを根拠に、ブルーナーが「デューイの後」でデューイに「対決」した意味を問い直すことにある。

本節では、まず、オルソンのインタビューからブルーナーによるデューイのいう「道徳」の是認を確認する。次に、デューイの教育論において「道徳」は教育そのものであることを確認し、「道徳」を認めることはデューイの教育論の根本である「成長」を認めることであると示す。そして最後に、ブルーナーがデューイに「対決」した意味を問い直すこととしたい。

（1）ブルーナーによるデューイのいう「道徳」の是認

オルソンは「あなたの最近のデューイの評価が何かを尋ねたかったのでした」と、ブルーナーにデューイについてのインタビューを切り出している。そうして得られた答えは、「デューイと私はアメリカのプラグマティズムの伝統のとても深い谷（trough）にいると私は思います」というものであった。オルソンはそれに同意し、「あなたはその伝統をどのように説明しますか」とさらに問う。「私は３つの事柄を、もしかするともっとかもしれませんが、取り上げたいと思います」とブルーナーは続ける（*Ibid.*, p. 161）。

ブルーナーがプラグマティズムについて述べた後、プラグマティズムの真理論、デューイの学習理論についてのやりとりになってしまい、若干主題から話が逸れてしまう。それをオルソンが「デューイのことに戻りましょう。あなたはあなたが是認する（endorsed）デューイの３つの側面があるといいました」と本題へと戻す（*Ibid.*, pp. 161-163）。ブルーナーは語る。

　　最初のものはこのプラグマティックな知識へのアプローチ、次のものは彼が
　　学校と社会を結びつけていることでした。私がデューイについて好む３つめ
　　の事柄は彼が道徳的問題と倫理的問題を直接実践（practice）に関連づけた
　　ことでした。道徳は、神の信念を信じるか、教師の信念を信じるか、憲法の
　　信念を信じるか、などといった多くの信念ではなく、基本的に実用的活動
　　（pragmatic action）の道徳的側面です。（*Ibid.*, p. 164）

ブルーナーが是認するデューイの論点は、「プラグマティックな知識へのアプローチ」（これは「知性の方向到達的な（forward-reaching）性質」とも述べられている（*Ibid.*, p. 163））、「学校と社会の関連」、「実用的活動としての道徳」である。この３つの中で最も注意を引くのが「実用的活動としての道徳」である。なぜなら、デューイのいう「道徳」を是認することはデューイの教育論の根本である「成長」を是認することに等しいからである。だからこそここで、ブルーナーが「実用的活動としての道徳」として是認したことがデューイのいう「道徳」の是認として適切かを確認しておこう。

ブルーナーが「実用的活動」と表現したように、デューイにとって、確かに道徳は「行為（conduct）に関するもの」（cf., Dewey 1916, p. 356（訳書（下）、

p. 225), 1922, p. 204（訳書、p. 283））である。この意味は、デューイが「道徳的観念」（moral ideas）と「道徳についての観念」（ideas about morality）を区別し、その教授について論じたことから、よりはっきりとする。

デューイのいう「道徳的観念」とは「行為に働きかけてこれを改善し、そうでない場合よりも、より善い行為とするようなたぐいのすべての観念」のことである。「道徳についての観念」は「道徳的に無関係なものでも、不道徳的なものでも、あるいはまた道徳的なものであり得るもの」であり、「正直、純潔、親切についての知識」といった観念のことである（Dewey 1909, p. 267（訳書、pp. 33-34）. 引用箇所の傍点原文イタリック）。

デューイは「道徳についての観念」の教授── 彼はこれを「道徳の直接教授」あるいは「道徳についての教授」と呼ぶ──はほとんど無意味であるとする（Ibid., p. 268（訳書、p. 35））。徳目主義の否定である。「道徳」を教えることは「正直」「純潔」「親切」といった徳目を教えることではない。そうではなく、「親であれ教師であれ、教育者の仕事は、青少年の習得する観念が、できるだけ多く行動を動かす（moving）観念となるように、つまり行動を導く推進力となるように、生命の通った方法で習得されるように心懸けること」（Ibid., p. 267（訳書、p. 34）. 傍点原文イタリック）が必要となる。行為を改善することが「道徳」を教えることなのである。

デューイにとって「道徳」は行為と結びついていて、ブルーナーがいうように、「実用的活動」の道徳的側面であって信念や知識といったものではない。行為に着目している点で、ブルーナーによる「実用的活動としての道徳」の是認はデューイのいう「道徳」の是認として不適切ではない。

ブルーナーが「学校と社会の関連」を賛同していることが、さらに、「実用的活動としての道徳」の是認がデューイのいう「道徳」の是認として不適切でないことを裏づけている。行為の改善を目指す「道徳」に「学校と社会の関連」は必要不可欠だからである。デューイはこう述べている。

社会生活とのかかわりなしには、学校は道徳目的も道徳目標ももつことはない。われわれが学校を1つの孤立した制度として限定し考えてゆくかぎり、われわれには行動の目標がないのであるから、われわれはどのような指導原理をもたないことになる。（Dewey 1909, p. 271（訳書、p. 39））

「道徳的判断と道徳的責任とは、社会的環境によってわれわれのうちに営まれる作業（work）であるという、この2つの事実が意味しているものは、道徳性はすべて社会的なものだということである」（Dewey 1922, p. 217（訳書、p. 302））と述べているように、デューイにとって、「道徳」は「社会的なもの」である。したがって、学校で「道徳」を教える際には、その目的や目標は「社会的なもの」でなければならないから、社会生活と関連がなければ学校で「道徳」を育むための目的や目標を失うことになる。

デューイは「学校が1つの胚芽的な典型的社会生活（an embryonic typical community life）とならないかぎり、必ずその道徳的訓練は、なにほどか、病理学的で形式的なものとなるであろう」（Dewey 1909, p. 273（訳書、p. 41））という。社会生活と結びつかない学校では「道徳」の育みは困難である。デューイのいう「道徳」を学校で育むには、「学校と社会の関連」は必須の条件である。

「学校と社会の関連」を支持していることからも、ブルーナーはデューイのいう「道徳」を適切に是認しているといえよう。

（2）デューイ思想における「道徳」と「成長」

デューイのいう「道徳」を是認することは、デューイのいう「教育」を是認することに波及する。なぜなら、デューイ思想において「道徳」は「教育」そのものだからである。デューイはこう述べている。

　　道徳は、行為における意味の成長を意味する。少なくとも、道徳は、行為の結果と諸条件の観察によって生ずる意味の拡大の種類を意味する。道徳は、成長するという点で、すべて1つなのである。成長することと成長とは、実際に展開したか、または、思惟の中に圧縮したかという同一の事実なのである。もっとも言葉の広い意味で、道徳は教育である。それはわれわれが何であるかについての意味を学ぶことと活動の中の意味を用いることである。意味のあやと範囲における現在の活動の成長についての、善、満足、「目的」がわれわれの統制の範囲内での唯一の善であり、したがって、責任が存在するための唯一のものである。（Dewey 1922, p. 194（訳書、p. 270））

「道徳」は「成長」であるとデューイはいう。デューイにとって、「成長」は教育の唯一の目的である「経験の絶えざる再構成」を意味する（Dewey 1920, pp. 184-185（訳書、pp. 159-160））。「経験の絶えざる再構成」は「教育」そのものである。「教育とは、経験の意味を増加させ、その後の経験の進路を方向付ける能力を高めるように経験を改造ないし再組織することである」（Dewey 1916, p. 82（訳書（上）、p. 127））。「教育」は「意味の増加」を伴う「経験の絶えざる再構成」である。「道徳」もまた「意味の拡大」を含んでいる。「意味の拡大」を伴う「成長」であるからこそ、「道徳」は「教育」なのである。

　もっとも、「道徳が人間とその社会的環境の相互作用の事柄ということは、ちょうど歩くことが脚と物理的環境の相互作用であることと同じである」（Dewey 1922, p. 219（訳書、p. 304））と述べられているように、デューイのいう「道徳」即「教育」としての「意味の拡大」は「社会的なもの」に限定されている。デューイは「道徳」と「教育」の関係についてこう述べている。

　　社会生活に有効に参加する能力を発達させるすべての教育は道徳的である。それは、社会的に必要な個別の行為をなすだけでなく、成長に欠くことのできない連続的な再適応に興味をもつ性格をも形成するのである。生活のすべての触れ合いから生ずる学習への関心は、本質的に道徳的関心である。（Dewey 1916, p. 370（訳書（下）、p. 246））

「道徳」は「教育」であるという場合、「社会生活に有効に参加する能力」のように、社会に関する能力の増大を意味している。別のところで、デューイはそれを「社会的知性」と「社会的能力」として述べている。

　　究極的な、道徳的動機や道徳力とは、社会的な利害や目的のために働く社会的知性——社会のさまざまな状況を観察し理解する能力——と、社会的能力——訓練された統御する能力——以上のものでも、以下のものでもない。社会組織を理解する助けになるような光を投げかける事実や、それを訓練すれば社会的な有能さを増すことになる能力であって、道徳的でないようなものは何一つとして存在しないのである。（Dewey 1909, p. 285（訳書、p. 56））

デューイにおける「道徳」と「教育」の同一視は、具体的には社会に関する能力の発達を意味していると解した方がよいであろう。

　デューイにおいて「道徳」は「教育」に等しいと確認した。「道徳」即「教育」であるのだから、デューイの「道徳」を認めることは彼のいう「教育」を肯定することが伴ってしまう。ブルーナーが「実用的活動としての道徳」を是認したことは、デューイ教育論の根本、すなわち、「経験の絶えざる再構成」としての「教育」およびその目的としての「成長」を認めていると、少なくとも、否定していないと、暗示している。

(3)「デューイの後」における「対決」の意味

　オルソンのインタビューでブルーナーがデューイについて語ったことは、「デューイとブルーナー」にとって重要な論点を含んでいる。「学校と社会の関連」と「実用的活動としての道徳」の是認は、根本的にデューイの教育思想に異を唱えていない、デューイの対決者・対立者ではないという自認を示しているからである。もっともその自認はブルーナーが直接示したものではなく、「学校と社会の関連」と「実用的活動としての道徳」の是認から導いてきたことである。ブルーナーが直接示していないから説得力に欠けている、あるいは、それが正しいものであったとしてもインタビューの時点からブルーナーが認めたことであって、それ以前のブルーナーには妥当しないといえるかもしれない。

　それでもなお、とりわけ「実用的活動としての道徳」の是認が、デューイの対決者・対立者としてのブルーナー理解について、今一度、検討する余地を与えている。

　そもそも、ブルーナーは何を根拠に「実用的活動としての道徳」を是認したのであろうか。インタビューのため、何を論拠にしているか示されていない。だが、インタビューまでで、ブルーナーが確実にデューイの「道徳」についての考えに触れたといえる著作がある。ブルーナーが批判した『私の教育学的信条』である。

　『私の教育学的信条』において、「道徳」が「学校と社会の関連」から論じられている。

　　学校が共同体的な生活形態としての学校のこの根本的原理を無視している

ので、多くの現在の教育は失敗していると、私は信じる。……

　道徳教育は社会生活の1様式としての学校のこの概念を中心とし、最善で最深の道徳的訓練は、まさに、作業と思考の統一における他者との適切な関係に参加しなければならないことを通してのみ達せられると、私は信じる。現在の教育システムは、この統一を破壊するもしくは無視するかぎり、真の、規則的ないかなる道徳的訓練を達することは困難か、あるいは不可能である。（Dewey 1897, p. 88（訳書、pp. 14-15））

　若干の言葉の違いがあるが、これまで確認してきたデューイの「道徳」についての考えと同等なことが述べられている。それは学校が社会生活と関連しなければならないということであり、「道徳」は他者との適切な関係に参加する社会に関する能力として育まれるということである。

　しかし、「デューイの後」では「道徳」について言及されていない。一方、インタビューで是認した「学校と社会の関連」については言及されている。

　学校は心の生活への参加である。確かに、それは生活それ自体であって生活するための準備ではない。しかしそれは、ホモ・サピエンスの発達を特徴づけ、他のすべての種と区別される最上の可塑的な時期を作るために注意深く考案された、生活の特殊な形態である。学校はより広い共同体もしくは日常生活の経験の連続性以上のものを与えるべきである。それは主として、知性の使用によって発見を経験し、以前のものとは連続していない経験という新しくかつ想像できない領域へ飛躍する、特別な共同体である。……

　一方で共同体との、他方で家庭との、学校の連続性を主張する際に、ジョン・デューイは新しい展望の開放者としての教育の特別な機能を見落としていた。（Bruner 1979, p. 118. 傍点原文イタリック）

　ブルーナーは学校と社会および家庭の連続性以上のものをデューイは与えようとしていないとして、デューイを批判している。あらかじめ述べておくが、この批判は明らかに的を射ていない。『私の教育学的信条』では、確かに、ブルーナーのいう「より広い共同体もしくは日常生活の経験の連続性以上のもの」を与えるものとして学校が述べられていないが、『民主主義と教育』（De-

mocracy and Education, 1916）では「社会的環境の中のいろいろな要素に釣り合いをとらせ、また、各個人に、自分の生まれた社会集団の限界から脱出して、いっそう広い環境と活発に接触するようになる機会が得られるように配慮してやることが、学校環境の任務である」（Dewey 1916, pp. 24-25（訳書（上）、p. 42））と述べられている。デューイが「新しい展望の開放者としての教育の特別な機能を見落としていた」というのはブルーナーの誤りである。

　誤解であったとしても、ブルーナーは「デューイの後」で学校と社会および家庭の連続性を批判している。だが、ブルーナーは「学校が生活それ自体である」ことを否定していない。加えて、「デューイの後」は「教育的過程をできうるかぎり十分に生活それ自体としよう」と結ばれている（Bruner 1979, p. 126）。奇妙である。学校や教育が「生活それ自体である」というのは、学校と社会および家庭の連続性から主張されているからだ。『私の教育学的信条』ではこう述べられている。

> 　学校は本来1つの社会的制度であると、私は信じる。教育は社会的過程であるので、学校は、子どもに人類の相続的資源を共有し、社会的目的のために自分自身の力を使えるために育てる最も効果的であるようなすべての媒介が集約された共同体の生活の単純なその形態である。
> 　教育は、したがって、生活の過程であって将来の生活のための準備ではないと、私は信じる。
> 　……
> 　1つの制度として、学校は存在する社会生活に単純化すべきである、つまりそれを、いわば胎芽的形態に還元すべきであると、私は信じる。（Dewey 1897, pp. 86-87（訳書、p. 13-14））

　教育は社会的過程であるから、教育の1つの制度である学校も社会的過程である。それゆえ、学校は社会生活の場であり、社会生活の過程である。「教育は生活の過程である」から、学校は社会・家庭と連続性をもたなければならず、「胚芽的な典型的社会生活」とならなければならないのである。論理上、「教育は生活の過程である」という主張を認めるのであれば、学校と社会・家庭の連続性にも同意することになる。

ブルーナーが否定した学校と社会・家庭の連続性の批判は、おそらく、デューイがその連続性以外のことを認めていないということに向けられていたのであろう。だから、誤りであるけれども、連続性以上のことを与えるべきだとして、デューイを批判したのではないか。そうであれば、「教育は生活の過程である」ことや学校と社会および家庭が連続すること、学校を「胚芽的な典型的社会生活」にすることに、異論はなかったのではないか。

　ブルーナーがオルソンに語った、「学校と社会の関連」の是認は、この解釈を支持する余地を残している。

　そうであるとしたら、「デューイの後」でブルーナーがデューイと「対決」したのは、デューイの教育思想を否定するためでなく、（実質的なところはさておき）彼なりに発展させるためであったとも受け取れる。実際、ブルーナーはオルソンにこう語っている。

　　彼〔＝デューイ〕は彼の学習理論について十分に注意を払っていません。彼は連合主義には反抗しましたがそれ以上ではありません。私はデューイを大いに称賛していますが、デューイ派がデューイに対して称賛するようなほどの熱烈な崇拝者ではありません。(Olson 2007, p. 16.〔　〕内引用者補足)

　「デューイ派」のような熱烈な崇拝者ではないということは、デューイの思想を教義のように不可侵なものととらえていないということであろう。実際、ブルーナーは学習理論についてデューイに切り込んでいる（オルソンに誤りであると諭されているけれども (Ibid., p. 163)）。この語りには、デューイを肯定的に理解したうえで、不十分な点を乗り越えようとするブルーナーの姿勢が窺える。

　「デューイの後」にもデューイの思想を発展的に継承しようとする態度が垣間見える。

　「学級プロジェクト」や「生活適応 (life adjustment)」課程の感情的な宗教的崇拝、直接経験の心地よい領域を荒らすかもしれないことを恐れての、人間と自然の驚くべき流れに子どもをさらすことへのためらい、「レディネス」といううんざりさせる概念——これらは、しばしば実験的支持もなく、デュ

ーイの名のもとに正当化された子どもについての概念である。彼の考えは、当時、高貴で思いやりのある見解であった。しかしわれわれの時代ではどうか。どのような形でわれわれはわれわれの信念を話せばよいか。（Bruner 1979, p. 115）

　この箇所では、デューイも含めているかもしれないが、デューイの教育思想を素朴に適応してしまっている人びと——おそらく、それはブルーナーのいう「デューイ派」——に対する非難が述べられている。現在を直視して、デューイの教育思想を批判的に継承していこうという姿勢が読み取れる。

　無論、ブルーナーとデューイでは教育について考えの違いがある。それは「デューイの後」の随所に表れている。ブルーナーがデューイ教育思想の棄却を目指していなければ、その違いの表明は彼なりにデューイ教育思想を発展させるためのものであろう。

　オルソンのインタビューは、「デューイとブルーナー」にとって、貴重な論点を提供してくれた。オルソンによるデューイについてのインタビューは、ブルーナーを、デューイを完全否定する「対決」者ではなく、批判的に継承しようとした「対決」者としての理解を促しているからである。

（4）まとめ

　オルソンのインタビューによれば、ブルーナーがデューイについて是認した点は3つあった。「プラグマティックな知識へのアプローチ」、「学校と社会の関連」、「実用的活動としての道徳」の3つである。それによって、ブルーナーがデューイのいう「教育」そのものを是認していることが論理的に暗示された。

　このことがデューイの「対決」者としてのブルーナー理解の再考を促した。確かに、ブルーナーは「デューイの後」でデューイを批判した。オルソンのインタビューによれば、ブルーナーはデューイを称賛しているが、「デューイ派」のような熱烈な崇拝は行っていない。デューイの思想を教義のように扱っていない。ブルーナーにはデューイの思想を継承的に発展させようとする姿勢が見られる。「デューイの後」にもデューイの教育思想を批判的に継承していく姿勢が見られる。「デューイの後」の「対決」は、ブルーナーにとって、デューイの教育思想を彼なりに継承し発展させる試みであったとも捉えられよう。

334

もっとも、その試みがデューイの教育思想の発展として適切ではなかったかもしれない[3]。だが、ブルーナーの教育論は、これまでにも見てきたように、「デューイの後」に限定されない。ブルーナーをデューイ教育思想の発展的継承者としてみなせる可能性はまだ残っている。

加えて、ブルーナーによるデューイ解釈もまた「デューイの後」に限定されない。ブルーナーは乳幼児の言語獲得研究の際に、共著論文「言語と経験」でデューイの言語論に言及している。

「言語と経験」におけるデューイ解釈を検討する価値は大いにある。本節では、ブルーナーがインタビュー時以前でもデューイに肯定的であったかを、確認できなかったからである。もし「言語と経験」のときから肯定的であれば、本節の結論は乳幼児の言語獲得研究にまで拡張することができるかもしれない。「言語と経験」の検討に移ろう。

2 「言語と経験」のデューイ解釈

「言語と経験」は乳幼児の言語獲得研究中に発表された共著論文であり、そこではデューイの言語論に対する解釈が示されている。第2章でも述べたように、乳幼児の言語獲得研究は教育の研究後の1972年から開始された研究である。そしてこの乳幼児の言語獲得研究の推進力となったのは、オースティンに始まる言語行為論である。「言語と経験」ではデューイの言語論に言及しているが、乳幼児の言語獲得研究において、ブルーナーはデューイの言語論に影響を受けていない。しかしそれは影響がないだけのことである。「言語と経験」では、ブルーナーはデューイの言語論を肯定的に受容している。それは「言語と経験」におけるデューイの言語論解釈に確認できる。

(1) ブルーナーによるデューイ言語論解釈の適切性

ブルーナーのデューイ言語論解釈は「言語と経験」の冒頭に「デューイの主題」として提示されている。

デューイの主題から始めさせてほしい。それは、人間の経験と人間の行為の形と構造はまさしく言語の性質に反映すること、言語それ自体は論理の体

系ではないこと、そしてより正確には、あらゆる所定の個人によって言語が
述べられる際の使用、つまり彼が用いる言語的手続きは、彼が生き、対処し
ている環境を必然的に反映すること、である。要するに、言語それ自体は深
い意味で人間の経験の記録であり、その特定の個人の表現は個人の経験の記
録である。現代の専門用語でいえば、言語は文脈から独立したものとして決
して理解されないということである。（Bruner, Caudill and Ninio 1977, p. 18）

　端的にいえば、ブルーナーのいう「デューイの主題」は「言語は文脈依存的
である」ということである。これまでのデューイ言語論に関する先行研究をい
くつか取り上げれば理解されるように、これだけではデューイ言語論解釈とし
て十全であるとはいえない。まず、メッサニー（Mesthene, E.）が論じている
ような、探究と言語の関係には明示的に触れられていない（Mesthene 1959）。
それに加え、米盛裕二や松下晴彦が考察している『知ることと知られるもの』
（*Knowing and the Known*, 1949）の中の言語と認識の関係性についてブルーナ
ーは考慮していない（米盛 1963; 松下 1992）。さらに、田浦の研究に基づけば
「コミュニケーションの手段」として、「間接的経験の手段」として、「文化的
インスティチューション」としてといった言語の機能についてブルーナーは考
慮していないと指摘できる（田浦 1978, pp. 136-139）。
　しかし、これらのことは「デューイの主題」という解釈が不適切であると示
しているわけではない。「デューイの主題」としてデューイ言語論を解釈した
際の根拠をブルーナーは明示していないが、「デューイの主題」はデューイの
言語論解釈として適切である。
　「デューイの主題」は「言語は文脈依存的である」ということであったが、
ブルーナーがそう解釈する根拠は「言語それ自体は深い意味で人間の経験の記
録であり、その特定の個人の表現は個人の経験の記録」ということにある。こ
れを換言して「言語は文脈から独立したものとして決して理解されない」とブ
ルーナーは述べているからである。
　言語はデューイにとって「個人の経験の記録」であるという解釈は誤りでは
ない。デューイは特定の「意味」の場合、「ことばの記号」（verbal sign）はさ
もなければ曖昧で変わりやすく、不鮮明になることから1つの「意味」を選定
し分離し、その「意味」を維持し記録し保存すると述べている（Dewey 1933,

p. 303（訳書、p. 237））。言語が記録であるというブルーナーの解釈は間違いではない。またブルーナーは、デューイにとって「意味」は「経験」の2つの側面である試みることと被ることが結合的に働くときに現れるとし、「意味」が現れることは「思考」（thought）と「経験」が結びつくことと解釈している（Bruner et al. 1977, p. 20）。この解釈は、デューイが「思考ないし反省は、われわれがしようと試みることと、結果として起こることとの関係の認識である」とし、「思考という要素を何ら含まないでは、意味をもつ経験はありえないのである」と述べている（Dewey 1916, p. 151（訳書（上）、p. 230））から、誤りではない。「思考」によって「経験」は「意味」をもつ。「思考」は個人によってなされるから、「思考」によってもたらされた「意味」はその個人の「意味」である。言語はその「意味」を保存する。したがって、言語は「個人の経験の記録」である。以上のことから、言語は「個人の経験の記録」であるというブルーナーの解釈は的を外していない。

　デューイが言語で「意味」を記録すると述べているので、「人間の経験と人間の行為の形と構造はまさしく言語の性質に反映すること」というブルーナーの解釈も誤りでないといえよう。「意味」を言語で記録すれば、当然「言語の性質」がそこに関わる。それゆえ、「言語の性質」が「経験」の「意味」に反映されることになる。これを「経験」の「形と構造」は「言語の性質」を「反映する」とブルーナーはしたのだろう。実際、デューイも「言語は思惟（thought）ではないけれども、言語は思考（thinking）のために必要であると同様にコミュニケーションのためにも必要である」という見解をとっている（Dewey 1933, p. 301（訳書、pp. 234-235））から、デューイにおいて「経験」の「反省」に言語が関わっているのは確かである。

　次にブルーナーは「言語それ自体は論理の体系ではない」とデューイの言語論を理解しているが、これはデューイが明言していることである。デューイは「確かに、言語は論理的道具（logical instrument）である。だがそれは、根本的かつ本来的には、社会的道具（social instrument）である」（Dewey 1897, p. 90（訳書、p. 19））と、または「言語は本来が社会的なものである」（Dewey 1899, p. 34（訳書、p. 116））と、さらには「言語の核心はコミュニケーションである」（Dewey 1925, p. 141（訳書、p. 190））と述べている。

　「言語は言語の使用者の環境を反映する」とブルーナーが述べていることも

妥当であろう。キフィネン（Kivinen, O.）とリステラ（Ristelä, P.）は、デュー
イが言語を「諸道具の道具」（the tool of tools）とみなしていること、道具は帰
結のための手段として使われ、結果は道具に意味を与えるとみなしていること
から、「言語の意味はその使用で生じる」と解釈している（Kivinen and Ristelä
2003, p. 368）。デューイは「道具であること、すなわち結果のための手段とし
て使用されることは、意味をもち意味を付与することであるから、諸道具の道
具である言語はすべての意義の慈母である」と述べている（Dewey 1925, p. 146.
（訳書、p. 197））から、キフィネンらの解釈は適切である。デューイの言語論を
「言語の使用」を観点に解釈することは可能である。そしてデューイのいう
「有機体と環境の相互作用」に基づけば、「有機体」は己の「環境」の中で言語
を使用するのだから、言語はその使用者の「環境」を必然的に反映することに
なる。

　ブルーナーのデューイ言語論解釈は十全でなくとも適切であるといえよう。

(2) デューイ言語論の肯定

　ブルーナーが「デューイの主題」としてデューイ言語論を解釈したのは、そ
れを用いてチョムスキー（Chomsky, N.）の言語論を批判するためである。そし
て、これはデューイ言語論の肯定を意味している。

　語用論に基づくブルーナーにとって、チョムスキーの統語論および言語獲得
装置（Language Acquisition Device）は批判的に乗り越えなければならない対象
であった。ブルーナーはこう述べている。

　　私はチョムスキーの言語獲得装置から自分自身を解き放つことはできなか
　った。私は統語論のレベルで論争に参加せざるを得ないと感じていた。私は
　語用論とどのように言語が用いられるのかという問題を統語論がなぜ現在の
　ような形であるのかというわれわれの理解に貢献させなければならなかった。
　その使用の問題、つまりどのように言語の機能を習得するかという問題は、
　同じく重要で、いまだ説明されるべく残されている。今やわれわれはただ言
　語にさらされていることがそれを学習するために十分でないとわかっている。
　言語を習得するに値させるために、その統語論が何であれ、何かが必要なの
　だ。（Bruner 1983b, p. 168. 傍点原文イタリック）

338

言語獲得は統語論だけでは説明できない。第2章第5節でも見たように、統語論は言語の形式を重視する。その統語論に基づけば「ただ言語にさらされていること」で言語が習得されることになるが、統語論であるかぎり、それは言語の形式から見た言語の習得である。しかし、言語には機能としての側面がある。言語の形式を重視する統語論では、言語の機能の習得が軽視されることになる。したがって統語論が言語獲得研究において主流だった際に、言語の機能の習得 —— 言語を実際に使用できる能力の習得 —— と言語の機能から言語の形式についての説明を与えること —— 機能から統語論を説明すること —— が必要であると、ブルーナーは意識したのである。

　語用論に基づいて言語の使用の習得と統語論を説明すること、これが乳幼児の言語獲得研究におけるブルーナーの問題意識である。この問題意識は「言語と経験」に貫かれている。これまで言及したことと重複するけれども、その問題意識が論文「言語と経験」にどのように記述されているかを確認しよう。

　ブルーナーによれば、彼が乳幼児の言語獲得研究を始める前、言語の研究では「言語学のチョムスキー革命」が主流であった。ブルーナーはそれを「統語論の本性を解明した一方、それは実際、おそらくより重要な、まさに文脈に依存している、言語の別の相の秘密を目立たなくしてしまった」とし、「疑いなく、言語の構造的な特徴から文脈依存的な特徴を鋭く区別することによって、チョムスキーは形式的言語理論を前面に出した」と述べている（Bruner et al. 1977, p. 18）。言語の「文脈依存性」は「言語学のチョムスキー革命」によって軽視されることになったのである。

　そのようなことは終わったとブルーナーはいう。次の2つのことが明らかになったため、言語獲得の研究に新しい転換が起こったからである。1つは「言語の研究における統語論の卓越という教義が死んだ」こと、もう1つは「子どもがいとも簡単に、そして一見あまり努力を要せずに、言語の最初の使用をクリアできるようにすることをわれわれの理解の中心とするような新しい経験と機能が新たに明らかになった、新しく興味深い時期が始まった」ことである。そしてこの時期を迎えることで、「デューイの主題」が言語獲得の場面の中心に戻ってきたとブルーナーは述べている（*Ibid.*, p. 19）。

　これはブルーナーにとって好ましいことである。ブルーナーは「心理学者としての近年の私の関心は、どのように子どもがとても素早く、そして一見いと

も簡単に、言語という道具を使用することを学ぶのかを理解することにある」（*Ibid.*, p. 19）といっている。「デューイの主題」が言語獲得の場面の中心に戻ってきた時期は、ブルーナーが言語獲得に向けた関心に満ちた時期なのだ。

　ブルーナーは言語の「文脈依存性」を軽視した「言語学のチョムスキー革命」を批判し、「デューイの主題」が到来した時期を歓迎している。これはブルーナーが「デューイの主題」を支持していることにほかならない。乳幼児の言語獲得研究において、ブルーナーはデューイの言語論を肯定している。

3　ブルーナーとデューイの言語獲得論における関係性

　ブルーナーは「言語と経験」でデューイの言語論を肯定的に解釈しているが、これはブルーナーがデューイの言語論を肯定していることのみしか示していない。したがって、ブルーナーの乳幼児の言語獲得研究がデューイの言語論と具体的にどのような関係にあるのかは示されていない。

　ブルーナーがデューイの言語論に触れたのは、前節で触れたように、言語獲得の文脈であった。ブルーナーによるデューイの言語論の肯定が具体的にどのような関係を両者にもたらしているかを検討するとなると、両者の言語獲得論を比較するということになる。実際、デューイもまた「共有された活動」（shared activity）の原理に基づき言語獲得について論じているため、言語獲得を観点にデューイとブルーナーを比較することは可能である。そこで、本節では、ブルーナーとデューイの言語獲得論の比較を行い、両者がどのような関係にあるのかを検討する。

　本節ではまず、デューイの「共有された活動」の原理の発想がブルーナーの乳幼児の言語獲得研究に見られることを指摘する。そのことで両者が言語獲得の仕組みについて原理的に共通した考えをもっていると明らかにするためである。次に「シンボル」（symbol）に焦点を当て、両者の言語獲得論を比較することで、ブルーナーとデューイの言語獲得論の関係を検討する。

（1）デューイの「共有された活動」の原理とブルーナーの言語獲得論
　デューイのいう「共有された活動」の原理は「子どもが、たとえば、帽子の観念を獲得するのは、それを他の人びとがするのと同じように用いることによ

ってなのだ」（Dewey 1916, p. 18（訳書（上）、p. 32））とか「事物は、共有され
た経験すなわち共同の活動において用いられることによって、意味を獲得す
る」（*Ibid.*, p. 20（訳書（上）、p. 34））という原理である。デューイにとってこの
原理は言語獲得にもあてはまる。デューイはこう述べている。

　要するに、ボウシという音声は、「帽子」という物が意味をもつようにな
るのとまったく同じ仕方で意味をもつようになる。つまり、一定のやり方で
用いられることによって意味をもつようになるのである。……同じ用い方が
なされる保証は、その物とその音声が、子どもと大人の間に能動的な関係を
うち立てる手段として、ある共同の活動の中で最初に使用されるという事実
にある。（*Ibid.*, p. 19（訳書（上）、p. 33）. 傍点原文イタリック）

「共有された活動」の原理に基づけば、言語は共同の活動での使用によって
習得されることになる。ブルーナーもまた言語獲得をそのようにみなしている。
　ブルーナーは言語獲得をコミュニケーションの場面から研究した。「人間が
語彙－文法的な言語のための生来の能力を軽くまたは重く装備していようと、
人間はいまだ言語を使用する方法を学ぶ必要がある」からであり、「言語の使
用が学習できる唯一の方法は言語をコミュニケーションで使うことである」か
らだ（Bruner 1983a, p. 119. 傍点原文イタリック）。ブルーナーが言語獲得におい
てコミュニケーションに着目するのは言語の使用の習得のためにほかならない。
　さらに、ブルーナーは共同活動（joint activity）と言語獲得の関係からもコミ
ュニケーションに着目している。「言語は、共同活動と共同注意（joint atten-
tion）を調整する道具として獲得される」。「言語の構造」は共同活動と共同注
意を調整する機能を反映しており、言語獲得はその機能で満ちている。このよ
うにブルーナーは述べている（Bruner 1975, p. 2）。したがって、「乳幼児を言語
に実質的に導くのは共同活動の達成における乳幼児の成功（あるいはそれに関
する母親の成功）なのである」（*Ibid.*, p. 6）とブルーナーが主張することも当然
であろう。言語は共同活動を調整する道具であるから、共同活動の達成の成功
なしには言語は獲得されない。だから、言語獲得はコミュニケーションを通し
てなされるのである。
　ブルーナーにとって、言語獲得がコミュニケーションを通してなされるとい

第8章　「デューイとブルーナー」再考の必要性　　*341*

うことは、ともに行う活動によって言語の使用を習得するということである。ここに「共有された活動」の原理に基づくデューイの言語獲得論との共通点が見い出される。ブルーナーもまた言語の使用を他者との活動の一致を通して学ぶとみなしているからである。

　前節の冒頭で述べたように、ブルーナーの乳幼児の言語獲得研究ではデューイの影響はほとんどないといえるが、結果的に、ブルーナーの言語獲得論はデューイの提示した「共有された活動」の原理に基づいたものとなっている。それゆえ、ブルーナーの言語獲得論はデューイの言語獲得論と言語獲得の仕組みに関して原理的に共通しているといえよう。

　しかしその共通点は、デューイの方が先に論を展開したといって、ブルーナーの言語獲得論がデューイのそれの二番煎じであることを示しているわけではない。ブルーナーの言語獲得論にはデューイの言語獲得論にない洞察があるからだ。その根拠はブルーナーが言語獲得において「間主観性」の生成を説いていることにある。以下で検討しよう。

（2）言語獲得における「間主観性」と「シンボル」

　言語獲得において、ブルーナーは「間主観性」を重視している。ブルーナーは「他者は意図をもっている」という「間主観性」を共同活動によって言語を獲得していく際の条件としているからである（*Ibid.,* pp. 6-8）。しかし、ブルーナーは乳幼児が「間主観性」を生得的に身につけているとみなしていない。言語を獲得するための認知上の天分の1つである「交流性」（Bruner 1983a, p. 30）、すなわち、誕生後1歳半までの乳幼児の活動は社会的でコミュニカティヴであることをあげ、そうできる能力によって言語を獲得する前に「間主観性」を生み出すとしている（*Ibid.,* p. 27）。その「間主観性」に基づき、共同活動で言語を獲得していくというのが言語獲得における「間主観性」のブルーナーの見方である。

　後年になるとブルーナーは「間主観性」を規定し直し、「シンボル」から言語と「間主観性」の関係を捉えるようになる。ブルーナーの「間主観性」の再規定はこうである。乳幼児の言語獲得研究中ではブルーナーは「間主観性」を「他者は意図をもっている」という意味で用いていた。しかしその後、ブルーナーは「『各々に他者の心を知る』という人間に独特な才能（gift）（あるいは、

342

おそらく、錯覚（illusion））」として「間主観性」を規定している（Bruner 2006d, p. 16）。「錯覚」とされているのは、「間主観性」は「決して正確でも深遠でもない」からである（*Ibid.*, pp. 16-17）。換言すると、「錯覚」であるのは他者の「心」を直接的に正確に知ることは不可能であるということであろう。ブルーナーは「おそらく原始的な共感の方法を除いては、われわれは直接的に他者の心を本当に『読む』ことはできない」（Bruner 2006c, p. 231）とも述べているからである。ブルーナーにとって「間主観性」は「決して確実ではないが他者の心を知ること」である[4]。

　このようにブルーナーは「間主観性」を再規定し、それと言語の関係をこう述べている。

　　われわれに独特で種と結びついた間主観性の能力、すなわちお互いに他者の心を読むためのわれわれの能力に対応する発達を考慮せずして人間の言語は理解できないというのが私の作業仮説である。志向性それ自体、すなわち任意の諸シンボル（arbitrary symbols）とそれらの指示対象の「代理」（standing for）関係はそのような間主観性なくしては不可能であると私は思う。（Bruner 2001, p. 209）

　ブルーナーは「シンボル」とその指示対象の「代理」関係ゆえに、「間主観性」なくして言語は理解できないとする。そこで、ブルーナーがどのように「シンボル」を捉えているか確認しよう。

　ブルーナーは「シンボル」を、パース（Peirce, C. S.）のいう「イコン」（icon）、「インデックス」（index）、「シンボル」の区別に基づいて説明している。「イコン」、「インデックス」、「シンボル」はいずれも記号－指示対象の関係のあり方である。ブルーナーによれば、パースのいう「イコン」とは「像をともなうようなその指示対象との『類似』関係」のことであり、「インデックス」とは「煙と火の間にある関係のように依存したもの」である。それらに対し、「シンボル」は「記号とその指示対象の関係が恣意的（arbitrary）で、記号が『代理する』ことを定義する諸々の記号の体系の埒内での位置によってのみ支配されているような記号の体系」に依存している。そして「この意味で、シンボルは整った、ないしは規則に支配された記号の体系を含んでいる『言語』の

第8章　「デューイとブルーナー」再考の必要性　*343*

存在に依存している」と、ブルーナーは「シンボル」を説明している（Bruner 1990a, p. 69. 引用箇所の傍点原文イタリック）。

　ブルーナーの説明によれば「シンボル」における記号－指示対象の意味は他の「シンボル」としての記号－指示対象の意味との関係、換言すれば、その「シンボル」が含まれている記号の体系によって決められている。記号の体系という観点から見れば、他の「シンボル」同士との関係で「シンボル」の意味が決まっていることになるが、しかし「シンボル」が意味する記号－指示対象の関係は、「イコン」や「インデックス」のものと違い、本質的に恣意的なものである。だから、「イコン」や「インデックス」、とりわけ「インデックス」と比べ、「シンボル」における記号と指示対象の結びつきを確認するには「間主観性」のみに依存することになる。「インデックス」のように煙と火のような関係であれば、その指示対象が現実に存在することを確認できる。しかし「シンボル」では、記号と指示対象の関係に因果関係のような直接的に関係する結びつきではないため（＝恣意的であるため）、煙に対する火のように指示対象が現実に存在しているとは限らない。そうであれば、記号－指示対象の関係が恣意的でかつ指示対象が現実に存在しなくても「シンボル」が他者にも通用するのは、他者が用いる「シンボル」における指示対象を確認できるからということになる。したがって、「シンボル」としての記号－指示対象の関係は「間主観性」なしには成立しえない。ブルーナーが言語は「間主観性」なしには成立しないと述べたのは、「シンボル」は言語として存在しているからであり、「シンボル」が「間主観性」なしには成立しえないからである。

　言語が「間主観性」によって成立しているのであれば、言語は他者とコミュニケーションすることを可能にする条件ともなる。だから、他者とコミュニケーションをするにあたって言語の役割は大きい。しかしそれはすでに同じ言語を獲得している場合に限定される。ある言語を知らない者にとっては、その言語における「シンボル」としての記号－指示対象が何を意味しているかが、その関係がそもそも恣意的であるため、理解できない。だから、ある言語を知らない者は相手が発する記号－指示対象の意味をその相手から確認する必要がある。「シンボル」として言語を獲得するには「間主観性」が必要なのである。したがって、「間主観性」が言語獲得の必要条件である。

　ブルーナーと同じく、デューイも言語を「シンボル」とみなしている。そし

344

て、デューイもまた記号と指示対象の結びつきのような恣意性を「シンボル」に認めている。デューイは「言語は、音、紙の上のしるし、寺院、彫像、織機のような物質的なものからできている」とし、「話しことばの場合には、特定の物的存在に意味をもたせるということは、約束事（conventional matter）である」と言語を説明する（Dewey 1938a, p. 52（訳書、p. 435））。そして「約束事」について、「共有された活動」の原理に基づきながら、デューイはさらにこう述べている。

　　このような考えを述べるのも、それらが、約束事のシンボルがもつ意味はそれ自体としては約束事ではないことを明らかにしているからである。なぜなら意味は、ちがった人たちが、現実の結果に関係をもつ現実の活動において一致することによって確立されるからである。異なった文化圏で犬とか正義とかを表す現実の特定の音やしるしは、そのような音やしるしを用いる原因はあっても、どうしてもそれでなければならないという理由はないという意味で、恣意的な（arbitrary）約束事である。（*Ibid.*, p. 53（訳書、pp. 435-436）. 傍点原文イタリック）

ここにある「シンボル」は「人工記号」（artificial sign）のことである。デューイにとって、「人工記号」とは例えば英語で smoke という単語がある対象の性質を「代理」する（stand for）ことが、他の言語ではその音やしるしが別のものを「代理」したり、逆に全く違う音やしるしが煙を「代理」したりするようなものである（*Ibid.*, p. 57（訳書、p. 440））。

　デューイにとって、言語は音やしるしといった物質的なものからできている。言語としての音やしるしの「意味」は共同の行為の一致、すなわち、「共有された活動」で決まる「約束事」である。しかし物質的なものと「意味」の「約束事」は必ずそうでなければならないというものではない。音やしるしといった「人工記号」、つまり「シンボル」とその「意味」の関係は恣意的なのである。

　デューイにおいても、ブルーナーと同様に、「シンボル」とその「意味」が恣意的な関係であっても、他者と通じることは可能である。なぜなら、「共有された活動」の原理に基づいているため、「シンボル」の「意味」は他者と一

第 8 章　「デューイとブルーナー」再考の必要性　　*345*

致するように決められるからである。したがって、「シンボル」の「意味」は他者と通じあうものとなっている。

そうであれば、デューイにとっても、言語獲得において、ブルーナーのいうような「間主観性」が必要となる。言語獲得はすでに確立された言語、つまり、すでに約束された「シンボル」とその「意味」を獲得することだからである。しかも一方はその両者の関係を知らず、他方は知っているという関係においてである。両者の関係を知らない者にとって言語の獲得は、その両者の関係を知っている者の「シンボル」とその「意味」の関係と自分の用いるそれらの関係が一致することで言語を獲得したということになる。だから言語獲得においては、「共有された活動」の原理に基づいて言語が成立しているからこそ、「シンボル」とその「意味」の関係を相手と一致しているか確認する必要がある。したがって、デューイの言語獲得論においてもブルーナーの「間主観性」のような前提の必要性が見い出されるのである。デューイにとってその前提とは何であろうか。

(3)「共有された活動」における活動の共有過程としての「コミュニケーション」

デューイにとって、「共有された活動」における活動の共有過程は「コミュニケーション」である。「コミュニケーションとは経験が共有の所有物になるまで経験を分かち合っていく過程である」（Dewey 1916, p. 12（訳書（上）、p. 24））と、または「相手がいて、各々の活動が共同によって修正され調整される活動での協働（cooperation）の確立」（Dewey 1925, p. 141（訳書、p. 190））とデューイは述べているからである。「コミュニケーション」は「お互いの経験を共有する過程」であり「活動での協働の確立」であるから、「共有された活動」は「コミュニケーション」によってなされるといえよう。

「共有された活動」が「コミュニケーション」でなされるのであれば、デューイにとって、「コミュニケーション」が成立しなければ言語獲得はなされないということになる。そうであれば、デューイの言語獲得論においても言語獲得における「コミュニケーション」を成立させる前提が必要となる。それはデューイにとってもブルーナーのいう「間主観性」であろう。

ブルーナーが言語獲得に「間主観性」を前提としたのは次の2点にあった。

1つは活動をともに行うためのものとして、2つは「シンボル」における記号
と指示対象の関係の恣意性を把握するためである。この2つはデューイの言語
獲得論にも共通している。1つめは「共有された活動」の原理からそうである
といえるし、2つめはデューイのいう「シンボル」とその「意味」の関係から
そういえる。デューイにとって、「シンボル」とその「意味」は恣意的であり、
その恣意性はブルーナーのいう記号と指示対象の恣意性と共通しているからで
ある。そしてデューイのいう「意味」に着目すれば、デューイにとってもブル
ーナーのいう「間主観性」が言語獲得の前提といえる。以下で確認しよう。

　デューイにおいて、「シンボル」の「意味」にも事物が「意味」を獲得する
原理である「共有された活動」の原理が適用される。デューイのいう「意味」
の意味は曖昧だとかさまざまな意味があると指摘されているが（Hall 1928,
pp. 401-414. Wienpahl 1950, p. 274）、活動の共有過程である「コミュニケーショ
ン」の場面では、「意味」は「意図」（intent）であると述べられている（Dew-
ey 1925, p. 142.（訳書、p. 191））。「意味」が「意図」であれば、「共有された活
動」では「意図」の共有が求められることになる。デューイはAがBに花を
持ってくる例を用いて、Aが花を持ってくるようBに頼み、BがAに頼まれ
た花を持っていくためには双方が相手の経験において事物が機能するものとし
てみる必要があるとしたうえで（*Ibid.*, pp. 140-141（訳書、p. 189））、こう続けて
いる。

　　このようなことが、コミュニケーション、記号、意味の本質であり、重要性
　　である。何物かが、少なくとも行動の2つの異なった中心のなかで、文字通
　　り共通のものになる。理解することはともに予期することである。理解する
　　ことは相互参照（cross-reference）を行うことであり、この相互参照は、そ
　　れが作用したとき、共同の、包括的な事業への参加をもたらすのである。
　　（*Ibid.*, p. 141（訳書、pp. 189-190））

何かを共有することは「相互参照」を行うことで可能となる。「意味」はそ
のようにして共有されたものであるから、「意味」は共有された「意図」でも
ある。だから、「共有された活動」の原理によって得られる言語の「意味」は
共有された「意図」でもある。したがって、（もちろん「意味」の多義性ゆえ一

概にはいえないだろうが)「共有された活動」は相互に「意図」を参照しながら達成されることになる。このことを踏まえれば、デューイの言語獲得論において、「コミュニケーション」は「意図」を相互に参照し合う「意図の相互参照」によって成立するといえるであろう[5]。「意図の相互参照」によって「共有された活動」が可能となり、言語が獲得されるのである。

　ブルーナーにとってもそれは同じである。言語獲得においてコミュニケーションを重視する彼は、言語の機能的側面である「語用論」に着目している。なぜなら、「この見方では、その中心的な考えはわれわれが心にある目的をもち、それを果たそうとする機能とともにコミュニケートするというコミュニカティヴな意図にある」(Bruner 1983a, p.36) からである。したがって、ブルーナーのいう言語獲得でのコミュニケーションでは、意図のやりとりができていなければならないことになる。ブルーナーの言語獲得論においてもまた、「意図の相互参照」が必要であるといえよう。

　以上のように、デューイもブルーナーも「意図の相互参照」を言語獲得で必要としている点で共通しているが、しかし、デューイとブルーナーの言語獲得論に決定的な違いがある。それは、ブルーナーが「間主観性」の生成を言語獲得の前提として論じた点である。

　「意図の相互参照」を行う場合、当然、相手の「意図」の理解が求められることになる。相手の「意図」の理解は、ブルーナーのいう「間主観性」によってなされることになろう。すでに述べたように、再規定前では、ブルーナーは「間主観性」を「他者は意図をもっている」という意味で用いていたからである。「意図の相互参照」を述べている点で、デューイもブルーナーも「間主観性」を当然視しているといえよう。しかしブルーナーは、前項で見たように、「間主観性」を、生来備わっているものでなく、生後に生成するものとしていた。ブルーナーにとって、「間主観性」の生成が言語獲得における「意図の相互参照」を可能にする条件ということになる。それゆえ、言語獲得において、言語を獲得する前に相手の「意図」が読み取れる「間主観性」の生成が必要なのである。ブルーナーはデューイが当然とした「間主観性」を所与のものとみなしていないのだ。

　デューイとブルーナーにとって、言語獲得に「間主観性」が前提であることには変わりはない。しかし、「間主観性」は生成されるものであるという点で、

348

デューイとブルーナーは異なっているのである。

　そしてこの点で、ブルーナーの言語獲得論によってデューイの言語獲得論を発展させることができる。言語獲得において「間主観性」の生成が必要であるというブルーナーの洞察は、デューイの言語獲得論の否定でも批判でもない。むしろデューイの言語獲得論をより十全にするものである。ブルーナーの言語獲得論は、言語獲得の仕組みについて、デューイの言語獲得論と原理的に共通であるから、デューイのものを否定していない。また、デューイは「共有された活動」の原理が言語からの学習過程にあてはまることを論証するために言語獲得について論じているため（Dewey 1916, pp. 18-20（訳書（上）、pp. 32-35））、言語獲得の前提、すなわち、「間主観性」の生成まで言及する必要はなかった。デューイにとって、言語獲得が「共有された活動」の原理でなされることを示せればよかったのである。だから、それ以上のことをデューイに求めるのは無理があろう。しかし言語獲得についてより十全に「共有された活動」の原理を適用するならば、言語が「シンボル」であるので、デューイにとっても、ブルーナーと同じく「間主観性」の生成が言語獲得に必要である。したがって、言語獲得の条件としての「間主観性」は、デューイの言語獲得論をより十全にする洞察であるとみなせるのである。

(4) まとめ

　デューイによれば言語獲得は「共有された活動」の原理でなされる。言語は「共有された活動」において使用されることで習得されるということである。乳幼児の言語獲得研究において、ブルーナーもまた共同活動で使用することで言語の習得はなされるとみなしていた。その点で両者は言語獲得の仕組みについて共通した考えに基づいている。しかしブルーナーにしたがえば、「共有された活動」の原理に基づく言語獲得では「間主観性」が必要となる。「シンボル」における記号－指示対象の関係、あるいは「シンボル」とその「意味」の関係は恣意的であるため、これから言語を獲得しようとする者にとっては、その恣意的な結びつきを相手のものと検証する必要がある。そのために「他者の心を知る」ことである「間主観性」が求められ、言語獲得の前にそれが生成されることが、ブルーナーのみならずデューイにとっても言語獲得において必要である。それゆえ、ブルーナーの言語獲得論と結びつけられることで、デュー

イの言語獲得論がより十全なものとなる。

　ブルーナーの言語獲得論はデューイの「共有された活動」の原理に共通する発想に基づいているということは、両者の関係は同質的であるということである。その上で、ブルーナーはデューイにとっても必要な洞察をしている。これが意味することは、ブルーナーの言語獲得論がデューイの言語獲得論を補っており、それゆえ発展させているということである。言語獲得論についていえば、ブルーナーとデューイの論は同質的であり、かつ、前者が後者を発展させている関係ということになる。

4　「デューイの後」と「言語と経験」との間のデューイ解釈の差異について

　ブルーナーとデューイの言語獲得論を検討したところ、両者は同質的であり、前者は後者の論を発展させているという結論になった。このような結論は教育の研究のときにも見られた。しかし、教育の研究と乳幼児の言語獲得研究の決定的な違いは、ブルーナーによるデューイ解釈のあり方である。すでに検討したように、乳幼児の言語獲得研究では、ブルーナーのデューイ解釈は肯定的である。一方、教育の研究でのブルーナーのデューイ解釈は否定的である。

　なぜこのような差が生じているのか。本節ではこの問いを検討する。そのことで、「デューイとブルーナー」の再考が促されていることをいっそう強調したいということが、そのねらいである。

　本節は「デューイの後」のデューイ解釈が否定的であると確認することから始める。次に、「デューイの後」と「言語と経験」で、ブルーナーにどのような変化があったのかを検討する。

(1)「デューイの後」におけるデューイ教育論の解釈
　「デューイの後」は、ブルーナーがデューイの『私の教育学的信条』をもとに自らの教育的信条を述べた論文である（Bruner 1979, p. 79）。この論文ではおおよそ『私の教育学的信条』を批判しながらブルーナーの教育的信条が述べられている。『私の教育学的信条』のみを対象としているからデューイ批判の妥当性は乏しいとしても[6)]、「デューイの後」でブルーナーがデューイの教育論を批判したことには変わりはない。

350

「デューイの後」での『私の教育学的信条』批判の力点は時代背景の違いにある。周知のように、「デューイの後」のころのアメリカの教育は、学問の進歩と学校教育のミスマッチが指摘され、さらにスプートニクショックによって科学者、技術者の養成が教育の国家的課題とされていた。佐々木俊介が的確にこう述べている。

　　……一九五〇年代は、アメリカにおいて学問（特に自然科学）の進歩から学校教育が取り残されていることが指摘されて問題になり、それを克服しようとする努力があらわれてくる時期である。高等学校物理のカリキュラムを改定しようとしたPSSCの業績は中でも最も有名なものである。そしてこの動きを決定的にしたのは、一九五七年に、人工衛星打ち上げ競争においてアメリカがソビエトに遅れをとったという、いわゆるスプートニクショックであった。翌年アメリカは教育視察団をソビエトに派遣したが、ソビエトにおいて教育に絶大の期待がかけられていることを知り、その年直ちに「国防教育法」を成立させた。これは科学者、技術者の養成を強化するために、巨額の連邦政府助成金を各方面に流そうというものである。（佐々木 1970, pp. 97-98）

　ここで述べられているPSSCのカリキュラムや、あるいはBSCSといった団体によるカリキュラムは、当時、新教育課程と呼ばれていた。新教育課程は、佐藤がいうように、「実用主義の下で過度に重視された"社会性"や"児童性"ではなく、いわゆる教科中心（教科の"論理性"）という本来の形にもどるが、それだけではなく、形式主義に陥ったかつての教科中心主義ではなく、学問そのものに対する内在的興味を喚起しようとする」（佐藤 1968, pp. 17-18）ものであり、「学問中心（discipline-centered）と一般にはいっている」（同上、p. 37）ものである。新教育課程の中心は子どもではなく学問にある。学問の進歩と学校教育のミスマッチと科学者・技術者の養成から学校教育に学問が重視されるようになったこと、これが「デューイの後」で前提とされているブルーナーの時代背景である。
　この時代背景を観点に、ブルーナーはこう述べている。

第8章　「デューイとブルーナー」再考の必要性　　*351*

人はその人の時代の背景に対して書く。デューイは、とりわけ子どもの本性を理解することに失敗した 1890 年代の学校の教授の不毛さと硬直さに目を向けて書いていた。彼が直接経験と社会的活動の重要性を強調することは学びを子どもの経験の世界とほとんど関連づけられなかった虚しい形式主義への暗黙の批判である。訂正を喚起した点でデューイに大いに功績がある。しかし、行き過ぎた徳は悪である。われわれは、われわれの時代において、そのような行き過ぎの背景に対して教育を再考しているのである。(Bruner 1979, p. 115)

　デューイの教育論は当時の学校の教授に向けられた批判であり、そのかぎりで大いに称賛に値する。しかし今日ではどうか。それは「行き過ぎた徳」という「悪」である。「デューイの後」が執筆された 1960 年前後のアメリカではデューイの教育論は「行き過ぎ」ている。なぜなら、いまや学校教育で重要であるのは「子ども」ではないからだ。ブルーナーはデューイの教育論を時代背景の違いから批判しているのである。
　ブルーナーはこの他にも『私の教育学的信条』を批判している。例えば、デューイの教育論の重要概念といえる「適応」(adjustment) や第 1 節で言及した「学校と共同体および家庭の連続性」に対するものである（Ibid., pp. 117, 118）。
　もっとも、ブルーナーは『私の教育学的信条』を全否定しているわけではない。「われわれが教育する子どもが生活するだろう世界を予見することはできないということをデューイが書いたことは、今日においても真実である」(Ibid., p. 122) というように、デューイの主張を認めている箇所が「デューイの後」にはある。しかし、デューイが当時の形式主義に対して訂正を喚起したことが現在では「行き過ぎ」であるとしていることから、「デューイの後」におけるデューイへの同意は部分的なものであろう。基調としては、ブルーナーが「デューイの後」で『私の教育学的信条』を批判していることには変わりはない。
　「デューイの後」において、ブルーナーはデューイ教育論を解釈し、それに批判を加えている。『教育の過程』に代表される 1960 年代に展開した教育の研究では、ブルーナーはデューイに対して否定的であった。

(2) デューイ解釈の立脚点としての機能主義

　ブルーナーは教育の研究ではデューイに否定的であり、乳幼児の言語獲得研究では肯定的である。解釈した対象が違うから、そのようになるのも当然といえるかもしれない。

　しかし、それ以外にも特筆すべき重要な違いがある。それは構造主義に基づいているか機能主義[7]かという違いである。教育の研究から乳幼児の言語獲得研究へ移行するにあたって、ブルーナーは構造主義から機能主義へと立脚点を変えている。

　『教育の過程』の「1977年版序文」で、ブルーナーは教育の研究時に構造主義に影響されていたと、次のように述べている。

　　この本はまた、特にピアジェ、チョムスキー、レヴィ＝ストロースのような、他の構造主義的な人間の知ることについての記述の出現を含んだ変化の部分であるのは明らかである。今振り返ってみると、私は3人ともすべて私の思考に深く影響していることをほとんど疑えない。その後何年も、私は最初の2人の仕事に知的に大いにとらわれ、3人目を遠くから称賛していた。（Bruner 1977, pp. vii-viii）

　『教育の過程』は構造主義の影響下にあった。だが、ブルーナーは徐々にピアジェや乳幼児の言語獲得研究で批判対象となるチョムスキーから離れていく。オースティンの『言語と行為』の公刊以来、その魅力が薄れていったためだと、ブルーナーはいう。

　　チョムスキーの形式主義は、ピアジェのそれのように、ますます魅力的でなくなっている。彼らの研究を始めた機能的関心、すなわち、知的活動を駆り立て動機付ける適応性のある「推論」から彼らは我を忘れていった。近年、機能主義が「言語行為」論の出現とともに言語学に戻ってきた。『教育の過程』から1年後に現れたジョン・オースティンの『言語と行為』とその言語学的語用論の十分な影響がいまようやく十分に評価され始めている。……まず認知的発達において、次に初期の言語獲得において、私自身の仕事もまた、心理と言語の構造的規則を生み出す際の機能の役割を研究する方向に私を推

進している。(*Ibid.*, pp. xiii-xiv)[8]

　ここで述べられた通り、そしてすでに触れたように、ブルーナーの乳幼児の言語獲得研究の推進力は言語行為論すなわち機能主義にある。

　ブルーナーが乳幼児の言語獲得研究で基づいている語用論はオースティンの言語行為論に等しいものであった。もっとも、モリス（Morris, C.）にしたがえば、語用論はそもそもプラグマティズムに由来する用語である[9]。しかし、語用論が学問界で注目を浴びたのはオースティンに始まる言語行為論のおかげである[10]。ブルーナーもその背景において語用論に着目している。それは乳幼児の言語獲得研究の集大成である『乳幼児の話しことば』で、ブルーナーが語用論を「どのようにことばで物事をなすか（how to do things with words）」とオースティンの言葉で説明し、かつ、本書で語用論の学習を強調すると述べていること（Bruner 1983a, p. 7）に明らかである。

　ブルーナーがデューイの言語論を「デューイの主題」として解釈したのもこれと無関係ではない。「デューイの主題」は「言語は文脈依存的である」ということであった。そして、ブルーナーはオースティンの言語行為論を「発話はその使用の文脈の外で分析されえない」（*Ibid.*, p. 3）と解釈している。ブルーナーにとってオースティンの言語行為論は機能主義に基づいており、そのオースティンの言語行為論を「言語は文脈依存的である」と解釈しているのだから、ブルーナーは機能主義を観点にデューイの言語論を解釈しているということになる。したがって、機能主義に立脚したために、ブルーナーはデューイの言語論の肯定をしたといってよいであろう[11]。

　ブルーナーはそれを示す象徴的な言葉を自伝で述べている。

　　私の理論的な関心は熱心な機能主義者である。知覚における仮説、思考の方略、態度の機能、言語の使用——これらすべては、ジェームズ、デューイ、マクドゥーガル、ヴィゴツキー、トールマンの伝統にしたがうように私を特徴づける。（Bruner 1980b, p. 146）

　機能主義だからこそデューイ的だ。ブルーナーはそのように自身を見ているのである。機能主義に立っていたのだから、デューイの言語論を肯定するのは

当然の結果である。

　一方、ブルーナーは教育の研究ではアメリカの伝統から外れていたと自身を見ている。

　　合理主義者、構造主義者、直観主義者として、私はアメリカの教育理論の主流から全く外にいた。アメリカの教育の伝統は理性よりも経験を、構造よりも事実を、直観よりも徹底さ（thoroughness）をいつも好んでいた。（Bruner 1983b, p. 184）

　経験を好むということから、ブルーナーがいう「アメリカの教育の伝統」とは進歩主義教育のことだといえよう。構造主義に立脚していたためにブルーナーは進歩主義教育とは違う教育論を展開していたと自身をみなしているのだ。

　いうまでもなく、デューイの教育論は進歩主義教育の理論的支柱である。構造主義者であるため「アメリカの教育の伝統」から外れていたブルーナーが、デューイの教育論に否定的であるのも、不自然ではない。

　ブルーナーが機能主義に立脚しているか否か、それが彼のデューイ解釈に対する態度を異なるものにしているのである。

5　まとめ——「デューイとブルーナー」再考の必要性

　本章はオルソンによるブルーナーのインタビューから議論を始めた。オルソンによるインタビューで、ブルーナーはデューイのいう「道徳」を支持していると語っていた。その支持によって、デューイの教育論の根本までも認めることになると示された。これを観点にすると、ブルーナーが「デューイの後」でデューイと「対決」したのはデューイの教育論を発展的に継承しようとしたためだったという理解が可能になった。しかし、ここでの結論は「デューイの後」に限定されている。

　ブルーナーは「デューイの後」以外にもデューイ解釈を示している。それは「言語と経験」でのデューイの言語論解釈である。「デューイの後」と違って、ここではデューイの論を肯定的に解釈している。その肯定はデューイとブルーナーの言語獲得論の関係性にも及んでいる。言語獲得について、両者の論は同

質的であると同時に、ブルーナーがデューイのものを発展させている関係にある。そこには『教育の過程』に代表される教育論のときのような対立的・異質的な関係はなかった。

「デューイの後」と「言語と経験」の解釈の差異は、ブルーナーが基づいているのが構造主義か機能主義かに関連していることが明らかになった。ブルーナーが構造主義に立っていればデューイ解釈は否定的になり、機能主義であれば肯定的となっている。前者のときに「デューイとブルーナー」が否定的になっており、後者のときではそうでないので、本章での検討にかぎれば、ブルーナーが機能主義に基づいているか否かと「デューイとブルーナー」には相関性が認められる。

この結論に基づくと、「文化心理学」が機能主義に基づいているといえれば、「文化心理学」提唱後のブルーナーとデューイに同質性が認められる可能性が極めて高くなる。

ブルーナーが機能主義として自身の乳幼児の言語獲得研究をみなしていたのは、「言語の使用」という言語の機能的側面に着眼していたからであった。「文化心理学」においても、ブルーナーは「心」が「文化」をどのように使用するのかということに着目している。

> それ〔＝文化心理学〕は、心は文化抜きには存在しえないという進化論的事実から想を得ている。……
> 　……人間の進化の特有性は、人間に文化という道具を使用できる方法で心が発展したということにある。象徴的であれ物質的であれ、それらの道具なくしては、人間は「裸の猿」でなく空っぽの抽象物である。(Bruner 1996, p. 3.〔　〕内引用者補足)12)

「文化心理学」は「心」が「文化」をいかに使用するのかという機能的側面を視野に入れている。この点で、乳幼児の言語獲得研究と同様、「文化心理学」提唱後のブルーナーも機能主義に基づいている。

加えて、ガードナーが「おそらくブルーナーは、デューイ派とピアジェ派として教育での仕事を始めた」(Gardner 2001, p. 129) と述べていることは非常に示唆的である13)。ブルーナーは『教育の過程』がピアジェの構造主義の影響

356

を受けていると述べていたからである。

　第2章で見たように、ブルーナーは発達の研究でピアジェから離れ、そして
ヴィゴツキーへと近づいている。機能主義者としてデューイの伝統にあると述
べていた際に、ブルーナーはヴィゴツキーの名も連ねていた。もしブルーナー
の「文化心理学」にヴィゴツキーの影響があるのならば、この点からも「文化
心理学」提唱後に展開された教育論はデューイの教育論と対立的であり異質的
である可能性は低いと推測される。

　次章において、ブルーナーの「文化心理学」におけるヴィゴツキーの影響を
起点に、「デューイとブルーナー」を再考する。

注
1)　この論文は『直観・創造・学習』(*On knowing*, 1962) に収められている。
2)　これを裏づける例がある。「文化心理学」提唱前に、ブルーナーは「経験
　　と知識の関係についてのデューイの新しい概念（Dewey's revised concep-
　　tion）が、現代の教育改革の中に再び現れており、それは内容よりむしろ
　　過程の役割を、より具体的にいえば、事実的情報の獲得よりもむしろ活動、
　　参加、そして経験を強調している」といい（Olson and Bruner 1974,
　　pp. 126-127）、ブルーナーは『教育の過程』をデューイの教育論と同等な
　　ものとして位置づけている（*Ibid.*, p. 127 note 4）。しかし本人の思いとは
　　裏腹に、ブルーナーの教育論はデューイのものと対立している、異質であ
　　ると指摘されている。本人が認めているからといって、それが本人以外の
　　者にも当てはまるとは限らないと示されている好例である。しかしながら、
　　『教育の過程』に代表される教育論に同質性が指摘されていることから、
　　ブルーナーが自らの論をデューイの論と同等であると位置づけていること
　　が「デューイとブルーナー」が同質的であるとされる源泉にもなっている
　　といえるかもしれない。
3)　そのような主張を最も強く提示した者として牧野宇一郎が挙げられる（牧
　　野 1972a, b)。
4)　ブルーナーのいう「間主観性」とは違う意味で間主観性が用いられている
　　こともある。例えば、浜渦辰二は「『主観』と『主観』との〈間〉にあっ
　　て、『客観』を基にしても、『主観』を基にしても、その本質を捉え損なっ
　　てしまうような『現象』」（浜渦 1995, p. 4. 傍点引用者）としており、ま
　　た木村敏は「私の自己を自己として構成している関係あるいは差異は、他
　　者それ自身を構成している関係あるいは差異でもあるのだし、これが自己
　　と他者との間の関係あるいは差異、つまり間主観性として現象すること　に

なる」（木村 2007, p. 307. 傍点原文）としている。ここでは間主観性が
「主観と主観の間にある何か」という意味で用いられている。ブルーナー
が「主観と主観の間にある何か」という意味で「間主観性」を用いている
のではないことには注意する必要があろう。

5) 本節ではデューイの「コミュニケーション」の前提を「意図の相互参照」
としたが、デューイの「コミュニケーション」の前提として、「習慣」「共
感」（sympathy）「シンボル」が指摘されている（鈴木 1985, p. 70; 早川
1988, p. 13; 藤井 2010, p. 315）。本節は言語獲得の「コミュニケーション」
の場面に言及したため、これらの先行研究に言及せず、「意図の相互参照」
とした。

6) 例えば、天野は次のように述べている。「彼のこの小論〔＝「デューイの
後」〕を検討するにあたって、先ず注意せねばならぬ点は、当時38歳のデ
ューイが1897年に著した『私の教育学的信条』のみを批判の対象にしデ
ューイに対している点である。このことは、デューイ批判としてはきわめ
て危険なものだといわねばならぬ。何故なら『信条』はブルーナー自身も
評価しているように『彼の後年の莫大な著作の萌芽を豊かに宿した名著』
であるが、しかしデューイの思想的発展を無視してはならないからであ
る」（天野 1970, p. 43. 傍点原文、〔　〕内引用者補足）。

7) 機能主義という言葉は多義的である。たとえば次のように機能主義が説明
されている。「生体でいえば、構造を研究するのが解剖学、機能を研究す
るのが生理学であり、これに相当する分野は多くの科学で分化されている。
心理学の場合、イギリス経験論からヴントないしティチナーに至る多くの
学者は、意識現象の要素を探り、それらの組み立てられる規則を見出そう
とする構成主義の立場を採ったが、意識と行動がどんな作用・機能を演ず
るかをみようとする立場も、しばしば現れた。ただ、『機能』という言葉
の解釈しだいで、機能主義と称する立場にもさまざまある。多くの機能主
義者は、環境に対する適応において演ずる役割を『機能』『作用』と考え、
W. ジェームズ、J. デューイ、J. R. エンジェルらを代表と見なす。G. S. ホ
ール、J. M. キャッテル、R. S. ウッドワースたちアメリカの代表的心理学
者もかなりの程度に機能主義的であり、S. フロイトの影響下に欲望の重要
性を説く者も多い。しかし他方では、実生活への応用可能性をもって『機
能』と見る人もある。多くのアメリカ人が機能主義を受け容れる根本の理
由は、それが折衷的で穏健な主張をするためである。機能心理学ともいわ
れる」（東洋・大山正・詫摩武俊・藤永保 1973, p. 11）。本章では、「機
能」の解釈が多義的であることを認め、それらを含めて機能主義を広く意
味させることにする。

8) 『教育の過程』の1年後に『言語と行為』が出版されたとなっているが、
これは2年後の誤りだと思われる。管見のかぎり、『教育の過程』の出版

358

年は 1960 年であり、『言語と行為』の出版は 1962 年である。

9)　「『語用論』という用語は明らかに『プラグマティズム』という用語に関連して作りだされたものである」とモリスは述べている（Morris 1938, p. 29（訳書、p. 51））。なお、語用論とプラグマティズムの関係については、魚津郁夫の説明（魚津 2006, pp. 286-287）も合わせて参照されたい。

10)　この点に関しては、今井邦彦と冨田恭彦の言及を参照されたい（今井 2001, pp. 187-188; 冨田 1993, pp. 184-185）。

11)　チョムスキーに着目すれば、このことはますます裏づけられよう。既述した通り、乳幼児の言語獲得研究前の教育の研究ではブルーナーはチョムスキーの構造主義に影響を受けていた。ブルーナーがチョムスキーの言語（獲得）論に基づいて乳幼児の言語獲得研究を行うことは可能であったはずである。しかし、ブルーナーはチョムスキーと対決する道に進んだ。チョムスキーの言語（獲得）論に依拠し続けていれば、ブルーナーがデューイの言語論を言語行為論的に解釈することはありえなかったであろうし、デューイの言語論を肯定することもありえなかったであろう。

12)　〔　〕内の補足として、この箇所では「文化主義」と補った方が正確である。しかし、ブルーナーにとって「文化主義」は「文化心理学」と同義であるので、「文化心理学」と補足した（Bruner 1996, p. 12）。

13)　このガードナーの指摘は、「デューイ派」の方でも示唆的である。というのも「デューイ派」で始めたからこそ、『教育の過程』に代表される教育論がデューイの教育論と同質的であるとか、前者が後者を発展させているとかと指摘されているとも解せるからである。ここでは指摘にとどめておくが、しかし参考として松浦良充の次の指摘を挙げておきたい。「さらにたとえば、Bruner の理論は Dewey をはじめとする Progressivism 思想の克服を課題として形成された。ふつう前者は discipline-centered の理論として、また後者は、child-centered の思想として対立的な構図でとらえられることが多い。けれども Bruner の『発見学習』や教科の『構造』と認知の『構造』を適合させてゆく、という考え方は、Dewey 思想の系譜に立つ理論である、とみなすこともできる。……このように思想史の展開は、二律背反の図式で語りうるほど単純ではないのである。社会的・歴史的課題に応答しつつ、先行する思想と対決し、それに修正を加えながら展開してゆくのが実態なのである」（松浦 2005, pp. 67-68）。二律背反的な図式を前提にして捉えようとしたことが、「デューイとブルーナー」の解釈の乱立をもたらしたのかもしれない。

第9章

「デューイとブルーナー」再考
── 「文化心理学」提唱後に展開された教育論の再解釈 ──

　本章の目的は、ブルーナーが「文化心理学」提唱後に展開した教育論とデューイの教育論を比較検討し、「デューイとブルーナー」を再考することにある。

　教育の研究以後、ブルーナーはデューイに対して肯定的な態度を示しており、「デューイとブルーナー」の再考が促されている。「デューイとブルーナー」を再考するにあたり、ブルーナーの教育論において注目すべき概念は「ナラティヴ」と「フォークペダゴジー」である。「ナラティヴ」と「フォークペダゴジー」こそ、これまでの検討で明らかにしたように、『教育の過程』に代表される教育論に見られない概念だからである。デューイの教育論を観点とした「ナラティヴ」と「フォークペダゴジー」の検討が、本章の最大の課題となる。

　その課題に応えるために、前章で示したように、ブルーナーの「文化心理学」におけるヴィゴツキーの影響を検討することから始める。このことによって、「ナラティヴ」と「フォークペダゴジー」をデューイの教育論から検討する観点、すなわち、「意味」という観点が得られるからである。ブルーナーの「文化心理学」において「意味」は中核にある概念であり、また、デューイの教育論においても「意味」は重要な位置にある。本章で第1に明らかにすべきことは、ブルーナーの「文化心理学」提唱後に展開された教育論とデューイの教育論の比較検討に「意味」を俎上に載せることである。そして次に、「意味」を中心に、「ナラティヴ」と「フォークペダゴジー」がデューイの教育論とどのように関連するのかを検討する。

361

1 ブルーナーの「文化心理学」とデューイの「文化的自然主義」

(1) ブルーナーの「文化心理学」とヴィゴツキー

第3章で見たように、ブルーナーの「文化心理学」は、生物学的側面と「文化」的側面から「意味生成」の過程を明らかにする心理学のことであり、ブルーナーのいう「意味生成」とは「特定の時の異なる状況における事柄に意味を割り当てる」こと（Bruner 1996, p.3）、すなわち、新規な出来事の「意味」を創り出すことであった。ブルーナーにとって「意味生成」は人間の生物学的能力に制約されながら「文化」を通して営まれるものであったので、「文化心理学」は人間の生物学的側面と「文化」的側面を考慮している。

この「文化心理学」の着想をブルーナーはヴィゴツキーから得ている。

「文化心理学」が提示された『意味の復権』の前の著作『可能世界の心理』において、ブルーナーはヴィゴツキーに対し次のような理解を示している。「ヴィゴツキーの定式化における主な前提……は、人間は、自然と歴史の間の、つまり生物学的被造物（creature）としての特質と人間の文化の所産としての特質の間の、弁証法的作用に支配されているという見方であった」（Bruner 1986, p.71）。実際、ヴィゴツキーも人間が生物学的側面と文化的側面の2つを総合した存在であるとし、次のように述べている。

> 生物学的なものと文化的なものとは —— 病理的な場合も正常な場合も —— 異なる特別の発達形態を現わし、互いに並んで共存するのではなく、一方が他方の上にあり、機械的に結びついているのではなくて、一つの、しかし複雑な高次の総合において合流している。この総合の構成と発達の基本的法則を明らかにすること —— これが私たちの研究の基本的命題である。（ヴィゴツキー 2005, p.54）

人間は生物学的なものと文化的なものが総合された存在であるというヴィゴツキーの研究の基本的命題を、ブルーナーは正確に把握しているのである。

その上で、ブルーナーはヴィゴツキーの研究に対しこう述べている。「彼の研究から受けたインスピレーションの数年後、もう一度彼の研究を見ると、自

然の所産と同じく文化の所産として人間を理解する方法を見い出すのに、いまだ必要な刺激を彼は与えてくれていると私は思う」(Bruner 1986, p. 78)。こうヴィゴツキーの研究に対する見解を明示した後、ブルーナーはヴィゴツキーの基本的命題に基づいた枠組みで「文化心理学」を提示している。それゆえ、ブルーナーの「文化心理学」の枠組み——「意味生成」の過程解明のために人間の生物学的側面と「文化」的側面を考慮する——はヴィゴツキーによって与えられたといえよう。

　実際、ブルーナーがヴィゴツキーに影響されながら自らの心理学を構築してきたことは、第2章で確認したように、「心」の発達を研究するにあたってヴィゴツキーを助言者として参考にしていたと、彼自身が認めていることである。「文化心理学」の枠組みにヴィゴツキーの基本的命題を取り入れているのだから、「助言者」としてのヴィゴツキーは発達の研究から「文化心理学」提唱に至るまで続いているといえる。

　このことはヴィゴツキー派にも認められている。アメリカの代表的なヴィゴツキー派であるコールはブルーナーの「文化心理学」についてこう述べている。

　　例えば、シュウェーダーは心理学的人類学者として文化心理学の未決の問題に達したのに対し、ブルーナーは発達心理学者としてそれに達した。……ブルーナーの初めの枠組みはヴィゴツキーによって与えられた。(Cole 1996, pp. 103-104)

　コールは、ブルーナーの「文化心理学」の「初めの枠組み」はヴィゴツキーから与えられたという。それゆえ、コールはブルーナーの「文化心理学」がヴィゴツキーの影響を受けていたものとみなしている。ブルーナー本人やヴィゴツキー派から確認できるように、ブルーナーの「文化心理学」の枠組みはヴィゴツキーの影響のもとに形成されているのである[1]。

　ブルーナーの「文化心理学」がヴィゴツキーから影響を受けて形成されているのであれば、「デューイとブルーナー」は対立的・異質的でない可能性が高い。実際、ブルーナーの「文化心理学」の枠組みはデューイの「文化的自然主義」と類似している。その類似点の検討のために、まずはデューイの「文化的自然主義」について概観しておこう。

第9章　「デューイとブルーナー」再考　　363

（2）デューイの「文化的自然主義」の概観

　『論理学 ── 探究の理論』（*Logic: The theory of inquiry*, 1938）において、デューイは「私の立場の根本にある自然主義的な論理学の考えは、文化的自然主義である」（Dewey 1938a, p. 28（訳書、p. 410）. 傍点原文イタリック）と述べている。デューイにとって「論理学」は「自然主義的」であり「社会的」な学問だからである。

　デューイは「論理学のテーマ」を「（それぞれの特徴を持つ）論理形式は、すべて探究の操作のなかで生じ、その操作が『保証付きの言明』を生むように探究をコントロールすることとかかわりをもつ」こととする。これは「論理形式は操作のなかで起源をもつ」ことも意味している（*Ibid.*, p. 11（訳書、p. 394）. 引用箇所の傍点原文イタリック）。「論理形式」の起源が「探究」にあれば、「論理学」は「自然主義的」となる。「探究活動はありふれた意味で観察可能であるという点からしても、いま問題にしている論理学は自然主義的である」（*Ibid.*, p. 26（訳書、p. 409））と、デューイは述べている。ここでいう「自然主義的」とは「探究の操作が、生物学的な操作や物理学的な操作と連続していて、そこに裂け目がない」ことを意味している。しかし人間の場合の「探究」は他の生物のものと異なる。人間の「探究」は「社会的に条件づけられ、文化的な結果をもつ活動様式」だからである（*Ibid.*, pp. 26-27（訳書、p. 409））。「論理形式」の起源である人間の「探究」は生物学的根拠から生じ、文化に影響を受けているということが、「文化的自然主義」の意味するところであろう。

　したがって、人間の「探究」の基盤には2つの側面があることになる。1つは生物学的側面である。

　　人が探究するとき、目や耳、手や頭を使うことはいうまでもなく明らかなことである。このような感覚器官、運動器官、神経中枢は生物学的である。したがって生物学的なはたらきや構造は、探究の十分条件ではないにしても、必要条件である。（*Ibid.*, p. 30（訳書、p. 413））

　「探究」は生物学的な器官を用いてなされる。そのため、人間の「探究」の基盤に生物学的な側面が認められる。

　人間の「探究」の基盤のもう1つの側面は文化的側面である。人間は文化的

な環境の中で生きているからである。デューイはこう述べている。

　人類がそのなかで、生活したり行動したり探究したりする環境は、たんに物質的なものではない。それは文化的なものでもある。(*Ibid.*, p. 48（訳書、p. 430))

人間の「環境」は文化的でもあるので、「探究」する問題は文化に影響を受けることになる。

　人間の場合、生じた問題は、文化的な諸条件の影響を受けているため、他の有機体とはちがった内容をもつばかりか、とりたてて問題として叙述されるゆえ、探究がその解決のためのひとつの要素として登場する。文化的な諸条件の影響を受けるというのは、文化的な環境内では、慣習、伝統、職業、関心、目的といった複合体が、物質的な条件を包み込んでおり、そうした複合物とともに物質的な条件が変化するからである。(*Ibid.*, p. 66（訳書、p. 448). 傍点原文イタリック)

人間の「探究」は文化的な諸条件から逃れられない。文化的側面もまた人間の「探究」の基盤なのである。

(3)「文化心理学」と「文化的自然主義」の関係性

　デューイは「探究」に生物学的な基盤と文化的な基盤を認めている。この点から「文化心理学」と「文化的自然主義」の類似性が見い出される。「意味生成」や「探究」と、対象としている人間の行為は違えども、両者ともに人間の営みを生物学的側面と文化的側面という２点から捉えているからである。
　このように捉える理由についても両者は類似している。それは人間の営みには文化的側面があるがゆえに生物学的側面のみによって決定されないということである。ブルーナーの方から確認しよう。ブルーナーは人間の生物学的側面と「文化」的側面についてこう述べている。

　〔人間の〕普遍性という争点への解決は、人間科学が19世紀から受け継い

だ、生物学と文化の関係という、広く抱かれ、かなり時代遅れの誤りをさらす際に見い出される。そのバージョンでは、文化は生物学的に決定された人間性の「被せもの」として受け取られていた。人間の行動の原因は生物学的な基質にあると仮定されていた。それに代わって私が議論したいことは、文化と文化の埒内での意味の探求（quest）が人間の活動の適切な原因であるということである。生物学的な基質、いわば人間性の普遍性は、活動の原因ではなく、せいぜい、それの制約か条件に過ぎない。（Bruner 1990a, pp. 20-21. 傍点原文イタリック。〔 〕内引用者補足）

　ブルーナーのいうように、ヒトという種であるかぎり、どのような「文化」の人間であっても生物学的側面を有しているので、人間の生物学的側面は人間にとって普遍的なものである。しかし、普遍的だからといってそれが人間の行為の決定因ではない。行為の決定因はむしろ「文化」的側面にある。ブルーナーにとって人間の行為における「文化」的側面に注意することなしに、人間の行為は理解できないのである。
　デューイもこのような考え方を抱いている。

　さらにいえば、個人個人は、したがおうが抗議しようが、同時代の文化、また、継承された文化によって、徹底的に影響を受けるということである。一般的であり、どこにおいても不変なものは、せいぜい、人間の身体組織構造、つまり、生物学的性質でしかない。生物学的性質を考慮に入れるのは明らかに重要だが、他方においてまた明らかなのは、そこから、人間の社会的結合に特有の性質など、何一つ導き出すことはできないということである。（Dewey 1927, p. 352（訳書、p. 186). 傍点原文イタリック）

　ブルーナーと同じく、デューイもどの文化においても人間の生物学的側面は共通しているとみなしている。そして、生物学的側面から人間に特有なものを見い出すことはできないとし、その理由を文化に求めている。人間は文化に影響を必ず受けるため、文化に目を向けることなしに、人間の社会的結合における特有な性質、ひいては人間の行為を理解することはできないからである。デューイは人間の行為の理解と文化の関係性について次のように述べている。

アリストテレスがいうように、人間は社会的動物である。この事実は、人間をさまざまな状況にたたせ、有機的生物学的な段階にはみられないもろもろの問題と、それらを解決するもろもろの方法を生ぜしめる。というのは、人間の活動は、文化的に伝達される環境のなかにとりまかれ、人間が何をなし、いかに行為するかは、有機的な構造や肉体的な遺伝だけで決定されるのではなく、伝統、制度、慣習、またそれらが伝達し示唆する目的や信念、などに食いこんでいる文化的遺産の影響にも決定されるからである。(Dewey 1938a, p. 49 (訳書、p. 431). 傍点原文イタリック)

デューイは、人間は文化的な環境で活動するからこそ、生物学的側面だけでなく文化的側面からも人間の行為を理解しなければならないとみなしている。

もっとも、人間の行為を理解するにあたって両者がともに文化に目を向けることを強調しているといっても、両者の文化の捉え方が違えば、その考えに差異があると指摘できよう。だが、文化に関する両者の考えもまた類似しているのだ。

ブルーナーの「文化」は第3章で言及した。ブルーナーにとって「文化」は「われわれの日常生活における『普通』・『規範』・『標準』」、つまりわれわれの日常生活で当然とみなされているものであった。デューイのいう文化にも、正確にいえば、デューイが文化とみなす際に基底にあるものにも、ブルーナーのような考えが見られる。

デューイは、「文化という名で呼ばれる社会的諸力の複合」(Dewey 1939, p. 71 (訳書、p. 121)) とか「家族、氏族、国民、宗派、派閥、階級などのあらゆるグループの行動を決定するものが、文化である」(*Ibid.*, p. 75 (訳書、p. 126)) とか「さまざまな慣習の複合としての文化」(*Ibid.*, p. 76 (訳書、p. 127)) と、文化について述べている。「社会的諸力の複合」であれ「グループの行動を決定するもの」であれ「さまざまな慣習の複合」であれ、デューイがそのようなものを文化とみなす根拠は、「人間が相互に結合し共同生活を営む際の枠組みを決定するものは、さまざまな条件の複合であり、それを文化と呼ぶことができる」(*Ibid.*, p. 67 (訳書、p. 118). 傍点原文イタリック) からである。つまり、ここで述べられたことは、文化と呼ばれるものは人間をお互いに結びつけ、共同生活を営むときにそのあり方を決定する条件となっているもの、換

言すれば、文化とは「共同生活を可能にする諸条件」なのだということである。「共同生活を可能にする諸条件」が文化という言葉として呼べるということは、「共同生活を可能にする諸条件」であれば文化と呼ぶに値するということである。文化を「社会的諸力」や「集団の活動を特徴づける、行動諸類型を決定するもの」や「慣習の複合体」と表現できるのも、それらが「共同生活を可能にする諸条件」だからであろう。したがって、デューイにとって文化の本質的な要素は、「共同生活を可能にする諸条件」ということにある。

第3章で明らかにしたように、ブルーナーは「文化」の成立基盤を「間主観的な共有」としていた。つまり、「文化」は他者と共有されているものである。他者にとっても当たり前だという理解なくして「文化」は存在しない。そして、他者にとっても当たり前だからこそ、「文化」によって他者と「意味」が通じあうことになるのであった。ブルーナーにとっても、「文化」は「共同生活を可能にする諸条件」なのである。

ブルーナーもデューイも、「文化」は「共同生活を可能にする諸条件」であるとみなしており、人間の行為にとって「文化」的側面が重要であるとみなしている。しかしだからといって、とりわけデューイの「文化的自然主義」において、人間の行為における生物学的側面を軽視してはいけない。

デューイは「探究」の生物学的な基盤を説明する際に、「自然主義的な論理学の理論の第1の前提は、下等な（単純な）活動や形態と、高等な（複雑な）活動や形態が連続しているということである」といっている（Dewey 1938a, p. 30（訳書、p. 413））。この「連続性」を前提とする場合、デューイは「自然主義」に立つ者として果たさなければならない仕事をこう述べている。

　もし超自然的なものを否定するのなら、論理的なものが、生物学的なものと、連続的な発展の過程でどのように結びついているかを示す知的責任がある。この点は強調に値する。なぜなら、超自然的なものを否定する者が、連続的な道筋を十分に指摘する仕事を果たせないならば、自然主義的な前提を受け入れる者こそが、その仕事をよりよく果たすように挑戦を受けたことになるからである。（*Ibid.*, pp. 31-32（訳書、pp. 414-415））

ここで述べられた「超自然的なもの」とは「理性」やアプリオリな「直観」

にあたる[2]。「自然主義」に基づくデューイにとって、「理性」や「直観」は観察不可能なので事象の説明に用いることはできない。

> 探究活動はありふれた意味で観察可能であるという点からしても、今問題にしている論理学は自然主義的である。そこでは、直観という神秘的な能力、すなわち公の検査や検証のできない（たとえば純粋に心的な）不可思議な能力から得られた概念は排除されている。(Ibid., p. 26（訳書、p. 409))

「自然主義」では、公の検査や検証ができる観察可能であるものから事象を説明する[3]。だから、「連続性」を論理学のテーマに関する議論に応用することの消極的な意味として、「論理学のテーマの明確かつ独特な性格を説明するために、われわれは『理性』とか『純粋直観』のような新しい力または能力を突然もちだすことをしない」とデューイは述べている(Ibid., p. 31（訳書、p. 414))。また、積極的な意味として「慎重な探究を分化発達させるような諸特徴が、こうした特徴をもたない生物学的な活動からでてくるようになる道筋について、もっともな説明が与えられるということ」(Ibid., p. 31（訳書、p. 414))と、「探究」を説明する際にも「超自然的なもの」を用いないことがはっきりと述べられている。「自然主義」の立場に立てば、「探究」を「超自然的なもの」ではない生物学的なものから説明しなければならない。だからこそ、デューイの「文化的自然主義」において、たとえ「文化」的な基盤が生物学的な基盤より重視されているとしても、「探究」の生物学的な基盤を無視することは許されない。「文化」的な基盤へと目を向ける際には、生物学的な基盤によって「超自然的なもの」を用いた事象の説明が禁止されていることを絶えず意識し続けねばならない。

したがって、デューイが「探究」を生物学的な基盤から説明するという意図の本質は、「探究」や論理学を「超自然的なもの」なしに説明するということにある。「探究」の生物学的な基盤から見れば、「文化的自然主義」とは、「超自然的なもの」を想定せずに「探究」にアプローチする枠組みといえる。デューイの「文化的自然主義」にとって、「探究」の生物学的な基盤は、「探究」に自然主義的にアプローチする重要な役割を果たしている。

この点で、「意味生成」における生物学的側面を考慮している「文化心理学」

も、事象——といっても、心理学であるので人間の心理的事象に限られる——を「超自然的なもの」抜きに説明する枠組みであるといえる。デューイと同じように、ブルーナーも生物学的側面より「文化」的側面を重視している。しかし、ブルーナーは「だが人間の行動（behavior）を形成するものとしての文化がもつフォークサイコロジーの重要性を強調することは、人間が自然の生物学的な種、つまりホモ・サピエンスであることを否定することではないし、人間の進化と生物学を参照することなしには十全に理解できないことを否定することでもない」（Bruner　1996, p.162. 傍点原文イタリック）と述べており、生物学的側面を無視することを明確に意識的に戒めている。したがって、「文化心理学」における「意味生成」の説明や取り扱いは、「超自然的なもの」に基づいたものへとなりえない（「超自然的なもの」に基づいているなら、生物学的側面を無視していることになる）。「探究」と「意味生成」における、各々の生物学への参照の仕方は異なっているし、参照する生物学の内容も時代が違うゆえ異なっていよう。しかし、事象を説明する枠組みという観点から見れば、この異なりはさほどクリティカルではなかろう。なぜなら、その観点で最も重要なのは「超自然的なもの」を事象へのアプローチに用いないということにあるからだ。

　「文化心理学」と「文化的自然主義」は人間の営みを生物学的側面に着目することで「超自然的なもの」による説明を禁止しており、その上で「文化」的側面をより重視して理解しようとしている点で類似している。「文化心理学」と「文化的自然主義」における生物学的側面と「文化」的側面から人間の行為を捉えるという枠組みは、形式だけでなく、実質的にも類似しているのである。

　だが、この類似点は「文化心理学」と「文化的自然主義」を適切に関連づけてはいないかもしれない。というのも、一方は「意味生成」を対象としており、他方は「探究」を対象としているからである。

　この対象の違いを架橋するのは「意味」である。デューイにとって、「探究」では「意味」が扱われている。デューイは「人間同士の関係から問題が生じ、これが探究をひきおこすのであるが、人間同士の関係をとりあつかう器官は、目や耳だけではなく、生活の過程のなかで発達した意味もそうである」（Ibid., p.48（訳書、p.430））と述べている。生物学的な基盤と文化的な基盤によって生じた「探究」に「意味」が使用されているということである。他方の「文化心理学」は、何度も述べてきたように、「意味」を扱う心理学である。「意味」

を扱うという点で「文化心理学」と「文化的自然主義」は共通している。

　両者の「意味」に対する考えにも類似点がある。デューイは「意味」を「話し手と聞き手と発話が言及している事柄との間に共有されているものである」としており（Dewey 1925, p. 147（訳書、p. 198））、「意味」を「他者と共有されているもの」としている。ブルーナーは「意味」を「合意に達しうるもの、あるいは、少なくとも手元の概念についての合意を得ようとする作業上の基礎として容認できるもの」としている（Bruner 1986, p. 122）。ブルーナーにおいても、デューイと同じく、「意味」は「他者と共有されているもの」として規定されている。

　「文化心理学」と「文化的自然主義」は形式的にも実質的にも似た枠組みをもっており、その枠組みにおいて実質的に類似している「意味」を扱っている。しかしこの類似点は、「文化的自然主義」と「文化心理学」が同等であると意味していない。

　「文化的自然主義」は、早川操によると「人間活動のあらゆる領域（文化現象）についての歴史・社会的研究という全体論的な哲学的探究の総称」（早川 1994, p. 23）である。「文化的自然主義」は人間活動のあらゆる領域を対象とする。一方「文化心理学」は、心理学という名称があるように、人間の心理の領域に限定されている。人間の心理過程においてどのように「意味」が生成されるのかということが「文化心理学」の専らの関心だからである。対象としている範囲の違いという点で、「文化的自然主義」と「文化心理学」は同等ではない。

　いうまでもなく、この相違点は異質性や対立を示すものではない。そもそも両者は類似しているのだから、互いに異質であったり対立したりしてはいない。この相違点が示していることは、「文化心理学」は「文化的自然主義」の対象範囲の1領域、すなわち、心理の領域に特化されたものということである。換言すれば、「文化心理学」とは、「文化的自然主義」の枠組に基づき、「意味」を基軸に人間の心理を追究する心理学と位置づけられることになる。

　したがって、ブルーナーが「文化心理学」に基づき展開した論は、根本的にデューイの論と異質であるとか対立しているということにはならないはずである。加えて、もしブルーナーが「文化心理学」に基づき洞察したことで、それがデューイの論にないものであるならば、それはデューイの論を補うこととな

り、デューイの論を発展させる見解であると解釈することも可能なはずである。

　このような観点から見たとき、「文化心理学」提唱後のブルーナーの教育論は、デューイの教育論とどのような関係を結ぶであろうか。

　「文化心理学」の中心概念である「意味」は、デューイの教育論にとっても中核にある。前章でも触れたように、デューイは「教育」を「経験の意味を増加させ、その後の経験の進路を方向づける能力を高めるように経験を改造ないし再組織することである」（Dewey 1916, p. 82（訳書（上）、p. 127））としている。そして「文化心理学」提唱後のブルーナーは「経験の絶えざる再構成」としての「教育」を肯定していることも前章で確認した。

　「文化心理学」提唱後のブルーナーの教育論を、デューイのいう「教育」を観点に解釈することは不可能ではない。第4章で述べたように、ブルーナーの教育論における教育の目的は、「可能なことについて生き生きとした感覚」を育むということであった。この「可能なこと」は、ブルーナーの「文化心理学」にとって、「意味」として現われる。ブルーナーにとって、人間の主たる活動は世界から「意味」を創りだすことだからである。

　　どこであれ、すべての人間の主たる活動は世界内での自分の出会いから意味
　　を抽出することである。この意味を創りだすという過程で重要なのは、それ
　　はわれわれがすること、信じること、さらには感じていることに影響を及ぼ
　　すということである。（Bruner 1990b, p. 345）

　事物であれ人であれ、人間は自分の出会いから「意味」を引きだす。つまり、人間は世界での出会いを「意味」づけるという活動——「意味生成」——を行っている。そして、その「意味」が自分の行為や信念や感覚にも影響を与えることになる。ブルーナーにとって、人間は「意味」をつくりその「意味」に媒介された存在なのである。

　それゆえ、「可能なこと」は「意味」として引きだされるということになる。「可能なことについて生き生きとした感覚」もまた何らかの「意味」に媒介されている感覚である。その感覚は「可能なこと」として新たな「意味」を生みだす契機となるような感じ方、つまり「意味生成」の契機となるような感じ方のことである。

ブルーナーのいう「意味生成」は「特定の時の異なる状況における事柄に意味を割り当てる」ことであった。ここでいう「意味の割り当て」は「特定の時の異なる状況」に対して行うものであるから、全く同じ条件でないかぎり、何かに対してこれまでと違う新たな「意味」を生み出すことになる。それは「意味」を新たに増やすことでもある。「意味生成」は「意味の増加」をもたらす。それゆえ、「可能なことについて生き生きとした感覚」を育むとは、「意味生成」として「意味の増加」ができるように育むということである。

　加えて、第4章で見たように、「可能なことについて生き生きとした感覚」は現在と未来のための「意味生成」の方法も意味していた。教育として「可能なことについて生き生きとした感覚」を育むということは、未来を方向づけるような「意味生成」の方法を培うということである。このような「意味生成」による「意味の増加」は、「その後の経験の進路を方向づける能力を高める」ことにもつながりうる。

　こうして、「文化心理学」提唱後に展開された教育論は「意味の増加」を目指す、「意味」の教育論として解釈されることになる。このような解釈は決して不当ではない。「文化心理学」提唱後に展開された教育論における「ナラティヴ」は、「意味の増加」をもたらす「探究」についての「反省」（reflection）として捉えられるからである。

2　「探究」についての「反省」としての「ナラティヴ」

　ブルーナーのいう「ナラティヴ」は、第3章や第5章でも見たように、「2つの思考様式」の1つである。ブルーナーは「ナラティヴ」を「意味生成のための心の道具（instrument）」（Bruner 1996, p. 41）と述べており、「ナラティヴ」は「意味生成」という「意味の増加」をもたらす「思考様式」といえる。

　デューイの教育論において、「意味の増加」は「探究」の過程を経て行われる。第6章での検討から、「ナラティヴ」の過程はデューイのいう「探究」の過程と類似していると示唆されている（第1節第4項参照）。そこで、デューイの教育論において「意味の増加」が「探究」を通じてなされるという確認から[4]、「ナラティヴ」による「意味の増加」についての検討を行うこととする。

第9章　「デューイとブルーナー」再考　　373

(1)「意味の増加」と「思考」

　デューイのいう「意味の増加」とは、「われわれが従事する諸活動の関連や連続をますます多く認知すること（perception）」（Dewey　1916, pp. 82-83（訳書（上）、p. 127））である。デューイは火傷を例にしてそれを説明している。すなわち、炎という光の方へ手を伸ばし火傷をすることで、炎から放たれている光という視覚作用に、炎に接触したことによる、熱さや痛みという炎から肉体への作用を結びつけるという例である（*Ibid.*, p. 83（訳書（上）、pp. 127-128））。この火傷の例をもとに、デューイはこう述べている。

　　科学者が実験室で炎についてもっと詳しく知るために行う行為も、本質においてこれと少しも異ならない。彼は、いくらかの事を行うことによって、それまで無視されていた熱と他のものとの一定の関連を認知できるように（perceptible）するのである。こうして、これらのものに関する彼の行為はいっそう多くの意味を獲得する。（*Ibid.*, p. 83（訳書（上）、p. 128））

　ここから読み取れるのは、デューイは「意味の増加」を「諸活動の関連や連続」を「認知」することだといっているけれども、実質上、「意味の増加」は「試みること」（trying）と「被ること」（undergoing）という「経験」によって得られるということである。デューイは「経験」の本質をこう看取している。

　　経験というものの本質は、特殊な結びつき方をしている能動的要素と受動的要素を経験が含んでいることによく注意するとき、はじめて理解することができる。能動的な面では、経験とは試みること ── 実験という関連語でははっきりと示されている言葉 ── である。受動的な面では、それは被ることである。……われわれは物に対して何かをする、すると、物はその跳ね返りとしてわれわれに対して何かをする。つまり、特殊な結びつきとはそういうことなのである。（*Ibid.*, p. 146（訳書（上）、p. 222）. 傍点原文イタリック）

　火傷の例が示しているのは、炎について手を伸ばすといった何かを「試みること」によって、熱さや痛みといった試みたことの結果を「被ること」で、「意味」は増加するということである。この例が「意味の増加」を示している

374

というのであれば、デューイが「意味の増加」として述べていることは、「試みること」と「被ること」の「特殊な結びつき」によって「意味」は増えていくということにほかならない。

このような「特殊な結びつき」による「意味の増加」をもたらす役割を果たすのが「反省」である。デューイはいう。

　　……思考（thought）ないし反省は、われわれがしようと試みることと、結果として起こることとの関係の認識である。思考という要素を何ら含まないでは、意味をもつ経験はありえないのである。(*Ibid.,* p. 151（訳書（上）、p. 230））

「試みること」と「被ること」が結びつくことで「経験」となり、その「経験」の「意味」がもたらされる。「意味」の源泉は「試みること」と「被ること」の結びつきにあり、この結びつきを見い出す際に働いているのが「思考」や「反省」である。だからこそ、「思考」や「反省」なくして「経験」は「意味」をもたないし、当然、「意味の増加」がもたらされない。デューイの教育論において、「思考」や「反省」なくして「意味の増加」はありえない。

(2)「思考」および「探究」と「ナラティヴ」

デューイにとって、「意味の増加」が「思考」や「反省」なくしてもたらされないということは、学習者に「思考」や「反省」が生じていない「教育」は失敗である、否、むしろそのような「教育」などありえないということになる。「教育」では「思考」や「反省」が必ず生じているのである。そのような重要な役割を果たす「思考」の過程は「探究」の過程である。

　　思考（thinking）は、今なお進行中の、しかも不完全な情況（situation）に関連して、起こる、ということは、事態が不確かな、または、疑わしい、または、問題となるときに、思考が生ずる、ということである。……思考の目的は結末へ達するのを助けることであり、すでに与えられているものに基づいて、ある起こりうる終結を計画することである。……思考が生ずる情況は疑わしい情況なのだから、思考は、探究の過程であり、事態を調べる過程で

あり、調査の過程である。習得すること*acquiring*は、探究*inquiring*の活動に対しては、つねに2次的であり、手段的である。(*Ibid.*, p. 155（訳書（上）、pp. 235-236）. 傍点原文イタリック）

「習得」が「探究」に対し2次的であるということは、「探究」なくして「習得」はない、すなわち、学びはないということである。その「探究」の過程は「思考」であると、デューイはいう。デューイは「思考」が疑わしい「状況」（situation）からはじまり、その「状況」の解決で終わるとみなしていることから、彼が「思考」とは「探究」の過程であると主張するのは当然である。なぜなら、デューイは「探究とは、不確定な状況を、確定した状況に、すなわちもとの状況の諸要素をひとつの統一された全体に変えてしまうほど、状況を構成している区別や関係が確定した状況に、コントロールされ方向づけられた仕方で転化させることである」（Dewey 1938a, p. 108（訳書、pp. 491-492）. 傍点原文イタリック）と定義しているからだ。

デューイの「探究」の要点は不確定な状況を確定した状況へと導くということにある。ブルーナーの「ナラティヴ」においても、似たようなことが目指されている。第6章で見たように、ブルーナーの「ナラティヴ」とは、「行為者」や「行為主体」が関わった「出来事の帰結に関わる話」である。その上で、ブルーナーは次のように述べていた。

出来事の帰結は、事柄の安定した状態もしくは正当な状態から始まる。次にそれが危機を生み出すなんらかの突然生じた出来事によって混乱させられたり妨げられたりする。そうしてそれが新しい状態もしくは急激な変化がもたらされた正当な状態として取り戻されることになるか存続を許されることになる。（Bruner 1992b, p. 106）

「ナラティヴ」は安定した状態が不安定になり、再度安定した状態を志向する。

「ナラティヴ」がこのようになるのも、同じく第6章で見たように、「ストーリー」の6要素——「行為」、「行為主体」、「目標」、「受取手」、「環境」、「トラブル」——のためである。「ストーリー」には「トラブル」という問題が生じ

ている。だから、「ストーリー」は「問題を解決するというよりも問題を発見するための道具」（Bruner 2002, p. 15）ということになる（とはいえ、ブルーナーは「ナラティヴ」が「トラブル」の解決を目指すと認めている（第6章第1節第5項参照））。ここで特筆すべきは、「ストーリー」によって発見される「問題」は「トラブル」によって生じていること、つまり、デューイが「不完全な情況」を「問題」とみなしたように、不安定な状態を「問題」とブルーナーがみなしていることである。

　そうであれば、ブルーナーのいう「出来事の帰結」ということは、安定した状況が不安定になり、それを再度元に戻そうとする過程を意味していることになる。これはデューイのいう「探究」ときわめて類似している。

　しかし、「ナラティヴ」は「探究」そのものではなかろう。というのも、「ナラティヴ」は「ストーリー」を語る（あるいは、つくる）ことを通して不安定な状態から安定した状態へと戻ったという出来事の始まりから終わりを思考する、デューイの言葉でいえば、「探究」の過程における「試みること」（＝出来事の始まり）と「被ること」（＝出来事の終わり）の関係を認識する「反省」だからである[5]。そういった意味で、「ナラティヴ」は「探究」を「反省」する1つのあり方ということになろう[6]。つまり、「ストーリー」を作成することで、不確定な状況から確定した状況へと至ったプロセスを「反省」として把握するということである。

　「ナラティヴ」が「探究」についての「反省」であるならば、「ナラティヴ」によって、デューイのいう「意味の増加」がなされることになる。このように、デューイの教育論から見れば、ブルーナーの「ナラティヴ」は「意味の増加」をもたらす「探究」についての「反省」の1形態となるのである。

　そして「探究」の「反省」としての「ナラティヴ」は、おそらく、「意味の増加」のみならず、「その後の経験の進路を方向づける能力を高める」こともももたらす。「ナラティヴ」によってもたらされる「意味」は「出来事の帰結」によって生じる。「出来事の帰結」とは安定した状態が乱され再度安定するに至るまでの過程である。「出来事の帰結」を「ナラティヴ」として導き出すことは始まりから終わりまでを考え抜いたということであり、それゆえ結果を予見する能力を育むことになる。この能力はデューイのいう「その後の経験の進路を方向づける能力」と矛盾しない。デューイはこう述べている。

教育的経験のもう1つの側面は、それ以後の行動を方向づけたり、統制したりする力が増大することである。自分が行っていることを知っているとか、一定の結果を意図することができるということは、いうまでもなく、やがて生起することをいっそううまく予想することができるということ、またそれゆえに、有益な結果をもたらし、望ましくない結果を回避するように、前もって用意したり、準備したりすることができるということである。(Dewey 1916, p. 83（訳書（上）、p. 128））

デューイのいう「その後の経験の進路を方向づける能力」は、起こりうる結果を予見し、望ましい結果がもたらされるよう行動できる能力のことである。「ナラティヴ」は結果の予見に関わっているので、「探究」としての「ナラティヴ」によって「その後の経験の進路を方向づける能力を高める」ことになりうる。「ナラティヴ」はデューイ教育論に基づく「反省」としての学習の1つのあり方ということができる。

3 「成熟と未成熟の相互作用」としての「フォークペダゴジー」の射程

デューイにとって「思考」は学習の方法である。それゆえ、「思考」は教育方法にも関わってくる。

インストラクションや学習の方法の永続的改善への唯一の正攻法は、思考を必要とし、助長し、試すような情況に中心を置くことにある。思考は、知的な学習の方法、すなわち、心（mind）を使い、そのお返しとして、心のためにもなる学習の方法である。(*Ibid.*, p. 159（訳書（上）、p. 243). 傍点原文イタリック）

「思考」なくして学びが生じないのであれば、教育者は学習者に「思考」させ、それを促すことが求められる。デューイの教育論において、教育者は「思考」を生じさせ促すことが求められる。

ブルーナーが「文化心理学」を提唱した後に展開した教育論において、教育者に関わる概念は「フォークペダゴジー」であった。第7章で見たように、

「フォークペダゴジー」は「文化」で抱かれている学習や成長に関する考えのことであり、教育者は自分の抱く「フォークペダゴジー」に基づきながら学習者に働きかけている。

「フォークペダゴジー」の核心は「間主観 – 志向的アプローチ」にある。「間主観 – 志向的アプローチ」とは、何かを知らないとか何かについて誤っているという相手の状態を読み取ることによって教えるということを志向するという考え方で「教授」にアプローチするということである。

デューイもまた、「教育的過程」において「間主観 – 志向的アプローチ」のような考え方をしている。

周知のように、デューイは「教育的過程」を「成熟と未成熟の相互作用」として捉えている。『子どもとカリキュラム』(*The Child and Curriculum*, 1902) にこう述べられている。

> 教育的過程を構成するうえで、基本となる要因は、未成熟で未発達な存在というものであり、さらにまた、成人の成熟した経験のなかに体現されているある一定の社会目的・意味・価値といったものである。その教育過程には、これら未成熟と成熟が有する効力による相互作用が当然のこととして起こってくるのであるが、まさに、教育的過程とは、それら成熟と未成熟という両者の作用にほかならない。(Dewey 1902, p. 273(訳書、p. 262))

成熟と未成熟によって「教育的過程」が構成されるのは、成熟が未成熟に対し、「一定の社会目的・意味・価値」をもっているからである。したがって、「教育的過程」である「成熟と未成熟の相互作用」の成立根拠は、成熟（教育者）がもつ「一定の社会目的・意味・価値」になる。もしそれがなければ、成熟（教育者）が未成熟（学習者）に働きかける根拠がないし、ひいては、成熟が未成熟に対し成熟であるという根拠さえもなくなるからである。

このような考え方は、「フォークペダゴジー」の核心である「間主観 – 志向的アプローチ」にも確認できる。第7章でも見たように、ブルーナーによれば、「われわれ人間だけが誰かに何かを示したり、告げたり、教えたりするのは、最初に誰かがそのことを知らないと認めるからか、誰かが信じていることが誤りであることを認めるからである」。だから、「知らないということを原因とせ

第9章　「デューイとブルーナー」再考　　*379*

ずに、教える努力はない」ということになる（Bruner 1996, p. 48）。このことは、「間主観性」（相手の「心」を読むこと）によって相手が何かを知らないと、または間違っていると知るからこそ、その何かを「教授」するという「志向的状態」になるということであり、これが「教授」の「間主観－志向的アプローチ」の意味するところであった。

　この「間主観－志向的アプローチ」では、教える側は教わる側よりも必ず成熟した存在である。なぜなら、教える側は教わる側に体現されていないものを把握しているからこそ、教える側は教わる側に何かを教えるということが可能になるからだ。もし教える側が教わる側よりも成熟していなければ、教える側は教わる側に何かを教えることも不可能であるし、何かを教えようという「志向的状態」さえも生まれない。したがって、「間主観－志向的アプローチ」では、教える側は教わる側よりも成熟した存在であることが前提となっている。

　「フォークペダゴジー」は、第7章で確認したように、教育の場面における相互作用に関わる概念である。教育の場面における相互作用に対し、「フォークペダゴジー」の中核である「間主観－志向的アプローチ」に、デューイのいう「成熟と未成熟の相互作用」を認めることができる。

　もっとも、デューイにとって「成熟と未成熟の相互作用」によって構成される「教育的過程」は「連続的な再編成、改造、変形の過程」（Dewey 1916, p. 54（訳書（上）、p. 87））、つまり「成長の連続的過程」（*Ibid.*, p. 59（訳書（上）、p. 93））でもあるが、ブルーナーは「フォークペダゴジー」を論じるにあたって教育的過程をどのようにとらえているかを明示していない。だから、ブルーナーが教育的過程を「成長の連続的過程」として捉えているかは定かではない[7]。しかし、上述したことから、「フォークペダゴジー」を提唱したブルーナーが「成熟と未成熟の相互作用」を意識していることは確かであろう。

　本節では、「成熟と未成熟の相互作用」を観点に「フォークペダゴジー」を検討していく。それはデューイのいう「思考」を生じ促す教育者の役割、さらには教育の方法に対し、「文化心理学」提唱後に展開された教育論がどのような関係を結ぶかの検討となろう。それによって、改めて「フォークペダゴジー」の射程も明らかになるであろう。

（1）「成熟と未成熟の相互作用」における教育者の役割
（1-1）デューイの教育論における教育者の役割

　「成熟と未成熟の相互作用」を「教育的過程」としたとき、教育者の役割は、未成熟である学習者と「教材」（subject matter）の相互作用に働きかけるということにある。デューイはこう述べている。

　　教授活動に直接従事しているとき、教授者は教材を熟知していなければならないし、注意は生徒の態度と反応とに向けられていなければならない。生徒の態度や反応を教材との相互作用において理解することが教師の務めであるが、生徒の心は、もちろん、それ自体にではなく、当面の課題に向けられていなければならない。すなわち、同じことをいくらか異なったやり方で述べれば、教師は教材そのものにではなくて、生徒の現在の必要および能力と教材との相互作用に専心すべきなのである。（Dewey 1916, pp. 190-191（訳書（上）、p. 289））

　デューイは「思考は、ある結末に向かって方向づけられた主題（対象）の運動」（*Ibid.*, p. 171（訳書（上）、p. 262））であると述べている。「教材」とは「思考」の対象であり、「思考」と無関係な「教材」はありえない[8]。前節で触れたように、学習者にとって「思考」のない学びは存在しない。「思考」しながら学習者が何を学んでいるかといえば、「思考」の対象である「教材」である。学びにおいて、学習者は自身の「思考」に相対した「教材」を学んでいるのであり、その意味で学習者は「教材」と相互作用しているということになる。
　「教材」が学習者の「思考」によってもたらされているのであれば、学習者の「思考」に応じて「教材」も変化していく。だから、教育者は「教材」ではなく、「生徒の現在の必要および能力」を把握し、「教材」との相互作用を促していかなければならない。
　デューイが教育者に「生徒の現在の必要および能力と教材との相互作用」への専心を求めたことと対比すると、「フォークペダゴジー」に基づくブルーナーの考えに、力点の違いがある。
　ブルーナーは「フォークペダゴジー」を観点に「教師のもつ学習者の概念が自身の用いるインストラクションを形作ることをひとたび認めるならば、教師

（または親）に最も役立つ子どもの心の理論を身につけさせることが重要となる」（Bruner 1996, pp. 48-49）と提言している。この提言は、ブルーナーは教育者に学習者の「心」の理解のみを、デューイの立場から見れば「生徒の現在の必要および能力」の理解のみを強調しているように捉えられる。

　この提言のみに着目すれば、確かにブルーナーは学習者の「心」の理解しか考慮していない。しかし、ブルーナーの考えを総合的に検討してみると、デューイと同じように、ブルーナーの考えにおいても「教材」まで考慮を巡らせなければならない。なぜなら、ブルーナーもまた、デューイと同じ教育上の前提を共有しているからである。

（1-2）「直接的な伝達不可能性」という前提

　教育者の役割として「生徒と教材の相互作用」に専心することを主張するのも、デューイは教育者の限界を見抜いていたからである。デューイはいう。

　教育という事業の中の教育者の役割は、反応を喚起して学習者の進路を方向づける環境（environment）を提供することである。つまるところ、教育者がなしうることは、せいぜい、できるだけ確実に反応が望ましい知的および情緒的性向の形成をもたらすように刺激を加減することにすぎない。明らかに、学習対象すなわち教育課程の教材は、この環境を与えるという仕事に直接的に関係している。（Dewey 1916, p. 188（訳書（上）、p. 285). 傍点原文イタリック）

　教育者は「反応を喚起して学習者の進路を方向づける」という、学習者に学びを生じさせ、それを促すような「環境」を提供することしかできない。デューイがこのようにいう理由は次のことにある。

　……いかなる思想も、いかなる観念も、観念として、ある人から他の人へと伝達することは決してできない、ということである。それが語られるとき、それは、語られた人にとっては、1つの与えられた事実なのであって、観念ではないのである。コミュニケーションは、他人を刺激して、その人自身にとっての問題を悟らせ、同じような観念を考えださせるかもしれない。さもな

382

ければ、それは、彼の知的興味を抑制し、芽生え始めた思考への努力を抑圧するだろう。けれども、彼が直接に得るものは観念であるはずはないのである。問題の情況と直接に取り組み、自分自身の解決法を捜し、見出すことによってのみ、彼は思考するのである。(*Ibid.*, pp. 166-167(訳書(上)、pp. 253-254). 傍点原文イタリック)

　ここに述べられているのは、思想や観念の「直接的な伝達不可能性」である。人が抱く思想や観念は、その人にとってはその人の思想や観念であるが、それを伝えるときには、聞き手にとってはその人が抱いている思想や観念ではなくなる。聞き手からしてみれば、それは話し手によって語られた思想や観念でしかないからだ。だから、聞き手にとって話し手が抱いている思想や観念は、それがその人に抱かれている状態のまま伝わっているのではない。話し手によってその人の思想や観念が語られたという事実として伝わるのである。

　このような、話し手が抱いている事柄が聞き手にとっては事実としてしか伝わらないという現象の根底にあるのは、人は他者が考えていることや思っていること、感じていることをその人が考えたり思ったり感じたりしているままに把握することはできない、より端的にいえば、語られたといった事実としてではないように、その人が抱いていることを直接把握することはできないということである。正鵠を射た洞察である。なぜなら、第5章で検討したように、われわれは自分自身の認識を超えて何かを認識することなど不可能だからである。

　しかし、そのような「直接的な伝達不可能性」はわれわれが他者とコミュニケーションできないということを決して意味していない。「直接的な伝達不可能性」は、他者が抱いていることを直接把握することはできないということであって、事実としてなら伝え伝わることができるからである。

　そこで重要となるのが「環境」である。デューイは「環境は、ある生物に特有の活動を助長したり、刺激したり、抑制したりする諸条件から成り立っている」(*Ibid.*, p. 15(訳書(上)、p. 27). 傍点原文イタリック)としている。「環境」とは人間が活動する条件のことである。だから、伝えたいことが伝わるような「環境」を整えれば思想や観念を誰かに伝えることはできる(裏を返せば、「環境」を整えられなければ人に何かを伝えることはできず、コミュニケーションで誤解が生じることになる)。誰かに何かを直接伝えられないからこそ、「環

境」をうまく整えることが重要なのだ。事実、デューイはこう述べている。

　　直接的な伝播とか文字通りの注入が不可能だとすれば、問題は、幼い者たち
　　が年をとった者たちの物の見方を同化したり、年長の者たちが幼い者たちを
　　自分たちと同じ心をもつものにしていく方法を見い出すことである。
　　　　この問題に対する答えは、一般的な定式でいえば、一定の反応を呼び起こ
　　す際の環境からの作用ということになる。(*Ibid.*, p. 14（訳書（上）、p. 26））

　何かを直接的に伝播したり文字通りに注入したりするのが不可能だからこそ、
「環境」を整えることで学習者に伝えていくしかない。デューイは「われわれ
は決して直接に教育するのではないのであって、環境によって間接的に教育す
るのである」(*Ibid.*, p. 23（訳書（上）、p. 39））と述べているように、デューイに
とって「教育」は「環境」を整えることで成り立つ間接的なものである。間接
的となるのも、何かを直接的に伝達することができないからだ。
　このようにデューイが「教育」に前提とした「直接的な伝達不可能性」は、
ブルーナーにとっても同じである。前章でデューイとブルーナーの言語獲得論
における関係性を検討した際に、ブルーナーの「間主観性」について触れた。
ブルーナーは「間主観性」という概念に他者の「心」は直接的に知ることはで
きないが、しかしコミュニケーションはできるということを織り込んでいた[9]。
　そうであれば、ブルーナーにとっても、デューイのいうように、教育者は
「生徒と教材の相互作用」に専心することが求められる。「直接的な伝達不可能
性」が前提とされている以上、学習者は教育者から直接何かを学ぶことはでき
ず、学習者が自らの「環境」における「教材」と相互作用することでしか何か
を学べないからである。
　そういった点で、「フォークペダゴジー」から学習者の「心」の理解のみの
提言にとどまったことは、ブルーナーの思慮が足りなかったといわざるをえな
い。しかし、ブルーナーにとっても教育者は「生徒と教材の相互作用」に専心
しなければならないのなら、ブルーナーが「フォークペダゴジー」から提言し
たことは、「生徒と教材の相互作用」における「生徒の現在の必要および能力」
の理解に対してのことであると解釈できる。
　「フォークペダゴジー」に基づけば、教育者は自己の抱く「学習者の概念」

で学習者を理解しているということになる。したがって、「フォークペダゴジー」から見ると、「生徒の現在の必要および能力」の理解は教師のもつ「学習者の概念」で行われていることになる。さらに「生徒の現在の必要および能力」をよりよく理解しようと望めば、ブルーナーに則ると、「最も役立つ子どもの心の理論」で教師のもつ「学習者の概念」を広げればよいということになる。このように、ブルーナーの先の提言は解釈できる。

こう解釈すると、「生徒の現在の必要および能力」の理解を広げるには学習者の「心」の理解にかかっている。ここでいう「心」とは、もちろん、ブルーナーの教育論における「心」であり、デューイのそれではない。ブルーナーのいう「心」は、デューイの教育論における「心」としても適切であろうか。

(1-3) デューイとブルーナーの教育論における「心」の比較検討

ブルーナーが「フォークペダゴジー」でいう「心」、すなわち「文化心理学」における「心」とは、第3章で明らかにしたように、信じること、欲望すること、意図すること、意味をつかむことといった「志向的状態の現われ」である。したがって、デューイの教育論における「心」とブルーナーのものとを比較する際、その観点になるのは「志向的状態」であろう。

このとき、オルソンによる次のデューイ解釈が示唆的である。

デューイの理論がわれわれが啓蒙を連想する社会変化を反映している一方で、彼のより特定の、知識の資源としての経験についての理論は、刺激と反応の、機械的で因果的な結合である、「反射弧」（"reflex arc"）の概念を根源的に拒否することを要求していた。彼が初期の志向説（intentionalism）を復活させたその立場では、知識は、意識の、すなわち、志向的な行為主体（intentional agent）……の「試みること」と「被ること」の所産である。（Olson 2003, pp. 211-212）

オルソンが「志向性」を観点にデューイの理論を解釈していることに注目したい。オルソンは、デューイの教育論では知識の獲得者、すなわち、学習者は何かを「志向」している主体だとみなしている。第7章で見たように、オルソンが「フォークペダゴジー」を「志向性」から理解していたことを踏まえると、

デューイの教育論も「志向性」から解釈していることは、デューイとブルーナーの「心」を比較するうえで示唆深い。

オルソンの示唆を意識すると、デューイは「心」を論じるにあたって、確かに「志向性」を前提としている。

　行為の終着点を予見すれば、対象とわれわれ自身の能力とを、観察し、選択し、配列するための、基準をもつことになる。これらのことを行うことは、ある心をもつことを意味する —— というのは、心とは、まさに、諸事実とそれら相互の関係の認識によって統制された志向的で有目的的な活動（intentional purposeful activity）にほかならないからである。（Dewey 1916, p. 110（訳書（上）、p. 166））

デューイは「心」を「諸事実とそれら相互の関係の認識によって統制された志向的で有目的的な活動」とみなしている。行為の終着点を予見し、それを達成しようとする行為とは、目的の達成を志向している行為のことである。オルソンはデューイのいう「経験」の行為主体を「志向的な行為主体」と解釈していたけれども、これは適切であろう。デューイのいう「心」は「諸事実とそれら相互の関係の認識」、つまり「試みること」と「被ること」の関係の認識にしたがった「統制された志向的で有目的的な活動」だからである。

　デューイのいう「心」を「志向性」という観点から見たとき、特に重要なのはデューイにとって「心」とは目的を達成しようとする作用や機能であるということである。「心」を「志向的で有目的的な活動」として規定しているのは、どのような活動でも「心」とみなさないためである。その活動に目的を達成しようとする志向的な作用や機能が見られるからこそ、その活動を「心」と見ることができるのである。

　したがって、デューイにとって「心」とは、活動に志向的な作用や機能が見られる都度に把握されるものである。デューイのいう「心」とは「目的を達成しようとする志向的な作用・機能」であるといえよう。

　それゆえ、ブルーナーのいう「心」とデューイのいう「心」はきわめて類似している。ブルーナーにとっても、「心」とは目的といった何かを志向する作用に見い出されるものだからだ。第2章でも言及したが、ブルーナーの想定す

る「心」の原型は思考の研究の際のトールマンの影響からあった。その影響とは、トールマンの「『目的論』であるヒューリスティックな実証主義」を取り入れたことである。トールマンによって、ブルーナーは「心」を目的に向かう作用として研究を進めたのであった。これが「志向性」という言葉に置き換えられたのは、同じく第2章で見たように、乳児の研究であった。ブルーナーにとって「心」とは「志向的状態の現われ」のことであり、「志向的状態の現われ」とは目的といった何かを志向している作用を伴った状態が現われていることである。

このことに暗示されているが、両者がいう「心」には、「志向性」ということ以外にも類似点がある。ブルーナーが「志向的状態」ではなく、「志向的状態の現われ」として「心」を想定したのは、「心」とは実体があるようなものではなく、第3章で検討したように、何かを志向する作用だからであった。「目的を達成しようとする志向的な作用・機能」ということに示唆されているように、デューイも同じく、「心」を実体としては捉えていない。それはデューイが「心は、将来起こりうる結果の予想に基づいて、しかも、起こるべき結果がどういうものになるかを統制する目的をもって、現在の刺激に反応する能力として経験の中に現われる」(*Ibid.*, p. 137（訳書（上）、p. 210））とか「心とは、行動の過程が知的に方向づけられているかぎり、すなわち、目標や目的が、目標の達成を助ける手段の選択とともに、その行動の過程の中に入り込むかぎりでの、そういう行動の過程につけられる名称なのである」(*Ibid.*, p. 139（訳書（上）、p. 212））と述べていることに明らかである。

デューイもブルーナーも「心」を実体があるものではなく、「志向性」という作用として規定している。それゆえ、ブルーナーのいう学習者の「心」の理解を、デューイの教育論における「生徒と教材の相互作用」での生徒の「心」の理解と捉えることができる。

実際、デューイは「教師の仕事は、衝動や欲望が生じるや、それを好機に利用する点を見定めることである」(Dewey 1938b, p. 46（訳書、p. 113））と、ブルーナーのいうところの「志向的状態」の把握を教育者に求めている。ブルーナーのいう「最も役立つ子どもの心の理論」が学習者の「志向的状態」の理解につながるものであれば、それはデューイのいう「生徒の現在の必要および能力」にも役立つことになる。

(2) 「教材」と「文化」

　ブルーナーと同じく、デューイも「心」を「志向的状態の現われ」として捉えていることは、「成熟と未成熟の相互作用」を観点とした「フォークペダゴジー」の検討の対象を、ブルーナーが言及しなかった「教材」へと導くことになる。ブルーナーにとって「志向的状態」の理解が「文化」と関連しており、デューイの教育論において「文化」と「教材」は関連しているからである。

　第3章で明らかになったように、ブルーナーの「文化心理学」では「志向的状態」は「文化」によって理解される。「文化」は「意味」に必要な要素であるから、「志向的状態」の「意味」は「文化」に関連づけずに理解されないということであった。したがって、他者理解にも「文化」が関わってくる。他者を理解するとは他者の「志向的状態」の「意味」を理解することだからである。そういった点で、「フォークペダゴジー」の核心である「間主観－志向的アプローチ」は「文化」と無縁ではない。「教授」という行為は「文化」なくしてありえない。「文化」が「間主観性」と関わっているならば、「間主観性」による相手が何かを知らないとか誤っているという把握は「文化」を根拠になされているということになる。そういった意味で、ブルーナーが「文化心理学」を提唱した後に展開した教育論においては、「文化」は「教授」の方向性を示している。

　デューイにとっても、ブルーナーと同じく、「文化」は「教授」の方向性を示してくれるものである。これはデューイが「教材」についての知識の意義について述べていることから導かれる。デューイにとっての「教材」についての知識の意義から確認していこう。

　デューイは「教授者の教材についての知識は、生徒たちの現在の知識をはるかに越えて進んでいるのであるから、その知識の意義は、教授者にとっては、明確な標準を与えること、および、未成熟者の未熟な活動の可能性を示すことである」（Dewey 1916, p. 189（訳書（上）、p. 287））と述べている。教育者は学習者よりも成熟した存在である。だから、学習者が相互作用している「教材」について、教育者は学習者よりも深く把握することができる。教育者がもつ「教材」についての知識は学習者がもっているものよりも深く豊かであるからだ。だからこそ、教育者がもつ「教材」についての知識は「生徒と教材の相互作用」における「教材」に対し、「明確な標準」と「未成熟者の未熟な活動の可

能性を示すこと」となる。

　教育者がもつ「教材」についての知識が「明確な標準」および「未成熟者の未熟な活動の可能性を示すこと」になることについて、デューイは説明を加えている。まず「明確な標準」について確認しよう。

　学校での教科（school studies）の材料は、伝達することが望ましい一般的な社会生活の意味内容を具体的かつ詳細に表現する。それらの意味内容が標準化されていなければ、教授者はただやみくもに努力することになりがちであるが、そういうやみくもの努力を防ぐような組織化された形式で、それは、末代まで残すべき文化の本質的な要素を教授者に示すのである。(*Ibid.*, pp. 189-190（訳書（上）、p. 287））

「学校での教科の材料」は、社会生活を送るうえで伝えることが望ましい意味内容を表現している。学習者は「学校での教科の材料」をもとに学びを行っているのだから、学習者にとって「学校での教科の材料」は「教材」となるものである。その「教材」となるものである「学校での教科の材料」は「生徒と教材の相互作用」にやみくもでなく適切に働きかけるように組織されている。そうでなければ「学校での教科」として取り上げられることさえない。「学校での教科の材料」に足るよう組織されているということは、「学校での教科の材料」は学校で「伝達することが望ましい一般的な社会生活の意味内容」を含むように組織されているということである。そのように組織された「学校での教科の材料」は「末代まで残すべき文化の本質的な要素」を教育者に示すことになる。その「末代まで残すべき文化の本質的な要素」が教育者に示されることで、教育者は「生徒と教材の相互作用」に適切に働きかけるようになる。適切に働きかけられるのは、その働きかけの「標準」を知っているからである。したがって、「末代まで残すべき文化の本質的な要素」は「生徒と教材の相互作用」の「明確な標準」ということになる。「明確な標準」ということを観点にすれば、デューイにとって「文化」は、末代まで残す価値があるものに限定されるけれども、「教材」に教育的価値を見い出す手がかりということになる。

　２つめの「教材」についての知識の意義である「未成熟者の未熟な活動の可能性を示すこと」に関しては、デューイは「活動の結果として、過去に達成さ

れた諸観念について知ることは、教育者を、若者たちの外見上衝動的で無目的的な反応の意味を認識できるようにし、しかも、それらの反応が何らかの結果に達するようにそれらを導くのに必要な刺激を与えることができるようにするのである」（*Ibid.*, p. 190（訳書（上）、p. 287））と述べている。つまり、「教材」についての知識は、学習者がたどり着く結果を示してくれるということである。だから「教材」についての知識は、教育者にとって未成熟者である学習者がどのように「教材」と相互作用し、どのように反応していくかという可能性を、より正確にいえば、「教材」は学習者の「思考」によって立ち現われるので、「教材」に対する学習者の「思考」の方向性を教育者に示してくれるものとなる。

　この２点から明らかなように、デューイにとって「文化」は「生徒と教材の相互作用」を導く方向という教育的役割をもっている。「明確な標準」および「未成熟者の未熟な活動の可能性を示すこと」は、教育者から見れば、「教材」に対する学習者の「思考」の行き先を知らせてくれることを意味している。したがって、教育者にとって「文化」は、学習者の「思考」によって立ち現われた「教材」が教育として価値あるものだと知らせてくれると同時に、その「思考」の方向性を知らせてくれるもの、すなわち、「生徒と教材の相互作用」を導く方向を示してくれるものということになる。

　このように捉えると、教育者と「生徒と教材の相互作用」の相互作用は、ブルーナーが「フォークペダゴジー」に反映させた「間主観‐志向的アプローチ」ときわめて似ている[10]。ブルーナーにとって、「教授」は相手が何かを知らないとか間違っているときに生じる。その「知らない」や「間違っている」を「間主観性」として相手から読み取るわけであるが、その読み取りの根拠となっているのが「文化」である。「文化」において正しく知っておいた方がよいということを知っているからこそ、人は「教授」する。デューイにおいても、教育者は学習者が知らない「文化」を知っているからこそ、「教材」の理解に役立ち、「生徒と教材の相互作用」を導いていくとみなされている。

　こうしてみると、やはり、ブルーナーは「フォークペダゴジー」として「教材」についても言及すべきだったといわざるをえない。したがって、「フォークペダゴジー」に基づく洞察は、「教材」によって補われるべきである。

　しかし、「生徒と教材の相互作用」の方向性が、「間主観‐志向的アプロー

390

チ」と同じように、「文化」によって導かれるとするならば、ブルーナーの「文化」に関する考えは、「生徒と教材の相互作用」に役立てられるかもしれない。というのは、ブルーナーは「文化」の変化の兆しを洞察しているからである。

　ブルーナーにとって、「文化」の変化は「文化の弁証法」として描かれている。第3章で見たように、「文化の弁証法」とは、「文化」とは日常生活の「普通」・「規範」・「標準」であるということと同時に、ほかにもありえる「普通」・「規範」・「標準」として想像される「想像的に可能なもの」によって変化することを示す概念である。「文化の弁証法」にしたがえば、「文化」はそれに対する「想像的に可能なもの」によって変化する。

　「想像的に可能なもの」は、同じく第3章で見たように、それを描いた者の「志向的状態」によって生じる。それは既存のものに対する不満に端を発している。このことから、「生徒と教材の相互作用」への働きかけにおいて、「文化の弁証法」が次の2つとして役立つかもしれない。

　1つは、「生徒と教材の相互作用」における生徒の想像力の育みに「文化の弁証法」は役立ちうるということである。「文化の弁証法」から見れば、「生徒と教材の相互作用」において注目すべきは、生徒の「志向的状態」である。生徒の「志向的状態」がどのような「文化」、すなわち、日常生活の「普通」・「規範」・「標準」に向けられているかに着目すれば、生徒がそれに変えようとして描いた「想像的に可能なもの」に気づきやすくなり、生徒の想像力の育みへと援助しやすくなるからである。このとき、「文化の弁証法」は教育者が「生徒と教材の相互作用」と相互作用する視点となる。

　いま1つは、「文化の弁証法」が「生徒と教材の相互作用」がどのような方向に向かっていくかを議論する際に役立ちうるということである。デューイにとって、「文化」は「教材」として教育的価値があるかを知らせてくれるものであるということを、先に確認した。そのようになるのも、「学校の教科の材料」は「末代まで残すべき文化の本質的な要素」を含めて組織化されているからであった。したがって、「学校の教科」には「文化」が関わっている。

　「文化」が関与している「学校の教科」は、デューイにとって、「経験」の「絶えざる再構成」の方向性を示すものである。デューイはこう述べている。

教材は、子どもの経験の埒外にあり、それ自体が既成のものであり、固定したものであるとするような教科の観念を放棄して、そして、子どもの経験もまた、何か硬直して固定したものとして考えるようなことを止め、子どもの経験を何か流動的で胎芽的な闊達なものとして考察してみよう。……そこで教育するということは、絶えざる再構成であり、それは子どもの現在の経験から出て、わたしたちが教科と呼ぶ、あの真理の組織体によって象徴的に表現された経験へとはいり込んでいくという意味において、不断の再構成ということになるのである。(Dewey 1902, p. 278（訳書、p. 273））

　デューイにとって、「教科」を固定的な既成のものであるとみなすことは「経験」と無関係に「教科」をみなすということである。デューイは「教科」をそのようにはみなさない。事実、デューイは「外見上観察してみると、さまざまな教科目、つまり、算数・地理・言語・植物などといったものは、それ自体が経験であるといえるのであり、すなわち、それらの教科は、人類の経験なのである」と述べている（*Ibid.*, p. 278（訳書、pp. 273-274））。デューイにとって「教科」とは、人類がこれまで「経験」してきたものであり、人類がこれから「経験」することによって変化していくものなのである。その一方で、デューイは子どもの「経験」も流動的なものとみなすように促している。そうすると、「教育」は「教科」という「人類の経験」に子どもの「経験」を再構成するという営み、すなわち「経験の連続的再構成」という営みとして、「教科」と子どもの「経験」を一元的に捉えることが可能となる。このことによって、「教科」は子どもが「経験」を「再構成」した後の「経験」を意味することになる。なぜなら、「教科」によって子どもが「経験」を「再構成」するということは、「人類の経験」に向かって「経験」を「再構成」することだからである[11]。したがって、「教育」を「経験の連続的再構成」と捉えたとき、「教科」は「教育」の実質的な内容ということになり、子どもがなす「経験の連続的再構成」の方向性を示すものとなるのである。
　「教科」に「文化」が関連していることは、「文化」が変化すれば「教科」の内容、ひいては「教育」の内容も変わるということである。社会が変化するとともに「文化」が変化するのであれば、「教育」の内容も変化する。それゆえ、「文化の弁証法」は「文化」の変化、あるいは、求められる「文化」の変化に

応じた「教育」の内容を知るにあたっての視点となる。すなわち、「文化」の構成員が、その「文化」に対しどのような「志向的状態」をもち、どのような望ましい「文化」を想像しているか、ということに「文化の弁証法」は目を向けさせてくれるのである。これを知ることは、これからの「教育」の内容を決定するとまではいかないまでも、どのような内容が望ましいかを知る手がかりになるであろう。つまり、「文化の弁証法」はこれからの「教育」の内容を知る手がかりとなりえるのだ。そしてそれは、これからの「成熟と未成熟の相互作用」の方向を示すことにもつながっている。

「私は教育が社会の進歩と改革の基本的な方法であると信じる」（Dewey 1897, p. 93（訳書、p. 24））と述べているように、デューイは「教育」による「社会の進歩と改革」を目指した。「社会の進歩と改革」をもたらす「教育」の内容を決定していく際に、これからの「成熟と未成熟の相互作用」の方向を示しうる「文化の弁証法」は役立ちうるのである。

以上の2点は、「教授」の「間主観-志向的アプローチ」における「文化」から導き出されたことである。ブルーナーの「フォークペダゴジー」は、彼は明示しなかったけれども、「生徒と教材の相互作用」における「教材」の側面にも貢献しうるのだ。

ここまでの検討によって、「フォークペダゴジー」は「生徒と教材の相互作用」における生徒と「教材」に関連することが明らかになった。デューイの教育論から見れば、「フォークペダゴジー」は教育者が「生徒と教材の相互作用」に対し相互作用するための、「教育」の方法概念なのである。

4　まとめ──「文化心理学」提唱後に展開された教育論の再解釈

本章の議論は、「文化心理学」では「意味生成」を、「文化的自然主義」では「探究」を生物学的側面と「文化」的側面から捉えるという枠組みの類似性の検討から出発した。ブルーナーもデューイも、人間の生物としての側面は「文化」の影響を受けているとみなしていた。そして、両者ともに「文化」を「共同生活を可能にする諸条件」と捉えている。加えて、人間の営みを生物学的側面から捉えていることにより、「文化心理学」においても「文化的自然主義」においても、ともに人間の営みを「超自然的なもの」をもちだして説明される

ことはありえない。人間の営みを生物学的側面と「文化」的側面から捉えるという枠組みは、形式的にも実質的にも類似している。

　「文化心理学」と「文化的自然主義」の接点となってくれるのは「意味」である。デューイは「探究」において人間は「意味」を扱うとしていた。「文化心理学」もまた「意味」を扱う。そして、デューイもブルーナーも、「意味」を「他者と共有されているもの」とみなしている。この類似性が、ブルーナーが「文化心理学」を提唱した後に展開した教育論をデューイの教育論と同質にし、「ナラティヴ」と「フォークペダゴジー」をデューイの教育論における学習と教育の方法として捉えられることへと導いた。

　デューイの教育論では、「教育」は「意味の増加」をもたらすことで後に続く「経験」を方向づける能力を高めることにあった。「文化心理学」提唱後に展開されたブルーナーの教育論（とそれ以前の教育論）の目的は「可能なことについて生き生きとした感覚」を育むことにあった。ブルーナーの「文化心理学」において、人間は世界から「意味」をつくりだすので、「可能なこと」も「意味」として現れる。「可能なことについて生き生きとした感覚」を育むことは「意味の増加」を目指すことでもある。

　デューイの教育論において、「意味の増加」は「探究」を「反省」することによってもたらされる。「探究」とは不確定な「状況」を確定な「状況」へ転化することである。この「探究」での転化の過程を「反省」することで「意味」が増えていく[12]。ブルーナーの「ナラティヴ」もまた、不安定な状態を安定な状態へと戻すことを志向するものである。そして「ナラティヴ」は不安定な状態を安定な状態へと戻す過程そのものではなく、その過程を把握するための「反省」である。この点で「ナラティヴ」は「探究」の「反省」の１つのあり方といえる。それゆえ、「ナラティヴ」はデューイのいう「意味の増加」をもたらす。「ナラティヴ」は「出来事の帰結」を扱うから、「ナラティヴ」による「意味の増加」は後続の「経験」を方向づける能力を高めることにつながる。「ナラティヴ」はデューイの教育論における学習の１つのあり方とみなせる。

　デューイにとって、学習、すなわち「思考」によって、生徒は「教材」と相互作用している。教育者の役割は「生徒の教材の相互作用」に相互作用することにある。この相互作用の過程は「成熟と未成熟の相互作用」という「教育的

過程」である。教育者は「学校の教科」として組織されることで示された「末代まで残すべき文化の本質的な要素」を「明確な標準」として、学習者の「教材」へと働きかけることになる。このような考えは「フォークペダゴジー」の核心である「間主観 - 志向的アプローチ」と類似している。伝えるべき「文化」をもとに、学習者が何かを知らない、あるいは何かについて間違っていると認識するからこそ、教育者は学習者に「教授」するからである。だから、「フォークペダゴジー」は「生徒と教材の相互作用」に対し、次の3つとして有用である。すなわち、教育者のもつ学習者の「心」の理解を広げることとして、学習者の「志向的状態」を把握することとして、「文化」にどのようなよりよいあり方を望まれているかを知り、これからの「生徒と教材の相互作用」の方向を知ることができることとして、の3つである。これらは「生徒と教材の相互作用」に関わることであるから、「フォークペダゴジー」は、デューイの教育論を観点とすると、デューイのいう「教育」の方法概念とみなせることになる。

　デューイの教育論から見れば、「ナラティヴ」も「フォークペダゴジー」も、学習者に「意味の増加」をもたらす概念である。「ナラティヴ」と「フォークペダゴジー」は、「文化心理学」提唱後に展開された教育論の特徴を示しており、中核にある概念である。

　それらが「意味の増加」と関連している。このことが次の解釈を促す。ブルーナーが「文化心理学」提唱後に展開した教育論は「意味の増加」を目指す、「意味」の教育論である、と。デューイの教育論を観点とすれば、「間主観性」と「志向的状態」を基軸にする「文化心理学」提唱後に展開された教育論は、「意味」の教育論として、改めて解釈されるのである。

　この再解釈において、デューイの教育論とブルーナーが「文化心理学」提唱後に展開した教育論の関係性が異質的・対立的でないことは明らかである。両者の教育論は同質的な関係にあり、デューイの教育論に「ナラティヴ」と「フォークペダゴジー」を生かすこともできた。「ナラティヴ」と「フォークペダゴジー」によって、デューイの教育論において新たな学習と「教育」の方法が付け加えられたといえよう。この点で、「文化心理学」提唱後に展開された教育論はデューイの教育論を発展させているということができる。

第9章　「デューイとブルーナー」再考　　*395*

注

1) なお、ブルーナーは「私はその言葉の厳密な意味でのヴィゴツキー派では
ほとんどない」とも述べている（Bruner 1996, p. xiii.）。ブルーナーが彼
自身をヴィゴツキー派として位置づけていないかのように受け取れるが、
「厳密な意味」でなければヴィゴツキー派であると認めているとも受け取
れる言明である。このような解釈を許す言明に際し、ブルーナーは「厳密
な意味」とは何かを述べていない。おそらく、第6章で見たように、ヴィ
ゴツキーの理論の鍵概念といえる「内化」を無批判に受容していないとい
うことであろう。「内化」についてヴィゴツキーに対し異論をもっている
としても、「文化心理学」の枠組みに限定すれば、自他ともにそこにヴィ
ゴツキーの考えを取り入れられていることが認められている以上、ブルー
ナーがヴィゴツキーを支持していることに変わりはなかろう。

2) 「他のあらゆる学問領域には超自然的または非自然的なものが介入するこ
とを強固に拒否する論者が、論理学の理論の領域では『理性』やア・プリ
オリな『直観』をもちだすことにためらいを感じないのには驚かざるをえ
ない」（Dewey 1938a, p. 31（訳書、p. 414））とデューイが述べているよう
に、デューイは「理性」や「直観」を「超自然的なもの」とみなしている。

3) この点について、藤井はこう明言している。「デューイは経験の成立およ
びその連続的再構成について、また、知性や知性的な思考の発生と発達に
ついて、生命体と環境との間での相互行為という、観察可能な生物学的事
象を出発点にして、その分析に基づいて説明した。デューイの哲学におい
て、自然主義とは、そのように現実の世界における観察可能な事象を出発
点として、その分析に基づいて概念を構成するという研究方法であり、ま
た、事象を包括的に把握して、そこから分析を開始し、要素を一元的、連
続的に位置づけるというアプローチである」（藤井 2010, p. 89）。

4) 以下での検討において、「思考」と「経験」および「意味」について、前
章第2節第1項で言及したことと重複している個所がある。それは本節の
検討において重複せざるを得なかったためであるが、この点についてあら
かじめ付言しておきたいことがある。前章第2節第1項で行ったことは、
ブルーナーのデューイ言語論解釈の検討であった。そこでは、ブルーナー
によるデューイの「経験」や「思考」の解釈も検討したのであった。本節
で重複するのはその個所のデューイの「経験」や「思考」である。本章で
は取り立てて言及しないが、前章に基づけば、ブルーナーはデューイの
「経験」や「思考」を正しく把握し肯定しているということを、つまり本
節で言及するデューイの言説に対しブルーナーは異論をもたないであろう
ということを、指摘しておきたい。

5) 「思考ないし反省は、われわれがしようと試みることと、結果として起こ
ることとの関係の認識」（Dewey 1916, p. 151）と述べられていたように、

デューイにとって「反省」は「われわれがしようと試みることと、結果として起こることとの関係の認識」である。

6) デューイの思考論を子細に分析した藤井は、デューイのいう「反省とは、ひとまとまりの思惟が展開された後に、また適宜要所で中断して、自己の思惟の展開における思考について、反省的に点検・確認する思考である」と述べている（藤井 2010, pp. 274-275）。藤井によれば、デューイのいう「思考とは、具体的な状況内において、行動を通じて状況の転換に関与していくための機能」であり（同上、pp. 2-3）、「『思惟』は観念が連続的に展開されていく過程」を意味している（同上、p. 1）。したがって、「反省」とは「探究」におけるひとまとまりの「思惟」について点検・確認する「思考」ということになる。この観点から見れば、「ナラティヴ」も「反省」と呼ぶ資格があるといえよう。「ナラティヴ」は出来事の始まりから終わりというひとまとまりについて把握し、その「ストーリー」を確認する思考とも捉えられるからである。

7) しかしながら、「探究」についての「反省」としての「ナラティヴ」とあわせて考えてみれば、ブルーナーは「成長の連続的過程」である「教育的過程」と異質な考え方をしていないといえるであろう。前節でみたように、「ナラティヴ」は「探究」として「意味の増加」をもたらし、「その後の経験の進路を方向づける能力を高める」ことになるのであった。この過程は、不確定な「状況」を確定な「状況」へと転化する「探究」としてもたらされているのだから、「経験を改造ないし再組織すること」が生じている。このことに鑑みれば、ブルーナーはデューイのいう「教育的過程」と全く異質な考えに基づいていると断定することはできないであろう。

8) 「教材」については山上裕子による詳細で優れた研究がある（山上 2010）。本節での「教材」の解釈も山上の研究に負っている。

9) ブルーナーは「言語と経験」において、デューイの「直接的な伝達不可能性」に次のように言及していることを付言しておく。「コミュニケーションによる観念の伝達（*transmission*）を困難にすることは、デューイの考えでは、まさに、〔試みることと被ることとの〕結合の過程がコミュニケーションによって達成できないのみならず、コミュニケーションによって駆り立てられる、すなわち、『観念をより明確にする』という関心の下での対話の構成員の間での、トランザクションの可能性による過程（course）に援助される受け手の活動によって達成されることである」（Bruner et al. 1977, p. 20. 傍点原文イタリック。〔 〕内引用者補足）。

10) 「教材」と「文化」の関連から離れるが、デューイが「おとなの心がもっているような体系立てられ限定された経験は、子どもの生活それ自体を直接的に表示するものとして、また、子どもの生活がいま指導され、方向づけられているさなかにあるものとして、解釈されるという点で、わたした

ちにとって価値のあるものである」(Dewey 1902, p. 279(訳書、pp. 275-276))と述べていることにも、「間主観‐志向的アプローチ」と類似した発想があると指摘しておく。

11) デューイは別のところで、「教科というものは、子どもの直接的でありのままの生の経験のなかで、本来的に発達をしていく可能性を象徴的に表しているのである」と述べている(Dewey 1902, p. 279(訳書、p. 275))。

12) ここでは「反省」のあり方としているが、藤井によるデューイの思考論の分析にしたがえば、そもそも「反省」は「示唆」(suggestion)と連続的関係にある。藤井は、「示唆」を「直面する状況の中に知覚された特定の要素から、そこには存在していないものごとや出来事についての観念が発生することである」(藤井 2010, p. 166)と明らかにしたうえで、「示唆」と「反省」について次のように述べている。「デューイの論述を分析すると、第一に、反省とは、示唆された観念の有する意味を点検・確認して明確化する思考である。特定の関連が示唆されなければそれについての反省を行うことはできない。この点で、示唆は、知性的な思考である反省へと連続している思考である。第二に、示唆はある特定の状況において発生した出来事について反省され、そこにおいて経験された事象や事物についての概念が構成されていることを基盤として発生する。その概念に基づいて特定の知覚的な構えが形成されていることにより、類似した状況に直面したときに示唆が発生する。この点で、示唆は、その発生という点で、知性的な思考である反省から連続している思考である」(同上、p. 176)。

この藤井の分析に基づけば、「探究」を「反省」することで得られる「意味」の増加には「反省」のみが機能しているわけではない。さらにいえば、「示唆」にも3つのタイプがあるなど、「探究」についての「反省」による「意味の増加」は複雑な様相を示している(cf. 同上、ch. 3-4)。この観点からいえば、「ナラティヴ」を「探究」についての「反省」のあり方というとき、「探究」での「思考」における「反省」の側面に限定されていると付言しておく。

終章

本書の要約と今後の課題

　本書の目的は、ブルーナーが「文化心理学」を提唱することで彼の教育論にどのような変化があり、そして「文化心理学」を提唱した後の教育論は提唱前のものと比べて、どのような特色があるのかを明らかにすることにあった。

　本書ではこの目的に対し、先行研究から3つの課題を見出した。第1の課題は、「文化心理学」が提唱されることで、ブルーナーの教育論がどのように変化したのかを明らかにすることである。これは、ブルーナーが「文化心理学」を提唱した以前以後に展開された教育論の変化が明らかにされていないことから見い出された課題であった。

　第2の課題は、『教育の過程』に代表される、「文化心理学」提唱前に展開された教育論に対し、『教育という文化』に代表される、「文化心理学」提唱後に展開された教育論の特色といえる概念を明らかにすることであった。ブルーナーの教育論の変化に関する先行研究の検討を通して、ブルーナーの教育論は「文化心理学」提唱以前以後で変化していないとも指摘されていたことが明らかになった。そのため、変化している点があるのであれば、具体的にどのように変化をしたのかを示さないかぎりは、変化を指摘したところで、曖昧なものとなってしまう。そこで、「文化心理学」提唱以前以後で変化があるのであれば、「文化心理学」が提唱された後に展開された教育論のどの概念にその変化が反映されているかを明らかにする必要があったのだった。

　ブルーナーの教育論の変化を明らかにすることは、第1と第2の課題によって達成されることになる。しかし、変化が明らかにされることによって「デューイの教育論に代わる教育理論家」、とりわけ異質的・対立的な意味でのそれとしてのブルーナー理解の検討も促されることになる。「デューイの教育論に

399

代わる教育理論家」としてのブルーナー理解は、日本では主に、『教育の過程』
に代表される教育論を対象に構築されたものだからである。

　しかも、デューイとブルーナーの教育論における関係性、すなわち「デュー
イとブルーナー」をめぐる研究が盛んになされているにも関わらず、その研究
には課題が残されていた。その課題とは、端的にいえば、ブルーナーの1970
年代以降の教育論を対象に、「デューイとブルーナー」の検討を行うというこ
とである。この検討を行うには、ブルーナーの教育論の変化が明らかにされる
必要があった。ブルーナーの教育論の変化を明らかにするという本書の成果は、
「デューイとブルーナー」研究に生かされることで、その意義が確かめられる
ことになる。このことから、第3の課題として、1970年代以降のブルーナー
の教育論を対象に「デューイとブルーナー」の検討を行った。

　これら3つの課題に照らしながらこれまでの諸章を振り返り、本書の成果を
示しつつ、本書の目的が達成されたか否かを確認する。それと同時に、「教育
の現代化の理論的支柱」および「デューイの教育論に代わる教育論」としての
ブルーナーの教育論理解についても検討を加えていく。

1　本書の要約

第1章　「文化心理学」の形成過程1——生い立ちから第二次世界大戦まで

　この章では第1の課題のために、「文化心理学」提唱までに至るブルーナー
の研究関心の変遷を明らかにすべく、生い立ちから第二次世界大戦までのブル
ーナーの経歴を追った。

　この章はブルーナーの本格的な研究がまだ開始されていない時期を対象とし
ている。そのため、ブルーナーの研究関心の変遷に直接には関わっていない。
ブルーナーの研究関心の変遷の解明は次章に委ねられることになるが、本章に
おいて、ブルーナーが大学に職をえて、本格的に研究を始めるまでに、多くの
人物に影響を受けてきたことが示された。両親の影響、「デーモンクルー」と
しての体験、大学生時代でのマクドゥーガルやアダムズおよびゼナーとの出会
い、大学院ではボーリングとオルポートとの交流、第二次世界大戦中でのボー
アとの出会い、これらはこれから始まるブルーナーの研究の素地となっていた。
また、このころから研究を多岐へと渡らしめた自らの好奇心に追従することが

見られ、「構成主義」のような発想が見られた。彼の研究は「知ることの本質」を解明しようとして行われてきたのだが、その関心がこの時期に芽生えていることが確認された。

第2章 「文化心理学」の形成過程2——知覚の研究から乳幼児の言語獲得研究まで

　本章はブルーナーの知覚の研究から乳幼児の言語獲得研究までの彼の研究関心の変遷を追った。「文化心理学」の提唱は乳幼児の言語獲得研究に続く研究である「ナラティヴ」の研究でなされている。この章でも「文化心理学」提唱までの彼の研究関心の変遷を明らかにするために、知覚の研究から乳幼児の言語獲得研究までのブルーナーの研究遍歴を追っている。

　ブルーナーは「知ることの本質」を明らかにしようと、心理学者として研究を行ってきた。彼の研究は知覚の研究、思考の研究、教育の研究、発達の研究、乳幼児の言語獲得研究、「ナラティヴ」の研究と非常に多岐に渡っているが、これらは「知ることの本質」を明らかにするために、彼がどのようにアプローチしたのかの結果でもある。

　知覚の研究においては、人はどのように知るのかという「知ること」の探究として行われた。その際、知覚として「知ること」は何らかの方略に基づいていることに気づき、思考の研究を開始した。それゆえ、思考の研究は「知り方」の探究としてなされていたことになる。思考の研究で得た「知り方」がどのように獲得されるのかとして、次に教育の研究と発達の研究へと研究を移した。教育の研究と発達の研究は「知り方の獲得」のための研究である。「知り方の獲得」を探究するため、「知り方の獲得」が初めて始まるともいえる乳児を対象とした研究を発達の研究において行った。その成果を用いつつ、また、オックスフォード大学の精神的風土に影響を受けながら、ブルーナーは乳幼児の言語獲得研究を行った。乳幼児の言語獲得研究もまた、「知り方の獲得」の研究である。彼の研究関心は「知ること」から「知り方」へ、「知り方」から「知り方の獲得」へと変遷していった。

　乳幼児の言語獲得研究において、ブルーナーは「意図」や「志向性」、「間主観性」に着目するようになる。これらが次の研究である「ナラティヴ」へと彼に目を向けさせることになった。

終章　本書の要約と今後の課題　　*401*

第3章 「文化心理学」の構造

　本章では、ブルーナーの諸研究の末尾にある「ナラティヴ」研究における研究関心の検討から「文化心理学」の構造の明示化を行っている。「ナラティヴ」研究における研究関心によって、ブルーナーが「文化心理学」を提唱するまでに至る研究関心の変遷が明らかになった。そして、「ナラティヴ」研究での研究関心がどのように「文化心理学」に反映されているかを、ブルーナーが提唱する「文化心理学」の構造を明示化することを通して明らかにした。

　「ナラティヴ」の研究は「意図」と「間主観性」にアプローチするために行われた。自己や他者の「意図」をどのように知るのかというのが「ナラティヴ」研究の関心であり、したがってブルーナーにとって「ナラティヴ」研究は「知り方」の探究である。「ナラティヴ」は「意図」を扱うために適しているので、ブルーナーは自己や他者の「意図」の「知り方」として「ナラティヴ」の研究を行ったのだった。

　ここで立ちはだかったのが「認知革命」で生まれた認知科学であった。

　ブルーナーによれば、「ナラティヴ」の研究に着手したころ、認知科学では、心理学において「意図」を含めた「志向的状態」を扱うことができない状況にあった。ブルーナーは「認知革命」の立役者の１人であるが、彼はこのような状況を望んでいなかった。そこで、「認知革命」の当初のねらいを取り戻そうとして提唱したのが「文化心理学」であった。

　ブルーナーの「文化心理学」は「意味生成」の過程を解明する心理学である。「意味生成」は「志向性」に基づいてなされている。「心」を「志向的状態の現われ」とみなすブルーナーにとって、「意味生成」は「志向的状態の現われ」であり、「心」にほかならない。その「志向的状態」を理解するには「文化」と関連づけなければならない。それゆえ、「意味生成」という「心」を解明するために心理学から「文化」を締めだすことはできない。

　「文化」に基づく「志向的状態」に関する事柄は、ブルーナーの「文化心理学」において、「フォークサイコロジー」と呼ばれている。したがって、「フォークサイコロジー」は自己の「志向的状態」を理解するのみならず、他者の「志向的状態」の理解——「間主観性」——に関わっている。この「フォークサイコロジー」の媒体が「志向的状態」を扱う「ナラティヴ」である。

　ブルーナーの「文化心理学」において、「意味生成」も「心」も「文化」も、

「ナラティヴ」も「フォークサイコロジー」も、すべて「志向的状態」と「間主観性」に関係している。このように「文化心理学」提唱に至ったブルーナーの研究関心が「文化心理学」に反映されている。

第4章　形成過程から見る『教育という文化』における教育論の特徴

本章では、「文化心理学」における教育の位置と、「文化心理学」提唱後に展開された教育論の特徴を明らかにした。したがって、本章では第1の課題と第2の課題に対し取り組んでいることとなっている。

ブルーナーは「文化心理学」において、教育を「文化心理学」から得られた考えを試すテストフレームとして位置づけている。教育は「文化心理学」が想定する「心」と「文化」の相互関係、とりわけ「文化」が「心」を創るということが行われている現場だからである。

「文化心理学」提唱後に展開された教育論における教育の目的は「可能なことについての生き生きとした感覚」を培うことであった。しかし、この目的は「文化心理学」提唱前に展開された教育論における教育目的と違いはない。このように、「文化心理学」提唱以前以後に展開された教育論には連続性がある。一方で、「文化心理学」提唱以前以後に展開された教育論に違いもある。この違いこそ、「文化心理学」提唱前に展開された教育論に見られない新しさを、提唱後に展開された教育論にもたらしている。そしてこの違いは「間主観性」——それゆえ「志向的状態」も、なぜならブルーナーの「文化心理学」において両者は組をなす概念だから——がその教育論に考慮されているということにある。それゆえ、「文化心理学」提唱前のものに対する、「文化心理学」提唱後に展開された教育論の特徴は「志向的状態」と「間主観性」への着目にある。

このことから示唆される、ブルーナーの「文化心理学」提唱後の教育論で注目すべき概念は「ナラティヴ」と「フォークペダゴジー」である。こうして、「ナラティヴ」と「フォークペダゴジー」の検討へと向かうことになった。

第5章　「2つの思考様式」と「構成主義」の吟味

本章の課題は、「ナラティヴ」を検討するために、ブルーナーの「2つの思考様式」と「構成主義」に対する批判を検討することにある。したがって、本章の議論は第2の課題のためになされている。

終章　本書の要約と今後の課題　403

「２つの思考様式」と「構成主義」に問題点が指摘されている。それゆえ、その問題点が真に問題であるのかを見極めることが、「ナラティヴ」の検討のために必要となる。なぜなら、ブルーナーにとって「ナラティヴ」は「２つの思考様式」の１つであり、「２つの思考様式」は「構成主義」に基づいているからである。そこで、「２つの思考様式」からその検討を行った。

　「２つの思考様式」に対する問題点は２つあった。１つは、「ナラティヴ様式」と「論理−科学的様式」という「２つの思考様式」は対立的二分法に基づいているということであり、２つは「論理−科学的様式」は「ナラティヴ様式」に付加されるものであるという付加的二分法であるという指摘である。前者に対しては、「２つの思考様式」の二分法の根拠が思考対象の相関性にあるということを示すことで対立的二分法でないことを指摘した。後者に対しては、２つの観点に対し検討を行った。１つは「普遍的」という観点である。ブルーナーはどの「文化」においても「２つの思考様式」は「普遍的」であるとみなした。それゆえ、「２つの思考様式」は思考様式がその２つしかありえないという思考様式の固定化をもたらしてしまう。もう１つの観点は、その固定化のもと、「論理−科学的様式」は「ナラティヴ様式」に付け加えたものであるか否かということである。１つめに対しては、ブルーナーが「普遍的」とみなしたのは、思考の様式は「自然的事物」を対象とするか「人間」を対象にするかによって異なるということであり、「自然的事物」であれ「人間」であれ、どちらを対象としても思考の様式は全く同じであると示されないかぎりは、「普遍的」ということに対する批判にならないと指摘した。２つめに対しては、「論理−科学的様式」から「ナラティヴ様式」への貢献もあることを示すことで、１つめと同じく、それは問題ではないと示した。

　「構成主義」に対する批判は２つあった。これらは別々の論者によってなされているが連動している。その２つとは、ブルーナーによる「始原的実在」の否定への批判と、ブルーナーが「デカルト主義者」であるという批判である。

　「始原的実在」の否定はわれわれの認識の正しさの保証を失うことを意味する。だから「始原的実在」を否定してはならない。これが「始原的実在」を否定することに対してなされた批判の要点である。しかし、この批判はブルーナーが「始原的実在」を否定した意図に照らして、的を射ていない。「始原的実在」の否定は「主観−客観」図式の放棄を意味している。ブルーナーにとって、

その図式の放棄は心理学を客観主義の呪縛から解放することを意味していた。そしてブルーナーは、認識の正しさを保証する枠組みとして「プラグマティックな基準」を提示していた。だから、認識の正しさを問題とするなら「プラグマティックな基準」の吟味が必要であり、ただ「始原的実在」を取り戻すことを主張することはブルーナーの「構成主義」に対する批判にはならない。

「デカルト主義」という批判は、ブルーナーの「構成主義」に直接向けられたものではなく、ブルーナーの「文化心理学」における他者理解に向けられたものである。しかし、「始原的実在」を認めないブルーナーの「構成主義」は独我論ともいえ、「始原的実在」を否定する以上、「構成主義」に直接向けられたものではなくとも、他者理解に対する批判には答えなければならなかった。この批判は要するに独我論ゆえに他者理解の正しさが保証されなくなるというものであった。しかし、主観を超越したものに認識の正しさを求められない以上、そのような批判は無意味である。

ブルーナーの「2つの思考様式」と「構成主義」を以上のように擁護した。

第6章 「2つの思考様式」と教育

本章では、ブルーナーの「文化心理学」提唱後の教育論において、「ナラティヴ」がどのような概念であるかを検討するということと、「ナラティヴ」に「志向的状態」と「間主観性」がどのように反映されているかを明らかにすることを課題としている。本章は第2の課題に対応しており、「ナラティヴ」を「文化心理学」提唱前のものに対し、提唱後に展開された教育論の特色的な概念であると明らかにすることを目指した。

ブルーナーにとって「ナラティヴ」は「自己」の安定、「歴史」の把握、「他者」の理解、「文化」の「内化」、「トラブル」の解決に関わっている。そして、それらに関わる「ナラティヴ」のスキルは自然に生じるものではなく、鍛え育むことが求められる。

「自己」の安定に「ナラティヴ」が関わるのは、「ナラティヴ」は「行為主体」を扱うものだからである。「行為主体」とは、行為が「志向的状態」によってもたらされていることを意味する概念である。「行為主体」として「ナラティヴ」は「志向的状態」と関わっているので、他者という「行為主体」の理解、すなわち「間主観性」にも関係している。このように「ナラティヴ」には

「志向的状態」と「間主観性」が反映されていて、それゆえ「文化心理学」提唱前に展開された教育論と比べて、「ナラティヴ」は新しい概念といえるのであった。

ブルーナーの教育論における「ナラティヴ」に着目するとき、「論理 - 科学的様式」にも目を向けなければならない。なぜなら、「ナラティヴ様式」と「論理 - 科学的様式」は相補関係にあるからである。

「論理 - 科学的様式」に対する「ナラティヴ様式」の貢献は「ナラティヴ的発見方法」としてなされる。「論理 - 科学的様式」は主に科学教育として育まれるが、その過程を生き生きとさせてくれるのが「ナラティヴ様式」である。「ナラティヴ」として科学的探求に発見がもたらされるからである。その逆に、「論理 - 科学的様式」は「ナラティヴ」に破れが生じたときに貢献してくれる。「ナラティヴ」がうまく紡げなくなった際に、「論理 - 科学的様式」がその原因を明らかにしてくれるからである。

本章において、ブルーナーの教育論を「教育の現代化の理論的支柱」のみで理解することの限界が示されたことになる。というのも、本章において、「教育の現代化の理論的支柱」としての理解を促す「構造」は、主として、「2つの思考様式」のうちの「論理 - 科学的様式」を鍛え育む方法とみなされていることも明らかになったからである[1]。「構造」によって「教育の現代化の理論的支柱」という理解がなされたとすれば、「ナラティヴ」（さらには、次章で検討する「フォークペダゴジー」）によって、ブルーナーの教育論は「『間主観性』と『志向的状態』に基づく教育論」として理解されるべきである。

第7章 「フォークペダゴジー」

本章では「フォークペダゴジー」を検討している。前章と同じく、この検討も第2の課題のためになされている。

「フォークペダゴジー」は教育の場面で行われている相互作用の際に働いている「フォークサイコロジー」のことで、ある「文化」を生きる人びとが抱いている教育に関する考えのことである。ブルーナーは「フォークペダゴジー」によって「学習者の心のモデル」に基づく「教授」の4分類を示している。この分類は「教授」は「学習者の心のモデル」と相関して行われるということを根拠になされている。

「教授」と「学習者の心のモデル」の相関関係は「フォークペダゴジー」の核心と関係している。「フォークペダゴジー」の核心とは「間主観－志向的アプローチ」である。「教授」は他者の「心」を読み取ることと無関係には生じない。「間主観性」によって相手が何かを知らないとか誤っていると把握することで、教えるという「志向的状態」がもたらされる。だからこそ、「教授」は学習者の「心」に相関してなされるのである。

ブルーナーの「フォークペダゴジー」は教員養成課程の教育方法として応用されている。また、「フォークペダゴジー」に基づく分類の４つめのものは、子どもの主体性を認めつつ教師の働きかけを認めるという教授方法へと洗練されている。「フォークペダゴジー」は理論を実践へと架橋する役割があると同時に、教授理論構築の際に「教授」・「学習者の心のモデル」・「教育目標」、および他の理論との関係性の記述が必要であるという、実践に有効な教授理論構築の条件を提供する概念ともなる。「フォークペダゴジー」はこのような応用可能性を秘めている。このように応用可能であるのも、「フォークペダゴジー」の核心が「間主観－志向的アプローチ」であるためであった。

「フォークペダゴジー」は「文化心理学」提唱前の教育論にはありえない概念である。その核心が示しているように、「フォークペダゴジー」は「志向的状態」と「間主観性」に基づいて構築された概念だからである。「ナラティヴ」と同じく、「フォークペダゴジー」も、「文化心理学」提唱前に展開された教育論と比べ、特色的な概念なのである。

第8章 「デューイとブルーナー」再考の必要性

本章から、第３の課題、すなわち「デューイとブルーナー」の検討を、1970年代以降に展開されたブルーナーの教育論を対象に行うことを扱っている。本章では、デューイに対するブルーナーの態度の変化を検討することで、その課題に取り組んでいる。

本章の議論の出発点は、オルソンが行ったインタビューで、ブルーナーがデューイのいう「道徳」を肯定したことにあった。デューイの思想において、彼のいう「道徳」を肯定するということは、彼のいう「教育」を肯定していることにまで及ぶ。したがって、ブルーナーがデューイのいう「道徳」を肯定することは、論理的に、デューイのいう「教育」の肯定に等しいということになる。

終章 本書の要約と今後の課題　*407*

これは「デューイの後に来るものは何か」（以下「デューイの後」と略記）で示した態度と逆であり、この結果に基づき、ブルーナーは「デューイの後」でデューイの教育論を彼なりに発展させようとしていたのではないかという理解がもたらされた。

　次に、ブルーナーはいつからデューイに肯定的になったのかを検討した。ブルーナーは共著論文「言語と経験」でデューイの言語論解釈を示した。その解釈において、ブルーナーはデューイの言語論を肯定していることが示された。実際、ブルーナーの言語獲得論とデューイの言語獲得論は同質的であり、前者が後者を発展させているといえるものであった。

　このような解釈の差異はどこからもたらされたのかとして、ブルーナーが研究を行う際の彼の立脚点に着目した。「デューイの後」が書かれた教育の研究では、ブルーナーの研究の立脚点は構造主義であった。「言語と経験」が書かれた乳幼児の言語獲得研究では、ブルーナーの研究の立脚点は機能主義であった。また、ブルーナーが機能主義に基づいているとして、自身をデューイの伝統に位置づけていることも確認された。

　ブルーナーの「文化心理学」も機能主義に基づいている。ブルーナーは乳幼児の言語獲得研究からデューイに肯定的な態度を示しており、また、言語獲得論ではあるが、両者のそれにおける関係は異質的・対立的ではなかった。こうして、「文化心理学」提唱後に展開された教育論を対象にしたデューイとブルーナーの教育論の関係性、とりわけ、両者を対立的・異質的に措定する関係性を再考する必要が促された。

　このことにより、これまでなされた「デューイの教育論に代わる教育論」という理解も変更を迫られていることになる。というのも、特に日本においては、デューイの教育論と対立しているという文脈で「デューイの教育論に代わる教育論」と理解されてきたからである。

第9章　「デューイとブルーナー」再考──「文化心理学」提唱後に展開された教育論の再解釈

　本章によって、第3の課題に1つの結論がもたらされることになる。それは、「文化心理学」提唱後に展開されたブルーナーの教育論は、デューイの教育論と同質的であり、そしてまたデューイの教育論に生かすこともできるという点

で、ブルーナーが「文化心理学」提唱後に展開した教育論はデューイの教育論の発展とみなすことができるという結論である。

　本章では、ブルーナーが機能主義とみなしているヴィゴツキーによって与えられた「文化心理学」への影響の検討から議論を始めた。ヴィゴツキーの影響は「文化心理学」の枠組みに認められた。この枠組みとは、「意味生成」を生物学的側面と「文化」的側面から捉えるというものであった。この枠組みはデューイの「文化的自然主義」の枠組みと類似している。デューイのそれは、「探究」を人間の生物学的な基盤と「文化」的な基盤で捉えるというものだからである。

　この類似は、生物学的側面と「文化」的側面の関係性の考え方についてもあてはまる。両者ともに人間を理解するには生物学的側面だけでは不十分であり、「文化」的側面にも注意を向けなければならないという考えのもとで、生物学と「文化」を考慮しているからである。しかも、両者ともに「文化」を「共同生活を可能にする諸条件」とみなしている。さらに、生物学を考慮することで、両者ともに「超自然的なもの」を用いて人間の営みを説明することが背理になっている。

　枠組みが類似しているといっても、両者には「意味生成」と「探究」という違いがある。ここで接点となるのが「意味」であった。デューイは「探究」において人間が意味を用いるとしている。加えて、両者はともに「意味」を「他者と共有されたもの」と規定している。「意味」を扱うという点で、「文化心理学」は「文化的自然主義」と切り結ばれる。

　「文化心理学」と「文化的自然主義」は類似した枠組みにおいて類似した「意味」を扱っている。しかしこの類似点は、「文化的自然主義」と「文化心理学」が同等であるということを示していない。「文化的自然主義」の探究対象は「文化心理学」よりも広い。それゆえ、「文化心理学」は「文化的自然主義」の枠組みに基づき、「意味」を基軸に人間の心理を追究する心理学と位置づけられる。

　このことにより、ブルーナーが「文化心理学」に基づき展開した論は、根本的にデューイの論と異質であるとか対立しているということにはならないはずである。ブルーナーが「文化心理学」提唱後に展開した教育論の特徴が反映された「ナラティヴ」と「フォークペダゴジー」を、デューイの教育論を観点に

検討してみてもそういえるのであった。すなわち、デューイの教育論を観点とすれば、「ナラティヴ」は「探究」についての「反省」の１つのあり方とみなせるのであり、「フォークペダゴジー」は「生徒と教材の相互作用」に対し相互作用するための方法概念としてみなせるのである。

　デューイの教育論において、教育は「意味の増加」を目指している。だから、「ナラティヴ」と「フォークペダゴジー」は、デューイの教育論から見れば、「意味の増加」をもたらすための概念である。「間主観性」と「志向的状態」を基軸にする「文化心理学」の提唱後に展開された教育論は、デューイの教育論と比較した場合、「意味」の教育論と再解釈される。

　この再解釈が示していることは次の２つである。１つは、デューイの教育論とブルーナーの「文化心理学」提唱後の教育論は異質でも、対立しているものでもないということである。２つは、「ナラティヴ」と「フォークペダゴジー」はデューイの教育論にない概念であるが、デューイの教育論に生かすことができるという点で、ブルーナーの「文化心理学」提唱後の教育論はデューイの教育論を発展させているということである。

　これらによって、第３の課題に答えられたはずである。デューイと異質であるとか対立しているという文脈で「デューイの教育論に代わる教育論」としてブルーナーの教育論を理解することは、もはや改めなければならない。

2　本書の成果と今後の課題

　本書はブルーナーが「文化心理学」を提唱したことで彼の教育論にどのような変化があったのか、すなわち、『教育の過程』に代表される教育論に対する『教育という文化』に代表される教育論の特色を明らかにすることを目的に、ブルーナーの教育論を検討するものであった。本書の成果としてまず挙げられるのは、ブルーナーが「文化心理学」を提唱する以前以後に展開した教育論の違いが「間主観性」と「志向的状態」に着目されているか否かにあり、そして「文化心理学」提唱後に展開された教育論における「ナラティヴ」と「フォークペダゴジー」に「間主観性」と「志向的状態」への着目が反映されていると具体的に明らかにしたことにある。この成果によって、ブルーナーの教育論を「教育の現代化の理論的支柱」の理解に留めることには限界があり、「文化心理

学」提唱後に展開された教育論は「『間主観性』と『志向的状態』に基づく教育論」として理解されるべきであると示されたであろう。本書の意義は、従来のブルーナーの教育論理解とは異なる理解を明示したという点に認められよう。

　ブルーナーの教育論理解ということからいえば、本書の意義は、デューイと対立させる文脈での「デューイの教育論に代わる教育論」という理解も更新できたということにも見い出せるであろう。

　デューイとブルーナーの教育論における関係性をめぐる「デューイとブルーナー」研究は、これまでに多くなされてきた。これまでの先行研究を検討すると、「デューイとブルーナー」研究の課題は1970年以降のブルーナーの教育論をデューイの教育論と比較することにあった。しかし1970年以降、とりわけ『教育という文化』に代表される教育論とデューイの教育論を比較するには、『教育の過程』に代表される教育論と異なる論点で行わなければならない。そのためにも、ブルーナーの教育論の変化を明らかにすることが必要であった。

　本書ではブルーナーの教育論の変化を明らかにしたうえで、1970年代以降のブルーナーの教育論とデューイの教育論の比較を行った。この比較は、本書の成果を生かすという点から、本書において重要な取り組みであった。

　この比較によって得た成果に2つの意義を見出せる。第1の意義は、デューイと異質であるとか対立しているという文脈での「デューイに代わる教育理論家」というブルーナー像を否定したことにある。序章で確認したように、「デューイとブルーナー」に対し肯定的な解釈はありながらも、異質的・対立的関係であるとする否定的な解釈がなされてきた。この解釈がもたらすのは、デューイの教育論とブルーナーの教育論の実りある対話を閉ざしてしまうということである。もちろん、異質的・対立的関係であることを前提に両者を対話させることはできる。しかし、その結論はたいてい異質性や対立点の暴露や、一方の優位性を示すということに帰着してしまう。そのような対話に積極的な意義はない。デューイの対立者というブルーナー像の否定は、本書の方法からいえば「文化心理学」提唱以降という限定的なものであるけれども、そのような実りのない対話に終止符を打ったという点に、比較思想研究上の意義を認めることができるであろう。

　これと関連して、本書における「デューイとブルーナー」研究の成果に見い出せる第2の意義は、牧野の言葉を用いると、「デューイの思想分脈」（牧野

1972b, p. 208）に「文化心理学」提唱後に展開したブルーナーの教育論を位置づけたことにあろう[2]。これにより、デューイの教育論とブルーナーが「文化心理学」を提唱した後に展開した教育論に実りある対話が拓かれたからである。

　もっとも、ブルーナーが「文化心理学」を提唱した後に展開した教育論それ自体にも価値はあるであろう。例えば、科学教育における「ナラティヴ」の援用や「フォークペダゴジー」の可能性として示されたことは、わざわざ「デューイの思想分脈」に位置づけなくても、現実への適用を試みてもよいものである。そういった点では、本書以外の「ナラティヴ」や「フォークペダゴジー」の可能性を探ること、あるいは「ナラティヴ」や「フォークペダゴジー」以外での「文化心理学」提唱後に展開された教育論から新たな可能性を探ることを、今後の課題の1つとして挙げざるをえない。

　ブルーナーが「文化心理学」を提唱した後に展開した教育論を「デューイの思想分脈」に位置づけることは、ブルーナーの教育論それ自体の価値を貶めることを決して意味しない。むしろ、教育理論の発展に寄与できる可能性を広げている。現実の教育問題に対し、ブルーナーが「文化心理学」を提唱した後に展開した教育論それ自体だけでも有用な点があれば、そのような有用さを明らかにする研究は大いにされるべきである。しかしその研究に、デューイの教育論との比較という観点を入れるならば、「文化心理学」提唱後に展開された教育論が有用である可能性の幅がさらに広がるはずである。例えば、デューイの教育論を実践する際に困難が生じたとき、ブルーナーが「文化心理学」を提唱した後に展開した教育論によってその困難を解消できるかもしれない。逆に、「文化心理学」提唱後に展開された教育論では対処できないことも、デューイの教育論を観点とすることで、対処可能となるかもしれない。このようなことを念頭に置けば、「デューイの思想分脈」にブルーナーが「文化心理学」提唱後に展開した教育論を位置づけることは、両者の教育論に互恵的な関係をもたらすことになるのであって、ブルーナーが「文化心理学」提唱後に展開した教育論に意義を見い出すことを封じることにも、意義を見い出すことの価値を貶めることにもならない。

　このようなことから示される課題は、今後もデューイの教育論とブルーナーが「文化心理学」を提唱した後に展開した教育論の対話を進めることであろう。そのあり方は2つ考えられる。1つは、本書が行ったような方法で、「文化心

理学」提唱後に展開された教育論における概念や考えをデューイの教育論を観点に検討することである。先に示したように、ブルーナーが「文化心理学」提唱後に展開した教育論を検討することで本書とは別の論点が提示されるのであれば、それを用いた比較も考えられる。比較の余地が今後見い出されるのであれば、それは大いになされるべきである。

　これとは異なる、もう１つのデューイの教育論とブルーナーが「文化心理学」提唱後に展開した教育論の比較のあり方は、ブルーナーの論をヴィゴツキー派の論としてデューイの論と比較することである。

　ヴィゴツキーおよびヴィゴツキー派の理論はデューイの理論とこれまでに多くの比較がなされている。その主たる理由は両者の類似性にある。例えばギャリソン（Garrison, J.）による社会的構成主義を観点とした比較が挙げられる。ギャリソンはデューイのプラグマティズムと、社会的構成主義に位置づけられるヴィゴツキーやレイヴ（Lave, J.）、ワーチ（Wertsch, J.）といったヴィゴツキー派の理論は実質的に同じであると詳細に検討している（Garrison 1995）。ギャリソンとは異なった観点からの比較としては、「活動」を観点にするものがある。その比較を行ったものとして、コシュマン（Koschmann, T.）らや古屋、ミエッティネン（Miettinen, R.）、中村恵子、ポストホルム（Postholm, M.）の研究が挙げられる（Koschmann, Kuutti and Hickman, 1998; 古屋 2001a; Miettinen 2006; 中村 2007; Postholm 2008）。

　このような一連の比較の中で、デューイとヴィゴツキーの関係性をめぐり、対立した議論もなされている。その例として、ギャリソンとミエッティネンの議論が挙げられる。一度ヴィゴツキーおよびヴィゴツキー派とデューイの理論の同質性を指摘しているにもかかわらず、ギャリソンはヴィゴツキーおよびヴィゴツキー派の理論である活動理論（active theory）は「外側」（the outer）と「内側」（the inner）の二元論に基づいていると指摘する。そしてデューイはその二元論を克服していると、デューイの優位性を主張している（Garrison 2001）。このギャリソンの主張に対し、ミエッティネンはデューイとヴィゴツキーおよびヴィゴツキー派の理論に対話の余地がまだあると主張し、反論している（Miettinen 2001）。

　ギャリソンのように、ヴィゴツキーやヴィゴツキー派に対するデューイの優位性を主張することは、彼が意図するしないにかかわらず、ヴィゴツキーやヴ

ィゴツキー派の理論を退けることを意味する。このギャリソンの主張では、両陣営のどちらかの理論でなければならないという二者択一に基づくことになり、一方の理論を排除することにつながる。両陣営の建設的な関係を検討するといった生産的な試みが閉ざされることになる。建設的な関係が描けるのであれば、ミエッティネンのように対話の余地を主張することは有意義である。しかしながら、余地を訴えるだけでは不十分であろう。建設的な関係を具体的に示すことで、そのような対話が実際に拓かれるからである。

　このような観点に立つとき、第9章の第1節で行った比較は、ヴィゴツキー派の理論とデューイの理論の建設的な関係性を具体的に示したということもできる。第9章第1節において、ブルーナーがヴィゴツキーの理論を支持していることが示された。それが現れているのが「文化心理学」の枠組みである。本書では枠組みを観点に「文化心理学」と「文化的自然主義」を比較した。そこでは、その領域の1つということで「文化的自然主義」に優位が示されるとしても、両者は二者択一的な選択を迫られることもなく、それゆえどちらか一方を排除するという関係が避けられている。そういった意味で、本書が試みたブルーナーの「文化心理学」とデューイの「文化的自然主義」の比較は、ヴィゴツキー派の理論とデューイの理論の建設的な関係の1つの例ということもできる。したがって、ブルーナーの「文化心理学」に基づく論とデューイの論の比較は、ヴィゴツキー派とデューイの比較ということにも結びつく。

　このような比較は、先に述べたデューイの教育論とブルーナーが「文化心理学」提唱後に展開した教育論を比較する意図と無関係ではない。ヴィゴツキー派の理論としてブルーナーの「文化心理学」に基づく論をデューイの論と比較することは、新たな知見を生みだす可能性があり、さらなる実り豊かさをもたらすことになるであろう。そのためにも、ブルーナーとヴィゴツキーの理論上の接点を今後さらに解明していくことも求められよう。

　「志向的状態」と「間主観性」への着目という「文化心理学」提唱後に展開された教育論の特徴に限定してしまったこと、それゆえ他にも論点がありうるのに「ナラティヴ」と「フォークペダゴジー」に比較の対象を限定してしまったことなどから、本書で行った「デューイとブルーナー」の比較検討は試論の域を出ていないかもしれない。しかしながら、たとえ試論であったとしても、本書の試みによって、デューイの教育論とブルーナーが「文化心理学」提唱後

414

に展開した教育論の比較検討が建設的で生産的な方向に拓かれたにちがいない。

　　注

1) もちろん、このことは研究関心の変遷からも暗示されている。「ナラティ
　ヴ」研究におけるブルーナーの研究関心は、教育の研究のときのものと異
　なっており、したがって、ブルーナーの教育論を「構造」や「ブルーナー
　仮説」といったものに限定できなくなるためである。

2) 序章でも触れたが、牧野は「思想文脈」ではなく「思想分脈」という表現
　を用いている。本研究でも、ブルーナーの教育論をデューイの教育論に包
　括されるものとは位置づけておらず、双方の教育論に独立性を認めたうえ
　で、両者の関係性について検討を加えている。その検討結果にとって、デ
　ューイの教育論の分派を表す「デューイの思想分脈」という表現はこの上
　なく適切である。

引用文献一覧

Amsterdam, A. and Bruner, J., 2000 *Minding the Law*, Harvard University Press.

Anglin, J., 1973a, "Introduction," in Anglin, J. (ed.), 1973, *Jerome S. Bruner: Beyond the Information Given: Studies in the Psychology of Knowing*, W. W. Norton & Company, pp. xiii-xxiv (平光昭久訳,「序論」, 1978 (上), 平光昭久・大沢正子訳, 『認識の心理学 —— 与えられる情報をのりこえる』明治図書, pp. 14-30).

Anglin, J., 1973b, "Introduction," in Anglin, J. (ed.), 1973, *Jerome S. Bruner: Beyond the Information Given: Studies in the Psychology of Knowing*, W. W. Norton & Company, pp. 3-5 (平光昭久訳,「序文」, 1978 (上), 平光昭久・大沢正子訳, 『認識の心理学 —— 与えられる情報をのりこえる』明治図書, pp. 32-34).

Bakhurst, D., 1995, "On the Social Constitution of Mind: Bruner, Ilyenkov, and the Defence of Cultural Psychology," *Mind, Culture, and Activity*, 2, 3, pp. 158-171.

—— 2001, "Memory, Identity and the Future of Cultural Psychology," in Bakhurst D. and Shanker, S. (eds), *Jerome Bruner: Language, Culture, Self*, Sage, pp. 184-198.

Bakhurst, D. and Shanker, S., 2001, "Introduction: Bruner's Way," in Bakhurst D. and Shanker, S. (eds), *Jerome Bruner: Language, Culture, Self*, Sage, pp. 1-18.

Bruner, J., 1951, "Personality Dynamics and the Process of Perceiving," in Anglin, J. (ed.), 1973, *Jerome S. Bruner: Beyond the Information Given: Studies in the Psychology of Knowing*, W. W. Norton & Company, pp. 89-113 (大沢正子訳, 1978 (上),「パーソナリティ・ダイナミックスと知覚の過程」, 平光昭久・大沢正子訳『認識の心理学 —— 与えられる情報をのりこえる』明治図書, pp. 133-163).

—— 1957, "Going beyond the Information Given," in Bruner, J. (ed.), 2006, *In Search of Pedagogy: The selected works of Jerome S. Bruner*, Vol. 1, Routledge, pp. 7-23 (平光昭久訳, 1978 (中),「与えられる情報をのりこえる」, 平光昭久訳『認識の心理学 —— 与えられる情報をのりこえる』明治図書, pp. 143-175).

—— 1959a, "Learning and Thinking," 1959, in Bruner, J. (ed.), 2006, *In Search of Pedagogy: The selected works of Jerome S. Bruner*, Vol. 1, Routledge, pp. 24-30 (平光昭久訳, 1978 (下),「学習をのりこえて思考へ —— 学習から思考へののりこえ」, 平光昭久訳『認識の心理学 —— 与えられる情報をのりこえる』明治図書, pp. 263-276).

—— 1959b, "The Functions of Teaching," in Bruner, J. (ed.), 2006, *In Search of Pedagogy: The selected works of Jerome S. Bruner*, Vol. 1, Routledge, pp. 31-

39.

――― 1961, "The Act of Discovery," in Bruner, J.（ed.）, 2006, *In Search of Pedagogy: The selected works of Jerome S. Bruner*, Vol. 1, Routledge, pp. 57-66（橋爪貞雄訳，1969，「発見の行為」，橋爪貞雄訳『直観・創造・学習』黎明書房，pp. 129-152. 平光昭久訳，1978（下），「発見という行為」，平光昭久訳『認識の心理学――与えられる情報をのりこえる』明治図書，pp. 138-157).

――― 1964, "The Course of Cognitive Growth," in Bruner, J.（ed.）, 2006, *In Search of Pedagogy: The selected works of Jerome S. Bruner*, Vol. 1, Routledge, pp. 67-89（平光昭久訳，1978（下），「認識力成長の過程」，平光昭久訳『認識の心理学――与えられる情報をのりこえる』明治図書，pp. 25-63).

――― 1966, *Toward a Theory of Instruction*, The Belknap Press of Harvard University Press（田浦武雄・水越敏行訳，1966，『教授理論の建設』黎明書房).

――― 1971a, *The Relevance of Education*, W. W. Norton & Company（平光昭久訳，1972，『教育の適切性』明治図書).

――― 1971b, "The Growth and Structure of Skill," in Anglin, J.（ed.）, 1973, *Jerome S. Bruner: Beyond the Information Given: Studies in the Psychology of Knowing*, W. W. Norton & Company, pp. 245-269（平光昭久訳，1978（中），「技能の成長と技能の構造」，平光昭久訳『認識の心理学――与えられる情報をのりこえる』明治図書，pp. 182-215).

――― 1975, "The Ontogenesis of Speech Acts," *Journal of Child Language*, 2, pp. 1-19（佐藤三郎訳，1978，「発話行為の個体発生」，ブルーナー，J. 著　佐藤三郎編訳『乳幼児の知性』誠信書房，pp. 55-99).

――― 1977（Revised Edition）, *The Process of Education*, Harvard University Press（First published in 1960）（鈴木祥蔵・佐藤三郎訳，1985，『教育の過程（新装版）』岩波書店).

――― 1978, "Learning the Mother Tongue," in Bruner, J.（ed.）, 2006, *In Search of Pedagogy: The selected works of Jerome S. Bruner*, Vol. 2, Routledge, pp. 47-56.

――― 1979（Expanded edition）, *On Knowing: Essays for the Left Hand*, The Belknap Press of Harvard University Press（First published in 1962）（橋爪貞雄訳，1969，『直観・創造・学習』黎明書房).

――― 1980a, *Under Five in Britain*, Grant McIntyre（佐藤三郎訳，1985，『イギリスの家庭外保育』誠信書房).

――― 1980b, "Jerome S. Bruner," in Lindzey, G.（ed.）, *A History of Psychology in Autobiography*, Vol. VII, W. H. Freeman and Company, pp. 75-151.

――― 1983a, *Child's Talk: Learning to Use Language*, W. W. Norton & Company（寺田晃・本郷一夫訳，1985，『乳幼児の話しことば――コミュニケーションの学習』誠信書房).

――― 1983b, *In Search of Mind: Essays in Autobiography*, Harper & Row（田中一彦訳，1993，『心を探して』みすず書房）.

――― 1985a, "Models of the Learner," *Educational Researcher*, 14, 6, pp. 5-8.

――― 1985b, "Narrative and Paradigmatic Modes of Thought," 1985, in Bruner, J.（ed.）, 2006, *In Search of Pedagogy: The selected works of Jerome S. Bruner*, Vol. 2, Routledge, pp. 116-128.

――― 1986, *Actual Minds, Possible Worlds*, Harvard University Press（田中一彦訳，1998，『可能世界の心理』みすず書房）.

――― 1987, "Life as Narrative," in Bruner, J.（ed.）, 2006, *In Search of Pedagogy: The selected works of Jerome S. Bruner*, Vol. 2, Routledge, pp. 129-140.

――― 1990a, *Acts of Meaning*, Harvard University Press（岡本夏木・仲渡一美・吉村啓子訳，1999，『意味の復権――フォークサイコロジーに向けて』ミネルヴァ書房）.

――― 1990b, "Culture and Human Development: A New Look," *Human Development*, 33, pp. 344-355.

――― 1991, "Self-Making and World-Making," in Elgin, C.（ed.）, 1997, *Nominalism, Constructivism, and Relativism in the Work of Nelson Goodman*, Garland Publishing, pp. 67-78.

――― 1992a, "On Searching for Bruner," *Language & Communication*, 12, 1, pp. 75-78.

――― 1992b, "Psychology, Morality, and The Law," in Robinson, D.（ed.）, *Social Discourse and Moral Judgment*, Academic Press, pp. 99-112.

――― 1995, "Meaning and Self in Cultural Perspective," in Bakhurst D. and Sypnowich, C.（eds）, *The Social Self*, Saga, pp. 18-29.

――― 1996, *The Culture of Education*, Harvard University Press（岡本夏木・池上貴美子・岡村佳子訳，2004，『教育という文化』岩波書店）.

――― 1997, "Celebrating Divergence: Piaget and Vygotsky," in Bruner, J.（ed.）, 2006, *In Search of Pedagogy: The selected works of Jerome S. Bruner*, Vol. 2, Routledge, pp. 187-197.

――― 1999, "Infancy and Culture: a Story," in Bruner, J.（ed.）, 2006, *In Search of Pedagogy: The selected works of Jerome S. Bruner*, Vol. 2, Routledge, pp. 198-204.

――― 2001, "In Response," in Bakhurst D. and Shanker, S.（eds）, *Jerome Bruner: Language, Culture, Self*, Sage, pp. 199-215.

――― 2002, *Making Stories: Law, Literature, Life*, Harvard University Press（岡本夏木・吉村啓子・添田久美子訳，2007，『ストーリーの心理学――法・文学・生をむすぶ』ミネルヴァ書房）.

――― 2003, "Education Reform: A Report Card," in Bruner, J.（ed.）, 2006, *In*

Search of Pedagogy: The selected works of Jerome S. Bruner, Vol. 2, Routledge, pp. 214-221.

――――― 2006a, *In Search of Pedagogy: The selected works of Jerome S. Bruner*, Vol. 2, Routledge.

――――― 2006b, "Introduction," in Bruner, J. (ed.), 2006, *In Search of Pedagogy: The selected works of Jerome S. Bruner*, Vol. 1, Routledge, pp. 1-6.

――――― 2006c, "Culture, Mind, and Narrative," in Bruner, J. (ed.), 2006, *In Search of Pedagogy: The selected works of Jerome S. Bruner*, Vol. 2, Routledge, pp. 230-236.

――――― 2006d, "Culture, Mind, and Narrative," in Bruner, J., Feldman, C., Hermansen, M. and Molin, J., *Narrative, Learning and Culture*, New Social Science Monograph, pp. 13-24.

――――― 2008, "Culture and Mind: Fruitful Incommensurability," *Ethos*, 36, 1, pp. 29-45.

Bruner, J. and Brown, J., 1946, "Contemporary France and Educational Reform," *The Harvard Educational Review*, 16, 1, pp. 10-20.

Bruner, J. and Bruner, B., 1968, "On Voluntary Action and Its Hierarchical Structure," in Anglin, J. (ed.), 1973, *Jerome S. Bruner: Beyond the Information Given: Studies in the Psychology of Knowing*, W. W. Norton & Company, pp. 280-296（平光昭久訳,「有意的行動，その階層的構造について」, 1978（中），平光昭久訳『認識の心理学 ―― 与えられる情報をのりこえる』明治図書，pp. 231-253).

Bruner, J., Caudill, E. and Ninio, A., 1977, "Language and Experience," in Peters, R. (ed.), *John Dewey Reconsidered*, Routledge & Kegan Paul, pp. 18-34.

Bruner, J. and Cunningham, B., 1939, "The Effect of Thymus Extract on the Sexual Behavior of the Female Rat," *Journal of Comparative Psychology*, 27, 1, pp. 69-77.

Bruner, J. and Goodman, C. 1947, "Value and Need as Organizing Factors in Perception," in Anglin, J. (ed.), 1973, *Jerome S. Bruner: Beyond the Information Given: Studies in the Psychology of Knowing*, W. W. Norton & Company, pp. 43-56（大沢正子訳，1978（上），「知覚の体制化要因としての価値と要求」，平光昭久・大沢正子訳『認識の心理学 ―― 与えられる情報をのりこえる』明治図書，pp. 81-95).

Bruner, J., Goodnow, J. and Austin, G., 1986, *A Study of Thinking*, Transaction Publishers (First published in 1956)（岸本弘・岸本紀子・杉崎恵義・山北亮訳，1969,『思考の研究』明治図書).

Bruner, J. and Postman, L. 1949, "On the Perception of Incongruity: A Paradigm," in Anglin, J. (ed.), 1973, *Jerome S. Bruner: Beyond the Information Given: Studies in the Psychology of Knowing*, W. W. Norton & Company, pp. 68-83（大沢正

子訳, 1978 (上), 「不調和の知覚について：その範例」, 平光昭久・大沢正子訳
『認識の心理学——与えられる情報をのりこえる』明治図書, pp. 107-125).

Bruner, J., Olver, R. and Greenfiled, P., 1966, *Studies in Cognitive Growth: A Collaboration at the Center for Cognitive Studies*, John Wiley & Sons (岡本夏木・奥野茂夫・村川紀子・清水美智子訳, 1968 (上), 1969 (下), 『認識能力の成長』明治図書).

Bruner, J. and Tagiuri, R. 1954, "The Perception of People," in Lindzey, G. (ed.), *Handbook of Social Psychology*, Vol. 2, Addison-Wesley, pp. 634-654.

Cole, M., 1996, *Cultural Psychology: A Once and Future Discipline*, The Belknap Press of Harvard University Press (天野清訳, 2002, 『文化心理学——発達・認知・活動への文化 - 歴史的アプローチ』新曜社).

Davidson, D., 1974, "On The Very Idea of a Conceptual Scheme," in Davidson, D, 1984, *Inquiries into Truth and Interpreteation*, Oxford University Press, pp. 183-198 (植木哲也訳, 1991, 「概念枠という考えそのものについて」, 野本和幸ほか訳『真理と解釈』勁草書房, pp. 192-213).

Deng, Z., 2007, "Transforming the Subject Matter: Examining the Intellectual Roots of Pedagogical Content Knowledge," *Curriculum Inquiry*, 37, 3, pp. 279-295.

Dewey, J., 1897, *My Pedagogic Creed*, in Boydston, J. (ed.), 1972, *The Early Works*, Vol. 5, Southern Illinois University Press (遠藤昭彦・佐藤三郎訳, 1977, 「私の教育学的信条」, 大浦猛編訳『実験学校の理論』明治図書, pp. 9-26).

——— 1899, *The School and Society*, in Boydston, J. (ed.), 1976, *The Middle Works*, Vol. 1, Southern Illinois University Press (市村尚久訳, 1998, 『学校と社会・子どもとカリキュラム』講談社学術文庫, pp. 57-258).

——— 1902, *The Child and the Curriculum*, in Boydston, J. (ed.), 1976, *The Middle Works*, Vol. 2, Southern Illinois University Press (市村尚久訳, 1998, 『学校と社会・子どもとカリキュラム』講談社学術文庫, pp. 259-304).

——— 1909, *Moral Principles in Education*, in Boydston, J. (ed.), 1977, *The Middle Works*, Vol. 4, Southern Illinois University Press (遠藤昭彦訳, 1977, 「教育における道徳的原理」, 大浦猛編訳『実験学校の理論』明治図書, pp. 27-65).

——— 1916, *Democracy and Education*, in Boydston, J. (ed.), 1980, *The Middle Works*, Vol. 9, Southern Illinois University Press (松野安男訳, 1975 (上・下), 『民主主義と教育』岩波文庫).

——— 1920, *Reconstruction in Philosophy*, in Boydston, J. (ed.), 1982, *The Middle Works*, Vol. 12, Southern Illinois University Press (清水幾太郎・禮子訳, 1968, 『哲学の改造』岩波文庫).

——— 1922, *Human Nature and Conduct*, in Boydston, J. (ed.), 1983, *The Middle Works*, Vol. 14, Southern Illinois University Press (河村望訳, 1995, 『デュ

ー イ = ミ ー ド 著作集 3　人間性と行為』人間の科学社).

———　1925, *Experience and Nature*, in Boydston, J. (ed.), 1981, *The Later Works*, Vol. 1, Southern Illinois University Press（河村望訳, 1997,『デューイ = ミード著作集 4　経験と自然』人間の科学社).

———　1927, *The Public and its Problems*, in Boydston, J. (ed.), 1984, *The Later Works*, Vol. 2, Southern Illinois University Press（植木豊訳, 2010,『公衆とその諸問題』ハーベスト社).

———　1933, *How We Think*, in Boydston, J. (ed.), 1986, *The Later Works*, Vol. 8, Southern Illinois University Press（植木清次訳, 1950,『思考の方法』春秋社).

———　1938a, *Logic: The Theory of Inquiry*, in Boydston, J. (ed.), 1986, *The Later Works*, Vol. 12, Southern Illinois University Press（魚津郁夫訳（抄訳）, 1968,『世界の名著 48　パース　ジェームス　デューイ』中央公論社, pp. 389-546).

———　1938b, *Experience and Education*, in Boydston, J. (ed.), 1988, *The Later Works*, Vol. 13, Southern Illinois University Press（市村尚久訳, 2004,『経験と教育』講談社学術文庫).

———　1939, *Freedom and Culture*, in Boydston, J. (ed.), 1988, *The Later Works*, Vol. 13, Southern Illinois University Press（明石紀雄訳, 1975,『アメリカ古典文庫 13　ジョン・デューイ』研究社, pp. 113-246).

Fox, J., 1969, "Epistemology, Psychology, and Their Relevance for Education in Bruner and Dewey," *Educational Theory*, 19, 1, pp. 58-75.

Gardner, H., 2001, "Jerome Bruner as Educator: Personal Reflections," in Bakhurst D. and Shanker, S. (eds), *Jerome Bruner: Language, Culture, Self*, Sage, pp. 127-129.

Garrett, L, 1997, "Dewey, Dale, and Bruner: Educational Philosophy, Experiential Learning, and Library School Cataloging Instruction," *Journal of Education for Library and Information Science*, 38, 2, pp. 129-136.

Garrison, J., 1995, "Deweyan Pragmatism and the Epistemology of Contemporary Social Constructivism," *American Educational Research Journal*, 32, 4, pp. 716-740.

———　2001, "An Introduction to Dewey's Theory of Functional 'Trans-Action': An Alternative Paradigm for Activity Theory," *Mind, Culture, and Activity*, 8, 4, pp. 275-296.

Greenfield, P., 1990, "Jerome Bruner: The Harvard Years," *Human Development*, 33, pp. 327-333.

Hall, E., 1928, "Some meanings of Meaning in Dewey's *Experience and Nature*," in Boydston, J. (ed.), 1984, *The Later Works*, Vol. 3, Southern Illinois University Press, pp. 401-414.

Hano, M., 2003, "Jerome Bruner's Cultural-Psychological Approach to Education," 『言語文化学会論集』第 20 号（2003 年春期号），pp. 31-38.
―――― 2004, "A Reflective Conversation with Jerome Bruner,"『言語文化学会論集』第 22 号（2004 年春号），pp. 189-202.
Kang, H., 2014, "Bruner's Educational Theory since Structure of Knowledge: Narrative Turn," *Advanced Science and Technology Letters*, Vol. 47, pp. 258-260.
Kivinen, O. and Ristelä, P., 2003, "From Constructivism to a Pragmatist Conception of Learning," *Oxford Review of Education*, 29, 3, pp. 363-375.
Koschmann, T., Kuutti, K. and Hickman, L., 1998, "The Concept of Breakdown in Heidegger, Leont'ev, and Dewey, and Its Implications for Education," *Mind, Culture, and Activity*, 5, 1, pp. 25-41.
Levin, H. 1984, "Psychologist's Memoirs," *Science*, 224, pp. 720-721.
Lourenço, O., 2012, "Piaget and Vygotsky: Many Resemblances, and a Crucial Difference," *New Ideas in Psychology*, 30, 3, pp. 281-295.
Lutkehaus, N., 2008, "Putting 'Culture' into Cultural Psychology," *Ethos*, 36, 1, pp. 46-59.
Lutkehaus, N. and Greenfield, P., 2003, "From *The Process of Education* to *The Culture of Education*: An Intellectual Biography of Jerome Bruner's Contributions to Education," in Zimmerman, B. and Schunk, D. (eds.), *Educational psychology: a century of contributions*, Lawrence Erlbaum Associates, pp. 409-429（塚野州一訳，2018,『教育心理学者たちの世紀―― ジェームズ，ヴィゴツキー，ブルーナー，バンデューラら 16 人の偉大な業績とその影響』福村出版，pp. 546-574）.
McPhail, J., Pierson, J., Freeman, J., Goodman, J. and Ayappa, A., 2000, "The Role of Interest in Fostering Sixth Grade Students' Identities as Competent Learners," *Curriculum Inquiry*, 30, 1, pp. 43-70.
Mccarty, L. and Schwandt, T., 2000, "Seductive Illusions: Von Glasersfeld and Gergen on Epistemology and Education," in Phillips, D. (ed.), *Constructivism in Education: Opinions and Second Opinions on Controversial Issues*, The National Society for the Study of Education, pp. 41-85.
Mesthene, E., 1959, "The Role of Language in the Philosophy of John Dewey," *Philosophy and Phenomenological Research*, 19, 4, pp. 511-517.
Miettinen, R., 2001, "Artifact Mediation in Dewey and in Cultural-Historical Activity Theory," *Mind, Culture, and Activity*, 8, 4, pp. 297-308.
―――― 2006, "Epistemology of Transformative Material Activity: John Dewey's Pragmatism and Cultural-Historical Activity Theory," *Journal for the Theory of Social Behaviour*, 36, 4, pp. 389-408.
Morris, C., 1938, *Foundations of the Theory of Signs*, University of Chicago Press（内田種臣・小林昭世訳，1988,『記号理論の基礎』勁草書房）.

Olson, D., 2001, "Education: The Bridge from Culture to Mind," in Bakhurst D. and Shanker, S. (eds), *Jerome Bruner: Language, Culture, Self*, Sage, pp. 104-115.

―――― 2003, *Psychological Theory and Educational Reform: How School Remakes Mind and Society*, Cambridge University Press.

―――― 2007, *Jerome Bruner: The Cognitive Revolution in Educational Theory*, Continuum International Publishing Group.

Olson, D. and Bruner, J., 1974, "Learning through Experience and Learning through Media," in Olson, D. (ed.), *Media and Symbols: The Form of Expression, Communication and Education*, The National Society for the Study of Education, pp. 125-150（佐藤三郎訳，1978，「経験による学習と媒体による学習」，ブルーナー，J. 著　佐藤三郎編訳『乳幼児の知性』誠信書房，pp. 175-212）.

―――― 1996, "Folk Psychology and Folk Pedagogy," in Olson, D. and Torrance, N. (eds.), *Handbook of Education and Human Development: New models of Learning, Teaching, and Schooling*, Blackwell, pp. 9-27.

Olson, D. and Katz, S., 2001, "The Fourth Folk Pedagogy," in Torff, B. and Sternberg, R. (eds.), *Understanding and Teaching the Intuitive Mind: Student and Teacher Learning*, Lawrence Erlbaum Associates, pp. 243-263.

Phillips, D., 1995, "The Good, the Bad, and the Ugly: The Many Faces of Construtivism," *Educational Researcher*, 24, 7, pp. 5-12.

Postholm, M., 2008, "Cultural Historical Activity Theory and Dewey's Idea-based Social Constructivism: Consequences for Educational Research," *Outlines: Critical Practice Studies*, 10, 1, pp. 37-48.

Prawat, R., 1996, "Constructivisms, Modern and Postmodern," *Educational Psychologist*, 31, 3/4, pp. 215-225.

Reid, D. and Button, L., 1995, "Anna's Story: Narratives of Personal Experience about Being Labeled Learning Disabled," *Journal of Learning Disabilities*, 28, 10, pp. 602-614.

Rutten, K. and Soetaert, R., 2013, "Narrative and Rhetorical Approaches to Problems of Education: Jerome Bruner and Kenneth Burke Revisited," *Studies in Philosophy and Education*, 32, 4, pp. 327-343.

Ryan, J., 1974, "Early Language Development: Towards a Communicational Analysis," in Richards, M. (ed.), *The Integration of a Child into a Social world*, Cambridge University Press, pp. 185-214.

Shanker, S., 1992, "In Search of Bruner," *Language & Communication*, 12, 1, pp. 53-74.

―――― 1993, "Locating Bruner," *Language & Communication*, 13, 4, pp. 239-263.

Smidt, S., 2011, *Introducing Bruner: A Guide for Practitioners and Students in Early Years Education*, Routledge（野村和訳，2014，『幼児教育入門――ブルーナーに

学ぶ』明石書店）.

Sutinen, A., 2008 "Constructivism and Education: Education as an Interpretative Transformational Process," *Studies in Philosophy and Education*, 27, 1, pp. 1-14.

Takaya, K., 2008, "Jerome Bruner's Theory of Education: From Early Bruner to Later Bruner," *Interchange*, 39, 1, pp. 1-19.

――― 2013, *Jerome Bruner: Developing a Sense of the Possible*, Springer.

Tomasello, M, Kruger, A. and Ratner, H., 1993, "Cultural Learning," *Behavioral and Brain Sciences*, 16, 3, pp. 495-511.

Toomela, A., 1996, "How Culture Transforms Mind: A Process of Internalization," *Culture & Psychology*, 2, pp. 285-305.

Torff, B., 1998, "Tacit Knowledge in Teaching: Folk Pedagogy and Teacher Education," in Steinberg, R. and Horvath, J. (eds.), *Tacit Knowledge in Professional Practice: Researcher and Practitioner Perspectives*, Lawrence Erlbaum Assoc Inc, pp. 195-213.

Tselfes, V. and Paroussi, A., 2009, "Science and Theatre Education: A Cross-disciplinary Approach of Scientific Ideas Addressed to Student Teachers of Early Childhood Education," *Science & Education*, 18, pp. 1115-1134.

Van der Veer, R., 1996 "The Concept of Culture in Vygotsky's Thinking," *Culture & Psychology*, 2, pp. 247-263.

――― 2007, *Lev Vygotsky*, Continuum International Publishing Group.

Von Glasersfeld, E., 1995, "A Constructivist Approach to Teaching," in Steffe, L. and Gale, J. (eds), *Constructivism in Education*, Lawrence Erlbaum Associates, pp. 3-15.

Weil, A., 1964, "Harvard's Bruner and His Yeasty Ideas," *Harper's Magazine*, 229, 1375, pp. 81-86, 89（足立楓訳，1967,「ハーバードのブルーナー」，ブルーナー，J. 著　佐藤三郎編訳『教育革命』明治図書，pp. 157-181）

Weltman, B., 1999, "The Message and the Medium: The Roots/Routes of Jerome Bruner's Postmodernism," *Theory and Research in Social Education*, 27, 2, pp. 160-178.

Wertsch, J., 1998, *Mind as Action*, Oxford University Press（佐藤公治・田島信元・黒須俊夫・石橋由美・上村佳世子訳，2002,『行為としての心』北大路書房）.

Wienpahl, P., 1950, "Dewey's Theory of Language and Meaning," in Hook, S. (ed.), *John Dewey: Philosopher of Science and Freedom*, The Dial Press, pp. 271-288.

Wood, D., Bruner, J., and Ross, G., 1976, "The Role of Tutoring in Problem Solving," in Bruner, J. (ed.), 2006, *In Search of Pedagogy: The selected works of Jerome S. Bruner*, Vol. 1, Routledge, pp. 198-208.

Young, E., 1972, "Dewey and Bruner: A Common Ground?," *Educational Theory*, 22, 1, pp. 58-68, 77.

東洋・大山正・詫摩武俊・藤永保編集代表，1973，『心理用語の基礎知識 —— 整理と検証のために』有斐閣.

天野正輝，1969，「J. S. ブルーナーによるデューイ批判の問題点」『日本デューイ学会紀要』第 10 号，pp. 21-26, 35.

——— 1970，「J. S. ブルーナーによるデューイ批判の検討」『京都大学教育学部紀要』第 15 号，pp. 42-56.

アリストテレス　高田三郎訳，1971，『ニコマコス倫理学（上）』岩波文庫.

安藤輝次，1988，「『人間：学習過程』（MACOS）論争の教訓」，木下百合子・船尾日出志編『社会科教育論』東信堂，pp. 102-121.

生田久美子，2009，「教育を文化的視座から捉えなおすことの意味 —— 『文化』と『思考』に着目して」『教育哲学研究』第 99 号，pp. 1-8.

石橋由美，1997，「社会文化的アプローチを読み解く —— ブルーナーの文化心理学をてがかりに」『心理科学』第 19 巻第 2 号，pp. 32-48.

磯辺武雄，1981，「J・S・ブルーナーの教授理論に関する一考察 —— 教育方法の問題提起を中心として」『国士舘大学文学部　人文学会紀要』第 13 号，pp. 126-108.

伊藤智樹，2000，「トラブル，物語，解釈行為 —— J. Bruner から社会学への贈り物」『千葉大学人文研究』第 29 号，pp. 67-87.

井上弘，1967，『現代教育方法学』明治図書.

今井邦彦，2001，『「語用論」への招待』大修館書店.

今井康晴，2005，「デューイ研究におけるブルーナー解釈に関する一考察」『広島大学大学院教育学研究科紀要　第一部　学習開発関連領域』第 1 部第 54 号，pp. 73-79.

——— 2007，「ブルーナーにおける構造論に関する一考察 —— 『社会科』を中心として」『学習開発学研究』第 1 号，pp. 115-120.

——— 2008a，「ブルーナーにおける『足場かけ』概念の形成過程に関する一考察」『広島大学大学院教育学研究科紀要　第一部　学習開発関連領域』第 57 号，pp. 35-42.

——— 2008b，「我が国の『教育内容の現代化』におけるブルーナー教育理論の受容に関する一考察」『明星大学教育学研究紀要』第 23 号，pp. 97-106.

——— 2009a，「在宅保育に関する一考察 —— ブルーナーによるチャイルド・マインダーへの提言を中心に」『学習開発学研究』第 2 号，pp. 79-84.

——— 2009b，「幼児の早期教育に関する一考察 —— 幼児教育におけるブルーナー理論の位置を中心に」『広島大学大学院教育学研究科紀要　第一部　学習開発関連領域』第 58 号，pp. 33-38.

——— 2009c，「ブルーナーの教育理論に関する一考察（2）—— 1970 年および 1983 年における Psychology　Today の対談を中心に」『明星大学教育学研究紀要』第 24 号，pp. 67-76.

——— 2010a，「ブルーナーの幼児教育論における一考察 —— 心理学との関わりを中

心に」『学習開発学研究』第 3 号，pp. 53-59.

――― 2010b，「ブルーナーのナラティブ論に関する一考察」『広島大学大学院教育学研究科紀要　第一部　学習開発関連領域』第 59 号，pp. 51-57.

――― 2011a，「幼児の言語獲得に関する一考察 ―― ブルーナーの言語獲得論を中心に」『学習開発学研究』第 4 号，pp. 21-27.

――― 2011b，「ナラティヴ・ラーニングに関する一考察 ―― ブルーナーにおけるナラティヴを中心に」『武蔵野短期大学研究紀要』第 25 輯，pp. 111-121.

――― 2013a，「ブルーナーの教育論に関する一考察（3）―― 教育論の形成過程を中心に」『学習開発学研究』第 6 号，pp. 25-30.

――― 2013b，「ブルーナーの遊び論に関する一考察」『教育新世界』第 61 号，pp. 38-48.

――― 2013c，「教育におけるナラティブの活用に関する一考察」『武蔵野学院大学日本総合研究所研究紀要』第 10 輯，pp. 373-379.

――― 2014，「ブルーナーにおける幼児教育・保育論の展開に関する一考察 ―― 教育に関わる著作を中心に」『学習開発学研究』第 7 号，pp. 26-35.

――― 2015，「ブルーナーの教育論に関する一考察（4）―― 大学時代を中心に」『学習開発学研究』第 8 号，pp. 223-229.

――― 2016，「ブルーナーの教育論に関する一考察（5）―― 第二次世界大戦後に焦点を当てて」『学習開発学研究』第 9 号，pp. 93-99.

――― 2017，「ブルーナーの教育論に関する一考察（6）―― ブルーナーの自伝に見る心理学への姿勢」『学習開発学研究』第 10 号，pp. 179-184.

今井康晴・甲斐規雄，2005，「《研究ノート》戦後日本教育における J. S. Bruner の受容に関する研究 ―― 1960〜1970 年の著書にある J. S. Bruner の思想」『明星大学研究紀要 ―― 人文学部』第 41 号，pp. 177-183.

今井康晴・鯨井俊彦，2008，「ブルーナーの教育理論の一考察 ――「デューイの後に来るもの（1966 年）」と『『教育の過程』を再考する（1971 年）」論文の比較を中心に」『明星大学研究紀要 ―― 人文学部』第 41 号，pp. 115-126.

岩田純一，1996，「ブルーナー ―― 物語としての発達論へ」，浜田寿美男編『発達の理論 ―― 明日への系譜（別冊発達 20 号）』ミネルヴァ書房，pp. 33-53.

――― 2008，「文化的認知論 ―― ブルーナー派のアプローチ」，田島信元編『文化心理学』朝倉書店，pp. 114-130.

ヴィゴツキー　柴田義松監訳，2005，『文化的‐歴史的精神発達の理論』学文社.

ヴィゴーツキー，エリ，エス　中村和夫訳，1990，「子どもの文化的発達の問題」『心理科学』第 12 巻第 2 号，pp. 24-34.

植村繁芳，1986，「ブルーナーの学力論の検討 ―― 個性的な学力をとらえる視点について」『教育方法学会紀要　教育方法学研究』第 11 巻，pp. 35-42.

魚津郁夫，2006，『プラグマティズムの思想』ちくま学芸文庫.

梅津八三・相良守次・宮城音弥・依田新監修，1981，『新版　心理学事典』平凡社.

岡本夏木・仲渡一美・吉村啓子, 1999,「訳者あとがき」, ブルーナー, J. 岡本夏木・仲渡一美・吉村啓子訳,『意味の復権――フォークサイコロジーに向けて』ミネルヴァ書房, pp. 239-251.

小川博久, 1966,「ブルーナーの構造論に関する一考察（その1）」『東京教育大学教育学研究集録』第6集, pp. 45-52.

―――― 1967,「ブルーナーに於ける構造と発見法」, 東京教育大学教育方法談話会『教育方法学研究』第2巻, pp. 49-64.

―――― 1972a,「構造と構造化」, 富田竹三郎編『現代の教授理論』協同出版, pp. 105-138.

―――― 1972b,「認識論的・認知論的比較（デューイとブルーナー）」, 佐藤三郎編『ブルーナー理論と授業改造』明治図書, pp. 133-149.

―――― 1979,「J. S. ブルーナーの『教育論』における論構成について――心理学研究と教育への発言はいかにかかわりうるか」, 東京教育大学教育方法談話会『教育方法学研究』第5号, pp. 54-77.

―――― 1983,「幼児教育における発達観の『対立』についての教育学的検討――ブルーナーの発達論を評価する手がかりとして（1）」東京教育大学教育方法談話会『教育方法学研究』第6号, pp. 70-89.

―――― 1986,「幼児教育における発達観の『対立』についての教育学的検討――「未成熟期の性格とその利用」の論構成の検討を通して（2）」東京教育大学教育方法談話会『教育方法学研究』第7号, pp. 209-229.

加藤憲一, 1998,「J. S. ブルーナーの教育理論とA. W. フォシェイにおける教育課程論」『児童教育学会　研究集録』第11号, pp. 25-45.

上寺久雄, 1966,『現代教育の課題――デューイ教育学の再評価』教育タイムス社.

川浦佐知子, 2010,「科学教育とストーリー――宇宙論学習におけるナラティブ思考の実践」『名古屋高等教育研究』第10号, pp. 5-22.

川瀬八洲夫, 1971,「J. S. ブルーナーの教育理論――デューイのあとにくるもの」『東京家政大学研究紀要』第11集, pp. 111-122.

神田伸生, 2005,「J. S. ブルーナーの教育方法論のパースペクティヴ I」『鶴見大学紀要　第3部保育・歯科衛生編』第42号, pp. 77-86.

岸光城, 1974,「ブルーナーの教授理論の考察」『山口大学教育学部研究論叢　第3部芸能・体育・教育・心理』第23巻, pp. 1-13.

岸本実, 1989,「MACOSにおける思考と感情の結合について――J・ブルーナーとR・ジョーンズの教授理論による人間についての知識の主体化について」『社会科研究』第37号, pp. 148-157.

木下凉一, 1974,「学習への意志――BrunerとDeweyの間」『佐賀大学教育学部研究論文集』第22号, pp. 17-34.

木村敏, 2007,『分裂病と他者』ちくま学芸文庫.

クワイン, W. V. O. 飯田隆訳, 1992,『論理的観点から――論理と哲学をめぐる九

章』勁草書房.

グッドマン, ネルソン 菅野盾樹訳, 2008, 『世界制作の方法』ちくま学芸文庫.

コナリー, K.・ブルーナー, J. 編 佐藤三郎訳編, 1979, 『コンピテンスの発達——知的能力の考察』誠信書房.

小林清一, 1999, 『アメリカ福祉国家体制の形成』ミネルヴァ書房.

子安増生, 2000, 『心の理論——心を読む心の科学』岩波書店.

斎藤清二, 2006, 「医療におけるナラティヴの展望——その理論と実践の関係」, 江口重幸・斎藤清二・野村直樹編『ナラティヴと医療』金剛出版, pp. 245-265.

三枝孝弘・日比裕・井深淳子・石川英志・栗本澄子・大島聡, 1981, 「授業諸要因の制御に関する比較教授学的実験研究（II）——ブルーナー理論における sense および intuition の検討」『名古屋大学教育学部紀要（教育学科）』第 28 巻, pp. 101-112.

三枝孝弘・日比裕・井深淳子・石川英志・大島聡・Villablanca, R. E.・的場正美, 1982, 「授業諸要因の制御に関する比較教授学的実験研究（III）——ブルーナー理論とガニエ理論における授業諸要因の関連構造の検討」『名古屋大学教育学部紀要（教育学科）』第 29 巻, pp. 109-143.

坂元忠芳, 1969, 「ブルーナー批判——教科の『構造』論を中心に」, 矢川徳光編『民主教育の基礎理論（講座 現代民主主義教育 第 3 巻）』青木書店, pp. 270-306.

佐々木俊介, 1970, 「ブルーナーの理論」, 金子孫市監修『現代教育理論のエッセンス——20 世紀教育理論の展開』ぺりかん社, pp. 95-109.

佐藤三郎, 1967, 「解説」, ブルーナー, J. 佐藤三郎訳編, 『教育革命』明治図書, pp. 201-228.

—— 1968, 「ブルーナーの教育理論とその背景」, 佐藤三郎編, 『ブルーナー入門』明治図書, pp. 11-59.

—— 1976, 『学び方学習新論——ブルーナー理論の再考察』明治図書.

—— 1986, 『ブルーナー『教育の過程』を読み直す』明治図書.

佐藤三郎編, 1968, 『ブルーナー入門』明治図書.

—— 1969, 『教授革命』明治図書.

—— 1972, 『ブルーナー理論と授業改造』明治図書.

ジグラ, エドワード・ムンチョウ, スーザン 田中道治訳, 1994, 『アメリカ教育革命——ヘッドスタート・プロジェクトの偉大なる挑戦』学苑社.

嶋口裕基, 2010, 「J. S. ブルーナーの『二つの思考様式』の検討——教育における『二つの思考様式』の関係性に焦点を当てて」『日本デューイ学会紀要』第 51 号, pp. 35-44.

—— 2011, 「ブルーナーの『ナラティヴ』論の教育的地平」『早稲田大学教育学会紀要』第 12 号, pp. 40-47.

杉浦宏, 1968, 「最近のアメリカにおける教育上のデューイ評価」, デューイ, J. 杉浦宏訳『教育における道徳原理』未来社, pp. 170-193.

杉浦美朗，1979，「デューイとブルーナー（1）」『三重大学教育学部研究紀要　教育科学』第 30 巻第 4 号，pp. 1-16.

杉峰英憲，1974，「教育課程論の批判的一考察 ── 統合の理念とブルーナーの発見的教授法」『京都大学教育学部紀要』第 20 号，pp. 163-190.

菅生千穂，2008，「J. ブルーナーから R. シュタイナーへ ── 現代教育現場のニーズを探る」『群馬大学教育実践研究』第 25 号，pp. 113-122.

鈴木順子，1985，「デューイのコミュニケーション論 ── 社会的カテゴリーとしての意味論的根拠とその特徴」『教育学研究』第 52 巻第 2 号，pp. 163-172.

鈴木祥蔵・佐藤三郎，1985，「解説」，ブルーナー，J.　鈴木祥蔵・佐藤三郎訳，『教育の過程（新装版）』岩波書店，pp. 120-160.

陶山岩見，1995，『ヘッドスタート研究』近代文藝社.

瀬戸口昌也，2006，「ディルタイの教育学とナラトロジー（Narratologie）── ミッシュ・ブルーナー・リクールを手がかりに」『別府大学紀要』第 47 号，pp. 49-60.

相馬宗胤，2013，「『教育の現代化』に至る心理学者ブルーナーの問題意識」中国四国教育学会『教育学研究紀要（CD-ROM 版）』第 59 巻，pp. 13-18.

─── 2014，「ブルーナー幼児教育論再考 ── 世界制作論としてナラティヴ論を読む」中国四国教育学会『教育学研究紀要（CD-ROM 版）』第 60 巻，pp. 410-415.

添田久美子，2005，『「ヘッド・スタート計画」研究 ── 教育と福祉』学文社.

田浦武雄，1968，『デューイ研究』福村出版.

─── 1978，「デューイの言語論」『日本デューイ学会紀要』第 19 号，pp. 136-141.

高浦勝義，1978，「ブルーナーの発見学習に関する一考察 ── デューイとの比較を通して」『日本デューイ学会紀要』第 19 号，pp. 78-86.

─── 1979，「ブルーナーの教育目的に関する一考察 ── デューイとの比較を通して」『日本デューイ学会紀要』第 20 号，pp. 30-37.

高取憲一郎，2014，「活動理論に関する一つの視点 ── ヴィゴツキーとピアジェ」『地域教育学研究』6, 1，pp. 1-6.

高橋洸治，1999，「文化視点からの人間と教育の再考 ── 文化的行為主体，教育の準則，及び物語的思考法を中心にして」『静岡大学教育学部研究報告　人文・社会科学篇』第 49 号，pp. 223-238.

竹田清夫，1968，「ブルーナーの『教科の構造』論の検討」『教育哲学研究』第 18 号，pp. 52-66.

田島信元，2003，『共同行為としての学習・発達』金子書房.

田中耕治，1980，「カリキュラム改革運動における『構造』概念について ── ブルーナーとシュワブの場合」『京都大学教育学部紀要』第 24 号，pp. 222-232.

筒石賢昭，1992，「音楽学習理論の研究 ── ブルーナー理論が音楽教育に与えた影響」『音楽教育学』第 21-2 号，pp. 35-44.

土井捷三，2005，「内言論を再考する ── 自己中心的言語の内言化と対話」『ヴィゴツ

キー学』第 6 巻，pp. 17-22.

冨田恭彦，1993,「言語行為論とプラグマティックス」，新田義弘他責任編集『岩波講
　　座　現代思想四　言語論的転回』岩波書店，pp. 183-208.

中島佳明，2000,「ブルーナーの『活動主義カリキュラム』を志向した授業の構想」
　　日本学校教育学会『学校教育研究』第 15 号，pp. 112-126.

中島義明，安藤清志，子安増生，坂野雄二，繁桝算男，立花政夫，箱田裕司編，1999,
　　『心理学辞典』有斐閣.

中村和夫，1998,『ヴィゴーツキーの発達論 —— 文化 - 歴史的理論の形成と展開』東
　　京大学出版会.

中村恵子，2007,「デューイとエンゲストローム —— 活動理論における類似性」『日本
　　デューイ学会紀要』第 48 号，pp. 141-149.

長妻克亘，1966,「経験主義との決別こそ主眼」『現代教育科学』第 98 号，pp. 27-32.

西本有逸，2007,「『心内化』再考」『ヴィゴツキー学』第 8 巻，pp. 25-31.

野口裕二，2005,『ナラティヴの臨床社会学』勁草書房.

芳賀純，1968,「ブルーナーの発達観」，『現代教育科学』第 11 巻第 8 号，pp. 64-70.

浜渦辰二，1995,『フッサール間主観性の現象学』創文社.

早川操，1978,「教育的認識の認知心理学的研究 —— J. S. ブルーナーを中心として」
　　『名古屋大学教育学部紀要　教育学科』第 25 巻，pp. 39-50.

―――― 1988,「意味共有の基盤としての『習慣』の再検討 —— デューイにおける
　　『共感』と『コミュニケーション』」『日本デューイ学会紀要』第 29 巻，pp. 9-16.

―――― 1994,『デューイの探究教育哲学 —— 相互成長をめざす人間形成論再考』名
　　古屋大学出版会.

平光昭久，1971,「ブルーナーの問題提起に対する一反省 —— 解釈の視点変換の必要
　　がないか」『大阪音楽大学研究紀要』第 10 号，pp. 75-104.

―――― 1982,「ブルーナーの教授学の構想についての一反省 —— 『教授理論のため
　　の定理』(1966) と一つの中心的疑問」『金沢大学教育学部　教育工学研究』第 8
　　号，pp. 61-75.

―――― 1999,『デューイと戦後日本の新教育の理論』中部日本教育文化会.

広岡亮蔵，1969,『ブルーナー研究』明治図書.

フォン・グレーザーズフェルド，エルンスト　橋本渉訳，2010,『ラディカル構成主
　　義』NTT 出版.

藤井悦雄，1968,「『構造の重要性』をどう考えるか」『授業研究』第 54 号，pp. 28-
　　33.

藤井千春，2010,『ジョン・デューイの経験主義哲学における思考論 —— 知性的な思
　　考の構造的解明』早稲田大学出版部.

古屋恵太，2001a,「社会的構成主義におけるヴィゴツキーとデューイ —— 『活動』概
　　念の導入は何をもたらすか」『人文学報. 教育学』第 36 号，pp. 63-81.

―――― 2001b,「文化，道具箱，及び媒介された行為 —— 言語論的転回を拒否する

プラグマティズム」『近代教育フォーラム』第 10 号，pp. 205-213.

ブルーナー，J. 佐藤三郎編訳，1967，『教育革命』明治図書.

ブルーナー，J. 平光昭久訳，1971，『幼児の認知成長過程』誠信書房.

ブルーナー，J. 平光昭久訳，1972，『教育の適切性』明治図書.

ブルーナー，J. 佐藤三郎訳編，1974，『人間の教育 —— 講演・論文と解説』誠信書房.

ブルーナー，J. 佐藤三郎編訳，1978a，『乳幼児の知性』誠信書房.

ブルーナー，J. 平光昭久・大沢正子訳，1978b（上・中・下），『認識の心理学　与えられる情報をのりこえる』明治図書（上巻のみ共訳）.

ブルーナー，J. 鈴木祥蔵・佐藤三郎訳，1985，『教育の過程（新装版）』岩波書店.

ブルーナー，J. 岡本夏木・池上貴美子・岡村佳子訳，2004，『教育という文化』岩波書店.

ブルンナー，ジェローム，S. 水越敏行訳，1966，「デューイにかわる現代の教育学的信条」『現代教育科学』第 97 号，明治図書，pp. 74-88.

堀井幹二，1986，「J. S. ブルーナーの『仮説』について」『金沢経済大学論集』第 19 巻第 2・3 合併号，pp. 103-110.

——— 1987，「ブルーナーの『仮説』は率直簡明である —— 授業構造の可能的最善と生徒の直観の可能的なすばらしさ」『金沢経済大学論集』第 21 巻第 2・3 合併号，pp. 331-345.

堀江伸，1982，「MACOS 開発（ブルーナーらによる）の『現代化』の契機と単元構成の特質 ——『人間認識』形成実践の今日的意義と課題」『東京大学教育学部紀要』第 22 巻，pp. 235-247.

牧野宇一郎，1972a，「ブルーナー教授の『デューイの後にくるもの』について —— デューイの『私の教育学的信条』との比較（上）」大阪市立大学人文学部『人文研究』第 23 巻第 6 分冊，pp. 424-461.

——— 1972b，「ブルーナー教授の『デューイの後にくるもの』について —— デューイの『私の教育学的信条』との比較（下）」大阪市立大学人文学部『人文研究』第 24 巻第 4 分冊，pp. 193-211.

松浦良充，2005，「表象としての学び論 —— オポチュニスト的相対主義の立場から」『近代教育フォーラム』第 14 号，pp. 63-71.

松下晴彦，1992，「Knowing and the Known におけるデューイとベントリーの言語観」『日本デューイ学会紀要』第 33 号，pp. 19-26.

森川博，1987，「授業過程からみた『学力』生成の巨視的考察 —— デューイとブルーナーの理論を中心として」『愛知大学文学論叢』第 85 輯，pp. 288-256.

森茂岳雄，1978，「ブルーナー教授理論の文化論的基礎 —— 進化論的道具主義について」『東京学芸大学大学院教育学研究集録』第 8 号，pp. 42-56.

——— 1982，「『文化差異』論の教育的意義 —— ブルーナー教授理論の文化論的基礎（Ⅱ）」『教育方法学会紀要　教育方法学研究』第 8 巻，pp. 1-9.

山上裕子，2010，『デューイの〈教材〉開発論とその思想』風間書房.

やまだようこ，2006，「質的心理学とナラティヴ研究の基礎概念 —— ナラティヴ・ターンと物語的自己」『心理学評論』第49巻第3号，pp. 436-463.

横山草介，2015，「ナラティヴの文化心理学 —— ブルーナーの方法」『質的心理学研究』第14号，pp. 90-109.

吉村啓子・岡本夏木，2003a，「ブルーナー著『意味の復権』の概要と残された問題点」『兵庫大学短期学部研究収録』第37号，pp. 31-34.

——— 2003b，「『意味の復権』に見るブルーナー心理学」『兵庫大学短期学部研究収録』第37号，pp. 35-41.

米盛裕二，1963，「デューイ哲学における言語と認識」『日本デューイ学会紀要』第4号，pp. 13-26.

渡部竜也，2014，「米国における『批判的思考』論の基礎的研究（II）—— ブルーナーの『学問の構造』論をMACOSから読み解く」『東京学芸大学紀要　人文社会科学系II』第65集，pp. 1-22.

あとがき

　本書は 2016 年 6 月 28 日に早稲田大学大学院教育学研究科より授与された博士（教育学）の学位請求論文に加除修正を加えたものである。ご審査いただいたのは藤井千春先生（早稲田大学）、早川操先生（椙山女学園大学）、佐藤隆之先生（早稲田大学）、水原克敏先生（早稲田大学）である。また、本書を出版するにあたって、名城大学総合研究所学術研究奨励助成制度の出版・刊行助成事業費による助成を受けている。感謝を申し上げる。

　本書は大学院修士課程から始めた私の約 9 年のブルーナー研究をまとめたものである。若干の修正を加えただけのものもあれば原形をとどめないものもあるけれども、本書のもととなった論文は以下の通りである。

・「ブルーナーにおける『心』と『文化』の考察 —— ブルーナー『文化心理学』の理解のために」『早稲田大学大学院教育学研究科紀要』別冊 15 号-1、2007年、pp. 59-69。（第 3 章）
・「ブルーナーの『フォークペダゴジー』の可能性 —— 教授理論構築の観点から」『関東教育学会紀要』、第 36 号、2009 年、pp. 37-48。（第 7 章）
・「J. S. ブルーナーの『二つの思考様式』の検討 —— 教育における『二つの思考様式』の関係性に焦点を当てて」『日本デューイ学会紀要』第 51 号、2010年、pp. 35-44。（第 5 章）
・「『フォークペダゴジー』からみるデューイとブルーナーの関係性 ——『デューイとブルーナー』再考・試論」『日本デューイ学会紀要』第 52 号、2011年、pp. 35-45。（第 9 章）
・「ブルーナーの教育論における『構造』の再検討 ——『論理 - 科学的様式』の教育方法としての『構造』のために」『早稲田大学大学院教育学研究科紀要』別冊第 19 号-1、2011 年、pp. 191-201。（第 6 章）
・「ブルーナーの『ナラティヴ』論の教育的地平」『早稲田大学教育学会紀要』

第 12 号、2011 年、pp. 40-47。（第 6 章）

・「デューイとブルーナーの言語獲得論における関係性について —— デューイの『共有された活動』の原理とブルーナーの『間主観性』を中心に」『関東教育学会紀要』第 39 号、2012 年、pp. 23-34。（第 2 章、第 8 章）

・「ブルーナーの教育論における『文化』変化 —— 『文化の弁証法』の教育的含意に着目して」『早稲田大学大学院教育学研究科紀要』別冊第 19 号-2、2012 年、pp. 153-162。（第 3 章）

・「ブルーナーの就学前教育論の核心 —— ブルーナーのヘッドスタートに関与した経験に着目して」『早稲田大学教育学会紀要』第 13 号、2012 年、pp. 227-234。（第 4 章）

・「ブルーナーの知覚の研究と『教育という文化』の関連性 —— 『相互期待のネットワーク』に着目して」『早稲田大学大学院教育学研究科紀要』別冊第 20 号-2、2013 年、pp. 153-162。（第 4 章）

・「『デューイの後に来るものは何か』と『言語と経験』におけるデューイ解釈の差異について —— ブルーナーの研究の立脚点としての機能主義を観点に」『学術研究（人文科学・社会科学編）』第 61 号、2013 年、pp. 1-16。（第 8 章）

・「ブルーナーによるデューイ道徳教育論の是認 —— 教育思想史的視座からの検討」『早稲田大学教育学会紀要』第 14 号、2013 年、pp. 9-16。（第 8 章）

・「ヴィゴツキー派とデューイの関係性について —— ブルーナーの『文化心理学』とデューイの『文化的自然主義』」『日本デューイ学会紀要』第 55 号、2014 年、pp. 1-10。（第 3 章、第 9 章、終章）

『教育という文化』の教育的意義を見出そうと始めた研究であったが、紆余曲折続きであった。「文化心理学」提唱後に展開された教育論の、どこに焦点を定めればよいか、わからなかったためである。結局たどり着いたのが、ブルーナーの「文化心理学」とその立場から展開された教育論を「間主観性」と「志向的状態」を観点に読み解くという方法だった。

ブルーナーの教育論を「『間主観性』と『志向的状態』に基づく教育論」としたものの、結局、「間主観性」と「志向的状態」に着目することで、教育（学）に対し具体的にどのように貢献できるのか、本書では示すことはできていない。今後それができればと、考えている。現在のところ、「ナラティヴ」

と「フォークペダゴジー」の検討をさらに進めることにその活路を見出せるように感じている。

　学位請求論文をまとめる前に、私のブルーナー研究はこれで一区切りがつき、研究主題や研究対象が変わるのではないかと思っていた。事実は逆で、学位請求論文をまとめることで、ブルーナーを研究するさらなる論点が見つかった。「ナラティヴ」と「フォークペダゴジー」に対しては特にそうである。

　このような発見には学位請求論文をご審査くださった先生方をはじめ、多くの方のご指導が関係している。そのご指導をもとに、本書での不十分な点の検討を含めて、ブルーナーの教育論のさらなる可能性を研究していきたい。

　本書をまとめる上で、「運命」とも「縁」とも受け取れる現象があると感じた。あとがきの最初に学位授与日という私的なことを書いたのはそのためである。

　2016年6月5日に、ブルーナーが逝去した。ブルーナーの死を私が知ったのはその3日後だった。熊本大学の苫野一徳さんから教えていただいた。その1日後、藤井先生からもブルーナーの死去についてご連絡をいただいた。このとき、私は藤井先生が編者の本で担当させていただいたブルーナーを紹介する原稿を校正していた。

　藤井先生に、原稿にブルーナーの死去について書き加えますと連絡を差し上げた。「運命を感じます」というお返事をいただいた。

　ブルーナーの逝去からしばらくして、学位授与が認められた。そのご連絡を早川先生に差し上げた。先生から「2016年6月は忘れがたい年月になりますね」というお言葉をいただいた。

　先生方がおっしゃられたとおりである。2016年6月にブルーナーを主題とした論文によって学位が得られたことは、私にとって運命のように思えてならないし、忘れがたい年月になっている。

　学位請求論文の主査であり指導教授であった藤井先生には、特に深い感謝の意を捧げたい。2016年6月に、私が「運命」を感じるには、藤井先生の存在が欠かせなかった。というのも、私がブルーナー研究を開始したきっかけは、大学学部時代に、授業後にさせていただいた藤井先生への質問だったから。学位請求論文が完成するまで（そして今も）、藤井先生には温かいご指導等をいただいた。心から感謝申し上げます。

あとがき　437

副査を務めてくださった早川先生には、デューイ研究のみならず、先生が書かれたブルーナーの論文からも多くのことを学ばせていただいた。また、学会の際に賜ったご意見が学位請求論文内容に反映されている。さらに、文章表現についてきめ細やかなご指導をいただけた。デューイ研究で高名な早川先生にご審査をいただけたことは身に余る光栄である。深く感謝申し上げます。

　同じく、副査を務めてくださった佐藤先生に感謝を申し上げたい。佐藤先生には内容の緻密さ、引用の仕方といった読み手への文章の見せ方等、今後の研究にも大いに関係することをご指導いただいた。また、佐藤先生はこれまでの私の投稿論文についても気にかけてくださり、機会あるごとに励ましていただいた。心より感謝申し上げます。

　水原先生にも副査を務めていただいた。先生からのご指導によって、今後取り組まなければならないブルーナー研究の課題を認識することができた。深く感謝を申し上げます。

　審査を務めてくださった先生方以外にも、本書の内容を構成するにあたり、多くの方にご助力をいただいた。その方々を挙げればきりがない。その中でも研究室の先輩である山上裕子さん（郡山女子大学短期学部）と苫野さんに、お礼を申し上げたい。

　山上さんからは、教育思想研究において概念を読み解く手法を学ばせていただいた。この手法なくして、ブルーナーの「心」や「文化」、「ナラティヴ」などの意味を明確にすることはできなかった。また、学会でお会いしたときには、優しく声をかけてくださった。苫野さんには公私ともにお世話になった。苫野さんとの出会いがなければ、私の研究の進展も、今の私もありえなかった。苫野さんとの議論で得たことは、本書のいたるところに反映されている。どのように感謝を申し上げればよいか。感謝してもしきれない。お二人の先輩に深く御礼申し上げます。

　大学院時代に（そしてその後も）、名古屋大学名誉教授の安彦忠彦先生のご指導を賜れることもできた。安彦先生の本質と事実を追い、誰に対しても心を開いた議論をする姿に深く感銘を受けている。本質の探究だけでなく、事実をつくるという先生の教えを、今後実践していければ、と思う。心から感謝を申し上げます。

　安彦先生からご指導をいただいた際に、埼玉大学の河村美穂先生とお会いす

ることができた。河村先生には私のブルーナー研究にとても興味をもっていただき、共同研究もさせていただいている。河村先生との共同研究でブルーナー研究を進める論点も見つかっている。感謝を申し上げます。

　河村先生から勁草書房の藤尾やしおさんとご縁をいただいた。そして、藤尾さんに本書の出版を進めていただいた。大変お世話になりましたことを、御礼申し上げます。

　勁草書房は私の故郷である石川県と大きな関係をもっている。本書の出版にあたり、ブルーナー研究からいろいろな縁をもつことができ、改めて、運命というものを感じた。ほんとうは単なる偶然で、私が勝手にそう解釈しているだけかもしれない。だけど、それが運命という現象の本質のようにも思える。

　研究を進めるうえで、父や母、祖父母、妹、弟に、いろいろと心配や迷惑をかけた。研究を続けさせてもらったことに感謝している。妻にも研究を支えてくれていることに感謝している。

　学位請求論文の最初の原稿が完成したのは 2015 年 5 月くらいだったと記憶している。それから 3 年以上たった。その間に、当然のように、ブルーナーに関する論文が生産され続けている。本書がブルーナー研究に貢献できれば幸いである。そして、本書を土台に、今後もさらに研究に努めていきたい。それこそがブルーナーに追悼の意を捧げ、敬意を表し続ける最上の表現であると、勝手ながらに思っている。

　　　　2018 年 10 月

　　　　　　　　　　　　　　　　　　　　　　　　　　嶋口裕基

人名索引

ア行

アダムズ，D.（Adams, D.）　*58-60, 64, 75, 400*

天野正輝　*17, 18, 25-27, 47, 277, 278, 288, 358, 426*

アングリン，J.（Anglin, J.）　*86, 88, 192, 193, 417, 418, 420*

生田久美子　*5, 48, 207, 208, 214-218, 248, 426*

今井康晴　*5-8, 25-27, 30, 37, 40, 47, 184, 197, 202, 234, 285, 287, 323, 359, 426, 427*

ヴィゴツキー，L.（Vygotsky, L）　*46, 104, 105, 109-115, 131, 197, 249, 259, 260, 265, 287, 321, 354, 357, 361-363, 396, 409, 413, 414, 427*

ウェルトマン，B.（Weltman, B.）　*8, 11, 49, 50, 52, 131, 425*

オースティン，J.（Austin, J.）　*82, 121, 123, 131, 335, 353, 354, 420*

小川博久　*5, 19-23, 25, 27, 33, 37, 47, 280, 281, 284, 285, 288, 428*

オッペンハイマー，R.（Oppenheimer, R.）　*68, 79*

オルソン，D.（Olson, D.）　*6, 9-11, 32-35, 37, 38, 45, 50, 77, 104, 105, 109, 111, 112, 118, 119, 175, 176, 182, 187, 191, 192, 210, 285, 289, 291, 292, 297, 299, 301-305, 308, 309, 312-317, 320, 321, 325, 326, 330, 333, 334, 355, 385, 386, 407, 424*

オルポート，G.（Allport, G.）　*64, 66-68, 71, 72, 104, 118, 400*

カ行

ガードナー，H.（Gardner, H.）　*30-32,*

35, 37, 104, 356, 359, 422

グッドマン，N.（Goodman, N.）　*209, 211, 227-229, 248, 249, 429*

グリーンフィールド，P.（Greenfield, P.）　*8, 9, 11, 58, 66, 117-119, 179-181, 191, 202, 297, 299-301, 322, 422*

グレーザーズフェルド，E.（von Glasersfeld, E.）　*222, 234, 249, 431*

コール，M.（Cole, M.）　*133, 363, 421*

サ行

斎藤清二　*48, 207-211, 213, 214, 218, 429*

佐藤三郎　*2, 4, 46, 47, 97, 276, 351, 418, 424, 425, 428-430, 432*

シャンカー，S.（Shanker, S.）　*133, 200, 219, 225, 229, 230, 234-239, 241-245, 247, 248, 417, 419, 422, 424*

シュミット，S.（Smidt, S.）　*53, 78, 116, 321, 424*

シュライバー，S.（Shriver, S.）　*182-184, 187, 202*

杉浦宏　*17, 25, 26, 34, 277, 429*

タ行

田浦武雄　*16, 17, 19, 25, 26, 37, 277, 336, 418, 430*

高浦勝義　*22, 23, 25, 26, 278, 288, 430*

高屋景一（Takaya, K.）　*3, 10, 11, 33-38, 40, 49, 78, 82, 191, 192, 425*

竹田清夫　*16, 17, 19, 28, 33, 37, 430*

チョムスキー，N.（Chomsky, N.）　*338-340, 353, 359*

デイヴィットソン，D.（Davidson, D.）　*222, 248, 421*

ディルタイ，W.（Dilthey, W.）　*67, 72,*

441

210, 251

デューイ, J.（Dewey, J.） ii, *2-4, 12-40, 45-48, 263, 276-280, 323-342, 344-359, 361-400, 407-415, 421*

トールマン, E.（Tolman, E.） *68, 86-88, 354, 387*

トルフ, B.（Torff, B.） *6, 309-312, 317, 319-321, 424, 425*

ハ行

バートレット, F.（Bartlett, F.） *86-88*

バクハースト, D.（Bakhurst, D.） *48, 133, 152, 170, 200, 218-226, 228-230, 232-234, 246, 248, 249, 417*

ピアジェ, J.（Piaget, J.） *54, 104, 105, 109-115, 131, 233, 249, 259, 287, 298, 353, 356, 357*

平光昭久 *4, 21, 23-26, 37, 47, 417-421, 431, 432*

広岡亮蔵 *4, 13, 14, 284, 431*

フェール, R.（van der Veer, R.） *260, 425*

フォックス, J.（Fox, J.） *27, 28, 48, 278, 279, 422*

ブラゼルトン, B.（Brazelton, B.） *116*

ボーア, N.（Bohr, N.） *68-70, 102, 287, 400*

ボーリング, E.（Boring, E.） *64-66, 400*

マ行

マカロック, T.（McCulloch, T.） *62, 63*

牧野宇一郎 *18-27, 33, 37, 47, 278, 357, 411, 415, 432*

マクドゥーガル, M.（MacDougall, W.） *58, 60-62, 64, 354, 400*

マッハ, E.（Mach, E.） *60, 71*

水越敏行 *14, 15, 25, 37, 418, 432*

ミラー, G.（Miller, G.） *79, 80, 104*

モイニハン, D.（Moynihan, D.） *183, 184*

ヤ行

ヤング, E.（Young, E.） *28, 37, 279, 425*

横山草介 *162-170, 433*

ラ行

ライル, G.（Ryle, G.） *151*

ルッケハウス, N.（Lutkehaus, N.） *8, 9, 11, 49, 112, 179-181, 191, 202, 299, 300, 423*

事項索引

ア行

足場かけ　*111, 131, 197, 198*

与えられた情報を超える　*82, 86, 88-92, 129, 150, 281*

頭の中のモデル　*78-81, 86, 87, 128*

イコン　*343, 344*

意図　*42, 88, 115, 116-120, 123-127, 129, 131, 133-135, 137-139, 144, 152, 157, 159, 160, 162, 201, 206, 251, 253, 254, 307, 342, 348, 401, 402*

意味（ブルーナーによる）　*ii, 42, 43, 46, 87, 105, 134, 138-140, 142-149, 153, 154, 157-161, 167, 240, 349, 361, 362, 368, 370, 371-373, 377, 388, 394-396, 398, 409*

　　──生成　*10, 11, 42, 43, 134, 138, 140-142, 146-149, 152, 159-161, 166, 176, 323, 362, 363, 365, 369, 370, 372, 373, 393, 402, 409*

意味の増加　*329, 373-375, 377, 394, 395, 397, 398, 410*

インストラクション　*29, 103, 274, 302, 303, 312, 378, 381*

インデックス　*343, 344*

ウォーロフ族　*179, 299-301*

ウッヅ・ホール会議　*97, 98, 102*

カ行

解釈　*142-144, 148, 160, 167*

概念達成　*82, 83, 86, 87, 192*

概念枠と経験内容の二元論　*222, 223*

科学づくり　*274, 275*

学習者の心のモデル　*292-296, 299, 300, 303, 304, 307, 308, 312, 316, 318-320, 322, 406, 407*

学習者のモデル　*297, 298*

学問中心主義　*14*

学校と社会の関連　*326-328, 330, 331, 333, 334*

可能なことについての生き生きとした感覚　*43, 176-178, 403*

環境（デューイによる）　*328, 329, 332, 338, 358, 365, 367, 382-384, 396*

間主観‐志向的アプローチ　*308, 320, 321, 379, 380, 388, 390, 393, 395, 398, 407*

間主観性　*ii, 9-11, 30, 42-45, 80, 81, 120, 125, 127, 129, 131, 133, 135, 140, 142, 144-148, 159-162, 191, 194, 195, 201, 257, 275, 286, 289, 303-308, 322, 323, 342-344, 346-349, 357, 358, 380, 384, 388, 390, 395, 401-403, 405-407, 410, 411, 414, 436*

記号‐指示対象　*343, 344, 347, 349*

期待　*75, 81, 100, 101, 193-196, 198, 199, 202, 203*

　　──もしくは仮説の知覚理論　*75, 78, 193*

機能主義　*45, 46, 59, 114, 353-358, 408, 409*

規範性　*155, 263, 264, 267, 274*

客観主義　*26, 59, 60, 77, 144, 228, 229, 233, 279, 280, 405*

教育の現代化　*1-4, 6, 7, 12, 13, 38, 47, 400, 406, 410*

教材（デューイによる）　*381, 388-393, 397*

協同　*30, 56, 66, 203, 294, 296, 314, 319*

共同意図　*315*

共同注意　*341*

共有された活動　*340-350*

経験　*337, 374-375, 386, 391, 392, 396*

443

——の絶えざる（連続的）再構成　329,
　330, 372, 392, 396
経験主義　12, 14, 16, 18, 26
計算可能性　138
系統主義　14
ゲシュタルト心理学　59-61, 64
決定的差異　210-214
言語学のチョムスキー革命　339, 340
言語行為論　120-123, 335, 354, 359
行為者　253, 376
行為主体　9, 10, 32, 253-255, 258, 265,
　266, 270, 305, 306, 376, 385, 386, 405
講義型教授　293, 294, 296, 307, 314, 318
構成主義　27, 40, 42, 44, 48, 57, 60, 71, 72,
　74-76, 92, 93, 100, 108, 127, 128, 130, 131,
　137, 162-164, 168, 170, 205, 212, 218-223,
　225-235, 246-250, 280, 288, 358, 401, 403-
　405, 413
構造　96, 97-99, 272
　学問の——　283
　教科の——　16, 98, 99
構造主義　45, 114, 353, 355, 356, 359, 408
行動主義　63, 67, 76, 77, 118
交流　126, 139, 140, 147, 195, 196, 198,
　199, 229, 230
交流性　124, 125, 342
コーディングシステム　90-93, 96, 98, 99,
　129
心（ブルーナー）　51, 58, 77, 85-86, 88,
　103, 109, 116, 118, 119, 123, 138, 147, 149-
　154, 156-163, 168-170, 174, 175, 178, 260-
　262, 304, 305, 356, 385-387, 388, 402
　学習者の——　292, 305, 308, 382, 384,
　395, 407
　経験の組織化としての——　222-224
　——と文化　158-159, 403
心の理論　30, 236, 250, 299, 300, 306, 382,
　385, 387
コミュニケーション　122-127, 129, 135,
　174, 195, 196, 249, 258, 291, 292, 336, 337,

341, 344, 346, 348, 358, 382-385, 387
語用論　121-123, 126, 127, 338, 339, 348,
　353, 354, 359

サ行

始原的実在　44, 218-221, 223-230, 232,
　233, 295, 404, 405
思考（デューイ）　337, 375, 376, 378, 381,
　390, 396, 397, 398
志向性　9, 10, 32, 42, 115-119, 129, 133,
　147, 152, 159-162, 231, 286, 303-305, 343,
　385-387, 401, 402
志向的状態　ii, 42-45, 76, 88, 116, 137-
　139, 147, 149, 152-154, 156-163, 165, 201,
　235-237, 241, 242, 253, 254, 258, 262, 265,
　270, 275, 286, 289, 304-308, 315, 320-322,
　325, 380, 385, 387, 388, 391, 393, 395, 402,
　403, 405-407, 410, 411, 414, 436
自己性　254, 255, 257
自然主義　13, 46, 92, 280, 362-365, 368-
　371, 393, 394, 396, 409, 414
実用的活動としての道徳　326, 327, 330
社会的構成主義　234, 249, 413
社会的構築主義　234
社会的実在　247
主観―客観問題　229, 230, 233, 245, 246
手段―目的のレディネス　124
情報処理　77, 239, 240
　——過程　136, 236-241, 243
新教育課程　351
人工記号　345
進歩主義教育　2, 12, 19, 23, 355
シンボル　343-347, 349, 358
スパイラルカリキュラム　272, 273
スプートニクショック　95, 96, 351
成熟と未成熟の相互作用　379-381, 388,
　393, 394
成長（デューイ）　326, 329, 330
制度的知識　313-314
生徒と教材の相互作用　382, 384, 387-

391, 393

説明　*143, 167*

選択性　*70, 74*

相互期待のネットワーク　*192, 194-196, 198-200*

相互参照　*347*

　意図の——　*348, 358*

相互的学習者の共同体　*192, 197-200*

素朴実在論　*92, 168, 169, 228*

タ行

ターニングポイント　*257*

体系性　*124*

対決　*268, 269*

対比　*268, 269*

代理　*194, 196, 198, 343, 345*

探　究　*364, 365, 368-370, 373, 375-378, 397, 398*

抽象性　*124, 125*

超自然的なもの　*368-370, 396*

直接的な伝達不可能性　*383, 384, 397*

直観（ブルーナー）　*101, 102*

直観的思考　*10, 101, 102*

デカルト主義者　*219, 235, 236, 239, 243-245, 247*

手続き的知識　*293, 318*

デューイの主題　*335, 336, 338-340, 354*

道具性　*146-149, 152, 160*

道具的概念主義　*107*

道徳的観念　*327*

道徳についての観念　*327*

独我論　*170, 234, 235, 245, 246, 249*

　方法論的——　*245-247, 250*

トラブル　*266-268, 275, 286, 376, 377*

ナ行

内化　*107, 258-261, 264-268, 275, 396*

ナラティヴ　*i, ii, 6, 10-11, 33, 39, 40, 49, 51, 53, 57, 64, 66-71, 84, 85, 133-137, 139, 159-163, 201-202, 212, 223, 251-258, 262-*

271, 273-275, 285-287, 305, 306, 323, 361, 373, 376, 378, 397, 398, 410, 412, 414, 415

　——的発見方法　*273-275*

　——の定義　*252, 253*

ニュールック　*76-78*

認知革命　*63, 82, 133, 136-140, 160, 161, 226, 228*

ハ行

パースペクティヴ　*60, 72, 164, 231, 232, 246, 250*

発見　*99-101*

　——学習　*15, 20-22, 359*

反実在論　*219, 223, 225*

反　省　*337, 373, 375, 377, 378, 394, 396-398*

範疇化　*82, 83, 85, 87, 89, 206*

非実在論　*219, 224, 225*

ヒューリスティックな実証主義　*87, 88, 387*

標準性　*146-148*

フォークサイコロジー　*7, 87, 153, 161, 171, 201, 235-239, 241-243, 289-292, 299, 303-308, 311, 317, 322, 370*

フォークペダゴジー　*i, ii, 6, 7, 39, 40, 201-202, 205, 289-292, 296, 297, 299-321, 323, 361, 378-381, 384, 385, 388, 390, 393, 410, 412, 414*

フォーマット　*126, 237*

2つの思考様式　*5, 40, 48, 69, 70, 101, 135, 136, 205-217, 219, 248, 251, 252, 272, 275, 276, 286, 373,*

　（——における）還元不可能　*207-209, 214, 218*

　（——における）相関的二分法　*212-214*

　（——における）相補関係　*207, 208, 214, 217, 218, 252, 271-273, 275, 276,*

　（——における）ナラティヴ様式　*5, 69, 136, 137, 206, 207, 209, 210, 212, 214,*

217, 248, 252, 254-258, 265, 268-272, 275, 285, 286

（――における）論理 - 科学的様式（パラディグマティック様式）　5, 69, 72, 136, 206, 207, 209, 210, 212, 215, 217, 248, 251, 252, 271-273, 275, 276, 286-288

プラグマティズム　35, 249, 326, 354, 359, 413

プラグマティックな基準　231, 232, 234, 246, 248-250

ブルーナー仮説　5, 113, 415

文化（ブルーナー）　10, 11, 51, 76, 102, 103, 105-108, 114, 126, 127, 134, 139-142, 145-148, 152-155, 157-159, 174, 175, 196, 229, 230, 235, 244, 258-268, 275, 287, 289-291, 295, 296, 301, 304, 305, 311, 312, 319, 321, 323, 356, 362, 366-368, 379, 388, 390-393

　――の弁証法　154-158, 262, 264, 391-393

　範疇と――　85, 86

文化主義　359

文化心理学　3, 11, 49, 51, 58, 72, 76, 80, 85, 87, 88, 105, 115, 116, 120, 127, 133-134, 139-142, 153, 159-162, 174, 175, 194, 195, 220, 221, 258, 323, 356, 362, 363, 369-372, 396, 414

　――における基本的な争点　261, 264,

265

文化的共有性　145

文化的自然主義　13, 363-365, 368-371, 414

分析的思考　101, 102

文脈依存性　339, 340

ヘッドスタート　9, 71, 117, 179-191, 202

方略　80, 81, 83, 84, 87, 136, 137, 240, 354

マ行

MACOS　5, 9, 179, 180, 191, 202

右手と左手　101, 102

3つの表象様式　106-109, 112, 113, 302-304

　（――における）映像的表象　103, 106, 112, 302, 303

　（――における）象徴的表象　103, 106, 112, 302, 303

　（――における）動作的表象　103, 105, 106, 112, 302, 303

命題的知識　293, 319

メタ認知　29, 30, 269, 300, 301

問題解決学習　15, 19, 20

ラ行

ラディカル構成主義　221-235, 247-249

論理実証主義　26, 144, 226, 228, 279

著者略歴

1983 年生まれ．早稲田大学大学院教育学研究科教育基礎学専攻単位取得退学．博士（教育学）

現在：名城大学教職センター准教授

主著：藤井千春編著『時代背景から読み解く西洋教育思想』（分担執筆，ミネルヴァ書房），武安宥監修，塩見剛一・成山文夫・西本望・光成研一郎編『教育のイデア──教職・保育士を志す人のために』（分担執筆，昭和堂），吉田武男監修，滝沢和彦編著『教育学原論』（分担執筆，ミネルヴァ書房）．

ブルーナーの「文化心理学」と教育論
「デューイとブルーナー」再考

2018 年 11 月 20 日　第 1 版第 1 刷発行

著者　嶋口　裕基（しまぐち　ひろき）

発行者　井村　寿人（いむら　ひさと）

発行所　株式会社　勁草書房（けいそう）

112-0005　東京都文京区水道 2-1-1　振替　00150-2-175253
（編集）電話 03-3815-5277／FAX 03-3814-6968
（営業）電話 03-3814-6861／FAX 03-3814-6854

精興社・牧製本

© SHIMAGUCHI Hiroki　2018

ISBN978-4-326-25130-8　　Printed in Japan

JCOPY 〈(社)出版者著作権管理機構　委託出版物〉

本書の無断複写は著作権法上での例外を除き禁じられています。複写される場合は，そのつど事前に，(社)出版者著作権管理機構（電話 03-3513-6969，FAX 03-3513-6979，e-mail: info@jcopy.or.jp）の許諾を得てください。

＊落丁本・乱丁本はお取替いたします。

http://www.keisoshobo.co.jp

教育思想史学会編	教育思想事典 [増補改訂版]	A5判 7800円
田 中 智 志	他者の喪失から感受へ 近代の教育装置を超えて	〔教育思想双書1〕 四六判 2400円
松 下 良 平	知 る こ と の 力 心情主義の道徳教育を超えて	〔教育思想双書2〕 オンデマンド版 3000円
田 中 毎 実	臨 床 的 人 間 形 成 論 へ ライフサイクルと相互形成	〔教育思想双書3〕 四六判 2800円
石 戸 教 嗣	教育現象のシステム論	〔教育思想双書4〕 四六判 2700円
遠 藤 孝 夫	管 理 か ら 自 律 へ 戦後ドイツの学校改革	〔教育思想双書5〕 四六判 2500円
西岡けいこ	教 室 の 生 成 の た め に メルロ=ポンティとワロンに導かれて	〔教育思想双書6〕 四六判 2500円
樋 口 聡	身 体 教 育 の 思 想	〔教育思想双書7〕 四六判 2500円
吉 田 敦 彦	ブーバー対話論とホリスティック教育 他者・呼びかけ・応答	〔教育思想双書8〕 四六判 2500円
高 橋 勝	経験のメタモルフォーゼ 〈自己変成〉の教育人間学	〔教育思想双書9〕 四六判 2500円
山 名 淳	都市とアーキテクチャの教育思想 保護と人間形成のあいだ	〔教育思想双書10〕 四六判 2800円
下 司 晶	教育思想のポストモダン 戦後教育学を超えて	〔教育思想双書II-1〕 四六判 2800円
綾 井 桜 子	教養の揺らぎとフランス近代 知の教育をめぐる思想	〔教育思想双書II-2〕 四六判 2800円
小 玉 重 夫	教 育 政 治 学 を 拓 く 18歳選挙権の時代を見すえて	四六判 2900円
森田尚人 森田伸子 編著	教育思想史で読む現代教育	A5判 3800円
山名 淳 矢野智司 編著	災害と厄災の記憶を伝える 教育学は何ができるのか	A5判 4000円
佐 藤 隆 之	市 民 を 育 て る 学 校 アメリカ進歩主義教育の実験	四六判 3500円
鈴 木 悠 太	教師の「専門家共同体」の形成と展開 アメリカ学校改革研究の系譜	A5判 7200円

＊表示価格は2018年11月現在。消費税は含まれておりません。